中国近现代稀见史料丛刊【第三辑】

张剑 徐雁平 彭国忠 主编

嘉业堂藏书日记抄（下）

刘承幹 著
陈谊 整理

凤凰出版社

1917 年(丁巳,民国六年)

正月朔日 阅《清朝野史大观》。

初二日 夜阅章一山惠我之《遗逸清音集》。蒙古人延清编辑,皆近时满洲蒙古人之诗也。

初三日 阅罗叔韫赠予《吉石盦丛书》、唐人手写《世说新语》、《玉篇》残卷,均珂罗版在日本所印,价值甚贵,屡承其惠,甚可感也。

初六日 午后出门至陆纯伯、公益里。吴昌硕北山西路吉庆里。贺年。

初七日 午后至刘聚卿处应其招饮,同坐者为缪小珊、周湘舲、吴昌硕、张石铭、陶拙存、潘兰史,诗题为人日集楚园观唐六如小影石印。

初八日 晚至都益处应陶拙存、章一山之招,是为消寒第五集,同坐者为缪小珊、徐积馀、张石铭、钱履樛、刘聚卿、周湘舲。

初十日 午后阅报知庆王奕劻病故,总统有命令予恤,并给洋壹万元治丧,谓其有功民国也,然谓为褒奖固可,谓为贬词反话,亦无不可,庆王地下知之,不知惭愧否。大清若不用庆王,今日不至亡国,故对于民国有功,即对于大清有罪,真所谓卖国之罪魁祸首也。

十二日 午后至福海里吊刘光珊之丧。初十未时病故,年七十一岁。

十三日 是日午后缪筱珊来,并交到《订讹类编》二册,拟入《嘉业堂丛书》,向叶焕彬处假得者,乃仁和杭堇浦太史所著也。

十九日 晚以张石铭消寒六集之招,特赴峻德里应焉,到者为缪筱珊、陶拙存、周梦坡、钱履樛、余及主人,外客则褚礼堂而已。

二十三日 午后王君九来长谈而去。

二十九日 午后朱甸卿来，与购乾隆三年内府刊开化纸印《唐宋文醇》、乾隆三年内府刊开化纸印《唐宋诗醇》、乾隆元年刊开化纸印《浙江通志》，嵇曾筠等修。共三种，计洋叁百元。又《丛碧山房诗》，任丘庞垲著。亦附于内。

三十日 午后朱文海来。是晚为消寒七集，由余主席，在家燕集，缪筱珊先至，长谈，喻志韶、陶拙存、钱履樛陆续至，遂入席，坐未久，徐积馀来，醉愚亦在陪，邀而未至者为朱古微、周梦坡、张石铭而已。嘱醉愚作函致顾辅卿，又作函致王枚伯，又致黄石荪。

二月初三日 午后作函致缪筱珊，以况夔笙前日托伊携高丽刊本《松京志》求售，索价十二元，即如数将洋附缪函，托其转交矣。叶鞠裳甫自苏州来，喻志韶亦已移榻余处。夜七时宴菊裳、志韶、经侯、伯荃、外舅、青士、从叔、醉愚于嘉业堂中。夜阅《春雪亭诗话》、《渚山堂词话》，皆扬州周楚江新刻印来者也。

本生父亲之《皇朝续文献通考》，原辑至光绪三十年，现在补足七年，至辛亥冬止。惟此书为各处搜罗而成，或有未妥之处，故现延志韶复看一遍，如有未妥者，即删节考正之，计约束脩四百。因老宅内无处安砚，自一山处迁寓于此，适砚孙迁往哈同，庶可安顿，否则亦无地可容矣。

初五日 午后吴昌硕来谈。王仁权来，与购元椠残本《新编诗文类聚翰墨全书》三十三册，计洋四十元。

初七日 午后顾辅卿鼎梅父子来长谈而去。鼎梅名燮光，余与彼初次识荆也。

初八日 午后冯梦华来，长谈而去。白也诗来谈。晚与菊裳谈。柳蓉村来。嘱醉愚作函致金谔轩，又作函致沈休穆。

初九日 柳蓉村来，与购旧精钞本《南宋群贤小集补遗》、四川成都局刊本《前汉书》、汉班固著，唐颜师古注。又四川刻《后汉书》、宋范晔著,唐章怀太子贤著。明刊本《雍录》、宋程大昌著。原刊《藏园九种曲》、铅山蒋士铨著。乾隆刊《卷施阁全集》、阳湖洪亮吉著。汗青簃刊《郁邪山房集》、宜宾赵树吉著。明洪武刊黑口白皮纸印本《洪武正韵》、明翰林学士乐韶凤等奉敕撰。《上湖分类文编》、《孝经约义》附,钱塘汪师韩著。《春星堂诗集》、明汪汝谦、国朝鹤孙、振甲、德容、援甲著。明高丽本《隐峰野史别录》、朝鲜安邦俊著。乾隆刊本《铁崖乐府咏史逸编注》、元杨维祯著,诸暨楼卜瀍注。《鄂铧联吟集》、海盐马国维/用俊著。《白村诗集》,□□□□。共十四种,计洋二百三十元。

初十日 前王颂墀送来知不足斋钞本《味水轩日记》残帙,系张君介陈介卿求售,特应酬之,计洋五十元,即交颂墀转交。

十一日 午后张菊生来,与菊裳、志韶同谈坐良久而去。夜校《校经室文集》,已刻成,今校一过,即付印订矣。

十二日 午后阅李紫东、钱长美送来书籍首本。傍晚冯梦华、魏梅荪、朱绍伊来,钟伯荃亦至,邀同志韶、谦甫宴于嘉业堂,席半朱古微来,邀而未至者为王叔相、杨芷姓耳。

十三日 午后沈润青来,为孙问清抵书事略谈而去。金谔轩遣人来索书,以从前所赠均遭火厄,特将新旧各刻重贻,并作函致之。

十四日 午后邹紫东来谈,顾鼎梅来,邀同菊裳同谈,均坐良久去。鼎梅送余魏碑拓本二十张,余甚感其雅意也。夜柳蓉村来,请其将孙问清书籍逐一估之。

十六日 至三多里访沈润青,为孙问清抵书事谈良久而去。

十七日 嘱醉愚作函致沈润青。夜校阅《司空表圣集》。嘱醉愚作函致宗子戴,赠以新刻数种。

十八日 午后柳蓉村来。

十九日 柳蓉村来,与购明覆宋刊白皮纸印本《六臣文选》,梁昭明太子撰,唐五臣注。计洋壹百肆拾元。

二十一日 夜校《查东山年谱》。

二十二日 午后吴昌硕来,以彼所著《缶庐诗钞续稿》三卷,余为付刊，特送余花卉屏幅四条，并邀志韶长谈而去。看柳蓉村携来之书。夜阅汤治平[携]来之书。

二十三日　午后吴石潜来，未晤，赠以所印《捃古录金文》全部而去。朱古微、况夔笙在益庵书房中，持片来请余至书房谈，去年古微劝余编刻《词人征略》，以夔笙词苑擅场，聘伊主持，其事已经谈定。后夔笙因闻筱珊有言，遂尔停辍，余亦一笑置之。今又续提前事，一切仍照前议，惟计字授脩，照商务印书馆例，约每字一千计洋四元。余允之。因古微邀晚酌，遂同菊裳至三马路会宾楼，同坐者为秦佩鹤、名绶章，太仓人，癸未翰林，官至兵部侍郎，改满州镶黄旗副都统。况夔笙、菊裳、益庵及主人而已。

二十四日　午后柳蓉村来。夜章一山来，赍到皇上御书"抗心希古"匾额，并恩赐《御制劝善要言》、《真德秀心经正经》共两部。盖余于数年前获有《中兴纲目》，一山劝余合撰一编，名曰《纶旅金鉴》。此次一山入都，缮呈御览，由陈伯潜侍郎呈进，本月十三日奉旨颁赏。一山谓此系皇上亲笔，笔力雄厚，圣躬尚在冲龄，而天亶聪明，超轶群庶，海澨小臣，莫名仰慰。一山并谓《宫中祈雪》诗云"诚心思雪，祈于昊天，昊天乃降，兆民悦焉"，立言正大，真英睿之主也。惜时机未至，龙潜勿见，又不禁感慨系之。菊裳、志韶、益庵均在，谈至十一句钟乃散。是日与钱长美购明成化刊本《中都志》、明嘉靖刊本《正杨》、明汝南陈耀文著。明刻《明一统路程图记》、《间辟录》、明练江程曈辑。《问水漫录》，秀水盛百二辑。共五种，计洋六十六元。

二十五日　午后柳蓉村来。出至邓脱路与筱珊谈良久，由伊介绍钞本《松兆堂读诗随笔》、江都丁绍恩编。钞本《槐阴客话》，仪征张兆兰辑。共二种，计洋六十元，该书本无足取，亦以筱珊说项，未便却情耳。夜阅李紫东送来首本。

二十七日　午后李紫东来。柳蓉村来，与购精刻初印开化纸本《说文解字》、汉许慎著，宋徐铉等补注，莫郘亭彝孙父子集各本校。明万历刊《春秋左翼》、明乌程王震编辑。明嘉靖刊白皮纸印《古今韵会举要》、元熊忠著。明刊本《藏密斋集》、明嘉善魏大中著;《茅檐集》附,明嘉善魏学洢著。明刊小字本《六子摘粹》、明慈溪刘伯渊选。《平寇志》、管葛山人彭孙贻辑。精刻《集韵》、宋丁度等著,莫郘亭批校。《行馀草堂诗文钞》、古吴林屋赵琼著。精刻批校本《墓铭举例》、王行著。《金石要例》、黄宗羲著。《金石例》、潘昂霄著。《东望望阁诗钞》、嘉兴查奕照著。旧钞未刊稿本《魏廓园先生尺牍》,明嘉善魏大中著。共十一种,计洋三百元。嘱醉愚作函致冯梦华,又做函致杨芷姓。

二十八日 午后李紫东来。夜校《查东山年谱》。又圈《明史例案》。

二十九日 午后李紫东来,与购《鹿皋诗集》、漳浦王道著。明万历刊《山堂肆考》、明彭大翼著。《金瓶梅》、明万历精刻本《锦帆集》、明袁宏道著。明刊《皇明大训记》、明朱国祯辑。康熙精刻本《陶云诗钞》、古吴张大绪著。康熙刊本《晴江阁集》、丹徒何絜著。明万历刊白皮纸印《天乙阁集》、明四明范钦著。明万历刊白皮纸印《陆文定公集》、明陆树声著。康熙精刻《陆堂诗集》、平湖陆奎勋著。明万历本《商文毅公集》、明商辂著。明万历刊白皮纸印《笔山崔先生文集》、明崔涯著。明万历刊白皮纸印《傅锦泉先生集》、明傅夏器著。乾隆精刻《据梧诗集》、武进管棆著。乾隆刊《亦园亭全集》、福州孟超然著。康熙刊《佳山堂全集》、宜都冯溥著。明嘉靖刊小字本白皮纸印《唐书》、晋刘昫著,明闻人诠校刻。精刻《东巡金石录》、康熙精刻本《湖山灵秀集》、洞庭席玗辑。《金井志》、西吴姜虬绿辑。明万历刊白皮纸印《石泉山房集》、明永丰郭汝霖著。明嘉靖刊《东田漫稿》、东山马中锡著。明嘉靖刊《东川刘文简公集》、明刘春著。乾隆刊本《缉斋全集》、漳浦蔡新著。明崇祯刊白皮纸印《消暍集》、明江阴夏树芳著。明崇祯刊《林登州集》、明林弼著。明刊本《何氏拜石堂集》、华亭何三畏著。明万历刊本《周叔夜先生集》、明华亭周思兼著。明刊本《五龙山人集》、明昆山王同祖著。明嘉靖刊本《雪洲集》、明黄瓒著。乾隆刊《南堂诗钞》、方贞观著。《瘿晕山房诗钞》、顺德罗天尺著。《国朝岭表诗传》、《明诗传》、顺德梁九图、吴炳南辑。康熙刊《清凉山新志》、《来鹤堂诗钞》、奉天于宗瑛著。《欣遇斋诗钞》、天津范峻著。康熙刊《五公山人集》、明王余佑著。《同门诗钞》、倪济远、张夔、岑澄、余观懋著。武英殿聚珍本《蒙斋集》、宋袁甫著。武英殿聚珍本《悦心集》，清世宗宪皇帝选。共四十三种，计洋八百元。晚至小华园都益处应朱古微、喻志韶消寒八集之招，同坐者为徐积馀、周梦坡、钱履樛、章一山、陶拙存、张石铭、沈醉愚及两主人而已。

闰二月朔日　午后章一山饬人送《续皇朝文献通考》之七年底稿，本生父亲托伊编辑者也。余略为翻阅，草率异常，可见托人之难。

初二日　午后作函致陈弢庵太保，宝琛，福建侯官人，同治戊辰翰林。官至陕西巡抚，改候补侍郎，以裁缺授副都统，现为师傅。因《纶旅金鉴》由伊进御，并代谢恩，故作函谢之。章一山送来《永乐大典》四册，云是金雪孙太史兆丰，浙江金华人，光绪癸卯翰林。之物，售于余处，计洋四百五十元。

初三日　午后左子异来，长谈而去。王静安名国维，海宁诸生。偕日本富冈君㧑名谦藏，帝国大学讲师。来看书。甘翰臣、潘明训、兰史亦来看书。余出宋元椠各籍，陈列几案，互相评阅。是晚即宴诸公于嘉业堂中，并邀吴仓硕、王一亭作陪，益庵、醉愚亦在座。席散各赠以新刻而去。是日潘明训借宋椠《史记》全部，计八册，即交菊裳，以备作校勘记也。

初四日　午后校补《续皇朝文献通考》。晚与叶鞠裳谈。夜嘱醉愚作函致陶子麟。

初五日　午后沈子培方伯送来《补读书斋集》四册，为其祖鼎甫侍郎维鐈所著。又年谱一册。

初六日　阅柳蓉村、李紫东送来书籍。嘱醉愚作函致长尾雨山，又致富冈君㧑。雨山函附贻所刻书籍三十种，即交君㧑带去。

初七日　柳蓉村来与菊裳谈。夜阅蓉村、紫东书籍。

初八日　午后阅沈鼎甫《补读书斋集》。出至宁波路升安里集云轩，轩设乩盘，济颠僧降乩甚灵验，去岁梁节庵亦曾为余说过，若沈子培、王雪澄、王病山、朱古微、吴子修、陈仁先均在坛弟子也。

初九日 午后李紫东来，与购彭文勤公钞校《宋四六话》、明嘉靖刊《雍大记》、明何景明纂。《白圭堂诗钞》、婺源江之纪著。《江声草堂诗集》、钱塘金志章著。内府刊本《太古传宗》、明刊《皇明十六家小品》、明万历刊白皮纸印《鸿苞全集》、明东海屠隆著，内钞配四册。明万历刊《荆溪疏》、《清茗集》、明太原王稚登著。《心孺诗选》、山阴傅仲辰著。《梦蛟山人集》、□□□。康熙刊《慎修堂集》、明河汾亢思谦著。明赵刊本《陈书》、唐姚思廉著。《峤西诗钞》、上林张鹏展著。初印《五代史记注》、宋欧阳修著，南昌彭元瑞注。明天顺刊黑口本《东行百咏集句》、明庐陵陈循著。明嘉靖刊《两山墨谈》、明德清陈霆著。武英殿聚珍本《易说》、宋司马光著。《周髀算经》、周甄鸾重述，汉赵君卿注，唐李淳风释。《文定集》，宋汪应辰著。共二十种，计洋五百元。此项书籍惟《四六话》一半系文勤公亲笔，故极宝贵，筱珊尝以告余，并劝余购之。柳蓉村来。

初十日 午后柳蓉村来。夜嘱醉愚作函致沈子培。是日杜经侯返松江，饶星舫自湖北来。

十一日 午后柳蓉村来，与购璜川吴氏刊《经学丛书》、惠周惕、士奇、栋著。《静存斋诗集》、钱塘钱师曾著。《西霞文钞》、闽中郑光策著。《易园集》、海上李林松著。《秋江集》、永福黄任著。明嘉靖刊《范忠宣公文集》、宋范纯仁著。乾隆刊《列女传》，仇英补图。共七种，计洋壹百拾陆元。夜阅《李文忠尺牍墨迹》，盖其季子季皋侍郎所石印者也。

十二日 午后蒋雅初来，索余新刻而去。出至爱多亚路达严浚宣略谈，严与章太炎名炳麟，馀杭人，革命巨子。贴邻而居，邀余访之，长谈而归。

十三日 夜校《查东山年谱》。

十四日 金守梅来，与购《橘巢小稿》、长洲王世琛著。精刻本《木鸢集》，吴门朱受新著。共两种，计洋五元。夜与菊裳谈。嘱醉愚作函致金谔轩，又作函致陶子麟。

十六日　午后缪筱珊、喻志韶来，均未晤而去。吴仓硕来，以所著《缶庐诗》余为续刻三卷，昨已印订一百部送去，伊前日酬余花卉屏条四张，今日复来致谢，具见老辈古道可风，非时下浇漓末俗可比也，亦未晤而去。柳蓉村来。晚与菊裳谈。夜嘱醉愚作函致吴仲怿。名崇熹，山东海丰人，丁卯举人，即同治六年，官至河南巡抚。

十七日　午后孙问清处派费君来，将前抵在余处之宋元版钞本书籍赎回，该银壹千叁百两，并息银叁百拾捌两伍钱，共二十四个半月。如数送来，其书十六种，当面点交。惟念此项书籍初由问清之妹夫沈润青来说，云问清现已疯癫，不省人事，所抵之书意欲出卖，拟将首本取去估价，余不允，一再函商，余允其同人到此估看，否则备银取书。后张弁群来，述及该书问清夫人欲售银柒千两，余还洋五千元，后改为宋椠《魏鹤山集》、《诸葛武侯传》两种，计银叁千两，余十四种，计洋贰千元。乃有徐仁陔者系问清之内弟，迭次来函，决计备银取赎，余以该书虽佳，究属不急之务，且伊借保存为名，无可奈何，只得听其赎去，特详焉记之。夜阅《查东山年谱》。

十八日　柳蓉村来。

十九日　夜嘱醉愚作函致屠辅清，又致缪筱珊，又作函致张菊生。是日缪筱珊来，未晤而去。汤治平来，曾托锦章书局冯选青携书来售，与购《云南永昌府志》、乾隆五十年宣世涛修。《福建晋江县志》、乾隆三十年方鼎修。钞本《梦粱录》、宋吴自牧著。《福建龙岩州志》，道光十五年彭衍堂修。共四种，计洋三十七元。

二十一日　午后柳蓉村来，与购明嘉靖衡王府覆宋大字黑口本《五经》、明赵府味经堂刊本《诗缉》、宋严粲述。振绮堂刊本《北隅掌录》、钱塘黄士珣著。《见闻录》、嘉善徐岳著。《留素堂诗集》、嘉兴蒋薰著。《野云诗钞》、丹徒鲍文逵著。明嘉靖吉府崇德书院刊《二十子》、共少四种。《瓯北全集》，阳湖赵翼著，系原刊本。共八种，计洋叁百陆拾肆元。是日叶鞠裳旋苏。

二十二日　午后阅《香饮楼宾谈》，同邑陆长春著。又阅《重论文斋笔录》。

二十三日　午后蟫隐庐罗子经处遣人携书来,与购武英殿聚珍板《西汉会要》,宋徐天麟著。计洋二十元。

二十四日　午后阅《燕下乡脞录》。鄞县陈康祺著。

二十五日　午后柳蓉村来,携书求售。阅《燕下乡脞录》及蓉村书籍。

二十六日　至商务印书馆访张菊生,时已傍晚,已回家矣。至柳蓉村所开设之博古斋书铺看良久而归。夜嘱醉愚作函致张汉三,名学华,广东番禺人,戊子举人,庚寅翰林,江西提法使。又作函致朱古微。

二十七日　午后李审言来谈,坐良久去。傍晚出至商务印书馆访张菊生,谈良久而别。

二十八日　至三马路无锡旅社谒吴蔚若,未晤。至六马路仁济堂访冯梦华,长谈至晚。乃至文监师路晓霞家应其饮约,同坐者为张幼麟、本名那良,字铁珊,为那琴轩相国之堂弟,江苏候补道。徐积馀、金巩伯、蒋孟苹、陶拙存、褚礼堂、张石铭、徐冠南及主人而已。嘱醉愚作函致毛稚云,又作函致黄石荪,皆为《校经室文集》印成,特以报闻,并寄书去也。是日赵学南来访余,兼访益庵,余未晤。

二十九日　午后徐桂堂来,募去交通部工业专门学校建筑图书馆捐洋百元而去。是日阅《郎潜纪闻》。广仓学会于是日送余入会证书,特志之。

三月朔　晚柳蓉村来,与之买明初本黑口大字《四书》乙部十二册、嘉靖本《王槐野存笥稿》、王维桢著。十册、乾隆本《楚辞屈复新集注》两本,计洋壹百元。阅《郎潜纪闻》告竣。

初二日　午后吴蔚若来,茗谈良久而去。朱古微来,在书房谈良久。

初三日　是日阅新刻好印成之《校经室文集》。

初四日　朱文海来,予以其所刻所印之书,近来愈刻愈劣,刷印亦然，故与之争论良久。灯下阅《李文忠公函牍》，此乃贺县于晦若侍郎在文忠幕府时所拟之函稿，有文忠亲笔改动者，自光绪十年甲申至廿五年己亥，共计十六年，文忠时为直隶总督。乙卯六月晦若病故，由其弟渊若名式棱，戊戌翰林。检点其遗箧，此十六年函稿完全无缺，仁和王子展观察怂恿文忠四子季皋侍郎名经迈，前官邮传部侍郎。付之石印，书坊家并无寄售，由冯梦华代余向李季皋讨来者，余向不喜受人情，将所刻各书与之交换，并非空讨也。

初五日 至颐福里答金巩伯，晤高欣木、陈仲恕。名汉第，杭州人。前官奉天候补知县。入民国后曾任国务院秘书。现充清史馆提调。予与之略谈，骄傲殊甚，予亦不愿与之多开口也。至吉庆里答吴昌硕子茹乔梓，昌硕出见，茗谈良久而归。夜宴况夔笙于嘉业堂，陪客为徐积馀、朱古微、杨芷姓、吴昌硕、张孟劬、褚礼堂、孙益庵，邀而未至者为张菊生一人。

况夔笙家境甚艰难，由朱古微为其说合，为予编辑《历朝词人考略》，照商务、中华两书局编书例，每千字计洋四元，此为最大之价。已成二卷。常至益庵书斋，见予则语气之间极为感激，予以办此书后未曾请过伊，故今宴之也。此事去年正月说好，因循未办。今年二月廿三日古微来申前议，经予允许，乃定局也。

初六日 晚冯梦华来谈。夜章一山来谈，阅《李文忠函牍》。

初七日 下午笃初弟来，与之同至泰利坊喻志韶处，邀其同车至徐家汇交通部工业专门学校游览，因昨今明三日为该校二十周年大会，遍发入场券任人游玩。夜阅日间在该校所买之《壬戌丛刊》。

初八日 午后左子异与叶焕彬名德辉，湖南长沙人，光绪壬辰进士，吏部主事。缪筱珊之小门生，亦颇讲究目录版本之学者。来，虽素不相识，初次见面，然彼此心知有年，故一见如故，畅谈良久而别。

初十日 午后至中华书局编辑所答张萼孙，以时过五点，办事人尽散，怅然而出。至民厚里访高欣木，并赠以书数种，亦未晤。至商务印书馆访张菊生，以时晚亦回家，只得少兴而返。

十一日 午后缪筱珊、冯梦华先后来谈。

十三日 午后阅李紫东取来各书。夜阅《碑传集》。

十四日 夜阅《碑传集》。

十五日 夜阅《碑传集》。

十六日 晚至辛家花园康长素处,因志韶假座康处宴客,同坐者为长素及左子异、吴昌硕、钟伯荃、吴鉴秋、名锜,江西宜黄人,光绪庚寅进士,前福建交涉司。章一山及主人而已。

十七日 夜阅李紫东书籍。

十八日 午后李紫东来,与购明刊本《南词韵选》、明万历刊本《建文书法儗》、明朱鹭辑。初印《明纪全载》、明朱青岩拟编。《伊蒿室文诗集》、盱眙王效成著。《退庵文集》、常熟陶贞一著。明弘治刊黑口本《胡仲子先生信安集》、明金华胡翰著。乾隆刊武英殿本《皇清职贡图》、明万历刊本《江湖长翁集》、宋高邮陈造著。明刊本《嘉靖注略》、明许重熙编。影宋精刊本《圣宋文选》、曲阜孔氏刊本《阙里祭仪录》、明万历刊《冯宗伯全集》、明北海冯琦著。精钞《复社姓氏录》、明刊本《古今贞烈维风什》、明阳羡许有谷著。精钞《沈甸华先生文集》、嘉庆刊本《国朝三槎风雅》、朱抡英辑。《邱邦士文集》,宁都邱维屏著。共十七种,计洋壹百捌拾元。至中华书局答张蓴孙师,谈二时而别,至商务印书馆与张菊生谈,及晚而归。

十九日 夜阅《碑传集》。

二十日 至邓脱路谦吉里访缪筱珊,谈良久。夜阅毛稚云观察所赠乃翁寄云制军鸿宾,历城人,道光戊戌翰林,官至两广总督。奏议。是日喻庶三兆藩,江西萍乡人,光绪己丑翰林,浙江宁绍台道署布政使。与漱篁来,未晤而去。漱篁即漱唐。

二十三日 是晚宴庶三、漱篁于家,漱篁、一山先来,继而芷姓、让三、志韶、庶三来,七时入席,甫坐,元素来,席半,漱篁先去,以应徐积馀之招也。余阅《中书典故汇纪》,盖新印从扬州寄来者也。是日徐积馀招饮于都益处,未赴,陶拙存以至积馀处未来,李梅庵今日移家亦未来。

二十四日 傍晚至三马路同兴楼应一山、志韶之招，亦宴庶三、漱篁二公也。同坐者除喻、胡二公外，梦华、古微、让三、拙存、王聘三、乃征，四川中江人，光绪庚寅翰林，官至贵州布政。国变后，改名潜道人。童亦韩名学琦，绍兴人，己丑举人。而已，席散即归。

二十六日 午后庶三、芷姓、漱篁来，在书房待良久，一山亦至，笃初弟亦来，遂六人同至哈同花园，是日广仓学会开会，招待来宾及会员。至则书画品陈列不少，遇况夔笙、包莲舟、褚礼堂，均略谈。晚摄影，以余在会员之列故与焉。

二十七日 夜与孙益庵、刘谦甫、叶鞠裳谈。

二十八日 午后王一亭、吴昌硕来，携到武当山道士庹继修募修太和宫疏簿，余以五十元应之。是日哈同花园开仓圣万年耆老会，余往焉，至则耆老已散，正在演民兴社文明戏，由招待员邀入席看剧，同坐者为张让三、喻庶三、杨芷姓、章一山、喻志韶，戏毕至戬寿堂小坐茶点，与潘兰史、刘襄孙、廉惠清、邹景叔、丁辅之谈。

二十九日 晚同志韶、景韩至哈同花园，以是日为姬觉弥三旬生辰也，同坐者为喻志韶、章一山、费景韩、沈田莘、吴仓硕、王一亭。

三十日 夜钱长美伙陈仁权来，与购宋椠《列女传》八卷，计洋三百七十元，其书由筱珊、菊裳审定，的系宋刊，惜破碎不堪耳。嘱醉愚作函致张菊生，又作函致王省三。

四月朔 午后李紫东送首本来。嘱醉愚作函致顾鼎梅。晚由王仰之发起公祝孙慕韩五十晋一，余亦与焉。共计三席，除慕韩及其弟颂玙名宝瑄，前邮传部员外郎，现充宁波关监督。外，均是主人系杨杏城、名士琦，安徽泗州人，光绪壬午举人，前邮传大臣。今充招商局正会长。周金箴、名晋镳，浙江宁波人，去年为沪海道尹。沈冕士、名铭昌，浙江绍兴人，前山西巡按使。刘襄孙、沈淇泉、名卫，浙江秀水人，光绪庚寅进士，甲午翰林，前陕西学政，今为礼制馆纂修。盛我彭、名春颐，江苏武进人，湖北候补道。

泽臣、名恩颐,杏荪宫保第四子。夏棣三、名偕复,浙江仁和人,子松侍郎之子,前美国公使,今山海关监督。陶希泉、常州人。庄得之、名箓,常州人,前云南候补道。吴引之、名熙年,前度支部郎中。赵□□、名庆华,今上海交通银行行长。沈吉斋、名善谦,浙江桐乡人,前江西知县。傅筱庵、名宗耀,浙江宁波人,今为中国银行监理官。李□□、名经滇,安徽合肥人,勤恪公之子。顾允中名□□,浙江仁和人,养和之子。及余与仰之也。

初二日 午后沈问梅来谈。

初三日 夜阅《中书典故》。

初四日 午后柳蓉村来,与购《秋树读书楼遗集》、吴江史善长著。精刊《淮海关志》、乾隆四十三年伊龄阿修。明万历刊《马文庄公集选》、明马自强著。精刻《学斋诗集》、宝应乔崇烈著。《简平子集》、明王道通著。《芳谷诗钞》、乌程孙枚著。《隆平集》、宋曾巩著。嘉庆刊《孙月峰先生集》、明孙鑛著。精刊《敕修两浙盐法志》、李卫纂。《养素堂诗集》、武威张澍著。《播琴堂诗集》,吴江金学诗著。共十一种,计洋壹百拾元。朱温还来即去。夜阅《中书典故汇纪》。

初五日 午后李紫东来,与购《行有恒堂初集》、定郡王著。《窗课存稿》、和硕醇亲王著。《燕山草堂集》、保定陈僖著。《龙泉园集》、蓟州李江著。《滑疑集》、青田韩锡胙著。乾隆刊《陈紫峰先生全集》、明陈琛著。《弢亭遗文》、顺德梁泉著。《古人今我斋诗》、顺德吴维彰著。《省吾斋古文集》、窦光鼐著。康熙精刻《春霭堂集》、海宁陈奕禧著。精刻《百一山房诗集》、仁和孙士毅著。《与我周旋集》、丰润魏元枢著。《茅山志》、光绪四年刊笪蟾光审编。明天启刊《三朝要典》、明顾秉谦等奉敕修。《麓生诗文合集》、绣川何元普著。《张文忠公归田类稿》、元张养浩著。《盍簪集》、蒲城刘国楫选。《韦庐诗内外集》、临川李秉礼著。《楚望阁诗集》、宁乡程颂万著。《道咸同光四朝诗史甲集》、《白香亭诗》、武冈邓辅纶著。《桐埜诗集》、贵阳周起渭著。《敦艺斋遗书》、新化邹汉勋著。《望眉草堂诗集》、贵筑严嗣徽著。《筱帆诗集》、南川徐大昌著。明刊《张文定公全集》、明张邦奇著。明万历刊《编蓬前后集》、华亭唐汝洵著。康熙《白沙子全集》、明陈献章著。康熙刊本《芥子园画传》、武英殿聚珍本《尚书详解》、宋陈经著。武英殿聚珍本《春秋释例》，晋杜预著。共三十种，计洋二百三十元。与益庵至沈子培处长谈，晤张篁楼。名彬，南皮人，光绪己丑举人。

初六日　午后喻志韶来，未几，康长素来，同看余所藏宋元椠本，以是晚宴长素于家也。傍晚左子异、徐积馀、况夔笙陆续至，将入席，李梅庵、蒋孟苹来，遂坐席，邀而未至者为沈子培、张菊生、章一山。席散看孟苹携来各种宋本并书画等件。

初七日　午后郑长发来，与购精刻《万山楼诗集》、长洲许虬著。精刻《西园诗选》、山阴刘大甲、大临、大任[著]。康熙精刻《瓦缶集》、《永怀集》、嘉兴李宗渭著。康熙精刻《谟觞诗集》，大名成文昭著。共四种，计洋廿四元。夜作函致张菊生、朱古微、李耘孙、顾辅卿。

初十日　柳蓉村送各种首本来看。夜与菊裳谈，将蓉村送来各种书请伊阅看。是日上午童亦韩来，未晤而去，留存丁益甫教谕著作，恳余刻也。

十一日　午后邱绍周来。晚以曹揆一自苏州来，即寓书房中，往谈良久。

十二日　晚宴揆一于都益处，与菊裳同往。至则拙存、夔笙、一山、揆一、益庵、醉愚、孟苹陆续至，遂入席，散后即归。揆一、夔笙、孟苹、益庵在余书斋谈至十二句钟乃散。

十三日　午后至沈子培处谈，并将《续传灯录》请伊阅看。晚与揆一、益庵同至振华旅馆应孟苹之招，盖亦宴揆一也。同坐者为况夔笙、章一山、姚作霖、名焕章，仁和人，癸卯举人，内阁中书。现在中华书局编辑。高欣木、褚礼堂。席散后，一山欲至中新旅社访吴蔚若，遂同往，以蔚若不在旅馆，未晤而归。

十四日　柳蓉村、邱绍周来。缪筱珊荐南京刻书人姜文卿来承办刻《台学统》事，即将首函与之。是日与钱长美购明万历刊《西峰重修琴谱》，明杨表正著。计洋十元。

十五日 午后邱绍周来,与购宋椠《博物志》,晋张华著,宋李日用注。计洋二百二十元。钱长美伙王仁权来,与购双韭山房钞本《续甬上耆旧诗》,计洋六十元。是夜宴吴蔚若、秦佩鹤于家中,傍晚先后至,子培、古微亦来,未几,履樛来,遂邀菊裳、揆一、益庵同入席,邀而未至者为杨芷姓。嘱醉愚作函致刘诚甫,又作函致吴蔚若。以揆一、益庵明日返苏,特至书房话别。

十六日 夜阅菊裳谈。阅《推背图》。

十七日 午后同菊裳至中新旅社访吴蔚若,未晤。再至商务印书馆访张菊生,又不晤,晤杨公亮,由伊陪至各处浏览一周而出。至绣云天游玩,此地余与菊裳均未到过,范围甚隘,铁廊嵌空亦颇纡折,然亦一览即尽耳。与菊裳小憩,略用点心而归。夜作函致君九。又作函致毛稚云。

十八日 午后阅李紫东送来各种首本。夜校《司空表圣文集》。

十九日 夜阅李紫东送来各种首本。

二十日 至泰利坊喻志韶处谈良久,以醉愚十八日纳宠,与志韶往认新人。夜志韶来谈,以明日入都,余代本生父亲先送其洋壹百元,小坐而去。夜与叶鞠裳谈。是日致顾鼎梅函,因其在河南卫辉为余购《南巡盛典》,乾隆殿本,高晋等奉敕撰。计洋四十二元。

二十二日 午后李紫东来,与购《杕左堂集》、嘉定孙致弥著。《笛倚楼诗》、仁和吴元镜著。《西江诗文稿》、慈溪王家振著。《海东逸史》、翁洲老民手稿。《风希堂诗集》、浦阳戴殿泗著。康熙精刻《青缃堂集》、长洲陆淹著。明嘉靖刻《纶扉稿》、《纶扉外稿》、《政府书答》、《南宫奏牍》、明高拱著。《真有益斋文编》、嘉善黄安涛著。明刊本《庄子翼》、明焦竑编订。《野云居诗文稿》、慈溪郑竺著。《秋药庵诗集》、仁和马履泰著。精刻小字本《天益山堂遗集》、明慈溪冯元仲著。《寄庐杂记》、江都钱国珍著。《藏密庐文稿》、慈溪郑乔迁著。《聂许斋诗钞》、甬上陈鸿俦著。《种芸仙馆词》、嘉兴冯登府著。仿宋精刻《天禄阁寓言外史》、汉黄宪著。尚友书屋刊《梦墨稿》、明时季照著。《籀经堂类稿》、晋江陈庆镛著。《有不为斋诗钞》、德清杨道生著。《二黄合稿》、歙黄崇惺著、鄞黄家鼎著。《饮虹堂诗词稿》，皖湖刘国筠著。共二十二种，计洋八十元。晚至哈同花园应姬觉弥之招，同坐者为罗叔韫、杨芷姓、范纬君、广东人。王静安、邹景叔名寿祺，今改名安，海宁人，戊戌进士，江苏丹阳县知县。及主人而已。

二十三日 晚至小有天应黄伯雨名以霖，江苏宿迁人，光绪乙酉拔贡，辛卯举人，前湖南提学使，现为大源公司经理。之招，同坐者为杨芷姓、徐积馀、陈介庵、名树屏，安徽望江人，光绪壬辰进士，湖北候补知府。曾农髯、名熙，湖南人。李梅庵、许亦飞海州赣榆人，久香之子。及主人而已。

二十四日 午后朱文海来。夜阅柳蓉村携来各种书籍。

二十五日 夜阅《忏因笔记》。嘱醉愚作函致罗叔韫。

二十六日 午后柳蓉村来，与购宋景定本《老子道德经》、河上公章句注释。《荀子》、唐大理评事杨倞注。元延祐刊《郝文忠陵川集》、元郝经著。少十七至十九、廿四至廿六。元刊黑口本《静修先生集》、元刘因著。元至元刊黑口本《瀛奎律髓》、宋刊元明递修本《宋文鉴》、宋吕祖谦编。明晋藩刊黑口本《新序》、汉刘向著。明天顺刊黑口本《大明一统志》、明李贤等奉敕修。明万历刊《汉魏诗乘》、宣城梅鼎祚编。明汪文盛本《五代史记》、宋欧阳修著，徐无党注。明汪文盛校刊本《前汉书》、汉班固著。明汪文盛本《后汉书》、南宋范晔著，唐章怀太子注。明李元阳闽刊本《十三经注疏》、明嘉靖本《近思录集解》、明嘉靖刊《伊洛渊源录》、旧影宋钞本《古文苑》、旧钞本《泰昌天启时事》，以上皆莫郘亭藏书，共十七种，计洋叁千壹百捌拾贰元。又明初刊本《续传镫录》少廿二至廿四三卷。一种，洋叁百元。金守梅来，与购明万历刊《南华真经副墨》明陆长庚述。一种，计洋十三元。嘱醉愚作函致康长素。又作函致陶子麟。

二十七日 午后嘱醉愚作函致王君九。

二十八日 俞凤宾来谈，因唐蔚芝之嘱，渠来借书也。夜校《司空表圣文集》。

二十九日 午后邹紫东来谈。李紫东、金守梅、柳蓉村均携书来看。嘱醉愚作函致潘兰史。

五月初一日 午后钱长美伙王仁权来,与购宋椠《音点春秋左传》、明初刊黑口本《史记》,共二种,计洋二百元。李紫东来,与购宋椠本《通鉴总类》、明万历二十四年刊本《魏书》、北齐魏收著。明万历十六年刊《北齐书》,隋李百药著。共三种,计洋一百三十六元。周梦坡、吴昌硕来谈。陶拙存、宗子戴先后至,均长谈而去。出至迁善里吊钱听邠之丧,四月廿八日卯时弃世。一拜即归。穆子美来,算去书帐一百九十二元,余阅其所刻诸书,讹讹尚多,勘校全不在意,而筱珊似亦不甚复核,其认真远不如前,求人之难,良可浩叹。

初二日 午后李紫东来以书来看。笃初弟来,同至三马路会宾楼应邹紫东、童亢舲、黄同武名振宗,湖北钟祥县人。其父为福建布政司毓恩,字泽臣。之招,同坐者为马隽卿、名士杰,江苏高邮人,光绪癸巳举人,内阁中书。国变后,曾任江苏内务司长,现充江苏水利局长等差,亦大源公司董事也。余寿平、许健云、海州人,为久香都转之侄。邹树文、名应萱,紫东长子。笃初弟、主人而已。所谈为大源公司购轮船事。作函致吴子修。柳蓉村来。晚宴邹紫东于家,杨芷姓、黄伯雨、陶拙存先后至,紫东偕其子树文、童亢舲同来,遂邀菊裳并笃初弟入席,邀而未至者为丁衡甫而已。夜校《慈寿堂文集》。吾湖沈畏堂征君树德所著。

初三日 午后周楚江来。柳蓉村来。出至四马路一枝香应秦佩鹤之招,同坐者为邹紫东、朱古微、江霄纬、名瀚,本生父亲乡会同年。初官陕西知县,后官浙江候补道。朱寿丞、叶鞠裳及主人而已。嘱醉愚作函致崔盘石,又作函致朱古微,又作函致况夔笙。

初四日 午后邱绍周来,与购成亲王书七言联计洋二十元,又与购《梅花溪诗草》、勾吴钱泳著。《尺云轩诗文集》,六合朱实发[著]。共三种,计洋六元。晚至叶鞠裳处长谈。

初五日 午后送菊裳薪脩洋壹千元,伊以《史记》未成,不肯领受。余谓客腊尚未致送，今则无可再却，况来此已届一年，必须收领。彼此推让至再，乃收洋五百元，声明此后俟《史记》告成再送。蒋孟苹来，同至辛家花园应康长素之招，导看各国古玩，并伊收藏古画，又上楼至其书斋看各种碑拓及古铜玉器。八句钟入席，同坐者为左子异、张菊生、林诒书、杨芷姓、龚怀西、名心钊，合肥人，乙未翰林。仰蘧方伯之子。况夔笙、程伯喈、淯，常州人，前清山西候补道，入民国后为□部次长。陆逸君、名敦骙，广东鹤山人，为报馆主笔，长素之弟子也。蒋孟苹而已。席散看演焰火四架。

初六日　午后柳蓉村来。嘱醉愚作函致喻志韶。

初七日　午后柳蓉村、李紫东来。

十四日　是日报载昨晨四时张勋、王士珍、江朝宗、吴炳湘等入宫迎宣统帝复辟，即日以张勋、王士珍、陈宝琛、梁敦彦、袁大化、张镇芳、刘廷琛据说议政八人而报纸止载七人。为议政大臣，盖帝以群臣恭具三折吁恳复位，其一系张勋、冯国璋、陆荣廷及各省督军劝进；其二由瞿鸿禨、陈夔龙、邹嘉来、朱祖谋等领衔及诸旧臣劝进；其三则黎元洪恳请归还大政也。六载共和，仍归故主，谨书其事以志之。

十八日　午后接章一山书，述京中情形。夜与菊赏长谈。

十九日　是日杜经侯自松江来，孙益庵自苏州来，况夔笙来访，以病未见。

二十日　午前阅报纸，知复辟事各省一致反对，南京设临时政府，冯国璋以副总统资格代理大总统，国务总理一席准李经羲辞职，以段祺瑞为之，夺张勋长江巡阅使安徽督军勋一位陆军上将等职。邹紫东在菊裳处，往谈片刻，询以有北京确信否，答曰无之。既而张孟劬、孙益庵亦来访菊裳，紫东别去，余亦还书房。灯下阅《夜航船》。

二十一日　夜阅《榆巢杂识》。

二十三日　午后阅穆子美寄来新刻样本。顾鼎梅在河南又为代购《河南通志》、雍正九年田文镜等修。《续河南通志》，乾隆三十二年阿思哈等修。计洋十五元。

二十四日 午后阅李紫东送来各种首本。柳蓉村来,与购宋椠本《朱子语类》、宋黎靖德编。元至元九年刊本《伊洛渊源录》、宋朱熹著。元椠《香溪先生文集》、宋范俊著。明正德刊《浮溪文粹》、《几社壬申合稿》、华亭杜骐征、徐凤彩、盛翼进选。姚元之过录批本《春秋四传》、宋胡安国著。《龙州集》、宋庐陵刘过著。此书本题苏过著,经陈仲鱼考正,并有跋语。汲古阁刊《汉隶字源》、宋娄机著。《玉华洞志》、《正气堂集》、明俞大猷著。《绀寒亭诗文集》、嘉定赵俞著。旧钞《群经冠服图考》、晋安黄世发著。莫友芝手写本《干禄字书》、批校本《困学纪闻》、宋王应麟著。《简斋集》、宋陈与义著,友芝批校。莫郘亭校本《姜尧章集》、宋姜夔著。精刻《金梁梦月词》、《怀梦词》、《鸿雪词》、祥符周之琦著。《海外新书》、日本物茂卿著。旧钞本《火攻挈/秘要》、泰西汤若望授。明刊莫郘亭校本《温公家范》、宋司马光著。精刊秦文恭公校本《五礼通考》、无锡秦蕙田著。精刻《读礼通考》、昆山徐乾学著。明万历刊《二范集》、宋范仲淹/纯仁著。汲古阁刊《毛诗疏》、批本乾隆刊《浙人诗存》,钱塘柴杰编。又旧钞秘本《国榷》,盐官谈迁著。此书甚宝贵。共二十六种,计洋贰千捌百元。嘱醉愚作函致张馨谷。其人并不相识,特来索余所刻,因以十六种寄杭州。又作函致王君九。是日陆纯伯五十寿辰,嘱杞儿往祝焉。

二十五日 午后孟苹来,前此孙问清所抵余处之书,为书估所惑,特备款由余处赎去,今由孟苹出名,仍向购回,共计十六种:系宋椠《鹤山大全集》、宋魏了翁著。宋椠《诸葛武侯传》、此二种皆士礼居物,海内孤本。宋元祐刊《范文正公集》、宋范仲淹著。宋椠《东莱集注类编观澜文甲乙集》、宋林之奇编。宋淳佑九年刊《后村居士集》、宋刘克庄著。宋椠明配本《秦淮海集》、宋秦观著。宋椠十行本《附释名春秋左传注疏》、孔颖达等著,陆德明释文。元椠《纂图互注荀子》、宋龚士卨著。元广勤堂刊本《集千家注分类杜工部诗文集》、唐杜甫著,徐居仁编次,黄鹤补注。旧钞《秋涧先生全集》、元王恽著。旧钞《弘明集》、《广弘明集》、梁释僧祐著、唐释道宣著。旧钞《巴西邓先生集》、元邓文原著。旧钞

《雪碗集》、海盐杨时英著。旧钞《古逸民先生集》、婺源汪炎昶著。明刊残本《史记》、明游大升刊。旧钞《夷白斋集》，计洋陆千贰百元。其《夷白斋集》钤有蒋氏厚轩图章，乃孟苹祖也，即贻赠孟苹，以酬其劳。周梦坡来，为筱珊售书事，于是日谈妥，约一万一千元云，均长谈而去。夜校《慈寿堂文钞》。

二十六日　午后得杨芷姓书，唐元素托其售旧钞稿本《二十四泉草堂集》，历城王苹著。余应之计洋二十四元，书系两册，计值不到此数，亦以情面难却，只得如数与之。吴石潜惠《遁盦秦汉印选》二十四册。

二十七日　午后张菊生来，辞以病未见。李紫东、柳蓉村均送首本来看。夜校《慈寿堂文钞》。

二十八日　午后李紫东来，与购明覆宋刊本白皮纸印《唐百家诗》一百卷。六十四册，计洋三百元。又明嘉靖戊戌伍氏精刻《白氏长庆集》，唐白居易著。计洋壹百元。又精刻本《柳渔诗钞》、钱塘张湄著。内府刊大字本《资政要览》、仿宋刊本《适斋居士全集》、长白觉罗舒敏著。《抱山堂集》、钱塘朱彭著。殿本开化纸印《同文韵统》、和硕庄亲王允禄等纂。明嘉靖刊白皮纸印《张南湖先生诗词集》、明张世文著。《知守斋诗初二别集》、龙溪郑开禧著。《铁堂诗钞》、侯官许珌著。《野航诗钞》、龙溪严仙藜著。《雪岩诗钞》、龙溪林梦斗著。《樗云诗钞》、龙溪郑琮著。批校本《李义山诗集》、唐李商隐著，吴江朱鹤龄笺注。咸丰甘肃刊本《平藩奏议》、明刊本《静居集》、明浔阳张羽著。明万历刊《管涔子集》、明周循宜著。明万历刊《徐氏海隅文集》、明吴郡徐学谟著。明刊本《海隅诗集》、明吴郡徐学谟著。精刻本《北黟山人诗》、新安吴苑著。精刻本《东里生烬馀集》、仁和汪家禧著。《瑞榴堂诗》、蒙古托浑布爱山著。明刊本《吴襄惠公济美堂集》、明吴文华著。《谦受堂集》、大兴邵大业著。《栖云阁诗》、淄川高珩著。精刻本《南湖全集》、四明陈美训著。《灵樵仙馆诗草》、灵石何乃莹著。明写刊精本《敝箧集》、《广庄》附，明袁宏道著。《瑻琈山房诗稿》、华州王志湉著。《袚园集》、真定梁清远著。明隆庆刊

《乔庄简公集》、明乔宇著。《恒斋初集》、乌江周龙藻著。《砺岩续文部续文部二集》、云间周金然/卓休园辑。《古今词汇初二三编》、内府聚珍本《西巡盛典》、嘉庆十七年董诰等撰。《梧竹轩诗钞》、江都徐兆英著。《退复轩诗文集》、兀鲁特锡缜著。明万历刊《弗告堂集》、明于若瀛著。《斋庄中正堂诗集》、吴江殷兆镛著。《月麓堂文集》、明晋陵张师绎著。《榴实山庄遗稿》、吴存义著。《期不负斋政书》、宜兴周家楣著。《抱真书屋诗钞》、蒙自陆应谷著。《也居山房诗文集》、衡阳魏承柷著。《蒙泉文集》、善化张九思著。钞本《太庵初集》、和宁著。《瞎堂诗集》、番禺天然罡禅师著。《芥子园画传二三集》,秀水王安节宓草司直摹古。又配南监本明万历三年刊《梁书》、唐姚思廉著。明万历廿四年刊《晋书》、唐太宗皇帝御著。明万历十七年刊《南史》、唐李延寿著。明万历十九年刊《北史》、唐李延寿著。明万历十六年刊《周书》、唐令狐德棻等著。明万历廿二年刊《宋书》、梁沈约著。明万历刊《新唐书》、宋欧阳修、宋祁同著。释音附。明万历四年刊《五代史记》、宋欧阳修著,徐无党注。明嘉靖八年刊《辽史》、元脱脱修。明万历三十年刊《元史》,明宋濂等奉敕修。共五十六种,计洋六百元。三共洋壹千元。夜柳蓉村携首本来求售。

二十九日　午后郑叔问备函介益庵以画箑二柄向余押洋二百元,其人久不来缠,今复持此相商,恐其纠缠不清,假以百元而还其扇,特作函复之。

三十日　午前吴昌硕夫人举殡,出在湖州会馆,道经老垃圾桥,本生父亲与余在贻德里设路祭,约一句钟启行。时已卓午,匆匆前往,至则灵柩甫过,由笃初弟行礼,已祭毕矣,随即送至湖州会馆,拜毕在花厅小坐,与杨信之、王一亭略谈而出。

六月初一日　午后钟伯荃、陆纯伯来谈,谈至傍晚,伯荃先去,纯伯为徐固卿名绍桢,广东番禺人,举人。江苏候补道,特擢苏松总兵,充江苏陆军统制。宋元板书籍十馀种急欲脱手,托伊向余说项,劝余应酬,因检购五种,其价照码八折。

初五日 前所购徐固卿书籍，今已送来，系宋椠《纂图互注南华真经》、晋郭象注，唐陆德明音义。元至正丙申翠岩精舍刊本《广韵》、元岁寒堂刊《范文正公政府奏议》、《年谱补遗》、《遗迹尺牍》、宋范仲淹著。元刊《事文类聚翰墨全书》、系一百五十四卷，甲十二集，后五集。元刊《新笺决科古今源流至论》、宋林駉编。《别集》，黄履翁编。共五种，计洋壹千捌百元。

初十日 午后校《慈寿堂文钞》。嘱醉愚作函致吴仓硕，余以晓霞四十，特嘱仓硕撰屏四条，并旧有仓硕所绘蟠桃大幅寿之。是函附去洋四十五元，又墨费二元，系润笔资也。又作函致王玫伯，又作函致吴石潜。又作函致顾鼎梅。

十一日 夜校《慈寿堂文钞》。

十二日 午后柳蓉村来，与购稿本《水经注疏证》、长洲沈文起。稿本《王荆公文集注》附《勘误补正》。又《苏文忠诗集补正》，长洲沈文起著。二种皆亲笔。计洋四百二十元。又明嘉靖味经堂刊本《周易注》、魏王弼著。明万历刊本《雍胜略》、明李应祥、俞安期编纂。康熙精刊《纫兰堂集》、虞山孟弘铎著。明万历玉兰草堂本《辍耕录》、元陶宗仪著。《晴川蟹录》、仁和孙之騄辑。明写刊本《杨升庵诗》、明杨慎著。《古今疏》，济阴朱虚著。共七种，计洋二百二十元。两共洋六百四十元。

十三日 午后与徐固卿购宋椠十行本《周易兼义》，计洋三百二十五元。仍由沈季璜经手。

十四日 柳蓉村送首本来看。夜嘱醉愚作函致王君九，又作函致梁节庵。

十五日 夜阅《慈寿堂文钞》。又校《云南水道考》。

十六日 午后柳蓉村来。嘱醉愚作函致缪筱珊。

十七日 以徐晓霞四十生辰，挈杞儿同至文监师路，余长揖，命杞儿拜祝焉。略谈而归。柳蓉村来，与购稿本《曹子建集》、魏曹植著，金陵朱绪曾辑。影山草堂钞郘亭校本《增广笺注简斋诗集》、宋陈与义著，胡稚笺。汲古阁刊郘亭校本《五代史》、宋欧阳修著，徐无党注。甘泉岑氏刻本《旧唐书》及《校勘记》、甘泉罗士琳、仪征刘文淇同订。精刻初印《泰山志》、嘉庆三年休宁金棨修。康熙露涤斋刊《后汉书补逸》、钱塘姚之骃辑。《桂胜》、《桂故》、明张鸣凤著。明嘉靖林氏刊本《重订叠山谢先生文集》、宋谢枋得著。明嘉靖刊本《清献文集》、宋赵抃著。影山草堂钞本《草庐经略》、湖广黄之锐著述。《瓶花书屋校勘书》、江夏童豫和辑。明嘉靖刊《医学纲目》、明萧山娄全善辑。虞山毛氏绿君亭刊本《本草经疏》、东吴缪希雍著。明正德戊寅重刊本《史记》、汉司马迁著,唐司马贞注。《诗浀》、会稽范家相学。《青霞公集》,明沈炼著。共十六种,计洋六百六十元。夜阅《五代史·冯道传》。

十八日 夜复校《闻过斋集》。

十九日 午后校《闻过斋集》。夜嘱醉愚作函致杨定敷。

二十日 午后缪筱珊来长谈而去,伊于四月间托醉愚来说,备述近况渐艰,欲以所藏宋元椠本十馀种,让售于余。去岁曾与余面谈,此项书籍本与袁抱存有成约,计值贰万元,让售于余,特改为壹万捌千元,今则让至万五千元。余托人将书单估价,约值六七千元。嗣又托梦坡来谈,余初还价壹万元,已属重伊情面,继而由梦坡谈定,共计十六种,计洋壹万壹千元,书则较去岁所谈时,亦已少数种矣。其书为宋精椠《监本纂图重言重意互注点校尚书》、宋淳熙刊本《窦氏连珠集》、此系士礼居藏书,见《百宋一廛赋注》。宋嘉定精刊本《帝学》、宋范祖禹著。宋椠残本《东坡先生后集》、宋苏轼著。宋精椠本《唐书》、内缺志卅四至四十三,表十上、十一上、十四上、十四下,传四十至四十三、五十九、六十、六十一至六十四、一百廿四至一百廿九、一百三十八至一百四十、一百四十八、一百四十九,又钞配传廿六、廿七、一百廿二至一百廿三、一百三十至一百三十二。宋嘉定十五年刊《两汉诏令》、西汉,宋林虙;东汉,宋楼昉编。宋麻沙十三行本《新编音点性理群书句解前集》、宋熊节集编,熊刚大集解。宋麻沙十三行本《新刊音点性理群书句解后集》、宋朱文公、吕成公编,熊刚大集解。宋开庆椠本《西山真文忠公读书记甲乙丁三集》、宋真德秀著。宋椠十行本内影写四册。《自警编》、宋赵善璙编。宋嘉定壬申重修本《范文正公集》、《别集》、《年谱》、宋范仲淹著。钱叔宝手钞本《华阳国志》、晋常璩著。爱日精庐钞本《说文解字补义》、元包希鲁著。钱允治手钞本《庶斋老学丛谈》、金盛如梓著。宋椠本《隋书详节》、旧钞本《松陵集》而已，其洋已于今日付清，特详记之。夜阅《悔庵文集》。归安严元照著。嘱醉愚作函致沈休穆。

二十一日 午后柳蓉村携书来看。夜阅《慈寿堂文钞》。

二十二日 午后李紫东携书来看。夜柳蓉村来看，出各种书籍，于今夜讲定，谈至十一句钟而去。嘱醉愚作函致叶鞠裳。又作函致梁节庵，又作函致杨谱笙。

二十三日 午后柳蓉村来，与购明刊大字黑口本《周易传义》、附《上下篇义》、《五赞》、《筮仪》、宋程颐《传》、朱熹《本义》。明正统残本《恒轩遗稿》、明山阴韩经本常著。康熙精刻殿本《词谱》、陈廷敬等奉敕著。又《曲谱》、明嘉靖刊本《矩洲诗集》、明南海黄衷著。《云笈七签》、明清真居士张萱补。明嘉靖刊《翔鸿集》、明云间张之象著。明万历刊《祝子罪知录》、明祝允明纂。明万历刊《唐伯虎集》、明吴趋唐寅著。《杨升庵长短句》、《杨夫人词馀》附。精刻本《木鸢集》、吴门朱受新著。乾隆五年精刻《味和堂诗集》、铁岭高其倬著。《介石诗钞》、太仓杨宗时著。明嘉靖本《读书札记》、明徐问著。康熙精刻《芋香诗钞》、华亭船子宗渭绀池著。明成化黑口本《王文安公诗集》、明王英著。安愚堂精刻本《江文通集》、梁江淹著，清梁宾辑。旧钞稿本《海上闻见录》、鹭岛道人梦庵辑。明刊黑口本《二程遗书》、宋程颢、程颐著。钞稿本《管子校正》、德清戴望述。旧钞本《泸志》、旧钞本《朱门授受录》。锡山吴鼐编。至此止。《本草述》、还读山房本，潜江刘若金著。道光庚寅宝仁堂刊《璜川吴氏经学丛书》、明刊《考盘集》，明女史赵陆卿子著。共二十二种，前购《璜川吴氏丛书》系属不全，计洋三十五元，又购旧钞《天启时事》亦系不全，计洋四十八元，今与购《璜川全书》，又加《本草述》、《考盘集》共三种，将旧价八十三元消讫。其不全两书退还。计洋壹千元。对换之书不在内。又购《士礼居丛书》，书品阔大，并无拼配。计洋四百元。两共洋壹千肆百元。李紫东来，与购明嘉靖刊《保婴撮要》、明薛铠编集。乾隆精刻《澄秋阁初/二/三集》、江都闵华著。明刊《李卓吾先生批评玉合记》、乾隆刊本《毛诗名物图说》、吴中徐鼎辑。殿本《大佛顶首楞严经》、《楞伽阿跋多罗宝经》、明嘉靖奇字斋刊本《类笺唐王右丞诗集》,唐王维著,宋刘辰翁评,明顾起经注。共六种,计洋壹百廿五元。钱长美伙王仁权携来旧钞本《思文大纪》、明嘉靖黑口本《怡斋诗集》、明藩朱成铈著。旧钞校本《侍郎葛公归愚集》、宋葛立方著。光绪无锡薛刻《天一阁见存书目》,无锡薛福成编次。共四种,计洋叁拾元。

二十四日 午后校《慈寿堂文钞》。

二十六日 阅《椒生随笔》。

二十七日 午后张砚孙、徐晓霞先后来谈,适叶焕彬见过,挡驾未入而去。张、徐去后,余乃出至三洋泾桥临平里同福栈答叶焕彬,不值。将出门,左子异来,略谈而别。嘱醉愚作函致叶焕彬。

二十八日 是日叶鞠裳差陆升特送宋椠《史记》到申,以病卧垂危,深恐不测,致散佚史书,故特送来耳。念其病况至此,犹拳拳不忘斯事,君子人欤,可敬可敬。因作函交陆升带去。夜阅《椒生随笔》。

二十九日 午后李紫东来,与购《大岳太和山纪略》、乾隆九年王概等修。明嘉靖壬戌刊本《古庵毛先生文集》、《毗陵正学编》附,明毛宪著。《嘉懿集初续钞》、和阳高塘辑。《广寒香传奇》、苍山子编。项氏玉渊堂精刻《五经文字》、《九经字样》、《王右丞集》、《韦苏州集》、《黄仪逋诗》、聚锦堂刊《诚一堂琴谱》、《琴谈》附,新安程允基订。明嘉靖刊《鹤田草堂集》、明蔡□著。旧钞校本《至正庚辛唱和诗》,本系购定明刊《夷坚志》,嗣因不全,乃与换此。此乃江东罗氏藏本,甚佳也。共八种,计洋壹百元。周楚江来。夜阅《椒生随笔》。

三十日 午后阅《复辟始末记》,信口雌黄,未足据也,阅之徒深怏怏。傍晚叶焕彬、杨芷姓、左子异、陶拙存、徐积馀、喻志韶、葛咏莪先后至,益庵亦来,遂入席。席间畅谈时事,至十句钟始散。

七月初一日 午后嘱醉愚作函致沈休穆。夜又作函致罗叔韫，并补送书三种，以答其石印《吉石盦丛书》古籍丛残之赠也。

初二日 午后柳蓉村来即去。

初三日 午后陆纯伯来，伊因李梅庵有信为其友贺少亮太守弼还湘无资，欲将瓷器向余抵洋二千元，竭力说项，相嬲不已，余不允，纯伯再三相商，至晚未去，不得已告以介绍他处，约彼明后日由咏和约同来看，敷衍移时而去。

初四日 午后朱文海来。

初五日 午前刘谦甫自扬州来。出至新闸路高照里访章一山，于初三日自津回沪。谈复辟事良久归家。夜作函致叶鞠裳，因菊裳病重，日来未卜如何，明日特遣陈福乘早车前往问疾，并送去食物六种。

初六日 是夜陈福自苏州回，得菊裳谢笺，有"有负诿诿，抱惭入地"之语，其末署"昌炽最后上言"，盖其病油干火尽，已十之八九也。余见而怃然者久之。

初七日 午后柳蓉村携书来看。

初八日 午后嘱醉愚作函致陆纯伯，并附去补祝五十寿诗一章。夜嘱醉愚作函致王静安。

初九日 午后校《湖录经籍考》。晚喻志韶来，同往爱俪园应哈同补席之招，同坐者为左子异、伊峻斋及志韶而已。

初十日 午后朱文海来。校《湖录经籍考》。夜饭后偕朱姬游大世界，地颇旷敞，备有各种游戏技艺，游人如沸，似醉似痴，具见海上繁华，层见迭出，幻于蜃楼海市矣。购《清室外记》及《此登临楼笔记》。嘱醉愚作函致叶焕彬，又作函致杨定敷。余阅《此登临楼笔记》。

十一日 嘱醉愚作函致况夔笙。

十二日 午刻至小有天应林诒书、李拔可之招，同坐者为周少朴、名树模，湖北天门人，光绪己丑翰林，官至黑龙江巡抚。国变后，改为都督。后入京为平政院院长。沈爱苍、名瑜庆，福建侯官人，文肃公之子。乙酉举人，官至贵州巡抚。张菊生、朱古微、余寿平、杨芷姓及主人而已。席散与菊生谈良久出。至虹口邓脱路谦吉里访缪筱珊,长谈至傍晚而出。夜校《湖录经籍考》。

十三日 柳蓉村来,与购明嘉靖刊莫郘亭校宋本《山谷先生全书》、宋黄庭坚著。明万历刊《国朝列卿年表》、明丰城雷礼辑。明万历刊《水经》、汉桑钦著,后魏郦道元注。乾隆刊本《韩诗外传校注》、《西汉儒林传经表》、均新安周廷寀著。明万历刊《痘疹心要》、明万全著。明万历刊《活人书》、明关中来复著。旧钞本《皇元风雅》、元傅习采集,孙存吾编类,虞集校选。康熙刊《陋轩诗》、《陋轩诗续》、泰州吴嘉纪著。明崇祯刊《程洺水先生集》、宋新安程泌著。《坚白石斋诗集》、乐静李銮宣著。道光刊《薛考功集》、明亳州薛蕙著。《校礼堂全集》、歙凌廷堪著。比《汇刻书目》多二种。明黑口本《养生杂纂》、旧钞校本《元朝名臣事略》、元苏天爵辑。嘉庆乐叙堂精刊《花王阁剩稿》、景城纪坤著。《姚石甫先生四种》共十七种,计洋八百零三元。夜校《湖录经籍考》。

十四日 午后朱古微来谈,携来济生会劝募顺直水灾,余以洋壹百元助之。李紫东来,亦携顺直水灾册劝募,余助以洋拾元而去。叶焕彬来,略谈而去。嘱醉愚作函致缪筱珊。傍晚林伯翀来,余托黄石荪买旧钞《陈石间先生诗稿》,陈景元著。其书六册,已从青州寄来,计洋二百四十元,嘱就近汇交支仲云,今仲云已赴山左,其夫人命其侄伯翀来取,即如数给之,小谈而去。嘱醉愚作函致黄石荪,又作函致李审言。

十五日 午后以爱俪园古物研究会常会,特往焉,晤熟友颇多,周览陈列铜器书画各物,与张让三、宋澄之谈,徘徊至傍晚而返。夜喻志韶来谈,至十一句钟而去。

十六日 午后李紫东来,与购康熙刊《桂留堂文集》、云间吴之騄著。《墨香阁文集》、茶陵彭维新著。乾隆丁亥刊《所知集初二三编》、江宁陈毅选辑。《逗雨斋诗草》、海宁许肇封著。道光刊《琴砚草堂诗文集》、海宁沈毓荪著。明万历刊皮纸印《徐文长三集》、明徐渭著。《候涛山房吟草》、蛟川谢佑琦著。精刊《固哉叟诗钞》、嘉兴高孝本著。嘉庆刊《澹粹轩诗草》、少华王志瀜著。明万历刊《后吴越游》、明松陵王叔承著。《吟云仙馆合稿》、华阳曾咏、阳湖左锡嘉女史著。明嘉靖丙辰刊白皮纸印《翁东涯集》、明揭阳翁万达著。康熙精刊本《芙航诗撷》、武进杨士凝著。《瘦松柏斋初集/别集/外集》、《试帖》附，铅山陈文瑞著。康熙刊《证山堂集》、鄞周斯盛著。《阙里孔氏诗钞》、《曲阜诗钞》、曲阜孔宪彝纂辑。雍正精刊《白村集》、嘉善曹奕霞著。明刊黑口本白皮纸印《刘屏山集》、宋刘子翚著。乾隆刊《南昌文考》、乾隆己酉刊《小树轩诗集》、钱塘金虞著。《小容斋诗钞》、宜黄洪占铨著。明嘉靖刊《未轩文集》、明莆田黄仲昭著。明嘉靖黑口刊本《类博稿》、明岳正著。明万历刊白皮纸印《书经讲义》、明清源刘尔硕著。明万历刊《渭上稿》、明关中南轩著。明刊皮纸印《吹剑集》，明勾馀吴士鸿著。共二十六种，计洋肆百零捌元。是晚姬觉弥招饮于爱俪园，左子异招饮于都益处，均作书谢之。

十七日　嘱醉愚作函致叶鞠裳，又作函致朱古微，又作函致陆纯伯，又作函致叶焕彬。

十八日　午后秦佩鹤来谈，并出示其子自苏来函，详述叶鞠裳病情。嘱醉愚作函致唐元素，并补送寿诗一幅，盖元素去岁六十，余适持服，未送礼故也。夜阅《云自在龛笔记》。前托张笃生在京城宝笈堂书肆购覃溪真迹《经文杂记》一册，计洋壹百陆拾元，其洋于今日划去，特志之。

二十日　夜嘱醉愚作函致李梅庵，又作函致梁节庵，又作函致王君九。

二十一日　午后钱长美伙王仁权来，与购武英殿刊开化纸印《十三经注疏》，又武英殿刊开化纸印《皇清文颖》、乾隆十二年张廷玉等奉敕编。嘉庆刊本《皇清文颖续编》，嘉庆九年董诰等奉敕编。共三种，计洋陆百叁拾元。夜嘱醉愚作函致潘兰史，又作函致沈休穆，又作函致孙公达。

二十二日　午后李紫东来，携首本求售。嘱醉愚作函致顾鼎梅。

二十三日 午后李紫东来,与购《青草堂初二集》、丰润赵国华著。乾隆刊《缉斋文集》、漳浦蔡新著。乾隆刊《潼水阁集》、潼关杨端本著。春晖堂刊《独善堂文集》、东台王大经著。内府刊本《世宗宪皇帝御制诗文集》、古歙汪氏精刊《古文四声韵》、宋夏竦集。《翻译名义集》、宋姑苏景德寺普润大师法云编。《剑虹居文集》、山阳秦焕著。康熙精刊本《过江集》、江都史申义著。乾隆五十年刊《钦定清凉山志》、道光精刻本《心知堂诗稿》、成都汪仲洋著。乾隆己亥刊《北溪全集》、宋临漳陈淳著。康熙精刊《古雪堂诗集》、长洲金露著。雍正间内府刊本《二十八经同函》、明嘉靖湖广官书刊《春秋经传》、明嘉靖湖广官书刊《礼记集传》、陈澔著。《钦定平定回疆剿捡逆裔方略》,曹振镛等奉敕著。共十七种,计洋三百五十五元。

二十七日 午后柳蓉村来。

二十九日 出至仁济堂访冯梦华,适他出,晤朱绍伊、古微,谈片时,梦华已归,长谈良久而出。是日缪筱珊来,未晤而去。

八月朔日 午后柳蓉村来。夜看李紫东送来各首本书。

初二日 晚张菊生来,未晤。

初三日 嘱醉愚作函致金谔轩。送谔轩《云南水道考》二部、《查东山》、《阎古古》两年谱、《周易正义》。候叶鞠裳疾。

初四日 午后梁节庵来长谈良久,知赏假一月,昨日抵沪,小住三四日,即欲回京。所谈五月中复辟事,言之泪下,皇上读书极聪敏,事理亦极明白,当此时艰,其何以堪。出至商务印书馆访张菊生,谈良久而别。夜间嘱醉愚作函致梁节庵、张菊生。

初五日 晚邹紫东、丁衡甫、李木公、名国松,号健甫,国变后改今号。光绪丁酉举人,度支部郎中,为仲仙制军经羲之子。黄同武、名振宗,湖北钟祥人,为前福建藩司泽臣方伯毓恩之子。邹聿文、童亢舲先后来,谈至七时半乃入席,宴诸公于嘉业堂,与笃初弟合请也。嘱醉愚作函致谢蓉征。送其《雪桥诗话》两部。

初六日　午后阅柳蓉村送来各书头本。夜作函致杨芷姓。

初七日　夜阅李紫东送来各书首本。

初八日　午后梁节庵来长谈而去。章一山来。出至庆远里吊陈桂题之丧。

初九日　午后章一山与刘稚樵、江西德化人，为云樵观察之子，幼云侍郎之弟。伯铭幼云侍郎之长子。来，未几梁节庵亦来，共谈良久。节庵以假期将满，今明即欲北上。吕幼舲送来赵子昂人物手卷、董香光行书尺页、定武拓本《兰亭序》，展阅良久。予以真假莫辨，嘱醉愚作书还之。夜阅《袁世凯》，此书系坊间采集报纸各料，为牟利之计，故其事迹错误殊多，且有信口雌黄不足凭信者，予略为改之。

初十日　至麦根路张弁群处长谈，并阅其碑帖良久。

十一日　午后穆子美来算帐，伊处稿本已完，因其刊刻不佳，本拟停止，而伊再三相恳，因付与《屈翁山文集》。去年菊裳荐徐稚圃刻书，付与此书，迄今年余未刻，菊裳取之来还予，即付与子美。至泰利坊喻志韶处，因病未见。夜阅李紫东送来各书首本。

十四日　夜况夔笙来，在益庵书房谈良久，夔笙去。益庵与予谈，杞儿不肯认真读书，散学回房，其母全然不管，无论何事，听其自主，致身体瘦弱，晏眠晏起，有母如无母，思之闷极，此亦予心中大不快乐之一也。

中秋日　夜阅《毕秋帆制军沅年谱》，此与李紫东新买之《灵岩山人诗集》中附在后者也。

十六日　嘱醉愚作函致刘聚卿。

十七日　午后缪筱珊与其子子彬来谈。柳蓉村来。

十八日　午后李紫东、柳蓉村均有书送来阅看。

二十日　午后朱甸卿来，与之购书六种、尺牍三册、一为阮文达公元，一为翁文恭公同龢，一为何子贞太史绍基及许乃钊、吴兰雪舍人嵩梁、刘燕庭、许乃普等人。鼻烟二瓶，计洋二百十元，将二月间所借之二百元退清讫外，另找伊拾元而罢。夜阅甸卿送来各书。

二十一日 午后缪筱珊来谈良久而去。作函致杨定敷、叶鞠裳。

二十二日 与孙益庵同至沈子培处谈至晚而归,伊藏有《章实斋全集》稿本,较《文史通义》多至数倍,向未刻过,实斋著述,此为最足。益庵劝予刻以行世,予允之。今见子培,伊谓"此书予向极宝贵,从不假人,今阁下可刊,尽可取去",予不禁为实斋庆也。

二十五日 嘱醉愚作函与陈弢庵,九月廿四七十双寿,予送寿屏一堂,砚荪所写而予出名。文则一山所撰。弢庵名宝琛,福建闽县人。梁节庵、钱念劬、于子昂,均有书赠送。托阶平带京者也。

二十六日 晚为淞社三十二集,社友如章一山、杨芷姓、陶拙存、张让三、缪小珊、朱砚涛、徐积馀、唐元素、周湘舲、恽季申、瑾叔、潘兰史、张砚荪,新邀入社者况夔笙、王静安二人陆续来,小谈片时,遂邀入席,计两桌。淞女即请小珊开荤席。散后分发各题,即以去年所得之法梧门祭酒式善之诗龛居士续西涯十二咏图为罗两峰所绘者,即请诸公题咏,并将该册页交各人阅看,良久而别。

二十八日 午后严浚宣来长谈,夏间童亦韩交来丁益甫先生名谦,嵊县人,前官象山教谕。专讲究舆地之学者。所著之书,予托筱珊、拙存阅看后,将《水经注正误》为之刻入《求恕斋丛书》外,尚有《黑鞑事略》、《罗博纪游》,决计不刻,今即托浚宣交还益甫矣。

二十九日 午后至缪筱珊处谈,并送行,因伊明晚赴北京应清史馆之招也。

晦日 予至元昌里张孟劬处送行,未晤。与小珊同至北京应清史馆之招。又至章一山处,亦未晤。是日陈重远自北京来访,未晤。午后冯梦华来,亦未晤。

本月分所购书籍,特志于此,以备查核:

初五日与李紫东购《南屏山房集》、陈昌图著,仁和人。乾隆元年刊本《明善堂全集》、怡亲王著。嘉庆仿宋刊本《随月读书楼诗集》、歙江春著。明万历刊本《骊山集》、明新丰赵统著。明刊本《弇山园杂著》、康熙刊本《乐志堂诗集》、嘉兴李明嶅著。乾隆刊本《介石堂诗文集》、古闽郭起元著。康熙精刊本《文嘻堂诗集》、朱芾煌著。明万历刊《铁庵方公文选》、宋方大琮著。明嘉靖甲午刊黑口本《武溪集》、宋余靖著。略有影钞配本。成化己酉刊黑口白皮纸印本《敬修先生文集》、元刘因著。乾隆精刻本《沽上题襟集》、钱塘陈皋、秀水万光泰、天津胡睿烈、宛平查学礼著。雍正刊《文道十书》、长洲陈景云著。明嘉靖刊本《震泽先生集》、明震泽王鏊著。明刊本《经世大训》、内府精刊开化纸印《御制文初集二集三集四集》、圣祖仁皇帝制。《还读我书室年谱》、江都董恂自订。明万历刊《名山一览》，明归安山泉慎蒙编选。共十八种，后以《随月读书楼》不全，向李掉换精刊本《朴村集》，嘉定张云章著。计洋六百四十元。

初九日与柳蓉村购《御制全韵诗》、明崇祯刊《金太史集》、明金声著。乾隆刊《补后汉书年表》、宋熊方著。《后汉书补表》、嘉定钱大昭著。《后汉书补注》、元和惠栋著。明刊本《皇明嘉隆两朝闻见纪》、明沈越著。《皇明大事记》、明朱国祯辑。《皇明大训记》、明朱国祯辑。《石林居士建康集》、宋叶梦得著。《芳荪书屋存稿》、当湖女史吴瑛著。武英殿聚珍本《墨法集要》、明沈继孙著。武英殿聚珍本《祠部集》宋强至著。共十二种，计洋二百八十四元。

十二日与钱长美购《角山楼诗钞》、丹徒赵克宜著。《大学衍义》、宋真德秀著。乾隆六年刊本《钦定协纪辨方书》、原刊本《忠雅堂文集》、铅山蒋士铨著。高丽刊本《圣济总录》、程林纂。《历官表奏》、明严嵩著。旧钞本《宋元史鉴》、《瓮得编》、紫荆书坞主人栎垣著。《白圭堂诗钞》又《续钞》、婺源江之纪著。《重刊补注洗冤录集证》、武林王又槐等辑补。《彭刚直公奏稿》、衡阳彭玉麟著。《通志堂刊本三礼图集注》、宋聂崇义著。《柳南文钞》又《诗钞》、虞山王应奎著。明刊《山居文稿》、明豫章喻均著。《国朝沧州诗钞》、《续钞》、《补钞》，王国均、叶圭书编辑。共十四种，计洋壹百元。

十四日与李紫东购明刊本《四友斋丛说》、明华亭何良俊著。明嘉靖刊白皮纸印《象山全集》、宋陆九渊著。明正德刊黑口白皮纸印本《鲁斋全书》、元许衡著。《澡雪堂诗文钞》、射洪钟体志著。《徯月轩诗集》、奉恩镇国公奕询著。《啸古堂诗集》、《芬陀利室词集》、《杂录》附,宝山蒋敦复著。《抱璞亭诗文集》、当湖张湘任著。《择雅堂初二集》、桐城许惠著。《棠溪文钞》、孝感沈用威著。《顺所然斋文集》、合肥张云锦著。《灵岩山人诗集》、镇洋毕沅著。《耕烟草堂诗钞》、山阴平畴著。《华峰文集》、江夏吴光耀著。半亩园刊《三耻斋初稿》、新建吴坤修著。康熙刊开化纸印《性命圭旨》、《阙里广志》,共十六种,计洋二百元。

十六日童亢舲来,铜板《钦定西清古鉴》,计洋三十元。

廿一日与柳蓉村购康熙精刻本《柯庭文薮》、汪文柏著。道光刊《补梁疆域志》、阳湖洪齮孙纂。乾隆仿宋精刻本《槐江诗钞》、休宁程瑞祊著。精刻本《埜耕集》、古歙许士佐著。精刻《梅谷十种书》、平湖陆烜著。精刻本《吴江沈氏诗录》、沈祖禹录。《汉书西域传补注》、大兴徐松学。《硐东诗钞》、新化欧阳绍洛著。又明嘉靖本《欧阳文忠公全集》,宋欧阳修著。共九种,计洋二百六十四元。余前与甸卿购《士礼居丛书》钞配五种,以原价售于蓉村,除去二百元外,找以洋六十四元。又与朱甸卿购咸丰刻本《吴氏一家稿》、钱塘吴锡麟著。光绪合肥张氏刊本《本草纲目》、《万方针线》、《奇经考》、《脉学》、《本草拾遗》附。嘉庆刊本《山矾书屋诗初集》、吴江郭凤著。道光刊《艮山文集》、乐陵贾声槐著。《小山类稿选》、明张岳著。雍正刊《唐书合钞》,归安沈炳震纂。共六种,计洋六十元。又与李紫东购《东园诗钞》、定远凌泰封著。乾隆刊《秋水集》、雁门冯如京著。《春雨斋诗集》、秀水蒋元龙著。《敬孚类稿》、桐城萧穆著。《通德遗书所见录》、孔广林辑。《彝寿轩诗钞》、钱塘张应昌著。康熙精刻《凤池园文集》、长洲顾汧著。雍正李氏精刻《静惕堂诗集》、檇李曹溶著。《承恩堂诗集》、恩锡著。《文靖公遗集》、长白宝鋆著。支那本《圜悟老人碧岩集》、支那本《景德传灯录》、宋沙门道源纂。支那本《续传灯录》,共十三种,计洋一百元。

廿七日与李紫东购《赐诚堂文集》、明管绍宁著。雍正殿本《御录经海一滴》、雍正刊本《长吟阁诗集》、吴中黄子云著。武英殿聚珍本《苏沈良方》、宋苏轼、沈括著。《昙云阁集》、吴县曹楙坚著。《疏兰仙馆诗集》、镇洋朱锡绶著。明正德刊《明经书院录》、明程美、汪玄锡等编。安成泰山欧阳氏重刊本《五代史记》、宋欧阳修著，徐无党注。明万历刊监本《宋史》、元托克托等修。元刊明印本《经史证类本草大观》，宋唐慎微著。又以《笙雅堂》、《贺天山》不全，与换《周益国文忠公全集》，宋周必大著。共十一种，计洋一百七十元。

廿八日与朱甸卿购明万历刊白皮纸印监本《十三经注疏》，内配共四册半，共一百七十七册。计洋二百六十元。本月所购书，至此为止。

九月初二日 午后陈重远来谈孔教会事良久而去。

初三日 午后至章一山处长谈。作函致金谔轩。又左子异，以去年六十寿辰，重阳日生辰。予以在苫次，未曾送礼，今补送五古一首，写一立轴。佐以酒面券，其后受诗而璧酒面。

初五日 嘱醉愚作函复梁节庵，以赠予崇陵种树图照片，托钞宫内之《国朝宫史》，已钞完交来。

初七日 陈重远来长谈，募去办孔教杂志费洋二百元。重远为孔教会事勤劳卓著，予甚佩之。又欲在京都购一房屋作为永远事务所，非数万金不可，劝予独立为之。予以近来经济困难，且恐招摇，故婉辞复之。然以欲挽回世道人心，非崇奉孔教不可，故予频年对于孔教会捐款已属不赀，会中干事除张弼士侍郎外，名振勋，广东人，华侨中巨富，曾任台仆寺清史郎衔。去年病故。只予一人而已。此时予以有心无力，特捐二千元为之发起，馀则须重远去募矣。夜间章一山来长谈。

初八日 夜阅柳蓉村新来之书。

初九日 以左子异六十一岁诞辰在复兴园宴客，前往应酬，有第一台堂戏，寿翁未到，酒约十馀席，同席者刘子鹤、名更年，安徽庐江人，江苏候补道。顾伯华、李侣渔湖南人。夏剑丞。

初十日 午后朱文海来。柳蓉村、钱履樛来谈。至新学会社访孙玉仙，名锵，奉化人，甲午进士，四川嶲越厅同知。已回杭州，予赠以所刻书二十种,即托该社寄杭矣。以前日至贻德里拜本生父亲及予,并送予书数种。嘱醉愚作函致金巩伯,又致沈子培、吴子修。

十二日 至一品香访陈几士,知已动身至北京,未晤,以昨日遣人送来茶叶两箱、酱油四瓶、《浔溪纪事诗》两册赠予,故往访之。其翁伯潜太保于廿四日七十寿辰,故几士由福州原籍至北京。

十三日 阅《裘蔗村先生文集》。名琏,字殷玉,慈溪人。康熙五十四年庶吉士,以年老未散馆。国史文苑有传。嘱醉愚作函复刘聚卿,伊前次来函欲以戈登路住宅名楚园。售于予,索价十二万两,予作函决绝回复。后又来函,欲抵押银二万两,嬲之不休,只有再行拒绝而已。又作函复孙益庵,伊专为聚卿说项,身在予处而心反向外人,为自己见好于人地步,全不为予着想,可叹之至。

十四日 章一山来函索《舒艺室随笔》,张仲照托伊来取也。此书予前数年与钱长美所买,为结一庐故物,以此书上有张幼樵副宪佩纶手书及其配朱夫人手批,故以告一山,愿赠诸仲照,以存其先人手泽,盖仲照为幼樵之子,朱修伯廷尉之外孙也。廷尉故后,结一庐之书大半归之幼樵,幼樵寓居金陵,辛亥之役其家为革命军所据,所有书籍为兵士取之出售,故予得购不少也。予作函复一山,即以是书交来人带去。仲照以石印《李文忠公函稿》二部赠予,是书在商务印书馆出售,每部售洋二十四元。夜阅新刻《复初斋集外文》。

十五日 夜阅柳蓉村送来各书。嘱醉愚作函与钱念劬。

十六日 夜阅《复初斋集外文》。

十七日 以洪鹭汀在平江公所开吊,往拜焉,小坐即出。至科学仪器馆答顾辅卿逸农父子,茗谈良久。至迁善里钱履樛家,以听邠丈出殡领帖请司丧也。夜阅《复初斋集外文》。

十八日 午后徐积馀、恽季申、瑾叔、陶拙存、周湘舲、章一山、徐晓霞均来,以钱听邠出殡,在门口设一路祭,诸公均附名也。嘱醉愚作函致张菊生、顾鼎梅、范鼎卿。名寿铭,绍兴人,光绪癸巳举人。前河南知县,现任河南河朔道尹,为近时讲究碑帖者。新近以洛阳新出土之六朝及隋碑拓本二十种见惠,故作函谢之。

十九日 嘱醉愚作函复钱念劬,又作函致缪筱珊。

二十日 至品香楼淞社同人公祝潘兰史六十寿,到者十九人,外客惟姚子梁一人而已。嘱醉愚作函致吴子修、沈淇泉。

二十一日 午后至吴昌硕处长谈。

二十二日 晚至一品香应孙景阳之招,同坐者盛泽丞、杏荪四子。陈彦通、江西义宁州人。为伯严吏部三立之子,亦能诗。厉树熊、宁波人。夏坚仲、杭州人,为子松侍郎同善元孙。王仰之、徐硕椒。嘱醉愚作函与张菊生。得汪星台函,知叶鞠裳丈于今日午刻病故,痛惜之至。

二十三日 上午十二时至沪宁火车站趁车,赴苏吊菊裳之丧也,至车站三等票已不能买,思欲上车后再补,不意该站之印度巡捕以我等二人而只一票,不准上车,只得怅然而返。至庞莱臣处谈良久。至商务印书馆访张菊生,不在,改访孙星如、徐仲可,谈良久。星如导至各石印间、铅字间观看一周,藏书室亦略一看,尚有各印刷所,以天时已晚,不及看而出。

二十四日 上午九时至车站趁火车赴苏州,抵埠后改乘轿子至西花桥巷菊裳丈府上吊丧,知已入殓。留午饭,同席者邹紫东、曹君直、叔彦、名元弼,甲午进士,内阁中书,改捐郎中。后以进呈所著各种经学,特赏编修。沈休穆、孙益庵、刘季云。本地人,丙子举人。饭后与汪星台、叔彦略谈,并看其遗嘱,临终神明不衰,吩咐家事及书籍、诗文集等事甚详细。二时半出城,四时乘火车返沪,六时抵沪。刘襄孙、林诒书、晓霞已到,坐甫定,孙慕韩、冠南亦来,严子均、傅小庵亦来,遂入席,是日招而未至者为张菊生、庞莱臣。

二十五日 午后日本人内藤湖南、名虎次郎,东京帝国大学教授,文学博士。稻叶秀山名岩吉。及一不知姓名者三人,持罗叔韫介绍函,由王静安同来看予所藏各书,至晚而去。夜阅新刻之《司马温公年谱》。

二十六日 午后四时至沈子培处应其招,陪内藤湖南,至则章一山、陶拙存、张让三、王静安已在,待良久,至五时半内藤湖南及稻叶秀山来,六时半始入席,席散即归。夜阅《司马温公年谱》。

二十七日　至瑞圣庵吊杨诚之内姑丈之丧。

二十八日　今日午后与金守梅买明初本《莲宗宝鉴》一部,四本,计洋二十元,或是元本,亦未可知。

二十九日　午后朱文海来。夜阅章一山文集,伊欲乞予刻也。

三十日　至一品香应孙慕老之招,同坐者沈淇泉、林诒书、刘襄孙、夏棣三、外舅、仰之、晓霞。夜仍阅一山文集。

十月初一日　苏州书估程雍之送书来,阅其各首本。夜阅程雍之各书。

初二日　午刻梁节庵派人送到九月十八日发下皇上赐先考匾额曰"平衡清格",赐先妣匾额曰"福禄光明",书法挺劲圆润,以十二岁而能书此,自非寻常人所能及。今夏直隶大水,冲去崇陵松树七八千株,节庵估工补种,约非万元不可。予先捐二千元为之倡,以自己已蒙恩赐过二匾,不敢再领,愿推恩父母,故有此赐。晚李颂侯来,检理菊裳遗物,略谈而去。章一山来,继而喻志韶来,孙益庵亦进,三人共谈至十一时而去。

初四日　上午十时以盛杏荪出殡,至其家一拜。今日盛氏之出丧,轰动杭、嘉、湖、苏、松、泰、常、镇等处均来观,轮船、火车、旅馆、酒馆均拥挤不堪,以人满后回报退出者不计其数。上海所有出丧,此次为空前绝后之第一大举,仪仗中有八千馀人,上海各处之菊花搜括殆尽。只菊花一项费款至三千馀元之巨。据云预备款项至三十万之多,为从来未有之大举也。予谓各省哀鸿遍野,何不将此款助振,以资冥福。

初五日　晚张砚荪来,嘱其写一函复日本人德富苏峰,约其初七来看书,并邀其晚膳。伊来函附有罗叔韫介绍书。又作函复梁节庵。

初六日　午后至来远公司访孟苹,高照里访章一山,均谈良久而回。作函致罗叔韫、葛荫梧、张弁群、王静安。

初七日　日本人德富苏峰、名猪一郎，乃彼国之贵族院议员，国民新闻社长。西本省三在上海办日本春申社报者，能说中国普通官话。已来，遂邀至书房内看宋版书。未几，罗叔韫、王静安、葛荫梧、张弁群、蒋孟苹先后来，弁群带碑帖数册来，亦展玩良久。七时宴诸君于嘉业堂，散后二日本人先去，叔韫、静安诸君略谈至十时而去。

初九日　作函致葛荫梧，并赠其新刻书籍，又检出明刻《金正希文集》八册，金篯孙托伊来借也。又作函致章一山。朱文海来。

初十日　午后汪星台自苏来，略谈。出至商务印书馆访张菊生，谈片刻，至一枝香应葛词蔚之招，同坐者陶拙存、周湘舲、徐冠南、金篯孙、张菊生、张佩仁，散后又与篯孙谈清史馆事，以伊在充纂修也。归看甸卿送来各书首本。

十一日　晚应丁衡甫之招，至其家中，同坐者郑苏龛、唐元素、邹紫东、罗叔韫、子敬、名振常，叔韫弟。许鲁山、名汝棻，丹徒人，光绪戊戌进士，度支部主事。罗君美。叔韫子。散后小坐即出。

十二日　午后至瑞霭里访刘幼云，谈良久而别。至四马路留春幄新开四川馆子。应邹紫东之招，同坐者郑苏龛、许鲁山、丁衡甫、罗叔韫、童亢聆、一王姓常州人。

十三日　午后出至振华旅馆答张佩仁，名福厚，平湖人，前江西候补知府，现充安徽省城中国银行行长。未晤，留一刺并赠其新刻各书十种，以伊昨日上午曾来过，并以其祖闻惺大令名宪和所著《公羊臆》及《读公羊注记疑》二种见惠故也。至西摩路蒋孟苹家中应其招，同坐者王雪岑、罗叔韫、朱古微、王静安、徐积馀、李振唐、名之鼎，江西南城人，前广东知县。近来专刻宋人集部。张弁群。席散看字画书籍良久而归。在孟苹处遇蒋抑卮，略谈片刻。阅朱甸卿送来各书首本。

十四日　予至张菊生寓中夜膳，同坐者只葛荫梧、张佩仁及稚威子，不知其号者。尚有数人未到故也。散后阅菊生所藏唐人手写《文选》手卷。阅朱甸卿送来各头本书。是日上午西本省三送到石印影宋本《淮海拿音》、《寒山诗集》、《萨天锡逸诗》、《日本书纪》,乃德富苏峰嘱其赠与予也。

十五日 夜阅朱甸卿送来之头本书。

十六日 午后李振唐、砚荪、揆若先后至此谈。朱甸卿来,与之购成书九种,计洋一百七十元。

十八日 夜阅柳蓉村送来各首本书籍。

十九日 夜看柳蓉村送来各头本书。

二十日 午后林诒书、陈几士来谈。校阅家谱。

二十一日 午后缪小珊来谈,新自北京归也。

二十三日 午后吴昌硕来谈良久。至一品香答陈几士,未晤。是日邹紫东、曹恂卿、李审言来,均未晤。

二十四日 章一山、刘稚樵、陈几士、林诒书、喻志韶、周湘舲、唐元素先后来,闲谈半时,在嘉业堂入席,几士首座,稚樵次之。而李拔可亦来,畅谈畅饮,至九时散。每人各赠《雪桥诗话续编》乙部。校阅家谱。

二十五日 午后柳蓉村,来与之购成书五种,计洋三十七元。夜翻阅今与蓉村所买之书。

二十八日 午后朱文海来。至章一山处一转,为伊荐王玫伯继菊裳之后任校勘四史也。阅玫伯之《默盦集》。晚王君九来,未晤。

十一月朔日 午后至静安寺路黄涵之名庆澜,本地人。家答王君九,未晤。至来远公司与孟苹谈。阅《默盦集》。

初二日 午后柳蓉村来,与之购成书五种,计洋二十九元。金守梅来,与之购明弘治本《陶学士安集》乙部,计洋五十元。

初五日 午后王君九来长谈。晚至杨信之处,公贺其七十双寿。嘱醉愚作函答邹翰飞。赠其印书资十二元,伊来函恳求也。所印之书为《骈文快捷方式》。

初七日 午后章一山、钱履樛来长谈,留夜饭,谈至十时后而去。

初八日 下午校阅家谱。嘱醉愚作函致杨芷姓、钱念劬。

初九日　是日消寒会第一集，湘舲作主人今年只一席。

初十日　夜阅《含嘉室年谱》，吴纲斋所送，伊自己编订者，至辛亥年为止者。今甫寄到也。

十二日　嘱醉愚作函复强梦渔、名运开，常州人，现为吴兴知事。沈休穆、冯梦华。校阅家谱。

十三日　阅《萧敬孚类稿》。名穆，安徽桐城人，近时人，殁于光绪末年。嘱醉愚作函致陈弢庵。校阅家谱。

十四日　夜至朱砚涛家祝寿。以五十诞辰也。校阅家谱。嘱醉愚作函与吴子修、陈几士。

十五日　阅《清朝野史大观》。嘱醉愚作函致顾鼎梅、范鼎卿、名寿铭，绍兴人，前癸巳举人，河南知县，现任河朔道尹。沈休穆。

十六日　午后钱长美、朱甸卿均各以书来，阅其各首本良久。夜嘱醉愚作函致缪筱珊、周湘舲。阅《清朝野史大观》。

十七日　午后阅《清朝野史大观》。夜阅朱甸卿、陈立园送来各书首本。

十八日　时日缪筱珊来，由醉愚延见，予未与谈。

十九日　午后魏梅荪、叶柏皋名尔恺，杭州人，壬辰翰林，前云南提学司，现住迁善里。来谈。夜与志韶、醉愚同至高翠玉家应徐积馀之招，是为消寒第二集，同坐者刘稚樵、章一山、喻志韶、陶拙存、潘兰史、醉愚，席散即归。

二十日　午后刘仲舆来，以宋拓本薛少保信性禅师碑少保名稷。请予阅看，问有意购否，询以价目，据云此乃最著名之海内孤本，日本人还过万元，刘健之还过八千，而物主庞芝阁，直隶人，收藏碑帖最多，现于去年作古。一则以异国人，一则与健之有隙，故皆不愿售。现在芝阁已故，其家人愿贬值出售等云。予以碑帖向来不买，且此碑则价目太昂，更不思买复之，仲舆乃去。

二十一日　午后阅李紫东、夏炳泉送来各书首本。晚至爱俪园应喻志韶之招，是番菜，同坐者黄伯雨、左子异、徐班侯、名定超，永嘉人,光绪丙子举人,癸未进士。官御史,现充浙江通志局提调。余节高、名棨,安徽望江人,寿平中丞之长子。本山西候补道,入民国任湖南某道尹。潘兰史、刘稚樵、徐积馀、姬觉弥、哈同,席间志韶及哈同殷勤劝酒,予亦饮巴德酒二小杯。

二十三日 嘱醉愚作函致曹恂卿,复傅沅叔。

二十四日 阅李紫东送来各书首本。

二十七日 上午九时至火车站,趁二班车赴苏州,抵苏乘轿至城中花桥巷叶鞠裳家中行礼,后与曹叔彦、王君九、汪星台、孙益庵谈。午饭同席者吴颖芝、名荫培,苏州人,同治庚午举人,光绪庚寅探花,知府。曹智涵、名元恒,叔彦之胞兄,苏州著名医生。叔彦、益庵。三时送菊裳灵柩出发后,予遂走至叶翰甫处,由铁生出见,知患病多日,不能见客,与铁生略谈即出。至叶焕彬处长谈,并将其所藏古画出示,诚属见所未见,洵眼福也。谈至晚,亦不及至他处,遂乘火车回申。

二十八日 晚潘兰史、徐积馀、喻志韶、章一山、陶拙存、周湘舲、张石铭先后来,是为消寒第三集,夜宴诸君于嘉业堂。

二十九日 嘱醉愚作函致冯梦华、吴印丞。

三十日 午后得苏函知翰甫丈于昨午作古,悼惜良深。

十二月朔日 八时三刻至火车站,健弟已先到,九时一刻登火车二等车开行,十一时半抵苏,乘轿径赴高师巷叶氏吊翰甫之丧。三时辞叶氏而出。至叶焕彬、朱古微、邹紫东、陆稼孙数处,均不晤。至陆仲英处,邀至其半园,小坐良久,遂出城,趁火车回申。

初二日 嘱醉愚作函复吴子修、李审言。

初三日 午后秦佩鹤来,未晤。夜阅陈立园送来各首本书。嘱醉愚作函致王玫伯、叶焕彬。

初四日 午后出至祥福里答秦佩鹤,谈良久。夜间以谦甫年丈日上将回扬,宴之于嘉业堂,邀砚荪年丈、饶星舫、王建甫、咏和、醉愚作陪。嘱醉愚作函致沈休穆。

初九日 午后雷君曜来谈片时而别。名缙，松江人，戊子举人。缪筱珊门生，昨日持其介绍书来见，以未起身，致未接见。下午缪小珊来，未见。与同文图书馆书贾汪姓同文即钱长美所开。买宋本《春秋经左氏传句解》七十卷。乙部，三十二册。计洋三百八十元。闻系袁抱存出售。又与汪姓亦同文伙友。买旧钞本《嘉禾征献录》国初李兴盛枫辑。乙部五十六卷。八本，计洋壹百元。

初十日 阅李紫东送来各首本书。

十一日 出至徐积馀处祝寿，以五十诞辰也，坐甫定，袁抱存与高德启名世异，四川华阳人，江苏候补道尹。至，茗谈良久。抱存带有宋本书七八种，共同赏鉴，亦一眼福。席间所谈皆版本目录之学，德启亦甚熟，予对之有愧不如，况抱存年只二十九，已皆有门径，其聪敏好学可知。午后朱古微来，未见。

十二日 阅李紫东、陈立园送来各首本书。

十三日 晚与醉愚至张石铭处为消寒会四集，同坐者为章一山、陶拙存、潘兰史、钱履樛、周湘舲，诗题为题适园砖塔。盖新建也。

十四日 午后校《复初斋集外文》。嘱醉愚作函复顾鼎梅、朱古微。

十五日 阅钱长美送来各首本书。晚以淞社同人在醉和春恭祝朱念陶、徐积馀五十寿，故往应酬，到者祗十馀人，积馀以病亦未到。席间与吴昌硕、缪小珊谈。

十六日 阅李紫东送来各书。

十七日 夜宴孙益庵于嘉业堂，以十九解馆也，陪者为况夔笙、王静安、张砚孙、杜经侯、钱履樛、俞子青、醉愚、孟苹，散后在予书房谈至十二时而散。

十八日 与王仁权钱长美伙计。买宋刊残本《朱文公大全集》六十九本，计洋二百四十元。嘱醉愚作函致吴子修。明日七十寿辰，命花匠吴福卿至杭州送礼。

十九日 至都益处应钱履樛之招，同坐者潘兰史、喻志韶、章一山、陶拙存、徐积馀、刘稚樵、周湘舲、张石铭、醉愚,是为消寒五集,散后即归。

二十一日 阅陈立园送来各书。立园新从长沙买来,为贵筑黄子寿方伯彭年家所出售。黄氏贵州籍而侨寓长沙者也。嘱醉愚作函致梁节庵、罗叔韫。

二十二日 午后阅陈立园送来各书。嘱醉愚作函答吴印丞、顾鼎梅、张孟劬。

二十三日 夜至一枝香应朱砚涛、徐积馀之招,以淞社同人前日公祝后,二公今日答席也。

二十四日 午后王锡生来,有宋本《新唐书》,索价二千元,让去五百元,予以价太贵,且非初印,又有姘配,与予所藏亦不同,去年与小珊所买。故未与买。晚喻志韶来,同至鸿家应刘稚樵之招,是为消寒六集,同坐者陶拙存、徐积馀、章一山、张石铭、周湘舲、钱履樛,席散即归。

二十五日 下午至东有恒路德裕里朱古微处,谈良久出。缪小珊处送年敬百元,酬谢仆人十元,此乃年年如此,已数年矣,谈久之。

二十六日 午后柳蓉村来,与之购旧钞《建炎以来系年要录》,计洋壹百陆拾元。伊以年终待用,再三减价迁就,乃成此交易,予本无意也。陈立园来,与之购成宋十行本《公羊注疏》、成化本《五音类聚四声篇》,《公羊》二十八卷十二册,《四声篇》十五卷十六册。计洋二百四十元。钱长美来,与之购康熙时刊本《福建通志》,□□□□。计洋三十八元。

二十八日 夜阅金文通公之俊《息斋集》。

二十九日 阅《息斋集》。

1918年(戊午,民国七年)

正月朔　阅《梯园谈荟》。西蜀杨大亨著,清嘉庆时人。

初二日　夜阅《武林秋》。近来新出小说。

初三日　夜阅《武林秋》小说。

初九日　夜阅杨志林惠赠书籍。

初十日　至缪小珊处,未晤。至振华旅馆应周湘舲之招,为淞社三十四集,姚子梁文栋。夏剑丞敬观由湘舲邀来新入社者,到者二十四人,为最多数者也,共三席,席间与拙存、一山、小珊[谈]。

十一日　夜间赴弁群之招,同坐者莫伯蘅、名永贞,安吉人,光绪癸卯举人。前年任浙江财政厅长,去年秋交卸。谢芝生、寅叔母舅、邢颂声、赋荪、石铭,席间与莫伯蘅长谈我郡乡先辈著作,予赠其新刻之《吴兴丛书》十馀种。

十二日　午后至商务印书馆访张菊生,长谈而出。夜阅《籀庼述林》。瑞安孙诒让著,此即其文集也。

十五日　蒋孟苹、李梅庵来,小谈而去。

十六日　午后朱文海来。出至都益处应陶拙存、章一山之招,是为消寒七集,到者志韶、履樛、石铭、兰史,外客则沈瑞轩。子培侄孙。夜阅《冒辟疆年谱》。其后人鹤庭京卿广生所编辑也。

十七日　午后检出宋元明本与钞本各书共三十四种,送缪筱珊处,请其编善本书目也。夜阅《冒辟疆年谱》。

十九日　午前吴昌硕来,未晤。阅《心史丛刻》。武进孟莼生森赠予者也。

二十日　阅《心史丛刻》。

二十一日 晚至大观楼应潘明训之招,同坐者缪筱珊、张石铭、朱古微、王雪岑、王聘三、甘翰臣、潘兰史、胡稑芗、胡召兰,名仁寿,字公介,湖北黄陂人。尚有不相识者四人。皆明训之同乡,粤人也。

二十二日 作函复罗叔韫、冯梦华。阅《顾亭林年谱》。

二十三日 与杨见心谈书籍事。名复,杭州人,为雪渔太史之子,诵庄主政之兄。

二十四日 至张让三处长谈。在金氏处与杨见心谈书籍事,伊亦讲究收藏有年矣。

二十六日 夜间宴益庵、蒋殿襄于嘉业堂,陪者况夔笙、伯荃、喻志韶、褚礼堂、张砚孙、张弁群,散后在书房茗谈。十时后,孟苹来,至十二时陆续去。

杞儿今年已十一龄,理应读夜书,以益庵兼馆太多,且教读亦太怠惰,少讲解,故延殿襄在予书房,于夜饭后为之讲解二小时。所讲之书为《十七史蒙求》及《青年修养录》二书。昨晚实行,至年终,予拟另授其百金以报之。

二十七日 阅《复礼堂文集》。曹叔彦年丈所著,新赠予者也。

三十日 晚朱文海来。

二月朔日 阅《落帆楼文集》。

初二日 阅《浔溪诗征》。周湘舲新惠予者也。

初三日 午后蒋孟苹与曹君直来谈片时,继而朱古微亦至,予略与周旋即走。晓霞来,略谈而去。出至孟苹寓中,同坐者曹君直、况夔笙、孙益庵、朱古微、高欣木、周湘舲、金巩伯。

初五日 午后金谔轩名嗣献,台州温岭人,向曾通信,今第一见面。来谈良久而去。柳蓉村来以书来阅。夜阅《浔溪诗征》。

初六日 午后叶山涛、金楚珩来谈,继而王仁山、周湘舲、章一山、陈雅唐名夔昶,苏州人,善画小照,徐积馀介绍伊来者。先后来谈,至晚乃散。阅柳蓉村、李紫东送来各书之首本。

初九日 午刻到古渝轩应张菊生、李拔可之招，同座者何诗孙、名维朴，湖南道州人，为子贞太史之孙。本江苏候补道，近在上海卖字画。缪小珊、王雪岑、朱古微、李梅庵、郑苏堪、章一山。席散后，与一山同至公顺里惠通栈答金谔轩，未晤，又至宁波同乡会访张让三，日清公司访王一亭，均长谈并观其近画良久而出。柳蓉村来。

十三日 午后缪小珊来谈。嘱醉愚作函答童亦韩、吴子修、絅斋、雷君曜、丁益甫。

十四日 嘱醉愚作函致张菊生。

十五日 午后顾鼎梅来谈。晚与谦甫、醉愚同至古渝轩应缪小珊、徐积馀之招，同坐者冯梦华、宗子戴、李审言、顾鼎梅、谦甫、醉愚、缪子彬。

十六日 午后章一山陪王玫伯来，茗谈至晚，同一山、玫伯至都益处以消寒末集由喻志韶、潘兰史、沈醉愚作主人，同座者陶拙存、吴昌硕、周湘舲、钱履樛、徐积馀、王玫伯及三主人。散后与玫伯略谈，伊即宿于前者菊裳之卧室。

十八日 晚宴王玫伯于嘉业堂，陪者王雪岑、张菊生、喻志韶、章一山、张砚荪先后来，谈良久，入席，散后陆续去。

十九日 至敦谊里吊沈镜轩之丧。出至科学仪器馆答顾鼎梅。至晓霞处答费景韩，均茗谈良久而返。金谔轩、袁子羽、罗子敬、顾鼎梅、孙星如、费景韩、章一山、蒋孟苹先后来谈片刻，宴诸君于嘉业堂，散后一山、孟苹谈良久而去。

二十日 午后本生父亲来答王玫伯，与章一山同来，在予书房略谈而去。晚缪小珊子彬乔梓、宗子戴、杨芷姓、陶拙存、张让三先后来，谈良久，宴于嘉业堂，并邀玫伯、醉愚同叙。

二十一日 夜李紫东送来各书首本。

二十二日 午后章一山来谈，玫伯年丈于四史一席，已允担任，惟决计不受薪水，若予必欲酬报，则可为伊刻书数种足矣。另请一帮办者拟管德舆，名世骏，黄岩人，戊子举人，壬辰进士，授内阁中书，后改严州府教授。每月非五十元不可,已去函招之矣。

二十三日 晚应丁衡甫之招,同坐者翁弢甫、名斌孙,常熟人,丁丑翰林,官至直隶提法司,为本生父亲甲午房师。郑苏戡、杨芷姓、陈容民、常州人,馀未详。许鲁山,并一瑞典人。能通中国言语,前在山西充大学堂教习,故与丁熟识。

二十五日 午后阅《西湖游览指南》。徐仲可舍人新惠者也。至忠厚书庄观李紫东之书即归。

二十六日 午后至湖州会馆与许葆初、潘祥生、叶琴轩同值四十九集雅集,散后与吴昌硕、王一亭至六三园一游,正值樱花盛开,徘徊良久而归。

二十八日 晚至一枝香应金谔轩之招,同座只王玫伯、章一山、袁子羽三人而已。嘱醉愚作函致廖杰斋、傅沅叔。

二十九日 午后与孙益庵同至沈子培处,祝其六十九寿,并贺其孙弥月之喜,遇王雪岑、叶柏皋、徐积馀、王静安、沈爱沧、王寿耆,名洛年,杭州人,布衣,善画山水。同谈良久而归。夜间与玫伯谈。阅《历代史略》。嘱醉愚作函致梁节庵、王欣斋。

三月朔 九时赴火车站,趁车至苏州,至大郎桥巷陆稼孙家吊其夫人六姨妹。之丧。三句钟出至葑门沧浪亭图书馆访曹根荪、名允源,苏州人,光绪丙戌进士,前官湖北襄阳府知府,现充图书馆馆长。沈休穆,现充图书馆编辑员。该馆为可园故址,即前存古学堂地,小坐,导登楼上,观所藏书籍,约有十馀万卷,遂偕根荪、休穆出门,度小桥,谒五百名贤祠,瞻仰一周。又游拙政园。时已薄暮,遂出齐门,登车回申。

初二日 午刻以张仲照招饮至其家。仲照,名志潜,直隶丰润县人,光绪丁酉举人,内阁中书。为张幼樵学士之次子。同座者缪小珊、陈容民、朱古微、章一山、唐元素及主人之弟廷重。

初三日 午后叶焕彬来谈,同至双清别墅修禊大会,姚子梁作主人所邀也,签名到者有二百人左右,并有日本文士亦闻风而至,五时返。张弁群来谈，继而章一山、喻志韶、宋澄之、唐元素、王叔用同至，谈良久而去。七时与孙益庵同至都益处为淞社三十五集，主人为缪小珊、吴昌硕、陶拙存、恽季申、瑾叔，共三席。诗题为玉笋。乃湖州墨妙亭旧碑，此拓本为小珊所藏也。

初四日 午后与汪耿生谈，名祖光，黄岩人，浙江候补参将，曾署海门镇游击。新由章一山荐来钞书者也。每字乙千个计大洋一角。伊虽武人，犹有忠义之气，不愿出仕民国，宁钞书以谋生，其志实可钦敬，彼受深恩之大员，对诸能无愧死。

初五日 午后孙星如来谈。

初六日 午刻至左子异处应其招，同座者冯梦华、黄伯雨、王叔明、名勋，杭州人，前官山西浑源州。绍延、夔，为叔明弟，前江苏候补道。叶焕彬、喻志韶，席散后，又小谈片时而出。至民厚里访高欣木，未晤。至定安里访李梅庵，与之长谈，遇曾农髯，名熙，湖南衡阳人，癸卯进士，陆军部主事。近在上海卖字，字与梅庵仿佛。又谈片刻而出。夜阅《读书镫》，此为元和邹咏春侍讲福保所编辑，以示存古学堂诸生也。

初七日 午后缪小珊来谈。晚陆纯伯来谈片时，章一山与张仲照、叶焕彬与左子异、唐元素、徐积馀、吴昌硕先后至，茗谈良久，宴诸君于嘉业堂，十时席散客去。予阅《读书镫》。

初八日 夜阅柳蓉村送来各书首本。夜嘱醉愚作函致沈休穆。

初九日 午后叶焕彬与缪子彬同来，焕彬欲以白玉蟾道人姓葛名长庚，宋朝道士。所书《道德真经》一册，抵银一千两，前由小珊来恳予，经予允许，故今日持物及抵契来，写明一年为期，过期不赎，即以此作没，息则一分。小珊无暇，命子彬与之同来也，谈良久而去。晚至章一山处应其招饮，同座者王玫伯、管德舆、符小岩、江西人，在外游幕者，名璋，浙江候补知县。袁子羽、唐元素，席散即归。阅《本朝名家诗钞小传》。闽郑方坤著。

初十日 午后章一山、叶柏皋同来谈。夜间与玫伯、德舆谈。

十一日 午后至日新昌访叶焕彬，已返姑苏。至缪小珊处，谈良久而出。

十二日 阅《本朝名家诗钞小传》。晚叶柏皋、宋澄之、金谔轩、喻志韶、章一山先后来,夜间宴管德舆于嘉业堂,王玫伯、殿襄、醉愚及以上诸君皆作陪。予出张闻远年丈所赠宫僚雅集杯以贻诸君饮,一山兴尤高,十时散。

十三日 午后冯梦华来谈。夜看钱长美送来各头本书。

十四日 午后本生父亲来答管德舆,略谈而去。夜间查宫僚雅集杯上十人之姓氏爵里。

十五日 夜以许子颂将迁回杭州,设席为之饯行,陪者史叔起、白也诗、高欣木、周湘舲、许松如子颂第四子。钱履樛、醉愚。

十六日 午后点《国朝诗家小传》。

十七日 夜间题各书面字。

十八日 点《国朝诗人小传》。

二十日 点《国朝诗人小传》毕,并将《国朝耆献类征》上之郑荔乡方坤小传录于书尾,并钤印焉。

二十一日 晚邀林璞山小饮,陪者王玫伯、管德舆、金谔轩、饶星舫、汪更生、章一山、醉愚,散后又小谈而去。阅《清稗类钞》。

二十四日 雷君曜来,以国初人墨迹八幅托销,予以一百六十元购之。夜阅《文钥》。

二十五日 出至扫叶山房答雷君曜,未晤,看其所售之书良久而归。夜阅《清稗类钞》。

二十六日 阅《读书镫》完,聊书数语于书尾。夜阅王锡生、李紫东两书客送来之各首本。嘱醉愚作函致张菊生、郑苏堪。

四月初一日 晚至醉和春公祝吕幼舲六十寿,皆淞社同人也,到者约二十人,外客惟李经宜一人而已。夜以王玫伯、管德舆明日回台州,与玫伯谈良久,藉以话别,因明日早行,予不及送也。

初四日 阅柳蓉村送来各书。

初五日　至森益里邹紫东家贺聿文续娶之喜，并留夜膳，同座者丁衡甫、杨德生、名家骥，慈溪人，庚寅翰林，官撰文。石芷沅、名祖芬，苏州人，前山东知府，为紫东之叔岳。孙益庵、童亢舲。夜阅《何义门文集》。

初六日　午后柳蓉村来。阅《何义门文集》。

十九日　夜校《订讹类编》。

二十一日　作函答章一山，并还《共和平议》五百册之价洋九十五元。本生父亲亦五百本。晚至鸿宾楼应秦佩鹤之招，以其七十生日，予送寿礼，设席补宴客也。同座者江霄纬、陈颂臣、钱履樛、佩鹤自己及其孙。是日午后钱念劬来，未晤。

二十三日　午后至一品香答钱念劬，未晤。嘱醉愚作函致张孟劬。

二十四日　午后阅陈立园送来各首本书。

二十五日　午后张让三陪蔡琴孙名同瑺，字君墨，宁波人，亦喜藏书。来看书，与谈良久而去。嘱醉愚作函致陶子麟。

二十六日　午后陆纯伯、吴昌硕、王颂墀、沈问梅先后来谈，问梅以有急用，以商务印书馆股五百元抵洋五百元，予以有物作抵，只得允之。晚钱念劬、张让三同来，继而梅祉荷亦至，谈至七时半入席，宴念劬、昌硕、让三、纯伯、祉荷、从叔、醉愚于嘉业堂。邀而未至者为朱古微、张菊生、李拔可、邱寅叔母舅。阅朱甸卿送来各首本书。

二十七日　午后邹紫东、朱古微来谈良久而去。

二十八日　午后柳蓉村来，送到各书首本，阅之甚久。夜阅陈立园送来之各书。嘱醉愚作函致曹恂卿、吴子修、雷君曜。

三十日　午后阅陈立园、朱甸卿送来之书。

五月朔日　阅与朱甸卿新买之书。

初四日　午后阅朱甸卿送来各书。

初五日　阅李紫东送来各书。

初六日　阅李紫东送来各书。下午章式之来，以午眠未见，故作书邀其明日夜膳也。式之名钰,长洲人,光绪己丑举人,癸卯进士,外务部主事,国变后,隐居天津,专以校书为事,近充清史馆纂修,任《艺文志》一门。

初七日 午后章一山、喻志韶、张砚孙、陆纯伯、蒋孟苹先后至,章式之最后至,并以《董若雨集》旧钞本。见假,谓较予所刻者多十之二三,可以刻入,且从未刻过,予甚感之,拟补刻入《吴兴丛书》中也。谈良久,宴式之诸人于嘉业堂,散后复小谈而去。邀而未至者为葛稚威、邹景叔、褚礼堂三人。阅《清稗类钞》。

初八日 阅柳蓉村送来各书。

初九日 夜阅《枢垣纪略》,此为光绪元年恭忠亲王命朱茗笙少司马智所编辑者也。

初十日 夜间翻阅近日所买各书。管德舆自黄岩至,已租定台历坊房屋。故夜间宿于家中矣。

十五日 午后阅近日与陈立炎所买之书。夜间嘱醉愚作函致陶子麟。是日刘谦甫到馆。李审言来,未晤。

二十日 下午至缪小珊处,长谈而归。夜间盖书上图章。

二十二日 至振华旅馆答孙公达,名宣,瑞安人,为渠田学士之孙。初次见面,近在北京国史编纂处办事。今午前来访,予未起身,致未接见。与谈良久而归。

二十三日 陶尧钦湖北刻书者子麟之子,至杭州收款及此间所刻《史记》有修改者有欲重刻者。来见,并赠予白铜茶壶一对、面盆一只、寿字香炉一只,略谈片时而去。予至吴昌硕处,未晤遂归。

二十五日 午后陶拙存与唐印僧名佩金,嘉兴王江泾人,前江苏佐贰,近在通志局帮一山编列传,即寓一山处。来,谈良久而去。晚应庞莱臣之招,同坐者朱古微、陈星华、莱臣处教读西席。沈联芳、谱琴、金仲廉、张唯庭。

二十七日 午后钱履樛与李经彝名宝淦,武进人,前湖南候补道署提学司。来观书,谈至晚而去。

二十八日 午后徐馥荪来,与淞女诊,并谈良久,予送与十种书,皆近来所刻者也。

二十九日 童亦韩、名学琦，新昌人，光绪己丑举人。近在国史馆编辑员，此乃民国史馆新自北京来者。严浚宣来长谈良久而去。柳蓉村来，与之购成书十三种，计洋七百七十元，内有明板《顾氏文房小说》四十种一部，近颇罕见，蓉村甚居奇，谈已多日，今甫成交也。夜阅《清季野闻》告竣，此书一名《归里清谈》，乃一山东潍县陈姓所著，其人尚在，以各事细考之，或者是子久太守恒庆所作也。光绪丙戌进士，由给事外放奉天锦州府知府，当国变时已归里数年，想必是此公无疑，然书亦甚陋劣，笔记中之下乘也。

六月初一日 柳蓉村来，送昨日所买之书至也。晚至品香楼以淞社同人公祝李审言六十寿，生辰是四月初二日，因其时不在上海，故今日补祝也。到者为缪小珊、吴昌硕、吕幼舲、张让三、陶拙存、褚礼堂、徐积馀、杨芷姓、恽季申、瑾叔、徐仲可、周湘舲、孙益庵、醉愚、钱履樛、白也诗、夏剑丞，散后即归。嘱醉愚作函致王玫伯。阅《状元图考》。

初二日 阅《状元图考》。

初三日 阅《状元图考》。晚童亦韩、严浚宣、章一山先后来，邀陶尧钦、饶星舫、刘谦甫丈同至书房茗谈良久，宴诸君于嘉业堂，首尧钦，次亦韩、浚宣，馀就便坐。席散后复小谈而去。邀而未至者为吴石潜也。阅《清稗类钞》。

十三日 晚章一山来长谈。嘱醉愚作函致张季直，并赠其予刻之书二十种。

十五日 午后曹梅舫名广桢，字蔚庐，湖南长沙人，壬辰进士，前吉林提学司，现在爱俪园充广仓明智学校监督。与章一山来谈。翻阅国初人文集。

十六日 翻阅国初人文集。嘱醉愚作函致潘兰史。

十七日 张忠孚、名嘉谋，河南南阳人，光绪丁酉拔贡，连捷举人，现在盐务署办事，知予藏书多，故特来访予。钮恒孚、褚礼堂先后来谈。夜至爱俪园应姬觉弥之招,同坐者徐积馀、李梅庵、左子异、曹梅舫、章一山、曾农髯及不相识者二人。九时至一枝香应孟苹之招,同坐者张忠孚、高欣木、姚作霖、孟庸生、徐积馀、雅初,散后即归。

十八日 午后以沈子培植配李夫人七十寿辰,往祝焉。

十九日 午后张忠孚、孟庸生、姚作霖、徐积馀、高欣木、孟苹先后来,以欲看予所藏之书,故来得甚早,夜间宴诸君于嘉业堂。散席后,复检各书至十二时而散。

二十日 出至一山处,谈良久而归。夜嘱醉愚作函致罗叔韫。

二十四日 晚与益庵同至倚虹楼应淞社社集,主社者刘聚卿、朱砚涛、徐积馀、夏剑丞、徐仲可、钱履樛六人,到者缪小珊、吴昌硕、恽季申、瑾叔、潘兰史、陶拙存、喻志韶、章一山、白也诗、张让三、周湘舲、杨芷姓、张石铭、孙益庵。夜校《京师坊巷志》。

二十五日 李紫东来,与之买成明刻《盛明百家诗》四十册、一名《明诗全编》。万历本《劝戒图说》八本,计洋一百元。夜校《京师坊巷志》。

二十八日 夜校《京师坊巷志》。

二十九日 午后朱文海来,交到《京师坊巷志》第五册,已刻全矣。

七月朔日 返浔。

初四日 至石铭营造之适园一看而返。正在改造。夜间阅本日报纸,有初一日八月七日。给杞儿四等嘉禾章之命令,想必是冯梦华嘱京兆尹王志襄达,从前直隶知县,河南人,京兆尹即前者之顺天府尹也。所请,以去年梦华所办之霸县为京兆所属故也。梦华以历年所办各赈,予均捐巨款相助,甚感予情,屡次欲为予请奖,均婉言辞谢。江苏督军、冯国璋,忆是在乙卯秋间之事。省长齐震岩耀琳亦有会衔信来,嘱予开示履历,以便呈请政府奖励。予以不愿得奖,且不欲与现在之贵人通函,故未答复。此次之奖,乃梦丈知予不欲得之意,故录杞儿之名以报，事前未与予言，迨报出后，始与予言，虽欲辞，亦无及矣，只得听之。

初六日 本生母亲安窆下葬。

初七日 午后阅喻志韶交来《皇朝续文献通考》所补七年之各条。光绪三十一年至宣统三年，章一山及志韶所补辑者也。

十八日 午后阅《续通考》，与叔云至求恕斋看各书箱，杂乱异常，非重理一遍不可，托醉愚为之，必潦草塞责，非自己监视，不能认真，而返里后又乏空闲工夫，终无良策，为之奈何。

二十四日 返沪。

二十八日 下午缪小珊、陈雅唐先后来谈。

二十九日 夜校《顾亭林年谱》，今日朱文海印来样本也。是日雷君曜携来元本《宋史》一部，计九十九册，缺第一本目录。价洋壹百四十元，与之购成。

八月初一日 李紫东送头本书来。

初二日 钱长美来，与之买成南宋本《韦苏州应物集》一部。十二卷装订十二本，薄得异常，每本只十二三页，实不过四本书耳，计价洋五百五十元。夜阅《请缨日记》。乃灌阳唐维卿中丞景崧所记光绪甲申安南之事致我国与法夷开战也。

初三日 午后周佩箴来，云有一美国人来华游历，欲看我国旧书及字画，故约初五日午后来此参观，予允之。李紫东送书来阅。校阅《顾亭林年谱》。

初五日 午后周佩箴陪美国人施永格夫妇、施君系华盛顿国会图书馆总理，并为该馆收买我国书籍。吴子猷名嘉谋，杭州人，为吴晓帆之后，仰之续娶之内兄。同来看宋版书。佩箴英话不甚高明，故托吴子猷为翻译，施君虽不能说华语，而能识华字，并示予伊所收书籍目录，亦有数万卷，且编得甚清楚，予甚佩之。施君并索予藏书目录，答以正在编辑，伊说编就后寄伊一分，可托张菊生转寄，盖伊收买华人书籍，托商务印书馆经理,常通信也。

初六日 阅李紫东送来各头本书。

初九日 午后至左子异处谈良久。夜间与益庵谈,遇王静安共谈片时。题赠与施永格各书之面。

初十日 晚刘聚卿来,在益庵书房谈良久,吴瞿安亦在,共谈片刻而去。瞿安名梅,苏州人,精于词曲,现充北京大学堂教习,聚卿所刊传奇,延伊为之校勘。

十一日 夜间题赠与施永格各书之面,并识跋语两纸,命万福钤印章,以备明晨送至礼查。

十三日 夜校《味水轩日记》。

十四日 李紫东送书来阅。

十五日 校《味水轩日记》。

十六日 校《味水轩日记》。章一山来长谈而去。是日缪小珊、吴昌硕、陆纯伯、李振唐来,均未晤。

十七日 夜间至来远公司应孟苹之招,同座者胡次珊、名仁源,湖州归安人,光绪壬寅举人,英国海军毕业生。曾充京师大学堂监督,去年交卸后,移家于新加坡,办实业。胡仲巽、名维贤,归安人,为馨吾之胞弟,曾任江西知县,后过道班,出使德国参赞。新自新加坡总领事归国。孟庸生、管复初、孟苹、赋荪,散后与二胡、孟赋谈。

十八日 午后胡仲巽、胡次珊同来,谈良久而去。夜间嘱醉愚作函致张祺卿。名兆琳,吴兴人,北京税务处办事。予与素不相识,《吴兴诗话》一书由此公嘱钱念劬送来,现在来索此书,故作书答之。

十九日 夜校《落帆楼文集》。

二十日 夜间冯梦华、邹紫东、朱绍伊、刘聚卿、杨芷姓、章一山、钱履樛先后来,砚荪适至,邀至书房茗谈,七时宴以上八君于嘉业堂,十时席散。嘱醉愚作函致吴印丞、唐印僧。夜校《落帆楼文集》。

二十一日 下午周佩箴、吴子猷陪施永格及美国驻沪代理总领事琼森君琼森乃前数年之上海美副领事,现在新交卸,长沙正领事来沪代理总领事，下月将回国矣。此君能操华语，颇明吾华情形。来看书，由醉愚招待，并约定明晚来此夜膳，因予上次约过，施君无暇，明日亦伊自己定也。晚与张菊生来谈。夜阅《落帆楼文集》。嘱醉愚作函致潘明训。

二十二日　五时后李振唐先来，谈良久，施永格夫妇与琼森同来，吴子猷、周佩箴亦至，复看各宋版书，至七时半入席，骆慕英始来，席间琼森华语言甚熟，李振唐与之谈论甚多，馀人均默默无言，十时席散，复至连根处，看其补书，片时乃去。

予初不知琼森之极能说吾国普通官话，以为必须请一能说英语者传译不可，乃去邀金仲廉表兄，北京去未回，潘明训工部局无暇，不能分身，沈问梅遍处寻不著，叶山涛电话至贻德谓已出门，家中不在，亦无寻处。因思及骆慕英，来时适将入席，施永格言语不多，故慕英传语亦不多。予所送各书，施永格甚为宝贵，托商务印书馆做套子、做匣子，然后运美置诸图书馆，将来彼政府尚有信来谢予，以前送各书封面上均写有"施永格先生惠存"字样，万不能置诸图书馆，故另赠一分，琼森君亦送一分，彼等受之极欣然，道谢不已。钱履樛以先集二种颐寿老人及敏肃公集。及《陆桴亭全书》赠之，盖美人来华买书，亦我辈得意事也。

二十三日　阅《落帆楼文集》。嘱醉愚作函致梁节庵、顾鼎梅、陶子麟。

二十五日　午后至冯梦华处谈良久，遇苏静庵。名品仁，云南昆明人，光绪丙戌进士。江苏多年州县，宣统年间改官直隶候补道，曾署过缺。阅《郑斋感逝诗》。常熟孙君培新自北京寄赠。此诗共四卷，皆记其已故友朋之事。君培名雄，光绪癸巳举人，甲午进士，吏部主事，学部文科监督。夜间嘱醉愚作函致孙玉仙、唐印僧、李振唐、朱谷生、姚粟舟。二君均不相识，有函来讨予所刻书，故答之。

二十九日　阅《畏庐文集》。闽林纾著。纾字琴南，光绪壬午举人。

三十日　出至谦吉里访缪筱珊，谈良久。又至朱古微处，以不在家，未晤而返。

九月初一日 阅《中书典故题名》。

初三日 午后柳蓉村来,与之买成明钞本《嘉靖实录》,内缺六年十月、十五年五六月、二十年九月、廿九年十十二月。一百八十册,五百六十六卷,每册二元五角,明万历五年英国公张溶等奉敕编。计洋九十元。嘱醉愚作函致恽孟乐,以明日淞社邀其入社也。

初四日 五时后淞社诸友如缪筱珊、吴昌硕、况夔笙、夏剑丞、徐仲可、王静安、钱履樛、恽孟乐、名毓嘉,常州人,光绪乙酉举人,壬辰传胪,福建延平府知府。李经宜、一作荆畬,名宝淦,前湖南道员。恽季申、徐积馀、杨芷姓、恽瑾叔、曹恂卿、白也诗、姚子梁、唐元素、张让三、潘兰史、宗子戴、陶拙存、朱砚涛、周湘舲先后来,谈良久入席,作三十七集,共三席。题则为恳题先君遗像。散后让三、拙存、子戴、元素、经宜、履樛复谈良久而去。是日尚有张石铭来而不入席,小坐而去,以有疾近吃素也。邀而未至者吕幼舲、李梅庵、刘聚卿、李审言、许子颂三君近不在申。

初五日 午后阅柳蓉村送来各书。下午朱古微来,未晤。

初六日 下午阅看《止园笔谈》。乐亭史梦兰字香崖所著,其人是同治、光绪间人。

初七日 午后邱绍周、柳蓉村来。夜阅《止园笔记》。

初八日 午后柳蓉村、钱长美送书来阅。夜阅《古今楹联汇刻初集》,徐仲可赠我者也。

初九日 夜阅《平等阁笔记》。溧阳狄楚青名葆贤所著,时报馆总理。嘱醉愚作函致赵蕖裳、名邦彦,湖州人,现任江都县知事,邱绍周来说,欲讨余所刻书,今送十四种,作一函托绍周带去。莫伯蘅、杨见心、梁节庵、金谔轩。

初十日 午后作函答缪筱珊。朱文海来。夜阅《平等阁笔记》。

十二日 出至缪筱珊处谈良久,又至冯梦华处,遇林诒书,略谈,梦华以病不能下楼见客,予遂返家。

十三日 夜阅钱长美送来之书。

十六日 下午钱长美来借洋二百元，以殿本桃花纸《全唐诗》作抵，以一月为期，长美近来窘迫异常，予屡次救其急，已有数年，而终无益，愈救愈穷，实由于生意日小而开支日大，沪地营业之可险如此。

二十日 午后阅钱长美、李紫东送来各书。

二十一日 上午八时至贻德里，以橘妹于归邹氏吉期也，到未久，张菊生、丁衡甫、孙益庵、刘谦甫、媒人邹紫东已来，予在厅上应酬。

二十三日 孙星如来谈良久而去。

二十五日 姜文卿自江宁来算刻书帐。阅李紫东送来各书首本。

二十六日 阅《味水轩日记》，周楚江新刊好寄来者也。

二十七日 阅《味水轩日记》。

二十八日 下午校阅《味水轩日记》。是日发劳玉初函，并赠书四十种。

二十九日 午后校《味水轩日记》。夜阅《新世说》。湘潭易宗夔仿宋刘义庆《世说新语》之作，专记本朝各事。

晦日 午后朱文海来算帐。校阅《郑堂读书记》写本，文海交来，嘱予一看，以便去上板刻。

十月朔日 夜阅《新世说》。

初三日 午后柳蓉村来谈。

初四日 午刻应康长素之招至辛园，同坐汪甘卿、名钟霖，苏州人，光绪癸巳举人。历充出使随员参赞，直隶候补道。邓君展、名骥英，广东三水人，年已七十，为康君少年同学，望之如四十馀岁人，近由康君荐在哈同花园办事。邓秋枚、名实，广东顺德人，神州国光社主人。徐积馀、甘璧臣，席间谈国事，无不叹惜痛恨于革命诸君，四时席散即归。

初五日 午后阅《称谓录》，校《订讹类编》。

初六日 罗叔韫子敬昆仲来，未见。

初七日 午后罗子敬来,并有书数种欲售,予以价太贵还之。出至冯梦华处谈良久。至延庆里答罗叔韫,未晤。

初八日 午后至沈子培处谈良久,伊昨日迁至威海卫路,即从前立凡弟之住宅也。上灯时康长素亦来,略与周旋,予遂归。夜校《订讹类编》。

初九日 晚嘱砚孙写函复陶拙存、徐仲可、孙公达。校《订讹类编》。

初十日 午后督同咏和、子青收拾书籍,皆小珊处阅后送还,醉愚未曾收拾者,置在外面为日已久,今有客来实不雅观,不得不令彼收拾也。五时藤田剑峰学士丰八郎,从前庞青城办医院时所延之丸桥女医生之夫。由王静安陪来,罗叔韫已赴日,故嘱静安陪来。遂取各宋版书,俾其阅之。六时后莫伯蘅、罗子敬、邹景叔、张砚孙、孟苹先后来,谈至七时半,宴诸君于嘉业堂,十时客散。孟苹谈至一时而去。

十一日 午后缪筱珊来谈。校《订讹类编》。吴菊舫来,与淞女诊眼病,予赠伊明刊本《陶庵伤寒六书》六册,价洋十二元。因伊见之喜甚,故举以赠之。

十二日 午后钱长美之伙王仁泉以书来售,阅其头本。夜阅《观我斋日记》。寿阳祁文端公寯藻嘉庆廿一年丙子所记一年之事也时公年廿五岁。

十三日 下午至商务印书馆访张菊生,不晤即归。嘱张砚孙写函答徐仲可、于子昂。嘱醉愚作函致宗子戴、张菊生、周湘舲、诸贞壮。余于镫下校《京师坊巷志》。

十六日 章一山、孙星如来,在书斋长谈,留夜饭,星如先去,一山则谈至十时乃行。校《京师坊巷志》。

十七日 夜校《京师坊巷志》。

十八日 夜校《雪桥诗话续集》。

十九日 夜校《雪桥诗话续集》。

二十二日 出至威海卫路沈子培处,谈至晚而出。

二十三日　午后章一山来谈。夜校《雪桥诗话续集》。

二十六日　夜至书画间，检阅各画约一时许。孟苹来，将各画请其鉴定，伊谓尽是赝鼎，可见买画之难。此系十馀年前在浔所购，自到沪以来，久已无意于此矣。

十一月朔日　午后阅杭州古欢堂郑长发交来之书。夜阅柳蓉村送来各书。嘱醉愚作函致雷君曜、孙星农。名延畛，温州瑞安人，为琴西太仆之孙，大理院推事。辛亥国变，弃官归隐，与予素不相识，忽来函索予所刻书，今赠其二十种寄之。

初二日　午后阅《庙学加价禀稿节略》，心中闷甚，盖现在之官欺商，实属暗无天日，丝毫无理，远不如光宣间之规矩也。缪筱珊来，未见。嘱醉愚作函致王玫伯、沈子培、罗叔韫。

初七日　阅李紫东送来各书。

初九日　夜间嘱醉愚作函复王斐然、杭州人，素不相识，来函自荐书记、校勘等职。张菊生、冯孟武、陈善馀。冯、陈二君皆来讨书，故作函答之，并赠书，由邮局寄去。斐然名振麟。

初十日　夜校《京师坊巷志》。

十三日　出至跑马厅题襟馆与昌硕谈。晚至梅福里杨芷姓处长谈而出。至迁善里应叶柏皋之招，同坐者为沈翼孙、名祖燕，绍兴人，光绪乙酉举人，己丑翰林，官至湖南劝业道。卞薇阁、名绋昌，仪征人，为前闽浙总督卞颂臣制军宝第之子，湖北候补道。钱履樛、章一山、袁子羽，盖是日其子文定也。

十七日　午后朱甸卿送首本来看。

二十日　夜阅各人送来书籍首本。

二十一日　至邓脱路访缪筱珊，不晤。

二十二日　晚至都益处应梦坡消寒首集之招，同坐者为缪筱珊、杨芷姓、陶拙存、潘兰史、徐积馀、钱履樛、沈醉愚，宴毕即归。

二十四日　午后诸贞壮名宗元，山阴人，癸卯副车，由幕僚开保知府，现为浙督军署秘书,记名道尹。来,以所得湖人各诗稿见让,价极昂贵,又系诗集,不可付刊,惟重以昌硕介绍,碍难情面,只好应酬,计洋四百元,小谈而去。

二十九日 晚至消闲别墅应履樛消寒二集之招,同坐者为缪筱珊、徐积馀、杨芷姓、陶拙存、潘兰史、沈醉愚、周梦坡。

十二月初一日 下午陶兰泉名湘,常州人,交通银行经理。与晓霞来谈。

初二日 阅朱甸卿送来各书之头本。

初三日 夜阅朱甸卿送来各首本书。

初五日 下午阅报有初二日命令准内务部之请,以颜元、李塨从祀文庙,亦辛亥以来未曾有过之事也。晚为淞社三十九集,公祝徐仲可、孙益庵、张砚孙三君五十寿,仲可以赴苏特来书缴帖辞谢,故只孙、张二君矣,缪小珊、吴昌硕、李审言、杨芷姓、陶拙存、恽季申、瑾叔、褚礼堂、吕幼舲、朱念陶、王静安、张石铭、章一山、曹恂卿、钱履樛诸客先后来,七时入席,首席益庵,次席砚孙,三席小珊,予以人太少,命杞儿出陪之。是日诗题即公祝仲可益庵砚孙三君五十寿诗。湘舲以病未至,伊谓公祝可以派分,予以由予主席,决不愿派人分文,况益庵、砚孙又为予之人乎。

初六日 午后柳蓉村来。夜嘱醉愚作函复张菊生、冯孟武。

初七日 夜宴谦甫、饶星舫二君于嘉业堂,以谦甫丈明后日欲返扬州故也,星舫约十三四日返湖北,故同宴之,陪者殿襄、鉴卿、柳蓉村、建夫、咏和。

初八日 夜阅柳蓉村送来各书。

初九日 晚徐积馀在都益处作消寒三集,除原有各人外,加一刘健之。名体乾,安徽庐江人,为前川督刘文庄公秉璋之长子,江苏候补道。辛亥后,曾为四川重庆道尹署巡按使,近为公府秘书。

初十日 晚至爱俪园应姬觉弥之招,遇陶拙存、章一山、丁仲祜、名福保，无锡人，在申行医，近颇研究释典。邹景叔，谈良久，知徐菊人有匾给予仓圣明智大学男女校及广仓学会，由秘书刘健之送来，哈同夫妇感激异常，命各学生列队欢迎，来宾等皆三鞠躬道贺，惜予到稍迟不及及。由景叔导至戬寿堂观徐菊人匾额，云是内史王次篯寿彭，山东潍县人，光绪癸卯状元，前湖北提学司。所书，并不见佳，反不如徐之亲笔远甚。

十六日　至兴华川应缪小珊之招，是为消寒四集，同座者履樛、拙存、兰史、芷氿、积馀、湘舲、醉愚及子彬，散席即归。

二十日　至卫生旅馆贺曹君直嫁女之喜，下午至梅福里杨子勤处贺其子硕父完姻之喜。即娶曹君直之女，由孙益庵、章一山做媒。至交通银行答陶兰泉、科学仪器馆答顾鼎梅，均小坐而出。

二十二日　晚至古渝轩应陶拙存消寒三集之招，同坐者为缪筱珊、杨芷氿、潘兰史、周梦坡、徐积馀、沈醉愚、钱履樛，席散即归。

二十四日　午后钱长美来，以书籍两种，向余抵洋壹百元，余初不允，经其再三哀求，看其境况实属可怜，乃酬之。晚柳蓉村来，伊有洋三千元存在余处，款交多日，今来取存折，写畀之。

二十八日　晚宴管德舆、张砚孙、蔡咏和、王建夫、黄瑞卿、邹履冰于嘉业堂，盖账房年夜饭也。

本年所购书籍通共洋贰万贰千伍百肆拾伍元肆角叁分伍厘。

1919年(己未,民国八年)

正月初二日 夜阅《订讹类编》,又校出数字。

初三日 夜阅吴渔川名永,归安前溪人,现任烟台道尹。寄来伊家先人家传数篇。

初四日 夜间理残本书籍,去年求恕斋检出来者也。

初七日 晚应刘聚卿之招至其家,共二席,同坐者伊峻斋、何诗孙、朱古微、杨芷姓、朱象甫、徐积馀、曹恂卿。是日吴昌硕、东迈来,未晤。

十一日 午后至山海关路吊丁衡甫。晚至别有天应张菊生、李拔可之招,同坐者何诗孙、吴昌硕、陈石遗、名衍,福建侯官人,光绪壬午举人,学部员外郎。为近时诗人,与郑苏戡、陈伯严齐名。郑稚辛、苏戡之弟,馀未详。吴董卿、籍贯事迹均未详,大约亦是闽人。章一山,尚有一席人不录。散即至永安公司大东旅馆丹桂厅应张石铭之招,至则人已散,遂怅然而返。阅《盛湖杂录》,唐印僧赠予者也。①

十三日 晚至孤岭路朱砚涛年丈家为淞社四十集,砚丈作主人,看新得古镜百馀面,到者人甚少,只杨芷姓、恽季申、瑾叔、潘兰史、陶拙存、钱履樛、褚礼堂、白也诗、曹恂卿、徐积馀、张砚荪、王静安,共坐二席,题为己未春日即事诗,不拘体韵。

---

① 按眉端朱笔识云:“稚辛名孝柽,辛卯举人,某部主事,国变后为安庆某厅厅长。董卿名用威,浙江仁和人,辛卯举人,江苏候补知县,国变后在福建多年,曾为榷运局长及盐运司。丁丑中日事变后为梁鸿志之监察院秘书长,庚辰年卒于上海,年六十八岁。　　癸未九月十八日补记于此。”

十七日 朱文海来。

十八日 晚至爱俪园应哈同、姬觉弥之招，同坐者李季皋、名经迈，安徽合肥人，为李文忠公之季子。前外务、邮传两部侍郎。罗掞东、名惇曧，广东顺德人，前邮传部郎中。能诗，为近时名士。国变后，诗酒怡情，不做官，然在京师闻已充总统府顾问矣。狄楚青、名葆贤，溧阳人，时报馆总理，近来吃素讲佛学。王丹铭、名未详，江苏高邮人，前湖北候补知府。国变后，隐居不仕，作道士装。郎锦堂、名桂林，杭州人，前记名总兵，历次在江苏、河南、直隶三省充防营统领。国变后，隐居不仕，今年已七十八岁矣。王子良、名为乾，仁和人，光绪己丑举人，前山西巡警道。徐悲鸿、名未详，江苏宜兴人，京师大学堂毕业生，能诗画，人颇聪颖。黄伯雨、徐积馀、杨芷姓、章一山、唐元素，尚有一洋人不知其名，能说华话。菜甚好，哈同历次宴客之番菜，以今日为第一矣。

十九日 出至商务印书馆发行所访张菊生，面还《海东金石苑》一册之百元。去年向王汉辅买时少第一册，嗣后商务印书京中分馆遇见后，函告菊生，菊生告予，遂托其买之，以成完书。

二十日 午后唐元素、章一山来，谈片刻而去。校《龟溪集》。将古香楼钞本与予所刻者校之。

二十一日 午后校《龟溪集》。夜校《龟溪集》。

二十二日 至古渝轩应潘兰史之招，是为消寒六集，同坐者陈石遗、徐积馀、朱砚涛、陶拙存、杨芷姓、周湘舲，坐间兰史与石遗酒兴甚豪，议论纵横，致各有酒意，予见石遗无车，予送伊至成都路全福里，坚邀至其家小坐，茗谈片刻，并赠予书数种，皆伊自己著作也。返家后阅《石遗室文集》，即顷间石遗面赠者也。

二十四日 出至缪小珊处，见子彬，知昨夜睡至夜半忽尔吐血一碗，今日疲倦不能起，所幸吐出后，身体并无不适，谅无妨碍。子彬深以为忧，予心亦颇虑其如此高年，吃不起风浪也。与子彬谈良久而归。

二月朔日 作丁衡甫丈挽联。已有谕旨赐恤,予谥恪敏。

初四日 夜校《京师坊巷志》。

初五日 校《京师坊巷志》。

初六日 阅《落帆楼文集》,以纪仲景师交来一本,中有数篇未曾刻入,拟补进也。是日徐积馀请一枝香,予面谢之。

初七日 晚喻志韶来,同至爱俪园应姬觉弥之招,同坐者邓君展、杨芷姓、白也诗、章一山。

初九日 午后张孟劬来长谈。新自北京返申。

初十日 晚至一品香应喻志韶之招,同坐者康长素、陶拙存、章一山、周湘舲、刘介玉、名玠,台州黄岩人,在申卖字,署名天台山农。张丹庭,名连升,台州人,前江苏副将,浅水兵轮统领。尚有不相识者数人,散后即归。

十一日 夜间至兴华川应周湘舲之招,同坐者张菊生、朱古微、夏剑丞、李拔可、芷姓、一山,散后即归。

十二日 夜间为消寒七集,到者缪子斌、杨芷姓、陶拙存、潘兰史、徐积馀,以人少添邀张孟劬、况夔笙二人。

十四日 午后冯梦华与成翊清名静生,宝应人,年二十三岁,为成恭恪公肇麐之子。来,略谈而去。

十五日 访吴昌硕,长谈良久乃返。

十七日 下午顾鼎梅来谈。晚冯梦华、成翊清、朱绍伊、宋澄之、叶柏皋、唐元素、钱履樛先后来,谈良久,宴诸君于嘉业堂。

二十三日 至缪筱珊处谈片时而返。夜间王锡生送书来阅,皆袁抱存之物也。

二十四日 午后李佩秋名洣,湖南衡山人,前江苏候补知县。现任浙江分水县知事。其父本浙江西安县知县,与本生父亲戊子同年,杨芷姓介绍,去年通过信。来,长谈良久而去。

二十五日 王锡生来,与之买成书,十一种宋版二,元版五,明版四,共十一种。皆袁抱存之物,计洋壹千四百元。王锡生另售其五十元，此今年第一次买书也。前日孙益庵手《严逸山文集》十二本，价洋十元。

二十六日　夜校《订讹类编》。

二十八日　至来远公司应孟莘之招，遇张楫如。苏州人，善刻各种书画等件。

二十九日　午后龚未生来谈即去。以沈子培七十生日往祝寿，晤其子慈护，侄瑞轩，略谈而返。一山来谈留夜膳。

三十日　王锡生送书来售，阅之良久。

三月朔日　下午四时半至爱俪园应章一山、王子良、哈同、姬觉弥绾春第一集之招，至则彼已散席，将摄影，遂邀至草地上，共同摄影，约四五十人左右，照相毕，邀至天演界，盖与到得相仿者亦有七八人，同入座者为张菊生、李拔可、夏剑丞、况夔笙、高欣木、丁辅之、杭州人，竹舟之孙。褚礼堂及主人一山、子良、觉弥，迨宴毕已将八时，遂归。夔笙、礼堂、益庵同来，在予书室谈至十一时而去。是日午刻冯梦华、吴昌硕、东迈来，均未晤。

初三日　嘱醉愚作函复李佩秋、童亦韩、孙君培、名同康，后更名雄，江苏常熟人，光绪甲午进士，吏部主事。国变后，未出山，去年有书来并赠予《郑斋感逝诗》。近来又寄到题词，作书答之。孙公达。

初五日　嘱醉愚作函致屠辅清、张稷臣、陈石遗、廖杰斋。校《订讹类编》。

初六日　下午顾鼎梅来谈。夜间阅《辛亥殉难记》，吴子修提学自杭寄赠者也，展览之馀，不觉伤心泪下。

初九日　午后阅刘艮生哀启，名人熙，湖南浏阳人，光绪丁丑进士，广西候补道。入民国，曾为湖南督军、省长。予与之素不相识，近有讣来，并非抽风，欲征诗文挽联。近来寿丧事，往往征诗文，已成风气矣。甚长，约费一小时始毕。嘱醉愚作函致罗叔韫、王莼农、陈重远。

初十日　夜间作函复陈善馀。阅李紫东送来各书首本。

十一日　嘱醉愚作函致王玫伯、冯孟武。

十二日 午后朱雅言来谈,述及王颂墀于初二日病故,身后萧条。

十五日 阅李紫东送来各书头本。

十六日 嘱醉愚作函致陈石遗。

十七日 夜间与孙益庵、姚竹轩名寿慈,德清人,癸卯举人,江苏知县。住家塘栖,现于昨日任钞写之役,益庵招之来,由通志局开支,每月十二元,寓在此处。谈。嘱醉愚作函致王敬五、孙君培、沈休穆。

十八日 至吴昌硕处长谈而归。夜间阅柳蓉村送来各书。

二十日 午刻至一品香公贺吴昌硕重游泮水,共坐十席,到者约一百馀人,纳资二元,淞社、西泠印社、书画题襟馆共三团体,此外尚有与昌硕有交情而不在此三团体者,亦到十馀人。予到最迟,已将散席,故吃番菜,与子茹、东迈谈良久而出。至宝昌路答曹根荪,以不知门牌无寻处,乃至冯梦华处谈良久,问明根荪寓处,重至宝昌路杨氏答根荪,茗谈良久根荪寓其婿杨璞山家,即前直隶总督杨文敬公士骧之长子也,安徽泗州人。出。夜间阅郑长发送来各书。嘱醉愚作函致林璞山、金谔轩。

二十一日 夜间在《京师坊巷志》上记数语,以前者校毕未记,今补记也。嘱醉愚作函致罗叔韫、唐元素、李佩秋。

二十二日 下午阅李紫东送来各书。夜阅《溪山老农年谱》。镇洋王漱山大令祖畲自订,朱文海新刻好赠予者也。

二十三日 下午吴昌硕、诸贞壮来谈良久,贞壮去年十一月廿四日曾以竹墩沈氏各诗稿售与予,计洋四百元,当面未便与之计较,如数与之,论价值甚贵,不过情分而已。嗣于十二月中,又托莫伯衡交来一帐,索值至千三百元之巨,不还价,原帐还之。前日又托昌硕交来,书则灭去数种,价亦减小,予尚嫌贵,仍不与购。今日携书来此,托昌硕说项,开价五百元,予还二百元,磋商之再,仍是四百元。昌硕谓此是帮忙之举,贞壮亦感激,原不能论价目也。时已将晚,遂留二君在此夜膳,以贞壮亦相识也。潘兰史来最早,上灯后陈石遗、罗叔韫、张菊生、李拔可、章一山、葛荫梧先后来,在书室看新买各书。八时宴诸君于嘉业堂。十时后客散。邀而未至者朱古微。

二十四日　下午王锡生送书来阅。夜阅《溪山老农年谱》。

二十七日　上午十时与姚竹轩携杞儿至爱俪园，晤章一山、徐积馀、王静安、潘兰史、邓君展，以地方大，故虽众，散居各处，尚不致拥挤，在新造之屋观古物陈列所，以画居多，次则铜器十馀件，瞻仰良久。十一时在戬寿堂授章典礼，以哈同新晋三等嘉禾章，其妻新得慈淑章，向来所无，此乃创格，受此章为罗迦陵第一人也。由姚石泉为专使，亲授哈同夫妇，石泉名锡光，丹徒人，戊子举人，陆军部侍郎，现充蒙藏院副总裁。各地方官均向哈同道谢。厅上悬徐总统小影及国旗，哈同均向之行三鞠躬礼。间有十馀西人亦来道贺，礼毕照相而散。十二时半，在新屋行乡燕投壶礼，大宾为冯梦华，二宾为陈瑶圃，名邦瑞，慈溪人，光绪丙子进士，度支部侍郎，雨伯父乙亥同年也。三宾为段少沧、名书云，徐州人，由拔贡小京官军机章京擢至郎中，外放广东实缺道员。辛亥后，曾任湖北省长，现为参议员。黄伯雨、左子异、高禹卿名英，江宁人，曾任浙江宁绍台道。等人，若护军使卢子嘉永祥。长江巡阅副使王子铭廷桢。姚石泉、交涉司杨小川晟。道尹王芷扬廷赓。知事沈韫石宝昌及沪地各官均名曰僎，分东西列席宴饮。仓圣明智学校学生行奏乐、均古乐，照《三礼图》上定制者。歌曲、投壶等礼，各耆老在两厢宴饮，至二时半礼节尚毕，予等腹枵，遂至天演界午膳，同坐者一山、积馀、郎锦堂、丁辅之、砚荪等人。闻是日有七十八席，皆小有天承办。

二十八日　下午阅王锡生送来之书。

四月朔日　嘱醉愚作函致况夔笙。夜阅李紫东送来各书。

初二日　嘱醉愚作函致冯梦华、王沂仲。名颂文，昆山人，为昆山图书馆来乞书。

初三日　阅《续碑传集》。

初五日　饶星舫、陶鹏南自湖北至，星舫谓伊患目疾，故亦迟至此刻云。

十一日 是晚唐元素、叶浦荪先后来,浦荪由元素介绍,以石谷山水册页押洋一百六十元,予均未见。

十三日 午后与醉愚至外滩工部局捐务处访潘明训,出示宋宝庆椠《黄氏补十家注杜工部诗史》,书仅六册,椠印精良,甚佳也。书系袁抱存旧藏,出押他处,明训为赎之,连本息费至二千馀元,亦云巨矣。前向明训所借宋淮南局本《史记》,本约是月望日归还,今恳其转限几时,蒙其允许,长谈而出。至海宁路泰来里访况夔笙,谈良久而别。嘱醉愚作函致杨芷姓。

十五日 午后雷君曜、章一山、况夔笙先后来谈,均小坐去。夜阅李紫东送来各书。

十六日 王玫伯自台州来,下榻于此。林璞山、章一山、符笑拈来,一山、笑拈先走,未晤,乃与玫伯、璞山长谈,即同晚膳。是日夏炳泉来,盖由筱珊丈介绍,到此帮同醉愚理书也。

十七日 章一山假座予处宴客,客为吴蔚若、邹紫东、林璞山、符笑拈、王玫伯、王子良、孙益庵、沈醉愚、管德舆及予也。

十八日 下午王子良、林璞山、袁子羽来谈良久。夜宴璞山、玫伯、子良、子羽、星舫、德舆、醉愚于嘉业堂。

十九日 上午出至长乐里贺罗叔韫嫁女之喜,见叔韫犹穿本朝三品冠服,殊令人肃然起敬,略谈而归。下午至吴兴里王静安家贺其子伯深完姻之喜,即娶叔韫之女公子也。晤张孟劬,略谈而出。至一品香应王子良之招,同坐者江汉珊。绍杰,安徽旌德人,甲辰进士,某省知县,现为政府议和代表。王玫伯、章一山。

二十一日 晚至牛庄路应周湘云之招西餐,同坐者为唐少川、杨小川、名晟,广东人,前为某国公使,今为驻沪交涉员。姚文敷、冯孔怀、名国勋,广东人,前沪关监督,现为河东盐运使。聂榕卿、宗羲,安徽六安州人,前江苏候补同知,现为法公堂正谳员。王崧生、李莼梅、□□,绍兴人,前江苏候补同知,现为英公堂会审委员。陆观甫、宁波人。朱古微、王聘三、甘翰臣、潘明训、赵叔孺、浙江鄞县人。许苓西、炳榛,广东番禺人,前江苏候补道。李守一、瀚芬，广东香山人，光绪乙未翰林，广西提学使。徐冠南、姚慕莲，餐毕即出。以吴昌硕、恽季申、瑾叔、陶拙存、钱履樛在都益处举行淞社四十一集，题为己未感事，到者为缪筱珊、杨芷姓、章一山、白也诗、周梦坡、褚礼堂、孙益庵、朱念陶、吕幼舲、沈醉愚、许子颂及余，并主人而已，宴毕即归。

二十四日　午刻王玫伯、林璞山先动身，至镇江游金、焦等山，约在南京会聚。夜阅钱长美送来各书。督同子青检理书画屏联等物，并预备带赠山左各人书籍。

二十五日　冯梦华、章一山先后来谈，均即去。况夔笙来谈，并惠赠《说部撷华》。

二十七日　上午罗叔韫来，未见。是日十二时，启程往游山左。晚间九时，车抵下关。姜文卿在车站等候。

二十八日　午刻在金陵旅馆午饭，饭后与醉愚雇马车入城，至清凉山扫叶楼，玫伯、璞山、一山、美卿已先至，尚有张愧庸名宗峄，黄岩人，江苏知事。现为上新河木厘局长。亦在此，同至龙蟠里图书馆观看丁氏书籍，宋椠韩柳文绝佳。时姜文卿、朱甸卿知余至，亦在同览。

二十九日　午后进城至鸡鸣山同泰寺一游，在豁蒙楼小坐，台城横亘于前，俯瞰玄武湖，历历在目。须臾下山，至明故宫遗址，诣南京古物保存所观览，凡金陵六朝碑碣井栏等物均列其中，方正学血迹石亦在焉。随即出东华门，直抵钟山之麓，谒明太祖孝陵，古树苍凉，故宫颓废，曷胜今昔之感。夜阅朱甸卿送来各种首本。

五月朔日　天明送醉愚至曲阜，一山仆人随行。午刻起身，甸卿来在此午饭。下午朱敏人、名元树，萧山人，光绪甲辰翰林，授职编修。辛亥后，改为知事。曾为吾浔统捐局长，今以知事须次江苏。曹彝仲名元鼎，双林人，光绪甲辰进士。湖北知县。辛亥后，本省知事。现在改分江苏。来访一山，约同至秦淮泛舟，舟中晤李丹孙、名湛田，直隶人，光绪甲辰翰林。今为江苏候补道尹。商藻亭、名衍鎏，广东驻防，光绪甲辰探花。现为江苏候补道尹。宋奉峨、名名璋,光绪甲辰进士,某部主事。今为江苏候补道尹。在淮河游行良久,至通志局访胡宗武,名嗣芬,贵州人,光绪乙未翰林,四川候补道。现为江苏候补道尹,通志局提调。坐谈良久。晚甸卿雇一大舟,邀余晚饭,遂至其舟,有李君仰超名鸿志,安徽宁国人,为光明书铺之主。在舟中,与谈良久。

初二日 四时后与一山至雨花台并谒方正学墓,又至正学祠及卓忠毅祠,均坍败不堪,又至普德寺,内有铁罗汉五百尊,据云发逆之难,已失去数十尊,现已泥身补之,中有大佛一尊,据云亦是铁铸,高与屋顶相齐。天色已晚,遂即入城,便至胡家花园一游,园名愚园,园主人字碧澄,名光国,年已七十馀,创此园者其父名煦斋也。中有荷池甚大,树木森然而房屋已老矣,游览一周而归。

初三日 上午高淞荃名毓浵,直隶静海人,光绪甲辰翰林。现为江苏候补道尹,省长公署咨议营务主任。来访一山,同谈良久。

初四日 上午九点上车。夜十二句四十分钟抵曲阜。

初五日 十时起身,偕一山等谒见燕庭上公。名令贻。瞻谒孔庙、孔林。

初六日 是夜子时丁祭,上公许余等陪祭。

初七日 谒少昊陵。

初八日 下午三时起行,六时抵泰安。

初九日 午前起身,一山、玫伯、璞山、美卿先乘舆入泰山。余偕醉愚自一天门瞻碧霞元君祠。下榻于迎旭亭。

初十日 三句钟时至迎旭亭之阳观日出。下午三时下山。至玉皇阁一游。

十一日 下午四时一山先乘车赴济南,余等入城至岱庙,观唐槐汉柏。夜三时上车,五时许天甫黎明,已抵济南矣。

十三日 下午泛舟大明湖。

十四日 下午至神堂巷毛稚云家,稚云名承霖,历城人,为毛寄云制军鸿宾之子。光绪戊子举人,湖北候补道。辛亥后,遂隐居不出。茗谈良久。

又至宽后所街紫阳书屋访钮觐唐，名家枢，湖郡人，光绪乙亥举人，山东候补知县，今仍以知事需次济南。未晤而归。是晚毛稚云送来《山东通志》一部，系新修者，与旧志不同。

十五日 上午钮觐唐、谢赋定、毛稚云均来谈。下午与玫伯等同看黄河铁桥。

十七日 八时偕玫伯上车，九时启行。傍晚抵青岛，即乘车抵静寄庐。

十八日 下午与一山至小鲍岛尉礼书院访劳玉初，名乃宣，浙江桐乡人，同治辛未进士，出为直隶知县，官至学部副大臣。丁巳复辟，特授法部尚书。并晤其次子笃文，名健。及高孟贤、名天元，广州驻防，本名国雄，举人，外部主事。王式如，名□□，直隶易州人。笃文、孟贤、式如均该书院之教习也。夜阅《泽雅堂文集》。倩醉愚作函致顾鼎梅。

十九日 下午与一山至升吉甫名允，蒙古人，光绪壬午举人，官至陕甘总督。辛巳复辟，授为大学士。处茗谈片刻，并晤其子叔炳。阅《清室外纪》，书为英人濮兰德白克好司所著，陈冷汰、诒先二人所译者也。

二十日 午后至刘幼云年丈处，其子伯明名亮希。亦见，并晤李柳溪，名家驹，广东驻防，光绪甲午翰林，官至学部侍郎。国变后，曾为参政，现为清史馆纂修。谈良久出。是日上午李柳溪、张叔威、刘伯明来，下午劳玉初来，均未见，玉老并赠所著书五册，特志之。

二十一日 下午刘幼云、升吉甫来，长谈至四时而去。

二十二日 下午与一山、玫伯、璞山、美卿、醉愚同至尉泉谒见恭亲王，长谈良久而归。夜阅严缁生太史《墨花吟馆感旧怀人诗》。

二十三日 午前阅《严缁生太史年谱》。恭亲王来回看，各赠所写斗方一纸，谈良久去。晚至小鲍岛礼贤书院藏书楼应升吉甫、劳玉初、张叔威之招，共二席，余与同坐者为尉牧师、德人，号希圣，能通中学，即创办礼贤书院者。刘幼云、高孟贤、廖仲任、名肃，广东惠州府归善人。王玫伯、章一山、劳玉初、罗叔炳，席散即归。仍阅《严太史年谱》。

二十五日 游崂山。作函致王君九。

二十六日 下午至万年町访李紫垣,名德顺,顺天人,山东候补道。谈良久而出。

二十七日 午刻同一山至劳玉初处便饭。是晚为尉希圣、李紫垣招饮,仍在藏书楼。

二十八日 下午吴静波名清泉,本名清全,号君廉,顺天人。来,小谈而去。余是晚宴客至五时许客陆续至,来者为恭亲王、松元菊熊、日本人,号小平,为岛上酒捐局长。尉牧师、升吉甫、劳玉初、刘幼云、李柳溪、李紫垣、张叔威、高孟贤、廖仲任、罗叔炳、劳笃文、刘伯明、吴静波、章一山、王玫伯、沈馥荪、林璞山。八时席散,同恭亲王、劳玉初谈。是日午前用恭亲王赠玫伯后凋草堂韵呈赠恭邸一首。

二十九日 下午松元小平来谈良久而去。出至卫泉恭亲王处答吴君廉、廖讷愚仲任昆季,与恭王、君廉谈良久。恭王出诗扇见贻。是晚伊与君廉假藏书楼合宴余等,乃同往小鲍岛,至则诸客未到,由恭王导至尉希圣书室,观其所藏各书及古物。未几入席,余首座,同坐者为刘幼云、劳玉初、李紫垣、廖仲任、章一山、林璞山、罗叔炳及主人君廉而已。

三十日 下午至东莱官酒局答松元小平,谈良久而出。至升吉甫、劳玉初、刘幼云诸处辞行,均茗谈片时而别。

六月朔日 乘三国丸返申。

初三日 午刻抵岸。

初四日 下午吴蔚若来谈。

初六日 下午出至郑脱路访缪筱珊,长谈而出。

初七日 下午钱履樛来谈。余至振华旅馆访吴蔚若,略坐而出。至广仁里访冯梦华,长谈至晚而归。夜与玫伯长谈,以伊明日欲归也。阅《权斋自订年谱》。

初八日 阅郑长发送来各书。

初九日　下午李培华送首本来看。夜阅培华及蓉村送来各种书籍。

初十日　阅《权斋年谱》，笔墨陋而事实少，其所叙皆寻常之事，与学问绝无关系，似不类通人所为。因忆当年刻其笔记时，所假严迪庄民部原本批中知尚有年谱在其后裔沈小屏处。后知小屏在吴渔川观察道尹署中，去岁曾函托观察设法罗致，近忽由沈君彦卿录副寄来，不意其谫陋不足刊也。

十一日　阅《盛杏荪宫保行述》。晚至一品香公祝缪筱珊七旬晋六暨夏夫人六旬双寿，夫人处送菜一席，而筱珊则来宴，到者为吴昌硕、姚子梁、李审言、吕幼舲、恽季申、潘兰史、恽瑾叔、白也诗、徐积馀、陶拙存、朱念陶、周梦坡、曹恂卿、宗子戴、李经畬、费景汉、张石铭、沈醉愚、杨芷姓、钱履樛及余而已。

十二日　阅《盛杏荪宫保行述》。夜再校《瞿木夫年谱》。嘱醉愚作函致陈重远，并划去捐助京师孔教会建筑费洋贰千元。又作函致顾鼎梅。又致龚未生并还《温州经籍志》之后半稿本十二册。

十三日　夜间翻阅张振卿、毛稚云所送之新《山东通志》。

十四日　李培华来，与购书十三种，计洋五百三十元。柳蓉村来。

十五日　翻阅《山东通志》。夜阅柳蓉村送来各书。

十九日　唐元素偕叶浦荪名玉麐，安徽桐城人，近在哈同花园仓圣明智大学充教习。其人善古文辞。来，茗谈片刻而去。夜间检阅《山东通志》人物传。

二十日　柳蓉村、李紫东均送书来阅。夜阅《山东通志》人物传。

二十一日　夜阅《杨藐翁年谱》。查《东华录》、《先正事略》等书。

二十二日　午后柳蓉村、李紫东送书来阅。

二十三日　午后李紫东送书来，细阅之。

二十四日　下午吴渔川自烟台寄来家集数种，乞余选择一二种刊入《吴兴丛书》，故细阅之，皆不惬意，容与小珊商之。夜校《杨藐翁年谱》。

二十五日　下午校《杨藐翁年谱》。

二十六日　阅《虎口日记》,山阴鲁叔容记咸丰同治年间避乱时所记者,其人物故已久,现其子豸衡托顾鼎梅寄来者也。豸衡游幕在河南。

二十七日　下午至吴昌硕处,以不在家,未晤。夜昌硕复留谈一时而返。嘱醉愚作函复钱念劬、李佩秋。

二十八日　午后阅《清朝宫闱秘史》。夜阅朱甸卿所售各书。嘱醉愚作函致吴昌硕、张仰留、张愧庸、高淞荃。

七月朔日　午后阅《东山外纪》,朱文海新刊者也。

是日始编理书目,由醉愚、翊清为之。然不过为开办之日,午后在厅上办理二三时而已。以夏炳泉来已两月馀,系四月后半月来,向小珊处借来,编理书目者,每月十二元。以未理书之前,装订宋本《列女传》、《朱子大全集》。

初二日　下午柳蓉村、朱甸卿送书来阅。嘱醉愚作函复王君九。

初三日　朱甸卿来。阅《东山外纪》。

初六日　下午朱甸卿来,与之买成书六种,计洋五十五元。

初七日　下午阅《湖州府志》人物传。

初八日　下午王仁权来买书二种,计洋六元。

初九日　作丁益甫挽联。

初十日　夜阅《四库全书简明目录》。

十二日　缪筱珊来谈。

十四日　校《司马温公年谱》,以朱文海来说,谓赵学南告以转达予此《年谱》中误字不少,因以温公之《传家集》与《年谱》对校之,果有误字,且脱字亦不少,非加入不可,又须挖补,虽伤版,亦无可如何也。

十五日　阅柳蓉村送来各书,并新买之《海内奇观》。夜间与彬如谈。今日在此会同醉愚帮打印章于书籍上。

十六日　午后章一山与林璞山来谈，继而唐元素亦来，同谈至晚而去。夜阅金守梅送来求售之各书。嘱醉愚作函致答张菊生。

十八日　阅金守梅送来各书首本。

十九日　夜间看《庚子西行纪事》，唐元素所著。现拟为之刊入《求恕斋丛书》也。

二十日　下午吴昌硕携其子东迈、婿邱养吾、陶安母舅之长子，美国留学生，现在中国银行。王一亭来谈，一亭、养吾先去，昌硕父子在此吃番菜，谈至十时而去。夜阅《庚子西行纪事》。

二十一日　阅《定夷丛刊》，近时常州人李定夷所著之小说也。

二十三日　至叶浦荪处晤孙仲约、名寿昌，贵州人，前奉天海龙州知府。陶玉耕湖南宁乡人。谈良久而出。夜阅《近代名人小传》，与浦荪借来，据云即孙仲约所撰者也。

二十四日　至吴昌硕处答邱养吾，不晤，乃与昌硕谈之。遂同昌硕至庞莱臣处，未晤。至孟苹处，小坐片刻。以昌硕欲看马戏，邀其至家夜饭，饭后余陪其往看。不意夜饭时，昌硕忽觉心泛，故静卧良久，而去马戏之议作罢矣。再者予至昌硕处，伊谓今日李平书持一钱舜举名选，宋末元初之湖州人。画弁山雪霁图手卷，与王一亭同至伊处，据云欲在昆山办赈，以无现钱，欲以此卷售洋五千元，为放赈之本。该卷既是湖人所绘，又是湖州风景，故必售与湖人最为相宜，托伊来售予。予告以向不买画，况如此巨款，更属无力，湖人之买画者首推庞莱臣，次则孟苹，予当为说项。故与昌硕同去，莱臣未晤，孟苹谓是临本，舜举画均有款，此无款，绝非真迹，况即真者，价值亦不过千金，今平书索值如此之巨，未免欺人太甚，遂作书还与一亭，乞其转交，以了其事。

二十六日　下午李紫东、王仁权送来各书。携杞儿至商务印书馆，瞻仰各处，购风景画之明信片十馀纸而归。至张菊生家中谈良久，并托其汇洋百元与王君九，为写《八琼室金石补正》之款也。阅《当代名人小传》。《近代名人》昨日阅完，今接阅此。嘱醉愚作函致陈善馀、朱古微。

闰七月朔日 下午一山来谈。阅《当代名人小传》。

初二日 柳蓉村来以书求售,王仁权亦以书来,阅之,均当面还讫。夜阅《当代名人小传》完,此与《近代名人小传》皆孙仲约所撰,其中褒贬尚属平正,惟错误者亦多,予为改正之。

初四日 出至缪筱珊处长谈良久而出。

初五日 阅《沈归愚文集》,前数年所买,缺叶非常之多,现拟钞补之也。

初六日 阅《汪钝翁类稿》,亦以不全拟补之也。

初七日 下午校《司马温公年谱》,原本钞者,此书尚未刻过,为予第一次所刊,系借之吴仲怡侍郎,已早还讫。近知有人谓误字脱字甚多,乃以温公之《传家集》校之,始信人言之非虚,盖误字犹可改,脱字最难补入也。夜间仍校《温公年谱》。

初八日 校《司马温公年谱》。嘱醉愚作函复张菊生。

初九日 夜阅柳蓉村、王仁权送来各首本书。与管德舆谈。昨日到此。

初十日 午后章一山来谈,至晚而去。夜校《司马温公年谱》。

十一日 校《司马温公年谱》。夜阅李文石著《旧学盦笔记》。文石名葆恂,奉天义州人,江苏候补道。为前闽浙总督李子和制军鹤年之子。金石字画碑帖古董收藏,无不丰富,精于鉴别,为端忠敏公方之幕府有年,以赏鉴家兼收藏家闻于世,于乙卯年秋病殁天津。

十二日 阅《旧学盦笔记》。

十四日 午后阅《雷塘盦弟子记》,即阮文达公年谱也。

十五日 夜阅《雷塘盦弟子记》。

十六日 夜阅朱甸卿送来各书。

十八日 嘱醉愚作函致沈馥荪,将《续文献通考》带往,嘱其面送至劳玉初处,以昭郑重,以此书是稿本,无副故也。又答王君九、袁抱存函。

十九日 嘱醉愚作函复陶子麟。章一山、唐元素来谈即去。晚至都益处宴朱小韵，并祝七十，七月廿七日为其七十寿辰。陪者许子颂、吴昌硕、邹翰飞、潘兰史、周湘舲、钱履樛，九时半席散回家。阅王锡生送来各书头本。

二十二日 阅李紫东送来各书。

二十三日 嘱醉愚作函致庄惠伯、孔姓甫，嘱翊清钞孔燕庭上公函，以明日命万福至江宁、曲阜送礼，以报予等在彼时优待之盛意，所送各物分列于下。夜间阅郑长发送来各书。

孔燕庭　熟罗一匹　线春一匹　线毯一条　湖笔二十枝　洋酒二瓶　雪茄烟二匣　蒋腿二肘　茶叶四瓶　又玩物十件给其二女兜也一七岁一三岁

孔瑞年　花缎马褂一件　线毯一条　毛巾一打　对一幅砚荪写予出名

孔姓甫　库缎马褂一件　笔二十枝　所刻书四种

孔新泉　孔玉如　孔厚庵　孔式如　彭演苍燕庭之秘书均书十种

庄惠伯　熟罗一匹　线毯一条　茶叶四匣　火腿二肘

二十四日 下午王锡生、李紫东、王仁权、郑长发均来，略有所购，纠缠良久而去。夜阅《恨海》。近时南海吴沃尧所著，记庚子拳匪之乱时一人家事。

二十五日 出至振华旅馆答陆仲英，并晤汪丽棠、安徽人，仲英叔岳，近在沪行医。倪莱衫，名世熙，安徽望江人，江苏候补道，为前广东巡抚豹岑中丞文蔚之子。略谈而归。夜阅《语冰阁奏稿》。鸿胪寺卿广东归善邓承修所著，今日梁节庵由京寄到赠与予也。

二十六日 夜阅《语冰阁奏稿》，并光绪十年中越勘界电稿。嘱醉愚作函致钱念劬、沈休穆。

二十七日 五时后出至极司非而路汉冶萍俱乐部应孙慕韩茶话

会之招,晤陶兰泉、褚稼轩、傅小庵,略谈而别。夜阅与朱甸卿新买之书。

二十八日 下午嘱醉愚作函与梁节庵。薛储石、高太痴、朱小韵、章一山先后来,小谈至晚,同至都益处,张晓初已到,继而孟苹亦来,以人少,由孟苹邀蔡谷清名元康,绍兴人,现在杭州中国银行行长。来,遂入席。夜阅暖红室刊本之《西厢记》。

二十九日 夜阅近日与郑长发所买各书。

三十日 夜间改《水南集》跋语,小珊所拟者,太浮太略,非重做一跋不可,托人之难如此,可叹可叹。

八月朔日 晚至一品香恭祝许子颂七十九岁、朱砚涛五十二岁、钱履樛五十岁,子颂现将返杭,八月二十日生辰,其家人为之做寿,因在杭地举行,故淞社同人预祝之也。到者为吴昌硕、李梅庵、恽孟乐、季申、瑾叔、吕幼舲、缪子彬、代表小珊。陶拙存、杨芷姓、徐积馀并予十八人,朱砚涛以其夫人五十岁,将于九月中做寿,故邀之。席半至兴华应陈子言、名诗,安徽庐江人,近在时报馆当编辑,善诗,向充幕府。袁伯夔、夏剑丞、李拔可之招,同坐者朱古微、陈石遗、蒋孟苹、王莼农,名蕴章,无锡人,在商务印书馆充编辑,亦能作诗词。席散即归。翻阅近刻之书,以朱文海为最劣。

初二日 嘱醉愚作函致庞莱臣、章一山。晚应晓霞之招至其家,同坐者为孙慕韩、李伯行、名经方,为文忠公长子,官至邮传部侍郎。朱葆三、谢蘅窗、陶兰泉、傅小庵、沈淇泉、邢颂声,散后与淇泉谈良久而归。

初五日 午刻应张菊生、许南仲之招至菊生家中,以二公宴孙慕韩番餐也,陪者夏地山、叶柏皋、蒋孟苹。席散后菊生以宋钞本《宋太宗实录》五册出示,有钱柱廷、吴清卿长跋,至可宝也。归家后阅近买之书。晚公祝许子颂,以伊二十生辰在杭做寿,在申之人不克往祝,只得趁其在此时预祝之。陪者史叔起、张让三、陶拙存、许松如、张孟劬、砚荪、醉愚先后来，谈至七时入席，散后复至倚虹楼以朱砚涛、钱履樛答席也，小坐而归。

初七日 下午缪筱珊来谈。阅朱甸卿送来各书。至一品香应孙慕韩之招，同坐者为周仅箴、吕幼舲、叶柏皋、沈淇泉、盛萍荪、杏荪堂弟。泽承、杏荪四子，慕韩之婿。外舅，席散至都益处应李振唐之招。

初八日 以蒋孟苹之长子谷孙文定，聘邢钧庵之女，由蔡咏和出面作媒，实则仆妇作媒也。至其寓中贺焉。晚姚文敷、陶兰泉、张菊生、许南仲、外舅、徐晓霞先后来谈良久，晚宴诸公于嘉业堂，与张淡如合请也。原请孙慕韩，而慕韩今夜北上，遂辞谢，予与淡如以客已邀，只得宴诸陪客矣。邀而未至者傅小庵、刘襄孙。

初九日 夜校《吴兴诗话》。

初十日 下午缪筱珊来谈。阅日本刊本《唐土名胜》。

十一日 夜校《吴兴诗话》。嘱醉愚作函致王均卿、史叔起、李振唐、张晓初。

十二日 下午校《吴兴诗话》。

十四日 下午王子良、章一山来谈。校《吴兴诗话》。

十五日 夜校《吴兴诗话》。从王均卿处借得一刻本，与予刻者一校之，今日告竣。

十六日 夜嘱醉愚作函致陶兰泉。

十九日 夜校《吴兴诗话》。

二十日 夜校《味水轩日记》。

二十一日 夜校《味水轩日记》。

二十三日 至四马路一带书肆观看，买数种而出。夜校《味水轩日记》。

二十四日 晚以管德舆年丈《史记》校成，自行辞馆，明日返里，备筵饯行，唐元素、王子良、叶柏皋、章一山、钱履樛、姚竹轩、刘谦甫、张砚荪诸陪客先后至，遂宴于嘉业堂，席散后在余书房小谈良久而去。余与德舆又谈片时，藉代送行，以明晨启行，余不及送也。

二十五日 下午朱文海来。阅书坊中新出之《徐世昌》,书则坊贾藉以牟利者也。是日管德舆年丈归黄岩。

二十六日 下午丁少安持宋槧胡致堂《读史管见》三十册求售,索价二千元,略谈而去。

二十七日 至谦吉里访缪筱珊谈良久而归。夜邱绍周来谈阅其书。

二十八日 下午柳蓉村来谈。汤怀之以书来售。丁少安来,所有宋槧致堂《读书管见》,余还其五百元,而伊尚居奇,遂携书而去。夜校《味水轩日记》。

二十九日 下午冯梦华、缪筱珊二丈先后来谈。夜阅翁阆仙送来各书。

三十日 丁少安以宋槧《帝王经世图谱》八卷计六册。求售,索价二千元,余告以此书虽好,不过数百元而止,总不到千数也。伊嫌还价太少,仍将书带回。夜汤怀之来,以沈钦韩《汉书疏证》稿本求售,惜系残稿中四册,乃他人所录清本,故以洋壹百伍拾元买成,因此书浙江书局已经刻过,否则所索断不止此。夜查核自己所藏书目,以张菊生欲借故也。

按沈钦韩著书甚夥,余所得《王荆公文集笺注》及《苏集诗注》,皆手稿也,《荆公文注》未刻,余拟刊之《嘉业堂丛书》中,惜稿多草书,漫漶不可辨,非清本不能写样,殊费事耳。

九月朔日 夜间邱绍周来,与之买成书三种,《传家宝四集》、扬州石成金著。《春草堂丛书》十种、甘泉谢堃著。《居业堂文集》,大兴王源著。计洋四十元,谈良久而去。查书目以张菊生欲借故也。

初二日 查书目。

初三日 下午陈重远、姚孟埙名明辉,为子梁观察之子。同来,谈北京孔教会事良久,重远新自北京来也。夜阅与邱绍周所买之书。

初四日 下午校《味水轩日记》。

初五日　下午尤升以书来售，与之买成彭文勤公抄校本《公是集》三册、旧钞本《李元宾文编》一册，计洋九十元。尤升者从前在南浔做过厨子者，扬州人。夜间检点书籍，题书上封面签条。

初六日　夜阅《传家宝》。扬州石成金著，国朝康熙时人。

初七日　下午李紫东送书来阅，与之买成书五部，计洋一百二十元。夜校《味水轩日记》。

初八日　校《味水轩日记》。

初九日　午刻至永安公司大东酒楼应周湘舲淞社登高之招，到者除缪筱珊、恽孟乐、季申、瑾叔、杨芷姓、章一山、张让三、徐仲可、褚礼堂、曹恂卿、白也诗、潘兰史、朱砚涛外，有李守一、名翰芬，乙未翰林，广东香山人，前广西提学司。胡朴庵，名韫玉，安徽泾县人，履历未详。散后至天韵楼散步登高，与湘舲谈片刻而出。夜校《味水轩日记》。

初十日　至冯梦华处，并遇李荆遗，同谈良久而出。再至章一山处，谈久之而归。夜校《味水轩日记》。是日与李紫东买书六种，皆明刊本，计洋一百四十五元。

十一日　下午校《味水轩日记》。

十二日　出至吴昌硕处，纵谈久之，遇钱同人。名天骥，嘉兴人，为伯英观察振声之子。

十三日　三时颂驺叔来，同至徐家汇交通部工业专门学校瞻仰图书馆，钱履樛已在恭候，钱镜莹、履樛长子。季雅弟已在门口迎迓，遂由胡粹士名端行，太仓人，洋文教习。引导入内，参观一切，楼共三层洋房，全是西式，予之图书馆毫无采取之处，书亦未曾置进，以工程近甫告竣也。出路过复旦大学，入内参观李文忠公铜像，以该处本文忠之专祠，辛亥国变为革党占据，而移该学于此也。夜阅《古桐书屋六种》，兴化刘融斋中允熙载所著，道光、咸丰、同治时人。李审言明经赠予者也。

十四日　夜校《味水轩日记》。

十七日　至冯梦华处长谈。夜校《味水轩日记》。

二十二日 下午校《味水轩日记》。

二十三日 下午孙恂如来看书,以商务印书馆欲借之印入《四部举要》者,翻阅至六时半而去。至颐福里应周佩宜之招,同坐者朱古微、姚桐生、名绳武,湖州人,为彦侍方伯之孙,方伯即刻《咫晋斋丛书》者。桐生乃江苏候补知府。国变后,仍在江苏当差。沈葆叔海盐人,为洁斋之子。

二十七日 下午钱长美送书来阅。

二十八日 下午校《王荆公年谱》,以《荆公文集》与《年谱》对校。

二十九日 十一时后至南火车站送瞿文慎公鸿禨灵柩至杭州安葬。

十月朔日 至缪筱珊处长谈而归。刘春生持董授经、吴印丞函来荐刻书,与谈久之,价目较南中贵四分之一,春生为文楷斋刻书铺主人,刻工有一百五六十人之多,为京师第一大刻字铺,兼能刻仿宋,可驾陶子麟而上之。刻工则稍优也。

初二日 午后以沈子培之侄女出嫁,往贺焉,以新娘已娶去,挡驾未见。至刘聚卿处,贺其侄硕甫完姻之喜,润卿之子,润卿为聚卿之兄,有神经病,不能做事,故无知其人者。硕甫即娶子培侄女。与聚卿谈片时而别。

初三日 午后至叶柏皋处长谈,伊屡劝予刻理学书数种,以挽回世道人心,予亦深以为然,今请其开一单子,以便择要刊之,至晚而归。晚柳蓉村送来书十馀种,阅之。

初四日 午后刘春生来,予以《旧五代史笺注》,嘱其照殿版《廿四史》刊之,每千字价洋四元。上海每千字二元七角,南京、苏州、扬州三处每千两元五角。苏州费木匠量书匣子,借洋五十元而去,汪甘卿来函为其说项也。答董授经、吴印丞函,益庵拟稿,翊清钞录。

初五日 夜校《王荆公年谱》。

初六日 夜校《王荆公年谱》。

初八日 朱文海来。阅《瞿文慎公鸿禨行状》。

初九日 阅柳蓉村送来各书。

初十日 李培华送书来，翻阅良久，与之买成郑叔问批校《清真集》三本，计洋三十四元。朱古微、徐积馀来，为况夔笙说项，借洋壹佰元而去。以近死一女，而家中尚有一妻一女在病中，故窘迫万分，几无以为炊。夜间柳蓉村来，以书请予阅，与之买成九种，计洋二百元。

十一日 午后以陈桂题在圣寿庵撤座，往拜焉。夜一山来谈。阅蓉村送来之书。

十三日 夜阅李紫东送来各书。

十四日 午刻以徐仙梅内舅母昨日逝世，往送殓，晤欧阳石芝，名柱，广东新会人，宝记照相馆主人，茹素，研究佛学甚深。与石芝谈佛学良久。履樛来，遂同至盛氏愚斋图书馆，成翊清亦至，由王梓乔南京人，管理图书馆之一人，前日由翊清与之约定，今日来看。导至楼上观看，楼共四层，甚低，以二层分作四层故也。书均置架上，无箱无橱，惟第四层均是玻璃橱，置宋元明版及御赐之书，盖其馀三层架上所置者，均本朝版本也。房是洋房，甚大，工程约八万馀元，徘徊至晚而归。夜阅李紫东送来各书。

十五日 朱文海来。阅《梁巨川遗笔》。名济，广西临桂人，乙酉举人，民政部员外郎，于去年十月初七日赴积水潭投湖而死。贻书遍告友人，声明其死为殉清而死，故皇上闻之，追赠四品卿衔，赐谥贞端。唐元素来谈。

十七日 孙恂如来，茗谈良久。雨伯父来，留夜膳，商酌图书馆建作法，谈至十一时后而去。

十八日 夜阅李紫东送来各书。

十九日 夜阅《止园笔谈》。嘱翊清作函答钱念劬、诸贞壮。

二十日 午后朱文海来。

二十一日 夜阅《龚定盦年谱》。仁和吴印丞所辑，缪小珊赠予者也。

二十二日 阅《赵文恪公年谱》。名光，云南昆明人，道光、咸丰时人，官至刑部尚书。此年谱是其自著者也。

二十三日 至缪小珊处,见子彬,知小丈病势甚重,医生云颇为危险,予亦代为之忧。夜阅《钱文端公年谱》。其曾孙仪吉所辑,来孙志澄增补者。

二十五日 接谢念祖讣告,知赋定年丈殁于济南。追念山左旧游,曷胜凄恻。作函致孙星如、王君九、王玫伯、李审言、陈星南。

二十六日 午后朱甸卿、李紫东来,均送首本来看。嘱成翊清作函致张馨谷、唐元素、王静安。又嘱醉愚作函致杨定敷,又致刘翰臣。名启瑞,光绪癸卯科举人,甲辰内阁中书,为苇卿太守之哲嗣也。盖宝应刘氏,代有闻人。

二十七日 至古书流通处,陈立炎不在。嘱醉愚作函致李审言。是日李紫东来,与购书三百六十六元。

二十八日 出至王胜之处谈良久,余所刻影宋《前汉书》中有缺卷缺叶,因筱珊丈(有)〔云〕胜之曾藏白鹭洲书院本,与余所刊者同,特来假刻。晤谈之下,并无其书。筱珊丈又谓伊藏有宋赣州大字本《文选》,岂意亦无其书。乃出其绍兴八年所刊小字本《文选》,宋本宋印,又有宋人批读,亦难得也。夜阅朱甸卿送来书,与购九种,计洋壹百念元。

二十九日 是晚由周梦坡主席在兴华川举行消寒第一集,同坐者为杨芷姓、潘兰史、许子颂、吴昌硕、宗子戴、钱履樛、陶拙存、沈醉愚而已。未几席散,金甸丞太守适至,与芷姓及余畅谈良久而归。嘱醉愚作函致李振唐、张菊生。

三十日 出至华兴里访许子颂松如乔梓,未晤而出。乃至虹口谦吉里视筱珊丈疾,子彬出见,谓乃翁病势极重,万分危险,诸事预备。余欲登楼,则谓终日蒙头而睡,不欲开口,阻余登楼而罢,小谈即出。便至李梅庵处,未晤。出至东有恒里访朱古微,亦未晤。又至王雪岑处,长谈至晚而出。是日钱长美来,欲以《佩文斋书画谱》付石印行,向余假开化纸印本,余怜其窘,允之。查核帐目,当时以一百三十元得之,乃与购开化纸印《朱批谕旨》、明京厂本《性理大全》、《续通鉴纲目》三种，计洋二百六十元，划去原价，给与洋一百三十元而去。嘱醉愚作函致孙星如、金甸丞。

十一月朔日 夜柳蓉村送书来阅。嘱醉愚作函复王君九。夏炳泉自缪氏归，知小珊丈于午后二时病故，七年交好，闻之怆然不已。

初二日 午刻与培馀弟至湖州会馆祭乡先辈，留午饭而出。至缪筱珊家，晤其侄书屏，知定明午入殓，刻尚在房中，无可行礼，遂出。嘱醉愚作函致罗叔韫。阅朱甸卿送来各书。

初三日 午刻至缪小珊处送敛，至则正在大殓，待殓毕，行礼后，诸客均散，予与谦甫、醉愚亦出，至马玉山公司食番菜。夜阅郑长发送来各书。

初四日 夜李紫东送来各书。在张菊生赠我之影宋石印大字本《孟子》，题跋数行，转赠与张弁群。是日吴昌硕、喻志韶来，均未晤。

初五日 嘱醉愚作函致孙君培、刘春生、邹翰飞、沈休穆。夜阅钱长美送来求售各书。

初六日 下午以冯梦华之孙立人完姻，往贺焉，晤宗子戴、朱绍伊，与梦丈谈良久，坚留夜膳，遂与子戴、绍伊、瞿雪斋名世晓，常州人，本浙江知县，现为知事，在钱唐道尹署办事。谈。出至一品香访周景瞻，名宗泽，湖北黄冈人，现官交通部主事，杨芷姓门人，去年在伊处，前在小珊处相遇。并赠伊书二十馀种，纵谈良久而出。嘱醉愚作函致龚未生。阅钱长美送来求售各书。

初七日 下午阅《在园杂志》、辽阳刘廷玑著，康熙时人。夜间与谦甫、益庵谈。嘱醉愚作函致张阆声名宗祥，海宁人，北京图书馆馆长，葛稚威介绍与予索书。钱念劬、浙江图书馆。

初八日 嘱醉愚作函致梁节庵、王君九、唐元素。

初九日 下午阅报知冯国璋于初七日卒于京师。作联挽谢赋定、缪小珊、孔燕庭。晚至都益处应钱履樛消寒二集之招，到者杨芷姓、徐积馀、陶拙存、宗子戴、吴子茹、昌硕代表。醉愚，散后即归。阅李紫东送来各书。

初十日 下午朱文海来。朱甸卿来,与之买成书八种,计洋二百〇六元。嘱醉愚作函致劳玉初、沈馥荪、张馨谷、金甸丞、陶拙存、高欣木、唐元素。

十一日 登舟赴南浔。阅《书林清话》。叶焕彬吏部新刻者也。

十二日 十时舟抵南浔。谒本生父亲。

十六日 阅《张安孝先生名嘉玲,吴江人,为张杨园高弟。遗稿》。

十七日 是日得梁节庵师傅噩耗,为怆然者久之。

二十一日 偕崔振声至莲庄西相度图书馆基址。

二十四日 是日清凉寺禅堂由沈子培创起邀集诸人公祭梁文忠公,为位而哭,此次皇上赐恤非常优异,追赠太子少保,特谥文忠,予银三千两治丧,瑜妃、瑾妃亦赏银一千两,其子佩九乾清门三等侍卫,优礼师傅较陆文端为愈,文忠九原有知,亦可无憾矣。况遗命葬梁格庄,上亦许之,尤为异数。午刻集齐行礼,约四十人。蒙子培尚书、其弟子林鹾尹、邹紫东尚书、吴蔚若侍郎、王叔用观察、名式,福建人,江苏候补直隶州。章一山左丞、唐元素大令、杨芷姓太守、徐积馀观察、王静安学部、汪鸥客布衣、学真和尚原名长志,字子恒,光绪乙酉举人,福建驻防实缺协领。当国变之际,曾率领旗兵,力战民军不克,殉难未死,遁而为僧。现在瑞峰灵阳禅寺监院。等,知先妣十周,均来行礼,良可感也。

二十五日 下午朱甸卿来,送首本阅看。夜嘱醉愚作函致冯孟武及浙江图书馆。

二十六日 下午朱甸卿来,购书九种,计洋壹百元。李培华来,购书十四种,计洋二百七十六元,其中有郑叔问手稿及批校词稿为多。傍晚王君九、章一山来谈。至别有天学真和尚处谢步,茗谈良久而归。

二十七日 下午学真和尚来谈。

三十日 晚邹紫东、吴蔚若、王君九、章一山、邹树文、张菊生先后来,谈良久入席,菊生先去。散后在予书斋谈,至十二时而去。邀而未至者孙恂如、蒋孟苹。嘱醉愚作函致唐元素。

十二月初二日 午后王锡生送书来阅。夜阅李紫东送来各书。

初四日 夜看柳蓉村送来求售之书。嘱醉愚作函致罗叔韫、屠辅清。阅《雪桥诗话续集》，又校出九字，补一字。

初五日 至昆明路薛家滨吊恽孟乐之丧。夜阅钱长美送来各书。

初七日 午后至一品香访周景瞻谈良久，遇朱仲起，名士林，杭州人，为修伯之孙，子涵之子，即《结一庐朱氏丛书》版售于予者。共谈一小时而归。

初八日 孙逸斋持缪子受/彬函来见，略谈而去。逸斋，镇江人，向在小珊处充钞写，今小珊物故，特介绍至予处，是以来见。柳蓉村来小谈。阅梁节庵哀启。

初九日 至都益处应吴昌硕消寒五集之招，散后即归。阅《结一庐遗文》。仁和朱修伯廷尉所著，今其孙仲起所赠也。

初十日 阅王仁权送来各书。嘱醉愚作函致冯梦华、毛稚云。

十一日 午后朱砚涛、吴昌硕同来，谈片时砚涛先去，昌硕待至六时，与予同至弁群处夜膳，弁群是日生辰，特备番菜以宴予等。同席者为周湘舲、褚礼堂、张镜芙，弁群胞弟。散后又茗谈一小时而归。嘱醉愚作函致王玫伯、张阆声。

十二日 阅李紫东送来求售各书。

十三日 十一时至贻德里与本生父亲同至缪氏吊小珊之丧，以是日领帖也，至则由褚稼轩、礼堂邀入席，同座之人除陶拙存、徐子庄外，馀均不识。夜阅近刊各种样本。

十四日 下午阅王仁权送来各书头本。夜宴益庵、砚荪、陶鹏南、饶星舫、夏炳泉、黄瑞卿、俞子青、醉愚诸君于嘉业堂。

十五日 下午嘱醉愚作函答金砚君、褚礼堂、孙咸甫、曹应仲、顾鼎梅、刘襄荪、陶子麟。

十六日 夜阅钱长美送来各书之求售者。

十七日 嘱醉愚作函致劳玉初。阅李培华来售各书。

十八日 午后姜文卿来见,嘱其以后须检好手刻书,不可草率,以近来刻得差,远不如前故也。

十九日 晚周湘舲、陶拙存、杨芷姓、徐积馀、钱履樛、章一山、张让三因昌硕在房中失足,跌于地上,故近日不出门,改邀让三。先后来,谈片时入席,是为消寒六集,散后客即归。

二十日 嘱醉愚作函答顾鼎梅、王胜之。

二十二日 夜校《雪桥诗话续集》。

二十三日 夜校《雪桥诗话续集》。

二十五日 校《一山文存》。

二十六日 下午一山、礼堂来。李紫东来,与之买《读例存疑》一部,计洋二十元。前刑部尚书薛允升所著,近来新刊者也。

二十八日 唐元素来,以明年嫁女无资,以《睫巢集》、《大谷山房集》二种版片售与予,送其三百元,伊欣然谈良久而去。

二十九日 下午王锡生、钱长美来,以书求售,予未购。章一山来谈,交到王玫伯函,知管德舆于十八日以微疾弃世,闻之不胜痛惜之至。年甫六十,精神甚好,遽以微恙而逝,实出意料之外。是日阅《庚子西行记事》,唐元素所著,予新为刊好以入《求恕斋丛书》者也。

大除夕 下午钱长美来,哀恳以书抵洋百元,予可怜其境遇,与之购《唐石刻十三经》一百十四册,计洋一百元。仍阅《庚子西行纪事》。

1920年(庚申,民国九年)

元旦　夜阅《雷塘盦弟子记》。

初二日　阅《雷塘盦弟子记》。

初三日　夜阅《穆宗毅皇帝本纪》。

初四日　夜间校阅《穆宗本纪》。

初五日　夜间校阅《穆宗本纪》。

初七日　午后至张菊生家贺年,未见。至来远公司访孟苹,遇刘厚生、黄勖初。名群,温州永嘉人,日本留学生,现充参议院议员。夜阅《穆宗本纪》,以时有误字,须参看《东华录》、《续先正事略》等书。

初九日　午后王锡生、朱文海来。

十三日　乘舟返浔。十四日上午九时抵浔。

十五日　同雨伯父、振声、颂驺叔至图书馆基址,详细阅看良久而归。夜阅《穆宗本纪》。

十七日　嘱醉愚作函致罗叔韫、冯梦华。

十八日　阅《穆宗本纪》。

二月朔日　晚应朱砚涛之招,同坐者为淞社同人。

初三日　夜阅《宦拾录》。武宁王心辇大令子音所著,嘉庆时人也。

初四日　作函致罗叔韫。夜阅《宦拾录》。王心辇之文集也。

初五日　夜阅《守默斋文集》,善化何镜海应祺所著,咸丰同治时人也。

初六日　午后章一山、徐积馀、朱古微、顾鼎梅先后来谈,至晚乃出,至一品香应周湘舲、张淡如之招,约有百人之多。夜阅《守默斋文集》。

初七日　晚至兴华川应张菊生之招,同坐者王雪岑、王聘三、朱古微、徐积馀、傅沅叔、蒋孟苹,菜尚好,惟迟缓异常,迨席散,已十时矣。夜阅李培华送来郑叔问手钞杂录及词稿、函稿。

初八日　下午李培华来,与之买成郑叔问手录各种共十册,计洋壹百七十元。又《洞庭湖志》十册,计洋十元。道光年间所修之本。柳蓉村送书来阅。夜阅《授时通考》。

初九日　至都益处应王雪岑之招,同座者张菊生、傅沅叔、徐积馀、孟苹、曹勷蘅、四川人,内务部部曹。此次随王揖唐来申。王湘岑。名秉必,前广西巡警道,为雪岑胞弟,近来在申行医。

初十日　午后柳蓉村来,与之买成殿本《授时通考》卅六册、明崇祯本《史概》此为吾镇朱文肃公国桢所辑。五种《大事记》、《大政记》、《大训记》、《开国臣传》、《逊国臣传》。一百十二册,计洋二百四十元。孙恂如来阅书,以商务欲借印也。晚王一亭、吴昌硕同来,谈良久而去。

十一日　晚至杏花楼应潘兰史之招,共二席,一席为消寒会同人,一席有王雪岑、王聘三、朱古微、邹景叔,馀均广东同乡。席间悬挂广东金石拓本,供同人赏鉴,散后即归。

十二日　午后督同俞子青、从叔取宋本书至书房,以便诸客来看。晚王雪岑、张菊生、李拔可、张砚荪来,阅书良久。拔可以尚有数次应酬,不及入席先走。待至八时后,傅沅叔、徐积馀、章一山同来,乃入席,沅叔首座,雪岑次之。散后沅叔、雪岑复阅书良久,至十一时乃散。是日客邀而未至者王聘三、朱古微、潘明训、孙恂如、葛荫梧五人,积馀、一山、砚荪三人乃补邀者也。所有请客条为子青误书十一日,迨予见后,速饬写过通知,而沅叔已来,予未便见面,只得托词有事出门,伊乃少兴而去。今日之来迟,以王揖唐请伊夜膳,先赴彼处应酬也。伊本约来此看书,故极愿早来,不意今日时间匆促,不及多看,伊深怅然。

十三日　午后至四马路怡和馀访傅沅叔,已出门。怡和馀乃四川客栈。至庞莱臣处长谈二小时而归。督同咏和、从叔、子青将各宋元本及名人钞校本之专箱上，裁纸开录书名版本，嘱砚荪书之，令建甫刻之，详细审查约数十种，至三时馀乃罢。

十四日　夜间校阅《司空表圣文集》。

十五日　夜间校阅《司空表圣文集》。

十六日　一山陪黄季蕃台州宁海人，年二十三岁。来见，拟用其在此办事，因一山谓其人甚可超就也。谈未久，徐积馀亦至，以是晚二公借此宴客也。六时后王揖唐、名赓，辛亥后以字行。安徽合肥人，光绪癸卯举人，甲辰进士。兵部主事，至日本学陆军，后改奉天候补道。国变后，曾任吉林巡按使，内务总长。去年以参议院议长派为南北议和总代表，南方以其为安福部党魁，故不承认，致到申半年，迄未开议。闻予藏书富，欲来阅看。托一山、积馀介绍，故二公借此宴伊，藉以阅书。王觉三、名彭，湖北武昌人，壬寅举人，癸卯进士，官阶未详。现充众议院议员。阚霍初、名铎，广东□□人，今昔仕履均未详。现随王揖唐南来。曹勷蘅、名经沅，四川绵竹人，宣统元年拔贡。现为王揖唐秘书。张菊生、姬觉弥、季雨农，明善，□□□□人，曾任两淮缉私统领。现为王揖唐卫队队长。散后揖唐、雨农先走，馀人复看书良久而去。

十七日　下午校《司空表圣文集》。晚张孟劬、况夔笙、王静安、高欣木、褚礼堂来，嘱姚竹轩、孙益庵陪之。夜间宴诸君于嘉业堂，以孟劬应京师大学文科教员之聘，明日北上，故设宴为之饯行也。

十八日　晚以淞社四十四集由予做主人，客人如吴昌硕、况夔笙、胡璞庵、唐元素、徐仲可、朱砚涛、白也诗、褚礼堂、潘兰史、曹恂卿、章一山、杨芷姓、张让三、恽季申、瑾叔、陶拙存、钱履樛、张砚荪、周湘舲共三席，散后礼堂、砚孙、拙存、一山、让三诸人纵谈至十一时而去。是日无诗题，以近来诸公常不交卷，故亦不出题矣。阅《南浔志稿》，近来湘舲新修之稿也。

十九日　夜阅《南浔志稿》。

二十日　夜阅《南浔志稿》。

二十三日 午后柳蓉村、王锡生均送书来阅。夜阅《南浔志稿》。

二十五日 晚至都益处应左子异之招,同坐者为高云麓、振霄,光绪甲辰编修,鄞县人。张让三、卞薇阁、陈霖范、湖南郴州人,从前在安徽候补。台孙、子异次子。良孙、子异胞侄,名及仕履不详。章一山及子异三四二幼子,三子约年十二三岁,四子约十岁左右,二公子均受业于云麓之门。散后复茗谈片刻而归。阅王锡生送来之书。

二十六日 夜阅与王锡生新买之各集部。

二十八日 午后章一山来谈,同至叶柏皋处,谈良久而归。

二十九日 午后朱文海来,所刻各书近来愈刻愈劣,故申斥之。

三十日 午后至徐家汇路李拔可家中应其招,至则见沈子培、王聘三、王雪岑、汪鸥客、张菊生、孟苹正在观画,有宋谢康乐肖像,髯长及地,真怪像也。看毕邀吃点心,吃毕同人散步,至对门范园观樱花桃花。该园乃公司性质,地有二十馀亩,顷买之洋人者,中有洋房二宅,乃园主人之住宅也。游罢出该园门,徐积馀来,及晚入席,与子培谈,散席后拔可复出所藏各书赏鉴,予先走。夜阅《归田琐记》。是日高太痴领帖,予满拟往一吊,后以李拔可电话来催,遂尔未去。

三月朔日 夜阅《归田琐记》。

初二日 夜间作高太痴挽联。

初三日 午刻以周湘舲在永安公司之大东番菜馆修禊,特往应酬,同坐者为吴昌硕、子茹、潘兰史、李审言、曹恂卿、徐仲可、邹景叔、章一山、杨芷姓、徐积馀、褚礼堂、宗子戴、张砚孙、朱砚涛、唐元素、张石铭、许玉农、胡馨吾、胡璞庵、王莼农、庞芝符、常州人,馀未详。本生父亲,散后与馨吾、玉农、湘舲谈。

初六日 是晚予请伯英、衡石父子至天蟾舞台观梅兰芳、王凤卿戏,嘱俞子青、杞儿陪往。兰芳此次应天蟾舞台经理许少卿之请,来申演戏一月,包银三万元,每天千元,无论何项事业,均无如此之巨价。身价之高,为从来所未有,沪人举国若狂,该园人满,无容足之地,包厢涨至三元，正厅二元五角，座位须预先一日定，沪人之中梅毒，可谓深矣。报纸上称好看梅戏者曰中梅毒。

初七日　午后陈重远来谈。至冯梦华、陆仲英均未晤。

初八日　午刻满拟至爱俪园应哈同、章一山、姬觉弥绾春二集之招，嗣以心闷形寒遂致未去。出至均益里胡馨吾处，长谈良久。至全安栈答陈重远，未晤。至冯梦华处，长谈而归。

初九日　二时后李振唐、陈重远、潘兰史、吴昌硕、子茹、陶拙存、孟苹先后来，谈片刻。三时宴诸君于嘉业堂，五时席散，客陆续去。夜阅《金石学录续补》，褚礼堂所辑，新印行者也。

初十日　郑长发来以书求售，细阅之。

十二日　郑长发来，与之购成书五种，志书十种，计洋二百元。

十三日　午后郭复初名立山，丁酉举人，癸卯进士，编修。湖南湘阴人，为筠仙侍郎之侄孙。癸丑、甲寅间曾来过一次。与一山同来，谈良久而去。朱甸卿来，与之买成书十三种，计洋二百九十元。下午夏闰枝来，未见。

十四日　至缪小珊处答夏闰枝，名孙桐，江阴人，小山之内兄也。曾任湖州知府，近在清史馆充纂修，此次为子受、子彬分家事来料理也。未晤，兼访子彬，亦不在家，未见。至李梅庵处即在对门。谈片刻。至李振唐处，未见。至一山处答郭复初，并晤卢扶常，名兆蓉，辛亥后改名耿。江西万载人，丁酉举人。小谈而归。阅朱甸卿书。是日饶星舫自湖北来。

十五日　晚在家宴余尧衢、名肇康，湖南长沙人，光绪丙戌进士。前法部参议。为瞿文慎公亲家。郭复初、卢扶常、原名兆蓉。国变后更名耿。江西万载人，光绪丁酉举人，内阁中书。此次与复初同来沪上。现将晋京运动复辟事，真遗民也。李梅庵、李振唐、杨芷姓、唐元素、章一山。散后校《郑堂读书记》。

十六日　下午校《郑堂读书记》。

十七日　下午校《郑堂读书记》。晚李振唐来，借此宴客谈良久，康长素、王雪岑、曾农髯、名熙，湖南衡阳人，光绪癸卯进士，兵部主事。与李梅庵友善,其字亦与之相仿,亦在此买字。李拔可、胡小石、嘉兴人,李梅庵之学生。李梅庵及振唐之弟忘其字,号柯山。先后来,遂入席,席散后客去。

十八日　校《郑堂读书记》。

十九日　出至来远公司访孟莘,遇王雪岑、王聘三、朱古微,谈一时馀出。夜在家宴孙益庵、饶星舫、成翊清、黄瑞卿、朱伯英、王建甫、俞子青于嘉业堂,以益庵、星舫、翊清今年未请过也。星舫、翊清今年来得极迟。

二十日　至来远公司与孟莘、静安谈,遂同至非园应甘翰臣之招,盖是日宴梅畹华、姚玉芙、姜妙香、王凤卿,四人皆名伶也,余到尚早,徘徊至晚始至,遂入席。同陪者为陈伯严、余寿平、王病三、朱古微、王雪岑湘岑名秉必,广西巡警道。昆仲、夏闰枝、吴宽仲、名庆焘,湖北襄阳人,光绪壬午举人,江西候补道。唐少川、王叔用、周湘云、吴仓硕、杨芷姓、陈少石、名夔麟,光绪庚辰进士,广东布政司使。况夔笙、赵叔雍、名尊岳,常州武进人,竹君直刺之子。李守一、名翰芬,乙未翰林,广东人,广西提学使。袁伯夔、名思亮,湘潭人,海观制军之子。光绪癸卯举人,前农工商部郎中,后为铸印局局长。唐静波、潘明训、潘兰史,颇极一时之盛,席散即归。

四月初六日　阅《东华录》光绪朝者。

初八日　嘱醉愚作函复杨芷姓,致鲍扶九。镇江人,向不相识,来函欲买《明史例案》,问价值若干,故答之。

初九日　嘱醉愚作函复李审言、孙恂如、沈休穆、周湘舲、章一山。

十一日　嘱醉愚作函致葛词蔚、为连根子植亭说项也。唐元素。

十三日　下午刘翰臣、名启瑞,甲辰进士,实缺内阁中书。宝应人,颇讲究本朝掌故,与翊清表弟兄。章一山同来,以正在复卧,故未见。傍晚庞莱臣来,长谈良久而去。嘱醉愚作函致刘翰臣,留其住一二日,以便请伊夜膳。

十五日 夜间振声自浔至此，谈图书馆工程及各事。嘱醉愚作函致冯梦华、孙恂如、王君九、况夔笙、杨芷姓、陆纯伯。

十六日 夜间宴刘翰臣、陈式周、名武臣，淮安人，寓居宝应，与翰臣表弟兄，故即寓其家。式周在李季迈处授读，予与之通函已久，见面却是第一次。高欣木、章一山、姚竹轩、醉愚于嘉业堂，散后纵谈良久而去。

十七日 下午郑长发送书来阅。嘱醉愚作函致章一山、为黄季蕃事。罗叔韫、顾鼎梅、冯梦华、陆纯伯、顾怡庵。

黄季蕃到此后不甚勤奋，在此二月只钞书一百三十馀页，即《王荆公文集笺注》，且时欲出门，余亦不甚惬意。近闻时有友人卧在伊房，昨晚其友持一纸包出门，巡捕徐雨山照章查问检阅，其友遂将该包弃掷于门下地上而行，(孝)〔季〕蕃至账房，谓如此太无面子，予亦不能住矣。今日果将其门上钥匙交与春生而去。

十八日 是日得季蕃果来辞职矣。

十九日 嘱醉愚作函致朱古微，又致杨定敷，又致金甸丞。

二十一日 下午诸贞壮来谈，小坐而去。

二十二日 嘱醉愚作函致张阆声，又致陆纯伯，又致姚慕莲，又致章一山，又致冯孟武。

二十三日 下午至广仁里访冯梦华，长谈而去。嘱醉愚作函致朱聘三。

二十五日 午后五时乘火车赴苏，车中晤潘季孺长谈，端忠敏公在京中梅光远字斐漪，江苏候补道，南昌人，前浙江巡抚启照之子也。家降乩事，知冥中甚重忠孝节义，不如阳世之无纲常，并言梁文忠公与彼同为第六天中人物，生时梁不如彼，今则上帝以为大节凛然，命之复位，而伊在官时不免造孽，以致幽魂无所归宿，漂泊于墟墓之间，追悔无及。予闻之颇有所感。

二十六日 午后开董事会，到者为贝润生、贝哉安、名理泰，为江苏商业银行行长。潘璧臣、名廷枞，苏州人，为盐公堂经商。苏稼秋、名绍炳，安徽人，为苏州商会副会长。陆仲英谈良久，入席，六时散。

二十七日 午后与纯伯入城，至潘儒巷狮子林游玩，国变后为李平书所得，近平书售于润生，改造义庄祠，并将倪高士手迭假山逐一修好。余到后由贝氏监工殷佑卿招待，在各处瞻视一周而出。

二十八日 稼孙具舟来邀游虎邱，遂偕纯伯、莲青、达孙、承智下舟，舟中尚有陆麟仲、名宗振，为元和相国之子，赏三等侍卫。殷菊延、为吴江殷谱经侍郎之孙，曾官兵部主事。曾周士常熟人，为直隶州县，后改候补道，稼孙之姑丈也。及主人。开至虎邱，遍览幽胜，登新建之冷香阁，晤陈季泉，虎邱本地人，为董事。未几下船，至龙寿山房看元僧继善三世血书《华严经》。

二十九日 午刻登舟，由陆纯伯、姚达孙、柴莲青、陆承智及纯伯之子君毅作东道，邀余往游石湖，鹿苹亦在列而未至，即在舟中午饭。三时抵上方山，步行上山，至两刹游览，晤庵僧名栖旅，杭州人，久寓苏州作幕，为郑叔问门生。小谈而返。

五月朔日 上午阅《亭秋馆诗集》。仁和许禧身字仲蘐所著，即贵阳陈小石制军夔龙之继配，已逝世四五年矣。下午返沪。

初二日 嘱醉愚作函致杨芷姓。

初三日 嘱醉愚作函致金甸丞、罗叔韫、劳玉初。

端阳日 午后至叶柏皋处长谈。阅光绪《东华录》。

初七日 晚与益庵、醉愚同至都益处应陶拙存、恽季申、瑾叔、钱履樛之招，为淞社四十六集，拙存以开浚太湖事至苏未归，到者为许子颂、潘兰史、周湘舲、徐积馀、吕幼舲、徐仲可、白也诗、张石铭、曹恂卿、杨芷姓、章一山、褚礼堂、王静安、益庵、醉愚，散后即归。

初八日 午刻以予生辰，拜星官。至都益处应章一山之招，同坐者温毅甫、名肃，广东顺德人，光绪癸卯翰林。官御史，丁巳五月补副都御史。此次由本籍来申，明日北上，携有各种广东所产各物贡献皇上。王雪岑、郑苏堪、王聘三、杨芷姓，散后复纵谈时事良久而归。嘱醉愚作函致吴蔚若、冯孟武、顾鼎梅。

初九日　午后金甸丞与章一山来长谈。叶柏皋与钱履樛来谈。晚赵叔雍名尊岳，武进人，竹君直刺凤昌之子也。来，未见。

初十日　午后章一山与徐积馀来，小谈而去。陈重远来谈。与曹恂卿谈，以杞儿性喜画而恂卿本托谋事，遂延其教习画，每夜二句钟，八时九时二时在此夜膳。月送脩金二十元，今日第一日也。

十二日　午后夏宜卿、邱绍周二书客来。晚至禅悦斋素菜馆应陈重远之招，首座为郭春秧、福建漳州龙溪人，在南洋各埠经营商业，有三千馀万家产，中国各通商大埠均有锦茂行开设。今年六十一岁，人尚朴实，孔教会京师之建筑，伊允捐十分之一，以十万为限。重远此来，专为募此公款，特来申也。傅维湘、郭春秧之秘书，广东人。马亦筬、福建海澄人，商界中人。徐春荣、绍兴人，商界中人。郑陶斋，官应，广东香山人，年七十九岁，在申充招商局总办及董事有年。曾官广西左江道。散席后与陶斋、陈翊周名兆焘，广东番禺人，亦在申经商者。谈，重远恳予，欲设一事务所于沪，意在予处账房，同至贻德里一观，送伊至大安栈而归。

十三日　嘱醉愚作函致刘幼樵、林璞山、李佩秋、李审言。晚陆纯伯、王子良、叶柏皋、金甸丞、陶拙存、章一山、钱履樛、陈重远先后来。夜间宴甸丞诸君于嘉业堂，散后复小谈而去。

十五日　嘱醉愚作函致王君九、沈伯平、琦，浙江人，仕履未详。与予素不相识，然来书问缪小珊家事。吴昌硕、金溎生、李审言。

十六日　嘱醉愚作函致王雪岑、许子颂、唐元素。

十七日　夜间在都益处宴许子颂，予以病未赴，由笃初、培馀二弟作主人。

十八日　嘱醉愚作函致吴子修。

十九日　下午张菊生来小谈而去。嘱醉愚作函致王君九、朱艾卿。此函益庵拟稿，翊清钞写，贺其六十寿辰，非醉愚所写，是月廿四为其六十赐寿，予送泥金寿屏一堂，一山所撰，砚孙书也。

二十日　嘱醉愚作函谢吴蔚若，因其赠《盐铁论》也。

二十一日 阅《劝戒九录》。长乐梁恭辰著。月初徐积馀观察集资印行赠予者也。嘱醉愚作函致顾鼎梅、王雪岑、叶柏皋。

二十四日 下午柳蓉村来,与之买成查他山太史慎行手批苏诗二部,计洋五百四十元。此乃著名之物,蓉村初得时非千元不卖,现以印石印《借月山房》、《大观录》二书须万元本钱,现款周转不灵,故贬价售之。晚吴昌硕与褚礼堂来长谈,留夜膳。八时庞莱臣来谈南浔育婴堂事良久。十一时吴、褚二君去。

二十五日 下午五时陈重远来为孔教会事借此间开谈话会,到者为林泽丰、广东孔教会主任。郑陶斋、许奏云、陈雪佳、太古买办,广东人。沈慈护、子培郎。孙益庵,以上海尚无事务所,现恳予设事务所于此间,使可代收捐款,遂摄一小影而散。林、陈二君穿深衣而照,此所谓古衣冠也。杞、虎二儿为诸君见爱,亦同照入。嘱醉愚作函致曹君直、王君九。下午朱古微来,以在摄影时,见人多遂去。

二十八日 嘱醉愚作函致刘聚卿。

二十九日 阅《通义堂文集》。夜阅《劝戒九录》。

六月朔日 阅《通义堂文集》。

初四日 嘱醉愚作函致林璞山、王雪岑、朱聘三、雷君曜。是晚吴昌硕招饮于倚虹楼,未赴。

初五日 午后朱甸卿来,与之买书五种,计洋壹百元。嘱醉愚作函致冯梦华、凌用臧。名福镜,晟舍人,现充省议员。

初六日 下午五时至沈子培处,晤姚仲实、名永朴,甲午举人。叔节,名永概,光绪戊子解元。二人乃胞弟兄。安徽桐城人。仲实是经学家,叔节是桐城派古文家。近来均在北京学堂充教员,二人均是教官。谈良久而归。

初七日 嘱醉愚作函致罗叔韫、章式之。

初八日 午刻吴东迈来,述及昌硕丈食桃患腹疾,普陀之行中止矣,未晤而去,由醉愚传述耳。四时半偕履樛、醉愚、培馀弟、杞儿坐汽车至新宁绍码头，随即登轮赴普陀。

初十日 嘱醉愚作函致王玫伯。

二十日 五时得罗叔言、张菊生、李审言、王君九诸君书。嘱醉愚作函致张菊生。

二十二日 嘱醉愚作函致罗叔言。

二十三日 嘱醉愚作函致李审言、金粟香。

二十四日 五时得蔡咏和来函，述唐元素大令于廿二日未时逝世，忆余启行前数日，尚与通讯，时仅兼旬，而已天人永诀，曷胜叹悼。

二十六日 得劳玉初、章一山函。夜嘱醉愚作函致一山。余允助升吉甫相国之五百元，今相国有病，玉老拟延苏州曹揆一舍人赴青岛诊治，托一山转商于余，余总以五百元为限，由一山延请揆一，除去川资酬谢，悉以赠相国云。

二十七日 嘱醉愚作函致劳玉初。

二十八日 购《印光和尚文钞》二册。

七月十七日 午后三时让三丈见顾，茗谈良久，招同履樛、醉愚、咏和、培馀弟、赵伯箴至江北岸火车站普天春晚酌，到时尚早，即在菜馆清谈，其子叔驯谦，南洋公学毕业生。亦在，未几冯孟颛、贞群，慈溪人，亦好藏书。孙仲玙宝瑄，钱塘人，慕韩之弟，前邮传部郎中，今为宁波关监督。来，即入席，散后即归。

十八日 午后三时偕醉愚、培馀弟出至水凫桥访冯孟颛，谈良久而出。至新巷衖访张让三，并晤其子叔驯，谈良久而出。

十九日 午前冯孟颛来访，小谈而去。午后三时偕履樛、醉愚、培馀弟出至水凫桥应孟颛之招，至则让三丈已在，孟颛出示书籍画卷，书则除宋椠《名臣琬琰录》外，略有钞本。画则有钱忠介公肃乐像，瞻仰遗容，弥深敬慕。孟颛约余等出北门至马公桥，谒其先世明季殉节侍郎公墓，墓则三忠合葬一地，冯、王合葬，董独葬，冯为明兵部侍郎佥都御史，讳京第，慈溪人；王为明兵部侍郎兼佥都御史，讳翊；董为明兵科给事中,讳志宁。满目荒凉,在荆榛中。冯、王二公已换立新碑,董则题字模糊,几不可辨矣。归途经刘忠佑庙,入庙瞻礼。即至冯处,晤其叔君木广文开,并钱君太希罕,遂入席,席散复小坐而归。孟颛赠以《东钱湖志》、太希所书《洛神赋》手卷,又拓本墓铭数张。又其家藏有郑元庆所撰《礼记集说》稿本,余以乡先著刻,乞其假刊,伊则特以见赠,余决不敢当也。

二十一日 午后三时偕履樛、醉愚、伯箴至镇明岭访盛省传,名炳纬,镇海人,光绪己卯举人,庚辰翰林,曾任四川、江西两省学政。张让三丈已在,小谈良久,至其新建书楼观书,古椠旧钞绝少,所储二百馀箱,虽属寻常刊本,亦已不易致矣,后在书楼长谈至晚。

二十二日 午后阅《鄞县志》。盛省传太史见顾,长谈至晚而去。嘱醉愚作函致杨定敷,又致李佩秋,又致凌用臧。

二十三日 午后二时以天一阁看书条例,如有人到彼观书,必须各房公允方可。前数日由伯箴向范氏招呼妥洽,约此日前往,并约二时会集。余遂偕履樛、醉愚、酉生、伯箴、培馀弟冒雨至西门外,到时范氏诸人均已会集。所谓天一阁者计六间,阁前有池,小缀假山,有亭有桥,然甚狭小而阁亦不甚高敞,楹联甚多,中间悬高宗纯皇帝"天下巨观,人间罕觏"一联。小坐,由其族长邦才导上楼头,时张让三丈亦在,同登一览。楼上安放书籍者只中间三楹,均系大橱,每楹中橱一,左右橱四。书籍自被窃售所存无多,中楹中橱安放御赐《图书集成》,亦已残缺。惟明刻历代题名录,殊不易得也。出示《历代帝王名臣图》,只存六十三页,仅得半矣。又宋画范文正公忠宣公遗像手卷,中有诰敕,有自题,并有真西山、魏了翁等题跋,真希世之珍也。又御赐《平定回疆图》,则铜版墨印者也。三楹之左一间均储板片,霉烂不堪。阁后大树扶疏,下亦有池,已荒废矣,从楼上观之,约略可见。徘徊良久乃下,复小坐而出。

二十六日 午后二时,偕酉生、醉愚出至后乐园,所谓竹船者,四围种竹,而旱船均用杉木为之,惟中间之窗棂乃细竹嵌成耳。其北有洋房，颜曰薛楼，扃闭不得入，薛盖前宁绍台道庸庵副宪所留之书籍而储藏于此者也。至江北岸傅家道头倪俸如家看书，书多明刻，尚精雅。

八月初八日 晚至大观楼应潘明训之招，明训所得宋椠各种中有《仪礼》七十卷、大字《论语》，皆罕觏之本，眼福为不浅矣，同坐者为王病山、朱古微、王静安、张菊生、蒋孟苹、曹君直、唐静波、潘兰史、曹履冰、沈醉愚，席散即归。

初九日 上午朱古微来，未见。

十二日 上午曹君直来，未见而去。下午至江宁公所吊唐元素大令之丧，以是日领帖也。是晚赵叔雍来谈。

十三日 傍晚吴仓硕、东迈来谈良久而去。

十六日 嘱醉愚作函致顾鼎梅、王雪岑。

十七日 下午罗君楚持其父叔言先生片来见，写去直隶冀县灾壹百元。徐积馀、陈重远先后来谈。

十八日 晚叶柏皋来谈。

二十三日 上午冯梦华来，未见而去。近日阅《五馀读书廛随笔》，盖顾辅卿年丈所著也。

二十四日 下午王锡生来，与购元刊《前汉书》一部，吴枚庵校。《笠泽丛书》一册，共洋九百元。晚柳蓉村来谈。夜阅《陶庐六忆》。

二十五日 下午朱聘三、名汝珍，甲辰榜眼，官编修，德宗实录馆总纂兼提调。广东清远人。温毅甫名肃，广东顺德人，翰林。后官御史。丁巳复辟，授副都御史。来谈。晚孙恂如来谈。

二十六日 晚宴钱幹臣砥平父子于嘉业堂，陪者姚文敷、刘聚卿、钱博庵、徐晓霞。是晚聚卿来最早，与谈良久。其邀而未至者为姚慕莲、张菊生、张小午，均赴北京，而徐冠南以自作主人，亦未至。

二十九日 余近阅辅卿年丈所著《五馀读书廛随笔》已竣，盖鼎梅赠余者也。

三十日 晚至东亚酒楼应姚文敷之招,同坐者为幹臣叔岳、傅小庵、陶珠泉、名□,常州人,兰泉胞弟。沈韫石,名宝昌,癸卯举人,法部小京官。今为上海知事。席散后至庞莱臣处,长谈良久。

九月初一日 午刻至都益处应章一山、高云麓、名振霄,鄞县人,甲辰翰林。竺静赋名麐祥,奉化人,甲辰翰林。三君之招,同坐者为陈瑶圃、名邦瑞,慈溪人,丙子进士,户部左侍郎。陈小石、名夔龙,丙戌进士,直隶总督。陈瑞海、可炽,铁号主人。胡甡初、嗣瑗,贵州开州人,癸卯翰林,直隶候补道。丁巳复辟,内阁阁丞。左子异、朱聘三,席散与子异、一山同至梦坡处听琴。五时与一山同返家。未久,朱聘三来,既而叶柏皋、左子异、杨芷甡、胡甡初、高云麓、竺静赋先后来,八时宴聘三于嘉业堂,诸公陪焉。十时席散。是宴尚请温毅甫,未至,盖已于昨夜启程回粤也。

初七日 午后与培馀弟往吊李梅庵之丧。

初九日 傍晚以淞社四十九集应刘聚卿之招,至其家中,到者仓硕、石铭、芷甡、季申、瑾叔、仲可、砚涛、朴庵、古微、砚孙、梦坡、恂卿、醉愚,细观书画,至八时入席,席散即归。

初十日 晚胡馨吾来谈。夜至晓霞处,伊与襄孙合宴馨吾也,陪者沈志贤、半淞园主人。沈叔玉、为文肃之孙,懋业银行副行长。叔玉之父为文肃第三子名璘庆,字鲁青,戊子、己丑两次副贡。江西候补知府,后过班道员。志贤则正行长也。周梦坡、张石铭、金仲廉,席散即归。

十三日 嘱醉愚作函致吴渔川、叶柏皋、劳玉初、赵叔雍、冯梦华。阅《张惠肃公名亮基,江苏徐州人。其婿侯官林文直公绍年所编。年谱》,盖今日与钱长美新购者也。

十九日 晚镇江三星斋主人薛锦增持陈善馀书来见,系荐薛在余处刻书,并赠余《横山草堂丛书》廿二种,余以苏、扬、宁、沪、京、鄂六处分刻,已无馀稿,故婉谢之。夜与曹恂卿、孙益庵谈。并阅善馀所赠之《横山草堂丛书》。

二十三日　午后曹君直来，在益庵处小坐，迨余至益庵处，则君直甫出门行矣。出至邹紫东家答金淮生，紫东亦在，共谈良久而归。

二十五日　午刻至都益处应金淮生、邹紫东之招，共二席，余同坐者为陈容民、名重威，武进人，丙子举人，山西知府。徐积馀、恽季申、眉卿、瑾叔及淮生，并其长孙祉庭。尚有一席则陈伯严、余尧衢、王雪岑、朱古微、郑苏堪、沈子林、孙益庵并紫东也，席散小谈而出。至吉升栈答袁海春。天台人，吴渔川之幕友也。未晤。因余送书渔川，海春则咨照去伻欲来见访，故余往访焉。是晚余宴淮生于嘉业堂，祝其八十寿。五时馀，钟伯荃、吴仓硕东迈乔梓先后来，既而淮生、祉庭至，邹紫东、高欣木亦来，孟苹最后至，益庵亦在陪，遂入席，则已七时矣。席散欣木、孟苹、益庵长谈至十二时而去。

二十六日　午后章一山、喻志韶来谈、小坐而去。校《杨藐翁年谱》。钱长美来，与购《学海类编》十六册，计洋壹百元，盖前数年曾与购此，少此十六册，今补之以成全书。

二十七日　午后发答恭邸函并和诗。晚至一品香应朱念陶之招，伊与吴仓老合宴金淮生也，陪者余与何诗孙、朱小珊、念陶族人。金祉庭、吴子茹而已。

十月朔日　下午至冯梦华处谈良久。阅《郑堂读书记》，今日朱文海交来之样本也。

初三日　嘱醉愚作函致金砚君、陈善馀、章式之、顾鼎梅、朱古微。

初四日　夜校《郑堂读书记》。嘱醉愚作函致曹君直。

初五日　夜校《郑堂读书记》。

初六日　晚至沈子培家应刘健之、徐积馀之招，二公借沈氏宴客。同坐者康长素、郑苏堪、培老、杨芷姓、章一山、王静安，席散即出。

初七日　晚至都益处应许子颂之招，同坐者为史叔起、徐积馀、恽眉卿及不相识者三人。嘱醉愚作函致罗叔韫、吴渔川。

初九日 至商务印书馆访张菊生,回海盐未来。访孙星如,在家尚未到,遂至庆祥里星如家中,长谈良久。九时星如送余与醉愚上火车至嘉善,趁轮至浔。

十一日 阅《胡文忠公年谱》。

十二日 与醉愚至小莲庄看图书馆地。

十九日 出至小莲庄看图书馆工程。

十一月初二日 夜阅《雷塘盦弟子记》。

初五日 与叔云、建甫至小莲庄看图书馆工程建筑。

十三日 与振声看图书馆工程。朱甸卿自沪来,由金陵至上海,上海至南浔。以书求售。夜饭后阅其书,并与之谈至十二时,甸卿即宿于此。

十五日 午前十一时舟抵嘉兴,与甸卿、叔和上火车返沪。

十六日 下午曹忆萱名元度,常熟人,前度支部主事。现为吉林烟酒公卖局副局长。来谈,盖有书售于孟苹,就予为之估价者也。

十七日 午刻杨芷姓来,未见而去。

十八日 午后郑长发来,借洋贰百元而去。朱甸卿来,与买成书廿七种,计洋贰百十元。

十九日 至广仁里访冯梦华,长谈而归。

二十日 夜至威海卫路孟苹新宅,与之长谈。

二十二日 午后作函复芷姓。阅李莼客侍御《越缦堂日记》。朱古微、王静安来,未见。

二十八日 傍晚出门应张菊生之招至其家番餐,同坐者为潘明训、王静安、蒋孟苹、抑卮、张石铭、葛稚威,席散后,菊生出示新在北京所购之书,有宋椠《文选》,颇不易覯,共同赏鉴,良久而归。

十二月朔日 夜宴谦甫丈于嘉业堂,陪者为曹恂卿、姚竹轩、砚孙、骆丹成、咏和、子青。嘱竹轩作函复吴子修、许博明、冯梦华。

初二日 晚至振华旅馆应葛荫梧之招，以其长子文定同乡沈田莘之女。同坐者钱履樛、张菊生、张石铭、徐冠南、晓霞、朱榜生、姚慕莲，十时返家。嘱醉愚作函复劳玉初、陈星南、黄瑞卿。上午吴昌硕来，未见。

初五日 灯下作联挽刘云樵都转。名裔祺，江西德化人，浙江候补道署盐运司。为幼云侍郎之尊人。本年九月病故，七十九岁。嘱醉愚作函致左子异、罗叔韫、沈休穆、张馨谷、符笑拈。

初六日 夜校新刊之《湖州词征》、《国朝湖州词录》。

初七日 午后汪鸥客来，嘱醉愚见之。嘱醉愚作函复李审言、周湘舲、为曹恂卿教杞儿习画，明年停止，嘱其关照曹君也。汪鸥客。应酬其所募恤款二十元也。

初八日 嘱醉愚作函致冯梦华、王雪岑。校《厉樊榭年谱》，以姚竹轩有一旧钞本，故借来一校也。

初九日 校《湖州词征》。

初十日 夜校《国朝湖州词录》。

十一日 嘱醉愚作函复许博明、雷君曜、金巩伯、俞凤宾。柳蓉村来，与之谈，并阅其所欲售之书。晚孙恂如来，茗谈良久而去，并阅看各书。

十二日 嘱醉愚作函复冯梦华、王雪岑、宋墨庵。名慈裒，瑞安人，向不相识，年只二十六岁，年轻之好学者，赠予《三国志乐府》，并索予所刊书。

十三日 夜宴蒋殿襄、孙益庵、饶星舫、张砚孙、瞿从叔、醉愚、咏和于嘉业堂。嘱醉愚作函致童亦韩、冯梦华、陶拙存。

十四日 嘱醉愚作函复雷君曜、叶柏皋、严浚宣。

十五日 灯下检阅近来所买之书，稍稍清理之。柳蓉村来，与之买《罗浮山志》、翁覃溪校《黄山谷集》残本国初仿宋本，校得甚少，故只二十元之价值，否则计书□册，虽残本，恐亦非百不可也。二种，计洋三十二元。嘱醉愚作函复诸贞壮、朱古微、成翊清。

十七日 夜间清理书籍。嘱醉愚作函致徐积馀、陈星南、杨志清、诸贞壮、左子异、许建侯。借洋三十元。

二十一日 闻钱履樛于午刻逝世,病只数日,遽尔不起,予为之伤心泪下,失一良友,可谓痛惜。其病或谓之脚气归心,或云中风,西医谓四肢血管爆裂所致。或又谓为西医所丧,以误服其药故也,未知孰是。

二十三日 午后郑子兰来算帐。阅《心向往斋集》。

二十四日 夜阅《通义堂文集》。史叔起于昨晚病故,于今日小敛,命杞儿往吊焉。

二十五日 嘱醉愚作函答喻志韶、王君九、邹紫东、吴蔚若、吴子修,又致章式之、杨芷姓。汇洋壹百元与式之,为写《八琼室金石补正》经费也。

二十七日 校《心向往斋文集》。

二十九日 高伯蘅于昨日下午病故,病只七日,遽尔仙逝,年只四十二岁,闻系气促,冬瘟如此之速,令人可畏。

1921年(辛酉,民国十年)

正月朔日元旦 夜阅《越缦堂日记》。

初二日 阅《越缦堂日记》。

初八日 傍晚白也诗来。夜宴也诗、鲍康侯、揆若、雁云、金耕伊、咏和、振声于西厢房。章一山来,复与一山、也诗同谈至十一时而去。

初九日 夜阅《越缦堂日记》。

初十日 夜间也诗在此,嘱其作函答劳玉初、金籛孙。

十三日 嘱也诗作函答喻志韶、张孟劬、章一山。

十五日 白也诗来,嘱其作函复陆纯伯、冯孟武。

十七日 白也诗来,嘱其作保函与史量才也,又作函致恭邸,又致杨芷姓。

十八日 夜至一枝香应姚慕莲之招,同坐者为严子均、邢颂声、徐冠南、晓霞、蒋孟苹,席间慕莲出一恤折,乃嘉兴张公东大令鸣珂之子及媳,穷困不能度日,故拟募款数百金,将其息以糊口,余悯之,助洋三十元,散后即归。是日刘谦甫丈至自扬州。

十九日 夜白也诗来,嘱其作函答童亦韩、徐仲可、李振唐。致蔡剑英、王子良。

二十日 况夔笙来,茗谈片刻而去。夜至威海卫路孟苹处谈,孟苹新得宅,为二如君所居。晤陈叔通、高欣木,谈至十时归。校《心向往斋集》中之附录一卷。

二十一日 冯梦华来谈,同至谦甫处小坐而去。

二十三日 七时至都益处应叶揆初之招,同作者为范鼎卿、名寿铭,山阴人,光绪癸巳举人。现为河南河朔道尹。吾友顾鼎梅在范处编辑金石,盖河朔古迹极多,设局搜访,顾任其事,余虽未识面,曾与互通书札者也。沈冕士、徐积馀、李拔可、顾逸农、蒋抑卮、蒋孟苹,散后又小谈片刻而归。

二十四日 午后范鼎卿来谈片时而去。张让三、倪俦如来长谈而去。夜也诗来,嘱其作函致吴子修。

二十五日 午后得苏州沈休穆报条,知廿三日病故,又弱一文字交矣,可叹。姚竹轩来略谈。伊今年移砚孟苹处,月脩二十元。

二十六日 余于是晚邀范鼎卿饮,叶揆初、孙星如、蒋抑卮、张让三、倪俦如、蒋孟苹陆续来,谈至七时半,鼎卿犹未至,揆初以有他约不能待,遂先去。八时半,鼎卿与积馀来,遂入席,邀而来辞者为顾逸农,十时半席散。

二十七日 至迁善里访叶柏皋,长谈一时馀而归。

二十八日 午后出至公益里陈荔庄名廷勋,江西人,曾任浙江嘉兴知县,即润甫封翁之子。家访范鼎卿,未见而归。

是日读报章阴历正月廿六日阳历二月五日。命令杞儿晋给二等嘉禾章,以去年捐助台州水灾赈捐五千元,先与本生父亲合捐一千元,继而应章一山之劝,余又助四千元,本生父亲以五百元不能请奖,故亦并在余处也。由会稽道尹黄涵之名庆澜,上海人。详省长沈叔詹呈请政府奖给也。叔詹名金鉴,同邑菱湖人。

二十九日 晚至大东旅社应葛词蔚荫梧叔侄之招,客有一百馀人,不能记录。属也诗作函致劳玉初、周梦坡、章一山、陆叔同、况夔笙、赵叔雍、褚礼堂。

三十日 晚与杞儿至大世界宴客,至则吴昌硕东迈乔梓、徐仲可、潘兰史、褚礼堂、白也诗、钱簪桐、陆叔同、张孟劬、张砚孙已到,幸余预属从叔先往招呼,故尚不致慢客,继而况夔笙、唐乃安腴庐乔梓、俞凤宾、赵叔雍、葛荫梧来,遂入席,散后同叔同、夔笙、也诗至乾坤大剧场听戏,并至戏房看绿牡丹,花旦也,姓黄字瑞生,黄州人,年十五六岁,叔同、夔笙均与相识,故能入内。坐半时而出。看《人面兽》。晤况小宋、夔笙子。刘介玉。名文玠,黄岩人,即天台山农也。

是日绿牡丹本亦邀彼番餐,盖大世界之陆澹盦欲揄扬绿牡丹,并为广征诗文,余应叔同之请,赠以《清平乐》词一首。今邀其西酌,叔同往约而彼已装饰,即欲上台故而未至。是晚邀而未至者尚有四人周梦坡、邹景叔、姚慕莲、徐冠南也。

二月初二日 是晚孟苹邀往都益处陪范鼎卿,未赴。

初三日 晚至一枝香应徐积馀之招,同坐者为傅沅叔、张菊生、李拔可、孙星如、刘晦之健之弟。葛词蔚、蒋孟苹及一武姓者。忘其字号。散后至兴华川应倪远甫、杨韵秋之招,同坐者为范鼎卿、陈荔庄、邱渭卿、吴寄尘、徐积馀及不相识者一人。孙益庵今日自苏来,也诗亦在,同谈良久。属也诗作函致吴子修、刘健之、叶柏皋。

初四日 午刻至都益处应张菊生之招,同坐者为傅沅叔、王雪岑、朱古微、徐积馀、潘明训、蒋孟苹、赵仲宣、许汲侯。

初五日 傍晚张孟劬、姚竹轩、高欣木、王静安、朱古微、况夔笙、蒋孟苹、雅初先后来,益庵亦至,即宴益庵诸公于嘉业堂,散后复小谈至十一时而去。

初六日 晚至都益处应左子异之招,同坐者为黄伯雨、倪莱衫、名世熙,安徽望江人,豹岑中丞文蔚之子。徐积馀、卞薇阁、名绋昌,扬州人,前湖北候补道。张仲照、余节高、许兰友、名星箕,湖南人,前浙江知府。朱仲平,散后小谈而归。

初七日 也诗来,夜属其作函致王一亭、曹乾初、金梅生、朱古微。

初九日 夜属也诗作函答劳玉初、吴子修、王一亭。

初十日 夜校《京师坊巷志考正》。

十一日 是日午前傅沅叔来,未见而去。

十三日 朱文海来,授以《杨藐翁年谱》,谱系翁自订,曾于癸丑年给穆子美刻于吴中,而刊手太劣,今属文海写样重刻之。灯下属也诗作函致劳玉初、陆纯伯、杨芷姓。

十三日 出至怡和馀答傅沅叔,赴杭未归,不晤而出。阅《春冰室野乘》。

十四日 午后至张弁群处长谈,晤褚礼堂、张砚孙。属也诗作函致吴子修、张馨谷、张菊生、傅沅叔。余校《东山外纪》。

十五日 夜校《东山外纪》,此书刻就已逾三年,其初为缪筱珊所校,以未作跋,故未印行,筱珊殁后,未作各跋,托梦华为之,现跋已作就,欲印书,取阅一过,误字尚不少,有涉及年谱者。因取《年谱》阅之,则误字又复不少,可见托人校书之难,且《年谱》余亦校过一次,遗漏如是,总是粗心之故,书此以志我过。

十七日 晚傅沅叔、王病山、王雪岑、潘明训、李拔可、叶柏皋、徐积馀、蒋孟苹先后来,茗谈阅书,至八时入席,宴诸公于于嘉业堂,孙益庵亦在坐。席散客去,余与益庵谈良久。是晚所邀者尚有张菊生、赴杭州。孙恂如,家中有事。均未到。

十八日 至城内贺王一亭三子季眉燕尔之喜,兼祝太夫人八十寿辰。出至吴昌硕处长谈,并晤徐子升,即鲁道人,奉天辽阳人。既而况夔笙亦至,遂同至都益处小酌,东迈亦侍昌硕丈行,席间谈笑颇畅,十时归家。阅《清代名人轶事》。王瀛洲所著。

二十一日 午后冯梦华来谈。晚章一山来长谈,留夜膳,膳后复小谈而去。属也诗作函致杨定敷。醉愚作函复屠辅清。自校《东山外纪》。

二十二日 午后汪甘卿来长谈良久。伊现拟创立一亚洲学术研究会,其宗旨无非挽回世道人心起见,所有经费均由广东华侨担任,实属难得。甘卿云此意实发自培老,而自己不肯出名,授以甘卿为之者也,好在甘卿甚为热心,且愿任奔走之役,可谓今之有心人也。余甚佩之。夜阅《佛学撮要》。

二十三日 午后作《唐太宗集》跋语,此书为秀水董小匏念棻所编,现小匏之子名寿慈者托凤宾送来,意欲恳余刻入丛书,否则请余跋数语，以志文字缘，余既不为授刊，故跋而还之。阅《清朝逸史》。常熟蒋志范名元庆所著。

二十四日 嘱醉愚作函致冯梦华，并解赈款五千元。馀三千元，本生父亲二千元，与去年合成壹万元。阅《清朝逸史》。

二十六日 属也诗作函致吴渔川、王君九。余校《东山外纪》。

二十七日 夜校《味水轩日记》。

二十八日 午前顾怡庵来，未见。午后李振唐、顾伯华来，均未见。宗子戴来，谈良久而去。校《味水轩日记》。属也诗作函致毛稚云。

三月初一日 属也诗作函致王雪岑、邹树文、徐仲可。柳蓉村来谈，与购活字本《大观录》二部，并制造局所刻零种，共洋四十八元。

初三日 午后二时，钱履樛出殡，在对面空地上设祭以祭之，又有周湘舲、恽季申、瑾叔、宗子戴、徐积馀、白石农、也诗、益庵、醉愚亦在此地设一路祭，两桌并列也。祭毕，诸公即至余处。继而吕幼舲、况夔笙、吴昌硕、孙星如、潘兰史、杨芷姓、朱砚涛、刘聚卿来，五时先坐二席，为淞社五十集也。褚礼堂、张砚孙最后至，待至上灯，以大雨滂沱，竟无他客至者，只得约未去者如夔笙、聚卿、石农，并砚孙、礼堂、益庵、醉愚再坐一席，散后在予书房长谈至一时而去。是日淞社五十集修禊，以适值大雨，故不到甚多，章一山到而未入席，以人疲倦即去。

初五日 晚白也诗来，嘱其作函致刘聚卿、徐仲可、徐晓霞。

初七日 晚褚礼堂来长谈。嘱也诗作函致吴子修。

初八日 午后阅《左文襄公年谱》。晚褚礼堂来小谈而去。嘱醉愚作函答沈憩唐。又致董镜吾，赠书二十种。镜吾，□□人，名金鉴，刻有《董氏丛书》，亦好学之人也。

十二日 阅《不远复斋见闻杂志》。近时人苏州张廷骧所著，皆记近来之事。

十三日 嘱也诗作函复陆纯伯、叶柏皋、李佩秋。阅《不远复斋见闻杂志》。

十五日 嘱也诗作函答吴子修。校《郑堂读书记》。

十六日 午后至冯梦华处长谈,晤成翊清。嘱醉愚作函致雷君曜。校《郑堂读书记》。

十七日 下午金籛孙来谈良久而去。

十八日 下午校《杨见山年谱》样本。晚至都益处应李振唐之招,同座者郑苏戡、朱古微、徐积馀、徐行可、蒋孟苹、姚虞琴、名景瀛,杭州人,此地公茂盐栈之经理。李柯生,振唐胞弟。席间阅吴柳堂吏部可读之《罔极编》手卷,虞琴得后装为手卷,征求名人题咏,散后即归。

十九日 午后校《郑堂读书记》。阅《涧于集》。丰润张幼樵京卿之奏议也,其子仲照新赠。

二十一日 柳蓉村来,与之买书十三种。校《郑堂读书记》。

二十二日 至振华旅馆应高欣木、孟苹之招,同坐者徐行可、名恕,武昌人,亦讲究收藏书籍之人。刘佐泉、杭州人,前福建知县。辛亥后在申行医。丁辅之、姚虞琴、王子松、杭州人,银行业中之人。金巩伯仲廉季言昆仲,散后徐行可出示新近在京沪所得各书,十时候返家。阅《左文襄公家书》。今日子异廉访所赠也。

二十三日 阅《涧于集》。

二十五日 晚张孟劬、吴寄荃、金籛孙、吴昌硕东迈父子、陶拙存、李振唐先后来,谈良久入席,首寄荃,次籛孙,散后客遂去。嘱醉愚作函致章一山、徐行可、徐晓霞、朱古微。

二十七日 下午校《郑堂读书记》。

三十日 晚至陶乐居应徐行可之招,同席者郑苏戡、邹景叔、姚虞琴、丁辅之、高欣木、孟苹、巩伯、仲廉、季言,散后即归。检理书籍各种之经部,督同王建甫盖印章。

四月朔日 嘱也诗作函致张孟劬、陆纯伯、宋墨庵、杨志林、张馨谷、冯梦华。

初三日　午后阅《刘文庄公奏议》。名秉璋，安徽庐江人，光绪朝曾官四川总督，为合肥李文忠公之部将。

初四日　查《山东通志》人物传。

初五日　检阅《借月山房丛书》。

初六日　阅《武林人物新志》。道光乙未钱塘施朝乾辑。

初七日　午后至冯梦华处，茗谈片刻，现在春振将罢，核算款项，尚少万元，故于知己数人中相恳补助，予续助二千，当面交与。盖连去年之冬振并今日之二千，已共合成一万二千元矣。夜检阅《罪惟录》。

初九日　午刻至重庆路咸益里应黄伯雨之招，展览所藏之书画，同席者杨韵秋、吴笔江，镇江人，中南银行经理。馀均不识，席散伯雨又命其子取出宋元人名画及怀素、米芾二公墨迹，玩视良久，亦眼福也。其子名宏度，字静渊，年约三十左右。出至四马路中华里吊梅祉荷之丧。昨夜戌时故，年四十一岁。嘱也诗作函致杨芷姓、刘聚卿、宗子戴、金篯孙。阅《罪惟录》。

初十日　至四马路格书坊，购近出之说部书十馀种而归。

十一日　出至吴昌硕处，坐未久，王一亭来，共谈良久而出。

十二日　午后至叶柏皋处，谈良久。汤怀之来，与之买书三册，计洋十元。嘱也诗作函致叶柏皋、章一山、张馨谷、劳玉初、徐仲可、李审言、俞恒农。

十三日　补《湖州科第表》，柏皋赠予《科第表》，光绪初年刻于京都湖州会馆者，予现在补至辛亥为止，拟刻入《吴兴丛书》中也。

十五日　柳蓉村来谈。嘱醉愚作函致王一亭、章一山、杨芷姓。

十六日　夜间补录《清秘述闻》。也诗来，代作诗一首。周湘舲夫人六十寿放生鱼。

十七日　夜阅古书流通处陈立炎送来各头本书，皆缪小珊旧藏，新近以二万六千元售与古书流通处也。

十八日 阅古书流通处送来各头本书。下午赵叔雍来,小谈而去。

十九日 胡漱唐来,谈片时而去。阅《浙江通志》湖州府人物传稿。

二十日 夜至都益处应徐积馀之招,同坐者胡漱唐、王雪岑、朱古微、郑苏戡、王聘三、王叔用、醉愚,席散即归。阅《浙江通志》湖州人物传稿。嘱醉愚作函致赵叔雍、金甸丞、袁子羽、王君九、孙恂如。

二十一日 午后朱甸卿来,看其取来求售之各头本书。至横滨桥崇福里答胡漱唐,寓在李筠庵家,梅庵之弟也。茗谈一小时。夜阅湖州人物传稿。

二十二日 上午张菊生来,未见。俨廷弟及朱甸卿来,继而陶拙存、叶柏皋、胡漱唐、张让三、杨芷姓、徐积馀、左子异先后来,谈良久,至八时宴漱唐诸君于嘉业堂。是日邀而未至者为张菊生、李拔可、章一山、张石铭。

二十三日 午后朱甸卿来,与之买成殿版《九通》一部,计洋五百五十元。又书六七部,约百馀元。夜阅金甸丞赠我之《潜书》及《痰气集》。诗文集。嘱醉愚作函致李审言、叶柏皋、冯梦华、曹叔彦、杨定敷。

二十五日 返浔。下午与振声至小莲庄看图书馆工程。

二十八日 阅《台学统》。

二十九日 阅《台学统》。阅《受虚堂文集》。长沙王益吾司成所著,十年前曾看过,今复阅也。

五月初二日 阅《台学统》。

初四日 阅《庚子传信录》及《松漠归程日记》,不著何人所记,钞本。为钱塘汪穰卿舍人康年所藏,其弟颂谷送来,意欲予刻入丛书者也。

端午日 阅《通义堂文集》。

初八日 抵沪。午后杨芷姓、白也诗、张砚孙均来，小谈而去。

初十日 夜阅瑞安黄漱兰少司马体芳任江苏学政时札各学教官征求书籍文，新近宋墨庵君慈抱赠予也。宋亦瑞安人，年只二十七岁。

十二日 午后郑长发来，以书求售，翻阅良久，略购数种以应酬之。夜间督同瞿从叔、王建甫检理端午节与古书流通处陈立炎所买各书，即缪氏艺风堂所售与陈者，予阅之，不胜兴睹物思人无穷之感也。

十三日 阅钱长美送来求售各书。

十四日 阅《九思堂诗稿续编》，醇贤亲王所著者也。

十五日 白也诗来，嘱其作函致吴子修。

十六日 出至益寿里杨芷姓处，茗谈良久，并晤刘公鲁、聚卿之子。硕甫。芷姓之子。

十七日 阅《南浔镇志》。钱长美伙张□□购钞本《九思堂续稿》乙部，计洋二十四元。

十九日 阅《西湖新志》，上海胡寄凡祥翰所辑，共十四卷。新近以聚珍仿宋排印出书，予阅之，甚觉其不善，遗漏之处亦甚多，此皆书估图利之举者也。

二十日 午后喻志韶来长谈，至晚而去。夜阅《向惕斋先生集》，名璇，字荆山，山阴人，讲程朱之学者，康熙、雍正时人。今日金殿丞年丈寄来，劝予刻入《留馀草堂丛书》者。

二十一日 阅《潘文恭公自订年谱》。名世恩，江苏吴县人，道光时名相。

二十二日 夜阅《栗恭勤公毓英年谱》。惜馀道人编缉，恭勤公为道光朝有名河督。

二十三日 午后吴东迈来，以吴待秋名澄，乃石门人，为伯滔之子，近来价值亦甚贵。所画希古楼图送来，昌硕以足疾发不出门，故命东迈代表来也。以予四十生辰，昌硕发起淞社同人公赠者也。嘱也诗作函复徐仲可、刘公鲁。

二十四日 午后章一山来谈良久。夜阅新近与古书流通处所买艺风堂各书。

二十五日 夜阅新买各集部。

二十六日 阅《续碑传集》,为本生父亲之《续通考》中经籍考上之著书人爵里。

二十九日 十一时父亲登舟与邹紫东、吴蔚若同往九江,游庐山也。

六月朔日 阅《续碑传集》。

初五日 午后朱文海、柳蓉村来,与之谈。

初六日 夜阅忠厚书庄李紫东送来各书求售者。嘱醉愚作函致王玫伯。

初七日 午后阅《碑传集》。柳蓉村来与之谈,并阅其所售各书。

初八日 纪仲景师于初六日病故。嘱醉愚作函致喻志韶、李佩秋、孙公达、冯梦华。

初九日 查《续通考》中未详历履之人。

初十日 嘱醉愚作函致张菊生。

十一日 晚吴昌硕偕子茹、东迈来谈,留夜饭而去。嘱醉愚作函致郝云峤。名崇照,顺天三河人。前为山东知县,毛稚云介绍来乞予所刻书也。

十二日 嘱也诗作函致罗叔韫。

十三日 嘱醉愚作函致李谔臣。名笠,瑞安人,亦来乞书者。

十四日 嘱醉愚作函谢徐仲可,复梅冷生、名雨清,瑞安人,来讨书者。汪滋生。阅《庸盦文集》。无锡薛叔韫副宪福成所著也。

十六日 午后柳蓉村、李紫东送书来售,翻阅良久。夜间嘱醉愚作函致冯梦华、劳玉初、钟伯荃、韩紫谷。名未详,松江人,其家亦藏书甚精,先代所遗也。曹君直舍人曾馆其家,予故得而知之。予之《三国志》,当时小珊丈谓恐是元本,拟借紫谷之本影写刻之,托孙恂如介绍其岳钱选青向说,慨然允许，嗣知其所藏之宋本大字《三国志》只《魏志》一种，乃作罢。

十七日　午后至新闸路访吴蔚若，未见。至北四川路崇福里顾聪生家答杨见心，茗谈良久，聪生亦在旁同谈，出其所藏惠松崖征君栋手写其笺注《渔洋山人精华录》，展玩良久而出。出至迁善里访叶柏皋，病伤寒证，不能见客。夜嘱也诗作函致杨见心、叶柏皋。

十九日　嘱醉愚作函致龚未生。

二十日　夜间以饶星舫应董绶金名康，武进人，光绪戊子举人，庚寅进士，现为司法总长。许星舫在部中派一挂名差事，每月六十元。之招将进京，为之饯行，陪者魏小溪、亦陶子麟之伙友，黄冈人，在刘聚卿处影写宋版书。陶鹏南、子麟之侄，在此间修改书者。张砚孙、咏和、醉愚，散后也诗来，与砚孙同谈至一时馀而去。

二十一日　晚应庞莱臣之招至其寓，同席者何诗孙、吴昌硕、朱古微、陈星华、管复初、张唯庭、孟苹，散后即归。是日古微丈告予，劳玉初丈于十六日无疾而终于青岛，闻之悲悼，同志日渐凋零，可为伤心。

二十二日　上午七时至新闸路李氏访吴蔚若，长谈良久而归。送饶星舫起程进京。嘱醉愚作函致董授经、吴印丞、吴渔川、王玫伯。也诗作函唁劳笃文。

二十五日　嘱也诗作函致胡漱唐、秦佩鹤。醉愚作函致章一山、刘公鲁、孟苹。

二十六日　下午阅古书流通处送来求售各书，皆缪氏艺风堂故物也。

二十七日　下午校《温忠烈公字宝忠，名璜，我镇人，明末殉国难者也。遗稿》，上卷为母训，下卷为杂著也。嘱醉愚作函复罗叔韫。上午包滇生来，未见。包名延祺，湖州人，兵部郎中。为先府君之换帖兄，年七十六岁。盖先府君已卯入都，迄今已四十五年矣。友朋之在世者，惟此公一人而已。

二十八日　上午九时半邹紫东、吴蔚若、朱古微来，予一见后，即导至书房,由益庵陪之看牌,予亦退而不陪。午刻邀至嘉业堂午饭,饭毕仍往看牌,阅古书流通处送来求售各书。晚章一山、张孟劬来,谈良久。夜宴诸公于嘉业堂,席散后,孟苹来谈。十一时客咸去。是日邀而未至者秦佩鹤,以有病也。

二十九日 下午朱文海来。张砚孙来谈。校《温忠烈公遗著》。夜间董竟吾、名金鉴,绍兴人,年六十三岁,刻有《董氏丛书》、《学古斋金石丛书》,今日均带来赠予者也。章素民名球,上虞人,年六十二岁,向为刑法幕友。即前日送来《上总统万言书》、《救国策》,欲开国民大会,以监督政府挽回大局。二公同来,竟吾默默无言,素民滔滔不穷,皆言开国民大会之事,欲予帮忙,予笑谢之。阅《王渔洋自订年谱》。

三十日 下午李紫东送书来阅。至沈子培处谈,见其精神委顿,故不敢与之多谈,遂归。嘱也诗作函致郝云樵、金篯孙、朱古微、李嗣香。名士珍,天津人,丁丑翰林,官至侍讲学士。由李紫东来乞予所刊书,今赠其五十种。

得沈叔云、崔振声二人来函,知南浔于廿四日下午忽起大风,吹倒墙头及拔去树木甚夥,小莲庄荷花池中小桥上之珠藤架亦吹坍,桥上石栏杆亦倾入池中。内地如此狂风,已属罕有,不意二十八日下午四时又发狂风大雨,较廿四日尤甚,竟与乙卯年六月十六日上海之飓风相仿佛,图书馆后埭木架尽行吹倒,木料均断,廿四日之风亦略有损失,前埭墙头亦吹倒数尺。非全行换过不可,此项损失恐非三四千元不可。

七月初一日 午后徐积馀来,谈良久而去。陈立炎来谈。阅《王渔洋年谱》。

初二日 午后理架上书籍。四时至新闸路李氏送吴蔚若行,以明日返青岛也,不在寓,未晤。至义品里答包滇生,长谈至晚而归。夜间喻志韶来,谈良久而去。嘱也诗作函复京师教育部图书馆。

初五日 夜阅《小三吾亭文集》。如皋冒广生所著。字鹤亭,光绪甲午举人，农工商部郎中。国变后，曾任镇江、温州等处关督监。

初七日 夜校《郑堂读书记》。嘱醉愚作函答李佩秋、徐积馀、朱古微。

初八日 夜间在益庵处谈，古微、孟劬、静庵、夔笙、王澄宰，杭州人，在金星保险公司办事。均在座共谈片时。

初十日 午后校《郑堂读书记》。

十一日 下午督同杞儿查《郑堂读书记》上之人名履历。皆著书之人名，原书注得不明白者，予拟查明后补书之。夜嘱醉愚作函致顾鼎梅、王玫伯、陈星南、吴印丞、汪鸥客。

十二日 午后与杞儿至甡泰栈访钟伯荃，谈良久。至有正书局买碑帖。至商务印书馆买书，在美术部柜上之韦荣甫，名载椿，扬州人。向耳予名，今既相遇，殷勤招待，立谈良久。又至曹素功买笔墨而归。

十三日 午后朱文海、李紫东来。阅忠厚书庄送来售之各种书首本。夜章一山来，谈至十一时而去。嘱也诗作函复张菊生、符笑拈。醉愚作函致吴子修。

十四日 午后至陶拙存处商酌公祭劳玉初事。嘱醉愚作函致王君九。

中元节 下午作联挽王子良观察为乾。

十六日 下午李紫东送来求售各首本书，阅之良久。嘱醉愚作函致王君九、周佩箴、李佩秋。也诗作函致徐积馀。

十七日 查《郑堂读书记》上著书人之履历原书所未详者，予拟补之。嘱醉愚作函复吴子修、冯梦华。

十八日 午后查《郑堂读书记》上之人名。夜间点《藏书纪事诗》三叶。

二十日 李紫东来，并阅其书。嘱也诗作函致张菊生、升吉甫、赠其五百元。符笑拈、刘幼云。

二十一日 章一山来谈。至迁善里望叶柏皋疾，在卧榻旁谈良久,盖此次伤寒症甚危险,现已两月馀矣。嘱醉愚作函致杨芷姓、徐积馀、陈星南、姚文敷、太原图书馆。

二十二日 夜点《藏书纪事诗》数叶。

二十三日 下午阅《章实斋遗书》。杭州图书馆铅印本。朱文海来。夜阅《章实斋遗书》。

二十四日 章一山来谈。嘱醉愚作函复李佩秋、陆雅达。无锡人,有书欲售者。点《藏书纪事诗》数叶。

二十五日 夜阅新买之石印各种书。点《藏书纪事诗》三叶。

二十六日 午后朱理斋名震,砚涛之胞叔,与砚涛同庚,并庶出小叔也,江西候补道。来,小谈即去。宗子戴来谈。

二十七日 点《藏书纪事诗》三叶。

二十八日 夜阅李紫东所售各书。

二十九日 阅《彭文敬公自订年谱》。名蕴章,苏州长洲人,咸丰朝宰辅。嘱也诗作函复金籛孙、京师教育部图书馆。点《藏书纪事诗》三叶。

八月初一日 上午九时起身,[公祭劳玉初乃宣,]嘱醉愚先至报本堂布置一切,十一时与益庵同往,所到之人已不少,十二时分班行礼,以十人为一班。礼毕散去大半,吃素斋,四席,席散后,犹有客络绎而来。三时后与益庵同至昌硕处望其疾,至房中长谈,晤王绘青、孝丰人,东迈之内弟。商笙伯、绍兴人,江西知县。东迈,五时归家。是日公祭,虽知单上八人具名,邹紫东、沈子培、徐积馀、杨芷姓、章一山、陶拙存、本生父亲及予。而一切事均由我处承办,共费用四十二元,亦由予付讫。所到各人列下:

沈冕士、朱古微、徐冠南、张孟劬、潘季孺、刘聚卿、徐晓霞、张仲照、沈韫石、孙益庵、葛稚威、姚子梁、陈尧圃毅、郑苏堪、葛荫梧、陈式周、褚礼堂、高梦旦、宗子戴、徐毓臣、沈子林、王叔用、王聘三、严少和、张菊生、罗子敬、王雪岑、周美权、陈叔通、李伯贞、秦佩鹤、白也诗、恽季申、高云麓、陈容民、朱念陶、恽瑾叔、沈醉愚、丁伯阳、潘兰史、钱聪甫、左子异、余尧衢、沈沂伯、姬觉弥、刘襄孙、沈瑞轩、袁子羽、丁辅之、朱调卿、江子诚、李拔可、李云书、邹紫东、徐积馀、章一山、杨芷姓、杨硕甫芷姓郎、陶拙存、沈慈护子培郎，及予父子。

初二日 至新闸路盛氏答宗子戴，未晤而返。阅《王文敏公诗文集》。名懿荣，山东福山人。光绪庚辰翰林，国子监祭酒。庚子拳匪事起，奉旨派为京师团练大臣，各国联军入京都城，遂殉节。追赠侍郎，谥文敏。其人素喜讲金石之学。此稿本乃其第三子名崇焕自天津寄与芷姓，嘱其转恳予为之刻入丛书者。夜点《藏书纪事诗》。

初三日 阅《王文敏公集》。夜阅《彭文敬公年谱》完。嘱醉愚作函致劳笃文，报告初一公祭情形，并将送来之挽联祭幛托三国丸轮船带往。夫以胜国遗臣而旅沪诸遗老，殷殷念旧国无论矣，而有并非同志，亦惠然肯来，可见人心未去，直道犹存，此举要亦差强人意，特记之，以志我心欣喜。

初四日 王锡生来，与之买书七种，计洋壹百伍拾元，内有元刊十行本《唐诗始音》、《正音遗响》、元杨士弘编次，计八册。明永乐本《卫身宝鉴》元罗天一著，十册。二种尚好，馀均极寻常之书，故不录。锡生又以扬州水灾，募去捐六十元。嘱也诗作函谢张孟劬代作序。

初六日 午后以胡馨吾/仲巽之太夫人撤席，至均益里一拜，晤林铁尊。名鹍翔，归安人，壬寅举人。前年为浙江交涉员，近为瓯海道尹。为选举事受团长之压制，处处掣肘，不能办事，愤而去职。又以凌晓五百岁冥寿，至公益里铭之寓中一拜，铭之乃晓五之长孙。晤陈小雅。名其璟，归安人，前江苏江都知县，年已七十。夜嘱也诗作函致刘幼云、杨芷姓、吴子修。

初七日 李紫东以书来售，细阅之。夜阅《湖州科第表》。将所少者补之，现已完全矣。嘱醉愚作函致吴蔚若。

初八日 午后林泽丰来，名福成，广州人，孔教会会员之出力者，蓄发，衣古衣冠，与道士相仿佛。茗谈片时而去。孙星如来谈。赵叔雍来谈。

夜间点《藏书纪事诗》三叶。

初九日 午后阅古书流通处陈立炎送来各书头本。

初十日 阅《张石洲明经穆年谱》。其侄继文编辑。嘱也诗作函复冯梦华、黄石荪、顾鼎梅、太原图书馆。

十一日 嘱醉愚作函致王玫伯。阅陈立炎送来之书。姜文卿来算帐。午后谦甫丈来谈,并谢赠《心向往斋集》。夜阅《亚洲学术杂志》第一期。

修书人张天麟昨日到此,王锡生介绍,张亦扬州人。专修潘明训之《史记》,以借已数年,为管德舆年丈损伤,故必须修补好以还之。

是日陶鹏南返武昌,以《史记》已修补好也,尚有《汉书》、《三国志》板在武昌,俟校过后,在武昌修可耳,故此间以后不来矣。

十二日 夜阅《张石洲年谱》告竣。嘱也诗作函答朱古微、吴子修。

十三日 朱文海来。李紫东来。阅《思屺堂文集》咸丰、同治时人,仁和方德骥著。第一册。钞本,此书未曾刻过。

十四日 午后吴东迈来谈。点《藏书纪事诗》六叶。嘱醉愚作函复王君九。校《郑堂读书记》。

中秋节 夜阅《大雷山房诗文集》,为湖州俞劲叔刚所著。为咸丰、同治间湖州七子之一,乌程诸生。

十七日 午后陈立炎来算帐,与之购书七百零七元,计□十□种,皆缪小珊丈之故物也。将各书检阅一过。夜间题章实斋殿试策跋语,一山丈嘱题者,跋语约三百馀字。嘱也诗作函谢吴印丞、喻志韶。答沈憩棠。

十八日 午后秦佩鹤、章一山先后来谈。

十九日 阅李紫东送来各书头本。

二十日 阅李紫东之各头本书。嘱也诗作函复褚礼堂、教育部图书馆,谢吴蔚若、吴子修。

二十一日 午后至叶柏皋处望其疾,已愈,谈良久。晚至都益处与潘兰史、恽季申、瑾叔、陶拙存、周湘舲、徐积馀、醉愚公宴许子颂、冠英乔梓，散后即归。嘱也诗作函谢秦佩鹤、冯梦华，贺傅沅叔，其父申甫八十寿。又致杨芷姓、朱聘三。

二十二日　午后二时偕内子，杞、虎两儿至沪宁车站，醉愚已先至，三时驶行，七时抵杭，至湖上留馀草堂。余自己酉八月来此看潮，尔后虽曾到此，并未耽搁此间，荏苒流光，倏逾十载，湖山如故，国事已非，为黯然者久之。

二十三日　午前至坚匏别墅谒本生父亲。夜阅《钱文端公年谱》。

二十四日　午前阅《钱文端公年谱》。此次吾家来者最多，梯叔母住在觉庐，湖叔母住在孤云草舍，盖风林坚匏已无地可容矣。

二十五日　午前阅《钱文端公年谱》。

二十七日　上午九时至风林寺以本生父亲诞辰拜星官。

二十八日　城内文元堂书铺主人杨耀松来，以书求售，与之买三部，计洋七十五元。中有明京厂本刘向《说苑》尚好，馀则不值钱也。阅《西湖志》。

九月朔日　阅《西湖志》。

初二日　阅《西湖新志》。

初四日　至城内学官巷访吴子修，谈片刻，遇喻志韶、金甸丞。至卧霞巷访杨见心，至小塔儿巷访关承孙，名预，本城人，前江苏候补同知。由吴子修介绍，为予校吴祁甫各种著作者。均未晤。

初五日　上午关承孙来，时甚早，故未见。

初七日　午后郑长发之伙友张惟熙来，未见。夜间检理此间所存各书，数年不动，不免有虫蛀矣。阅《庚辛泣杭录》，皆记洪杨时杭州失守各事。

初八日　杨耀松以书来售，未与之买。

重九日　阅张惟熙送来求售各书之首本。

初十日 午刻至宴宾楼应吴子修之招,同坐者章椿伯、名炳森,馀杭人,为太炎之兄,戊子举人,曾为嘉兴府训导,近来寓居杭州。仲明、椿伯胞弟,名炳业,在图书馆办事,壬寅举人。关莱孙承孙昆仲、高鱼占名时丰,欣木胞兄,能书画。彝益名时敬,欣木胞弟。昆仲、杨见心,席散复,纵谈良久而归。夜阅古欢堂送来各书。即张惟熙送来者,张为古欢堂伙友。

十二日 午后散步新市场,在陈列所买书数种。

十三日 午后喻志韶、周湘舲来谈良久而去。夜阅《湖墅小志》。仁和高鹏年著。专记湖墅之事,同治、光绪之人也。

十四日 阅《蒋叔南游记》。名希召,温州雁荡山人,好游山,梁启超以徐霞客第二呼之。

十五日 夜饭后吴东迈、刘玉庵名灿,江西宜丰人,昌硕之弟子也。来谈良久而去。

十六日 至湖滨旅馆访吴东迈、刘玉庵,未晤遂归。夜阅说部书。

十九日 午前沈翼孙来,未晤,留赠书数册。阅《退思编》,案(事)〔是〕编今日沈翼孙所赠,皆伊自己之纪事也。

二十日 午后与殿襄、从叔、杞虎二儿乘小舟至图书馆,由管理员卢剑民台州人。导至楼上参观一周。

二十一日 午后钮觐唐来谈良久而去。予进城至关承孙处略谈。至大方伯图书馆分馆访龚未生,不在,晤章仲明,遇童亦韩,小谈片刻而归。

二十二日 午后朱古微、王莼农名蕴章,无锡人,善填词骈文。来谈良久而去。

二十三日 下午接上海账房来函,知邹紫东尚书于十九日病故,苏州遗老,日渐凋谢,闻之心伤。阅《西湖志》。

二十四日 十时钮觐唐、吴一臣来,遂与二公并从叔、杞儿乘舆至东岳水口,梦坡备舟相迓,至舟中遇于向山。名南,江西金溪人,教育科长。十二时半抵秋雪庵,已在行亚献礼,余亦随同叩首,到者五十四人，由朱古微侍郎主祭，盖当代词家也。在弹指楼午饭，同席者为葛稚威祖芬乔梓、杨见心、陶拙存、张石铭、宗子戴，散后至茭芦庵，略观书画，小坐即出。过老东岳，进去叩头，过老和山，即秦亭山。乃登山一观而归。是日西溪之行，因梦坡在秋雪庵创建历代词人祠堂指定全浙一省。于是日落成，前为祠堂三间，后为弹指楼亦三楹也。余亦捐助田二十亩有零，每亩约计六十元也。

二十六日　四时龚未生、彭志中同来，与未生谈佛良久，以近来茹素佞佛甚虔也。

二十八日　志韶与甸丞午刻假坚匏别墅宴客，同坐者为崔盘石、吴子修、胡姓初、杨见心、徐博泉、林柔仲。名正烇，璞山之子也。夜阅《散溪遗书》。书为蔡钟裁所著。钟裁名克猷，处州松阳人，诸生。为富阳夏伯定工部震武弟子，讲程子之学者也。

十月朔日　阅《散溪遗书》。

初八日　阅李紫东送来各种头本。

十五日　晚朱古微、况夔笙来谈，在此夜饭。益庵、也诗亦在同谈。夜饭后王静安来，同谈至十一时而去。嘱也诗作函复王玫伯。

十六日　晚王君九来长谈而去。

二十一日　嘱醉愚作函致喻志韶、王玫伯、林璞山、孙恂如。

二十四日　午后李紫东送来各书。晚与醉愚至都益处应陶拙存丈之招，同坐者为许子颂鹿苹乔梓、沈淇泉、周梦坡，席散即归。

二十五日　阅郑长发送来各书。

二十六日　郑长发、周树棠先后来。

二十七日　郑长发、柳蓉村来，并阅其求售之书。

二十九日　嘱也诗作函复刘公鲁、余尧衢。

十一月朔日　晚至都益处以淞社同人公祝予等五人也，陶拙存六十，恽瑾叔、张石铭、醉愚三人五十，予四十，共三席，到者为许子颂、吴昌硕、徐仲可、曹恂卿、朱砚涛、胡朴庵、恽季申、王静安、孙益庵、周湘舲、白也诗、章一山、褚礼堂、徐积馀、杨芷姓十五人。散后与昌硕、芷姓小谈而归。嘱醉愚作函复陈重光。东台人,向不相识,以归安丁彦臣所著《梅花草庵石刻题跋》求售,予以其残本,故还之。

初二日 午后朱古微来,为明年益庵馆事。

初三日 柳蓉村来,并阅其书。

初五日 晚至都益处请许子颂松如乔梓,陪客为陶拙存、周梦坡、白也诗、醉愚,散后至怡和渝答傅沅叔,未晤而归。阅《水流云在图》,图为贵阳陈小石制军仿麟见亭河帅《鸿雪因缘》体例,皆记其一身之事迹,至辛亥国变时交卸直督为止。

初八日 午后吴昌硕来,未晤。顾怡庵来,亦未见。章一山、王君九来谈,遂同至都益处夜膳,与拙存、瑾叔、石铭、醉愚答谢淞社同人祝余等寿也,到者为许子颂、恽季申、白也诗、徐积馀、王静安、杨芷姓、曹恂卿、褚礼堂、周梦坡及一山、君九,共两席。

十二日 夜宴陈重远于嘉业堂,陪者左子异、钱自严、王君九、章一山、杨芷姓、醉愚。散后理新买朱竹庐之书。

十四日 午后王锡生来。出至一山处答陈诒重,谈良久而归。夜嘱也诗作函复吴子修,祝廖杰斋五十。

十五日 午刻至都益处应章一山之招,同坐者为陈瑶圃、陈小石、秦子质、名炳直,湖南人。光绪乙亥恩科举人,前广东陆路提督,系由江西按察使特改,亦向来所未有者也。余尧衢、左子异、陈诒重、王君九、钱自严。席散至晓霞处谒外舅,未遇。至况夔笙处,亦不在家。至冯梦华处谈良久,晤魏椇孙。七时复出,至一枝香应徐积馀之招,同席者为傅沅叔、甘翰臣、潘明训、劳敬修、金伯平、名邦平,安徽黟县,洋编修。国变后,曾任某部次长。现在商务印书馆办事,郑苏堪方伯之女夫也。李拔可、陈乃乾、海宁人。沈醉愚。是日午后况夔笙来,未晤。

十六日 午前吴昌硕来,未晤。晚一山陪诒重迁至此间,谈良久而去。

余景刻宋蜀大字本《史记》，钞配颇多，后假得潘明训君所藏，行格相符，遂以补全，然久假未归，历三年矣，今则板已校改无讹，其书为重装而归焉，志数语于此，极不忘其雅意也。

十七日　午后与诒重谈。傍晚也诗来，嘱其作函致陈小石、王一亭、李拔可、朱聘三。又答刘聚卿、杨志林、冯孟武。嘱醉愚作函致况夔笙。余阅《骆文忠公年谱》。

十八日　朱甸卿自南京来以书求售，阅之良久。晚至冯梦华处，面交皖振三千五百元，已交过三千五百元，今交此则清楚矣。本生父亲捐苏赈一千元，并乞其为外祖父仙槎公作墓碑，盖寅叔母舅所委也。夜阅甸卿之兄竹庐求售各书。

十九日　晚七时至都益处应一山之招，同坐者为徐积馀、高欣木、蒋孟苹、章静轩、一山本家。薛佩苍、名汝琥，常熟人，为前浙江义乌知县，薛炯明庭枢之孙。现在兴业银行办事，以其祖曾充吾浔厘金委员，故与浔人相识。大令乃一山乡试房师也。裘匡庐、一山学生，镇海人。沈醉愚，席散即出。嘱也诗作函复刘怡宣，伊所藏砚藏镜两图为题二诗以酬之。

二十日　午后阅朱竹庐之书。夜阅《骆文忠公年谱》。

二十一日　午后以张幼麟即那铁珊，名良。辛亥后寓居沪上，因改现在之名。六十寿辰，往祝焉。寓在梅白格路新馀里。至华丽川应寅叔母舅之招，同坐者为朱古微、宋子鹤、周梦坡、吴澡雪，散后归家。嘱也诗作函致王君九、叶柏皋。

二十二日　午后一山、诒重来谈。至有馀里访余尧衢，谈良久出。

二十三日　午后阅《徐季和侍郎奏议》。昨日喻志韶寄到，系夏伯定赠予者，而此编系夏所编辑排印者也。晚至同兴楼应章一山之招，同坐者袁述之、徐见侯、鲍子丹、名镤，平湖人，贾汪煤矿公司驻沪坐办。徐积馀、陈诒重，席将终余与诒重至有馀里应余尧衢之招，同坐者为曹东瀛名广权，长沙人，举人，典礼院直学士。梅访昆弟、左良孙、秦仲海，名显谟，西山人，寄居长沙，前在浙江候补者。又东瀛、梅访、尧衢之子亦在座，年均幼,未及问其名号。席散偕诒重归,又与长谈。嘱也诗作函谢夏贞立伯定之子名承吉、朱聘三,答孙师郑、喻志韶。阅《宝竹坡侍郎年谱》。其子寿富编。

二十四日 午刻张菊生来谈,以余今晚宴傅沅叔,招伊作陪,伊以新病初愈特来谢夜间宴饮。傍晚徐积馀、徐晓霞、孙恂如、蒋孟苹、张砚孙来,而沅叔在杭未到,适古微来访益庵,余以人少,遂邀之同席,散后复谈良久而去。是晚邀而未至者王病山、抱恙。王雪岑、冬至家祭。菊生,病甫就愈。故在席寥寥也。阅《散溪遗书》中日记。

二十六日 午后姬觉弥与也诗同来,谈次谓拟一电与总统府国务院,请特赦王揖唐,免其执行通缉,以备起用等事,由余寿平领衔,并欲张菊生列名,恐菊生不允,特来约余同往,遂偕至菊生家,略待片刻,菊生归,与之缓颊,蒙其允许,余等乃出。

二十七日 与孟苹同至怡和渝访傅沅叔,谈良久,并出示新购佳椠及字画,既而沈冕士至,余乃出至吴昌硕处望疾,盖于脑右近患一小疽也,赠以白燕窝两斤,每斤四十六元。银耳壹斤,乃人赠余者,不知其价值。火腿四肘,芙蓉膏十二两,陈皮梅十匣,谈良久,吃点心,东迈亦在旁同谈。晚至弁群处应其招,观弁群新买名人尺牍两本皆明末复社之人。及十五完人尺牍两册。皆明季殉难之人而有谥法者。

二十八日 午后汤怀之以书来售。嘱也诗作函祝舒问梅七十并以五古一章寿之。问梅宝山人,希社社友,向在浒墅关办事,今年七十,遍征贺诗。余与诒重、一山至盐业银行应倪远甫、杨韵秋之招,同坐者为袁述之、徐积馀、鲍子丹、魏梅荪、盛竹书、杨瑞生、陈光甫,散后即归,一山、诒重同来,在书房谈十二时去。

二十九日 午后邱绍周来,并以各书求售,阅之良久。晚至西摩西路应蒋孟苹之招,同坐者傅沅叔、张菊生、刘厚生、陈叔通、高欣木、王静安,席散即归。

三十日 借孟苹之汽车与诒重、一山、醉愚至可炽铁号访高云麓,小谈而出。诒重、一山在予书房谈至十二时而去。

十二月朔日　晚与诒重同至都益处宴高云麓，以明日放年假返宁波，厚弟明年不在伊处读书，今日之局，乃予代本生父亲宴之，故邀厚弟来陪也。陪者诒重、竺静赋、王叔用、左台孙、王君九、一山、醉愚、厚弟，席散即归。诒重、一山在予书房谈，《续通考》即请编辑，明正起以年半为期，束脩二千元，书则带至天津为之，此事已定局矣。阅李紫东送来各书。

初二日　午后作联挽邹紫东尚书。余尧衢来谈片时而去。一山来，留夜膳，膳后诒重、一山在予书房谈。嘱也诗作函致铁宝臣。名良，满洲人，辛亥前曾为户兵二部尚书，军机大臣。嗣为袁世凯所忌，左迁为江宁将军。国变后，隐居天津，不问世事，与诒重极知己，故此函托其带往。十时半予与醉愚送诒重至火车站，伊今日晚车赴南京，然后再渡江至浦口换车至津也。在车站晤王伯伦，名礼峘，湖南湘乡人，为王壮武公金珏之孙，江苏直隶州，诒重之亲家也，亦送诒重而来。在车中小谈，乃别诒重而归。

初三日　邱绍周来谈。

初四日　夜阅李紫东送来各书。

初五日　午后与瞿从叔谈图书馆房屋事良久。嘱也诗作函复杨志林、李审言、刘怡宣。

初七日　至张菊生处，托其与厚弟作伐也。许汲侯之女。嘱也诗作函致陆纯伯、李审言、王玫伯。

初八日　阅《罔极录》，海宁许楹著，康熙时人。有人托古微丈送来求售者也。

初十日　午后许博明来谈，欲在京都创办京华商业储蓄银行，邀予列名发起人，予以其有限公司，故允之。

十一日　嘱也诗作函致李审言。

十二日　九时至火车站乘车至苏州吊邹紫东尚书之丧吉由巷。

十三日　嘱也诗作函致李审言。嘱醉愚作函致顾鼎梅、章一山。

十四日　阅朱竹庐送来求售之书。

十六日 嘱也诗作函答杨志林、曹根荪、任味知。名传薪,吴江同里人,丽则图书馆馆长,来讨予所刊之书也。

十九日 阅朱竹庐送来求售各书。

二十四日 嘱也诗作函致李佩秋、林朝志、金鑯孙、王雪岑、朱古微、左台孙、王玫伯。午刻张菊生来,未见。

二十五日 夜章一山来谈。阅《灵峰先生文集》。

二十六日 午后李紫东来,谓过年尚少款项,以书求售,一再恳情,只得应酬二部,计洋二百元,乃元本《古今源流论》及丁俭卿晏手批汲古阁本《三国志》也。嘱也诗作函致吴子修、王玫伯、王君九、孙恂如。

二十七日 午后阅《陈诒重文稿》。

二十八日 阅《陈诒重文稿》。嘱也诗作函致李佩秋、龚未生、许博明、刘聚卿。

二十九日 阅《骆文忠公年谱》。

1922年(壬戌,民国十一年)

元旦　阅《骆文忠公年谱》。

初二日　阅《灵峰文集》。

初八日　阅《劝戒录类编》。

十三日　午前早起至沈乙庵尚书海日楼,以胡姓初、陈仁先假其家宴客也,本可不往,昨日一山述及此举名虽宴客,实以皇上万寿,招集同人恭祝故耳。到后同人未齐,不及行礼。是日随同本生父亲返浔。舟中阅《劝戒录类编》。

二十二日　阅《朴学斋笔记》。作函复章一山。

二十四日　日昨属陈星华至求恕斋将所藏重复书籍录一帐目,以备检查,特往一观。

二月朔日　嘱醉愚作函致张菊生、王君九。

初十日　午后朱古微来谈。

十三日　应庞莱臣之招,同坐者为外舅、朱古微、杨信之、蒋孟苹、谢泗亭及本生父亲,席散后,与莱臣谈育婴堂事良久而归。

十五日　嘱醉愚作函致孙恂如、况夔笙、吴子修。

二十日　至塘山路甘翰臣之非园应李振唐之招,同坐者为康长素、曾农髯、王雪岑、朱古微、甘翰臣及振唐之弟柯山,席散后复小谈片时而归。

二十二日　朱竹庐来,与购书十二种,计洋壹百拾元,又佛经廿三种,计洋七十八元。晚至一品香楼应陆纯伯、王一亭之招,同坐者为吴昌硕子茹乔梓、周梦坡、李伯勤、俞语霜、商笙伯、何洗钵、姚虞琴、唐伯耆,馀均不识,大半皆海上之书画家也,以伯耆所办市北公学现造房屋,尚少万馀元,劝募一遍,不能再募,现拟发行彩票,请各客认助书画各件,以作彩物,余助所刊书一百种。

二十三日 阅朱竹庐送来各书。

二十六日 李孟楚来。年廿五岁,持其所著骈文与诗特来就正,并云家居僻县,乏名师益友之切磋,见闻浅陋,意欲师予。予自问学术粗疏,焉敢为人师,婉言却之。

二十七日 嘱也诗作函致刘幼云、张鸣岐、名凤台,光绪乙未科进士,湖南安阳人,直隶知县。现为河南省长。蒙惠《孙奇峰集》、《中州文征》,谢之。陈仁先、任味知、刘怡宣、董镜吾。是日拙存、镜吾之来,为绍兴章素民发起有救国条程,拟付印一万五千册,广为致送,以冀唤醒世人,要求余倡捐印赀,估核印价约需洋壹千陆百元,余为所嬲,不得已以三百元应之。

二十九日 嘱也诗作函致吴蔚若、罗叔言。余阅朱竹庐送来各书。

三月朔日 阅朱竹庐送来各书。

初二日 午后一时借孟莘之汽车与叶柏皋、也诗、醉愚同至龙华寺吃素斋,应一山之招也。散后由主持僧元照台州宁海人。导至欧阳石芝之草庐一游,屋只三间,殊无足观遂出。阅《盾鼻随闻录》。署名樗园退叟,不知其真名,所记乃洪杨发逆之事。

初三日 午后王心贯来,小谈而去。蔡琴孙以营业交易所失败,欲售去书画以偿债,问予要否。予答以不买,乃托介绍至莱臣、石铭、孟莘三处。与醉愚至长浜路学圃,周湘云之花园。以周湘舲假是处为修禊之地也,主人为恽季申、瑾叔、潘兰史、徐积馀、陶拙存、朱念陶、胡朴安、童心安及湘舲为九人,然季申、积馀出门不在申,念陶亦未至。晤宗子戴、钱良臣、郑觐文、江阴人,知音乐,能琴。李子昭、砚孙、也诗、王莼农、曹恂卿、徐子升、湘云,尚有数人,来而已去。茶点闲谈,并观各人所携书画,六时返家。冯梦华来小谈即去。七时至一江春夜膳，到者除学圃所到外，尚有褚礼堂、吴东迈数人，席散即归。今日是淞社十周年而到者寥寥，未免少兴。阅《盾鼻随闻录》。

初四日　午后李紫东来，并阅其书良久。晚应周湘云之招至其家，同坐者赵叔孺、李云书、凌鞠龄，馀均不识。散后鞠龄邀至其家盆汤弄德安里。观书籍字画，以有人受交易所损失欲售物以弥补亏空也，予以既不想买，约略观之而已。阅《芨蔛馆文稿》。李孟楚所著，求作序文者，其骈文虽不如宋墨庵，然年只廿五，更轻于宋，好学之士，今之青年所难得者也。

初五日　午后朱文海、李紫东先后来。

初六日　嘱醉愚作函致李木斋、王心贯、吴昌硕。

初十日　嘱醉愚作函致朱古微。自作函致章一山。

十四日　阅《海昌艺文志》。

十五日　邹茂如无锡人，为翰飞之侄，后宅镇图书馆管理员。来乞书，略谈而去。嘱也诗作函致王君九、金篯孙、刘怡宣、杨定敷、左子异。

十九日　午后朱甸卿来，阅其书籍。

二十二日　午后朱甸卿来并带来各种书籍，阅之良久。

二十四日　至文监师路长春里吊周扶九、薇阁父子之丧，扶九去年十一月廿六故，薇阁十二月初八日故。以昨今两日领帖也。至冯梦华、章一山二处长谈而归。

二十五日　上午八时陈弢庵来，以时早未接见。午刻至张仲照处公宴陈弢庵，名宝琛，闽县人。同治戊辰翰林。现为皇上总师傅，昨日自福州来，明日即须北上也。到者为何诗孙、王雪岑、沈子培、陈容民、秦子质、余尧衢、朱古微、左子异、郑苏戡、王聘三、章一山、卞薇阁、李季皋、张菊生、李拔可、沈次裳、文肃公第七子，名琬庆。本生父亲共三席。予陪者为陈莲生、名宝玙，现为鄞县地方审判厅长，弢庵之弟也。黄默园，福州人，癸卯举人，随弢庵来者。散后与子培、子异、菊生、拔可小谈片时，三时后返家。出至周湘舲处谈良久。至董竞吾处晤章素民，即将伊募之印书费三百元面交。其书名《唤醒国民大会》。

二十六日　午后朱文海来。至叶柏皋处小谈。夜饭后与朱文海、杞儿至乾坤大剧场本附属于大世界,去冬起已分开独立矣。观金少梅演之《邓霞姑》。少梅名润琴,为北京近来最著名之坤角,礼聘南来,昨日登台。少梅声名甚大,以予观之,貌亦平常,看客甚为热闹,陈小石制军偕其如夫人及两孙女亦在,予以姚竹轩为杞儿做媒,小石之大孙女亦十五岁。乃知彼在听戏,故特往一看,貌则中材,上车时遇于剧场门口,乃招呼焉,特未知彼觉著否,以予测之,戏馆相遇亦常事,大约疑不到此也。

二十七日　朱甸卿来,与之买成书十九种,计洋三百二十元。

二十八日　李紫东送书来,阅之良久。

二十九日　夜阅《周悫慎公名馥,前两广总督。去年九月廿一日在津病故。行状》。

三十日　午后李紫东来,与之同至民厚东里访李木斋,名盛铎,江西德化人,光绪己丑榜眼。官至山西布政司。国变后为参议院议长。木斋于丁巳五月授农工商部尚书后,未再出。长谈二时而出。因予刻之宋本四史中之《前汉书》缺七卷,后知木斋藏有宋本两《汉》,拟向其借来影写刊之,以成全书。去冬先托傅沅叔为之说及,沅叔未有回音来。嗣木斋与李紫东说及,允许出借,予心甚感,故往一拜,并看其书。乃南宋庆元间建安刘元起刊本,字虽略小而四周大小相仿,可以配进,数年志愿,可以偿矣,不胜欣喜之至。木斋之父曾任湖南巡抚,喜藏书,而伊又喜之,故收藏颇富也。夜阅新近与朱甸卿所买各书。

四月朔日　午后至沈子培处,适返嘉兴故里,未见。夜阅昨日与李紫东所买之书共七种,计洋壹百伍拾元。

初二日　午后校阅《校经室文集》补遗三十篇,为孙佩南之弟子许士衡名鼎臣,光绪丁酉举人,河南孟津县人。寄来,乞予续刻者也。

初三日　夜阅《校经室文集》补遗。

初六日 上午有日本人今关寿麿持金巩伯介绍函来，以时早未见。

初十日 至昌硕、子培、梦华三处，各谈良久而归。嘱也诗作函复许士衡、邱绍周、沈问梅、张仲照。

十二日 嘱也诗作函复吴子修、毛稚云、杨芷姓。夜阅《光绪朝己亥年谕折汇存》，所买者至七月为止，现阅竣矣。

十四日 张菊生来，未见。校《国朝总督表》。

十五日 夜校《国朝总督表》。嘱也诗作函复冒鹤亭、张稷臣，致左子异、金钱孙、吴蔚若。

十六日 嘱也诗作函复吴印丞、孙恂如、顾鼎梅、陈诒重。

十九日 在嘉善。是日为外舅诞辰，早起在中堂拜寿，即为陪客，晤张菊生、胡馨吾、庞莱臣、邢颂声、徐冠南、杨补笙，本生父亲亦自杭州来。

二十日 午前与张翼成、湖州人，侨寓苏州，现为江苏知事。蒋坚志苏州人，为焕庭之侄。谈。出至东园品茗，园为国初曹慈山庭栋别业，现已易至孙氏，小有园亭，如吾浔宜园之类，不过规模狭陋耳。夜与蒋坚志、张翼成晚饭，席间坚志述及壬寅岁伊在湖郡志秋宸太守觐处作幕，委阅府试童卷，余文即为伊所定甲乙者也。

二十一日 返沪。车中晤岑靖恂名郊麟，浙江馀姚人，前安徽知县，现为江苏简任职存记。长谈。

二十三日 况夔笙来，留夜饭。

二十四日 午后陶拙存先来，董竟吾、章素民继至，谈至七时馀，素民欲印《四民喉舌报》，嬲之不休，余乃助伊印赀三百元而去。

二十六日 朱文海来。夜阅《斯未信斋杂录》。南通徐宗幹著。

二十七日 至商务印书馆访张菊生，不晤，遇李拔可、韦荣生。又至博古斋访柳蓉村，小坐而归。嘱也诗作函致黎潞庵、屠辅清、顾霁轩。

二十九日 嘱也诗作函致杨定敷、陶子麟、刘薪之、张石铭、吕幼舲、高欣木。

五月初一日　赴杭州。

初三日　午后至城隍山通志局访喻志韶、金甸丞,志韶返禾,与甸丞谈片时而出。

初六日　返沪。

初八日　午刻至都益处应冯梦华、余尧衢之招,同坐者为陈筱石、陈瑶圃、秦子质、名炳直,湖南湘潭人,乙亥举人,由江西臬司改广东陆路提督。余寿平、左子异、俞琢吾、名寿璋,绍兴人,江苏候补道尹,上海税务所所长。陶拙存,席散即归。至均益里答胡馨吾,谈良久。至吴昌硕处长谈,晤古微、夔笙。

初九日　张砚孙、孙益庵在书斋,余拟函致升吉甫相国,益庵拟稿而砚孙钞之。

十一日　阅李紫东送来各书。

十四日　五时与益庵至虹口塘山路非园应甘翰臣之招,至则梅兰芳、姚玉芙、姜妙香已到良久,李雪芳亦到,雪芳,坤伶也。遂入席,计二席,男女分坐。席散后由翰臣之女公子陪雪芳,至兰芳坐上,雪则不能北语,兰则不能粤语,有严直方君广西人,现在创办制糖公司。作翻译,代雪对兰说几句仰慕说话,兰答词音甚低,听不清楚。陪兰之客,余与王聘三、王雪岑、朱古微、余寿平、徐冠南、周湘云、朱念陶、况夔笙、赵叔雍、徐建侯、徐少峰、吴昌硕东迈乔梓及不相识者二三十人。朱甸卿来,与购《秋水集》、《古今游名山集》两书,价洋六十元。

十五日　午后澄之来谈,同至益庵处与谦甫丈谈。朱古微来,遂同益庵至余书斋,坐未久,胡馨吾来,盖余今夕宴之也,寅叔母舅、蒋孟苹、张君谋先后来,坐谈良久,至八时入席。席半徐冠南至,而吴昌硕、周梦坡均邀而未至,十时席散。

十六日　嘱醉愚作函致吴印丞。余阅《勾馀土音补注》。

十七日　夜至西摩路应孟苹之招,同坐者胡馨吾、张菊生、姚文敷、朱古微、庞莱臣、邢颂声、王静安及主人而已。嘱醉愚作函致吴子修。

十八日　夜校《勾馀土音补注》。嘱醉愚作函致周梦坡。

十九日　午后李慰生来，阅其书略检数种。嘱也诗作函致杨芷姓、章一山。

二十一日　午后阅李慰生送来各种书籍。夜饭后孟莘偕张子武名其锽，广西临桂人，光绪甲辰进士，湖南知县，后改部曹。来，长谈至十二时而去。

二十二日　午后本生父亲来出示许玉农来函，知湖州修府志，举余与孟莘为名誉分纂，长谈而去。章一山来谈。

二十三日　午后朱文海来。晚至威海卫路应许博明之招，同坐者为朱古微、蒋孟莘、陆仲英、严子均、李伯勤彦士昆仲。夜查《倦舫法帖》上各人爵里。

二十四日　嘱也诗作函致李拔可、刘春生、喻志韶。

二十五日　夜阅王仁权送来钞本《甲申朝小记》。

二十六日　嘱也诗作函致吴蔚若、沈馥荪、孙星如。又闻胡漱唐作古，余曾托其题笠屐小影，属其弟幼腴觅之，因作函慰唁。嘱醉愚作函致朱聘三、章一山。余阅《甲申朝小记》。

二十七日　午后张孟劬来，留夜饭，益庵亦来，同谈至十时而去。

二十八日　晚劳笃文、张孟劬、章一山、陶拙存、王静安先后来，益庵、醉愚亦在同谈，夜宴笃文诸君于嘉业堂。散后一山、拙存、静安复谈良久而去。邀而未至者为王叔用观察。阅《逊斋文集》，吴祁甫所著。盖今日吴子修托便人带来，请余付梓者也。

二十九日　午后阅宣统二年冬季政治官报，为沈杏墅表弟查沈子敦尚书为其建工艺学校图书馆奏请立案一折，竟不得见。嘱醉愚作函复许博明、吴子修。

闰五月朔日　晚至叶柏皋处长谈二小时而归。夜阅《左文襄公家书》。

初二日 下午至清凉寺吊沈子林之丧。嘱也诗作函致刘公鲁、许博明、孙恂如、李佩秋、赵叔雍、章仲铭。校《王荆公诗注》。沈钦韩所注。

初三日 夜间况夔笙来长谈。是日赵叔雍招饮陪梅兰芳、王凤卿、姜妙香、姚玉芙诸君,名曰香南三集,会者为王雪岑、况夔笙、桑铁珊、名宝,原籍绍兴,直隶大兴人,曾任浙江宁绍台道。许秋帆、名沅,镇江人,现为上海交涉使。文公达、芸阁学士子。费子怡、罗掞东、名惇曧,一字瘿公,广东人,庚子优贡,邮传部郎中。周湘云、郑苏堪、孙益庵、狄楚青,所有餐则素斋也。

初五日 十时起身,以城内关帝庙中国崇文会万年尊仓大会开会,由姚子梁观察创立。特往焉,晤姚文敷、王一亭、宋澄之、姚子梁、姚玉森、周企言,名宝贻,武进人,前为湖州埭溪巡检。吃素斋。午后开会,到者数十人,朱筱韵亦在,略谈片刻,孙玉仙宣读会章,全体通过议决,嗣后举冯梦华为会长,孙玉仙及余为副会长,辞不获已,只得再作书辞。澄之告余,苏堪约今日下午在培老处集议,抵制报上所载取缔优待皇室事,劝余赴席,欣然应之。乃至培老处,则苏堪已去,余尧衢、王聘三、王雪岑、王叔用、朱古微、杨芷姓共谈良久,归家小憩,再至苏堪处签字而归。

初六日 午后罗子敬来。夜章一山、叶柏皋来谈,至十一时去。

初九日 李紫东携首本来看。嘱也诗作函致陈诒重、顾鼎梅、徐仲可、朱古微。

初十日 午后紫东来,与之买书二部,皆元刻本,计洋四百三十元,寒云公子之旧藏也。出至沈子培家访劳笃文,未晤,见慈护,略谈而出。至南洋路访苏堪,迁善里访柏皋,均谈良久,盖谓商酌抵制取缔优待皇室事也。夜饭后笃文来谈。嘱醉愚作函致罗叔韫,又致郑苏堪,又致邱绍周。

十一日 午后喻志韶、章一山来长谈,留夜膳,膳后略坐而去。

十二日　晚叶柏皋来谈。夜饭后朱古微、张孟劬、王静安、朱稷丞宜兴人，幼笏太史之子，为培老门生。来谈，至十一时而去。嘱也诗作函致李振唐、冯孟武、刘聚卿。

十四日　傍晚至牛庄路应周湘云之招，盖宴梅畹华而倩作陪也，到者王雪岑、章一山、赵叔雍、胡葵甫、名湘林，江西新建人，光绪丁丑翰林，曾为广东布政使护院数次。刘子鹤、朱念陶、吴昌硕东迈乔梓、赵叔孺，名时棡，鄞县人，福建候补知府。待良久畹华、玉芙始至，遂入席，同餐番菜，席间与畹华略谈，散后即归。嘱也诗作函致吴子修、张菊生、李佩秋、况夔笙、金篯孙。

十五日　嘱醉愚作函致赵叔雍、杨芷姓、刘怡宣。

十六日　午后朱文海来。嘱也诗作函谢刘聚卿，以聚卿补送余四十礼，盖自仿制赵忠毅公铁如意也。又作函致王济川、汪甘卿、王雪岑。

十七日　接拙存、章素民来函，知前此素民欲印《四民喉舌报》，以希救国，嬲余助款三百元。后竟尔入都上书总统，谓余助款十万元以为之倡。阅之讶然，余既未允助款，亦未曾赞同，乃竟捕风捉影，捏造至此，此新学派中人之所以不值钱也。因念此系拙存同来，只好解铃还请系铃人，嘱醉愚至拙存处，乞其责问素民，以消弭之。赴镇江。车中阅《章实斋年谱》。

十八日　游凌山、黄山、戴公山、听鹂山房、昭明太子读书台。

十九日　入城至磨刀巷陈善馀处，茗谈良久而出。至英租界冒鹤亭名广生，如皋人，甲午举人，农工商部郎中。国变后，曾为温州、镇江、淮安三处关监督，今丁艰开缺，卜居于此。处，长谈至晚而归。夜饭后鹤亭、善馀先后来谈，善馀步履艰难，故至楼下会之。

二十日　至栖霞寺。晚九时一刻车抵下关，朱甸卿、姜文卿已在迎接，备好汽车，遂进城至交通旅馆。以新省长来，旧省长未去，各处迎新送旧之人来宁甚多，城中下关各旅馆均有人满之患，不得已由交通旅馆介绍至金陵第一春住宿，此乃酒馆，非旅馆，臭虫极多。

二十一日 侍本生父亲及偕山涛、培馀乘汽车至汤山,离城四十五里,离下关六十里。午刻抵陶庐,主人号席三,名保晋,江宁人,现为国会众议员。房屋一埭,草创未备。

二十二日 午后三时半上火车返沪,文卿、甸卿均来送行。十时抵埠。

二十三日 午后李孟楚来谈。夜罗子敬来谈。

二十四日 午后至新闸路有馀里访余尧衢。嘱醉愚作函致余尧衢,又致况夔笙。

二十五日 午后邱伟如来谈,既而孙玉仙与曾匡甫、名骧,上海本城人。何慧山名隆明,江西理中人。来,皆万年尊仓会之人也,谈良久而去。余尧衢来,小谈而去。嘱也诗作函致冯梦华,又刘幼云,又许博明。

二十六日 嘱醉愚作函致孙恂如、李拔可。

二十八日 嘱也诗作函致郭春榆、刘聚卿、喻志韶、吴印丞。

二十九日 夜王雪岑、罗子敬、王静安来,共谈良久而去。

六月朔日 午后查阅各种县志。至叶柏皋处谈良久而归。夜间检阅《江都县续志》。

初二日 阅《许文肃公集》。嘱也诗作函复罗叔韫。又公致陈弢庵、伊仲平、朱艾卿三师傅一函,具名者王雪岑、章一山、陶拙存、叶柏皋及予父子。嘱醉愚作函复李审言、庞莱臣、罗子敬。

初三日 午后曹梅访、王静安、章一山来谈。阅《许文肃公集》,为刘聚卿查辛卯年到中国来游历之俄太子之名,《文肃集》及《李文忠函牍》均但言其俄太子,或曰俄皇储,而不书其名。

初六日 嘱也诗作函复刘聚卿、李审言、刘怡宣、吴子修。

初七日 晚柏皋来,出示《申报》,有众议员李庆芳提出停止优待皇室经费,吾侪总宜筹一对付方法,拟初九邀数人在此议之。柏皋又谓俄太子名力克腊思,而《东华录》甲午年十一月俄皇薨,太子尼可来接位，未知究是何者为准，姑记于此，以俟续考。嘱醉愚作函致朱聘三、姚慕莲、徐晓霞、张砚孙、王聘三、王雪岑、陶拙存、王叔用、郑苏堪、章一山。

初八日　午后吴昌硕、东迈来，张孟劬、王静安来，小谈而去。

初九日　午后叶柏皋、郑苏戡、王雪岑、朱古微、王聘三、恽季申、瑾叔、陶拙存、王叔用、罗子敬、王静安、章一山陆续来，会议对付众议员李庆芳、骆继汉废弃优待皇室条件及撤销帝号，报纸所载一锅烩于八月一号成立，即今日也。据苏戡云李庆芳向皇室索壹百五十万，如不与，即提议此案。骆继汉附和之。公议致电徐菊人世昌，推苏戡拟稿，公函致张少轩勋。柯凤孙少忞，推益庵拟稿。沈子培以腹泻未至，古微、静安特往商之。云此事极表同情，允列名在前。一山至陈小石处，告以情形，并请领衔，伊亦许可。谈至傍晚客散。聚卿来，留其夜膳，一山、子敬亦未去，谈至十时后俱去。阅《皇朝谥法考》，并将未有者补入之。原本为安顺杨树所编，刊于光绪壬寅。

初十日　午后李审言来，以其先德之《三垣笔记》劝予刻入《嘉业堂丛书》，余许之，伊甚感激，特为道谢。弁群作古，昨日下午四时病故。前往一吊。夔笙偕其长子又韩在益庵处，待同至书室，谈至一时而去。

十一日　午刻与益庵同至沈子培处道贺，以五十年金婚纪念故也，夫人昆山李氏，橘农廉访传元之胞姊也。到则客已齐，遂入席，予等十六人公送燕窝席二桌，酒二坛，以礼物不收故也。同坐者郑苏戡、余尧衢、陶拙存、王叔用、杨芷姓、恽季申、瑾叔、罗子敬、王聘三，散后与子培、刘健之谈良久而归。阅柳蓉村送来各书。

十二日　嘱醉愚作函致秦佩鹤、刘襄孙、刘聚卿、陈诒重。罗子敬来谈。阅《花近楼诗存》五编。陈小石制军所赠也。

十四日　午后章一山来谈。继而秦佩鹤、颂纶名曾诰，佩鹤子。邮传部主事。己酉科拔贡。现为浙江烟酒公卖局面秘书。来，专为探听维持优待办法而来，盖此事佩鹤甚为注意，热心可敬。姚文敷来，托其打听写信十馀人之住址,特来回复,均探问明白矣。晚叶柏皋来,与一山会拟致黎宋卿元洪电稿。嘱醉愚作函致外舅、陈巽卿、王雪岑。

十五日 阅《二知轩文钞》。定远方子箴廉访浚颐所著也。道光甲辰翰林,官至四川臬司。嘱醉愚作函致冯梦华、王聘三、余寿平。也诗作函复吴子修、宗子戴。

十六日 午后阅《二知轩文钞》。嘱醉愚作函复罗叔韫。此外醉愚所钞之各公函共十五封,人数如下:柯凤孙、绍忞此是遗老,山东胶州人。以下十四人均做过官而现已下野者。王聘卿、士珍,直隶宝定人。段芝泉、祺瑞,安徽合肥人。靳翼卿、云鹏,山东济宁人。唐少川、绍仪,广东香山人。钱幹臣、能训。以上五人均曾任总理者。汪伯唐、大燮,浙江钱塘人。孙慕韩、宝琦,浙江钱塘人。梁崧生、敦彦,广东顺德人。以上三人均曾任总长者。周少朴、树模,湖北天门人。曾任平政院长。王懋宣、怀庆,直隶宁晋人。前步军统领,现为热河督统。张少轩、勋,江西奉新人。前长江巡阅使。张雨亭、作霖,奉天人。前东三省巡阅使,现为保安总司令。胡馨吾、惟德,归安人。新由日本公使归国。朱经田。家宝,云南宁州人。前直隶省长。

十七日 至商务印书馆访张菊生,将欲到门,见其坐汽车甫过,知已出来,遂不进去。夜间嘱醉愚作函致陈瑶圃、包滇生、张孟劬。也诗作函复毛稚云、杨子盘、名鸿发,丹徒人。光绪癸卯进士,吏部主事。吾党同志之人也。喻志韶。致张让三、刘健之、姚文敷。阅《二知轩文钞》。

今日时报载有译《大陆报》一节,其题曰提议废止清室优待条件之返响。此乃柏皋托狄楚青转托《大陆报》之记者许建屏嘉兴人,许公若之子,陶拙存之妻弟,卢少堂之婿也。而有此举,以华报馆皆趋时,不肯说此话,据楚青云,既肯说必不敢说,以一则恐有人反对,开报馆者皆有党派,并有受人经费,业此者蚀本居多数,全靠人暗中贴钱,得以支持。然既受其钱,须听其命令矣。二则一说此等话,恐与销数有碍,以现在普通人心理,皆不喜皇室,可为浩叹。

十八日 阅《二知轩文钞》。嘱醉愚作函致徐晓霞、孙恂如。

十九日 午后一山来谈，继而李振唐来谈良久而去，以九江兵变故避难来此也。晚至赫德路应胡仲巽之招，同座者陈安生、名贻范，苏州人。云南临安开广道。辛亥后曾为上海交涉使。卢信公、名信，广东人。向在唐少川办之金星保险公司办事，现忽任为农商总长。章伯初、名宗元，湖州荻港人。洋翰林，自日本毕业回，廷试赏编修，曾官京职。现为上海总商会书记长。仲和、名宗祥，伯初胞弟，曾为日本公使、司法总长，即己未年为学生打者。曹履冰、广东人，现为武康县知事。易次乾、广东人，金星保险公司人。馀未详。张平甫、南浔人，亦在金星办事。姚文敷、朱古微、蒋孟苹、狄楚青、董斌甫、陈伯华仲巽之甥。嘱也诗作函致林朝志、姚子梁、王一亭、况夔笙。阅《二知轩文钞》。

二十日 午后柏皋来长谈，共阅张少轩勋寄来众议员骆继汉湖北人。提议废止优待条件及撤销帝号之意见书，荒谬绝伦之言，不忍卒读，阅之忧愤良切。

二十一日 出至周湘云处，劝募大婚经费，允许千元，并约其入廿四日一元会之局，晤赵叔孺，共谈良久。至吴昌硕处，未晤。至秦佩鹤家，谈至晚而归。况夔笙来长谈。嘱醉愚作函致许博明、解去大华储蓄银行股五百元，认股本是一千，先解一半故也。陈诒重、吴昌硕、陈小石、王君九、孙益庵。阅《二知轩文钞》。

二十二日 嘱也诗作函答冯梦华、包滇生。醉愚作函答吴子修、罗叔韫。

二十三日 阅《记过斋文稿》，鄢陵苏源生著，道光、咸丰时人。今日刘怡宣寄来惠赠者也。

二十四日 午后三时郑苏戡、叶柏皋、章一山、朱古微、王雪岑、王聘三、秦佩鹤、秦子质、恽季申、瑾叔、余尧衢、陈介庵、名树屏，安徽望江人。光绪壬辰进士，湖北历任州县。后湖北候补知府，与黎元洪至契。陈容民、左子异、赵叔孺、名时枫，福建候补知府。李振唐、宋澄之、曹梅舫、孙惠敷、名韬，山阴人，四川知县。吾党之健者。王静庵、罗子敬、余寿平、本生父亲、到而未入席，以有事即去。刘聚卿最后至。来后，传观张少轩来函及骆继汉提出议案,六时入席,散后聚卿、柏皋茗谈至十时而去。阅郑苏戡交来驳议。即反对骆继汉李庆芳之议案,一淮阴徐钟苓,一不署名,据子敬说是扬州人,姓陈,年只廿四岁。

今日之会,以同志太疏远,见面时甚少,未免隔膜,故由予发起,每人各出一元,不敷由值会人补足之。聚集一次,庶各人可以联络,有事可以商酌,今为第一次,予与柏皋、一山三人为值会。菜每席十元,尚有酒、香烟等费约九元,由予一人贴之。

二十五日 午后狄楚青、许建屏名鉴平,嘉兴人,公若之第三子。美国留学生,《大陆报》、《时报》记者。十六日所登《大陆》即伊主稿。来,小谈而去。至沈子培处,将黎宋卿元洪。王聘卿士珍。王懋宣怀庆三人之回信呈其一看,晤金殿丞,共谈良久而归。

二十六日 至商务印书馆访张菊生,已返家,乃谒李拔可,小谈而出。至谦泰栈访李振唐。嘱醉愚作函致姚慕莲、刘幼云、杨定敷、陈小石、葛荫梧。也诗作函致杨子盘、毛稚云、刘怡宣。

二十七日 至吴昌硕处长谈,遇潘祥生。嘱醉愚作函致罗叔韫、张让三、林璞山。阅柳蓉村送来求售各书。

二十八日 阅《戊己论稿》。

二十九日 李紫东来,借洋壹百元而去。嘱醉愚作函致郑苏戡、莫伯蘅。也诗作函复朱聘三、吴子修。

三十日 嘱醉愚作函致外舅、王聘三、朱古微、吴子修。校《王文敏公懿荣文集》。

七月朔 午后以康长素之夫人领帖,往吊焉,在愚园路三十四号。晤邓伯琛,名彦远,广东归善人。曾官江苏溧水县。国变后,隐居不出,主持《亚洲学术杂志》。长素出见,茗谈片刻而归。校《王文敏公遗集》。嘱醉愚作函致王叔用、孙惠敷、余寿平、金梅生、朱衡石、屠辅清、俞恒农。

初二日 午后李振唐来。吴昌硕、诸贞壮来谈,留夜饭。

初四日　上午董授经来，未见。授经名康，常州人。庚寅进士，旧法律专家，官至大理院推丞。国变后，任司法总长最久，调财政，新下台。现与周自齐至法国、美国、日本等国考察。

初五日　午后周湘云来谈良久而去。至新旅社答董授经，未晤而归。

初六日　午后外舅与黄慕周中杰，嘉善人，年七十六岁。至哈同花园拜寿而来。来谈良久而去。夜阅《鲍川如太守心增事略》、丙戌进士，丹徒人。山东青州知府，冒鹤亭寄来也。及《蜕斋诗》，鲍川如太守所著。忠爱之忱，溢于言表，读之心仪其为人。

初七日　午后与培馀弟至爱俪园拜哈同百三十岁之寿，哈同七十一，迦陵夫人五十九岁，合一百三十岁。晤高欣木，略谈而出。

初八日　午后李振唐、郑苏堪、章一山、李孟楚、志赞熙名锜，满洲镶红旗人，瑾太妃之胞兄。现为正蓝旗满洲都统。先后来谈，苏堪、一山、赞熙均谈皇室事，坐良久而去。夜间柏皋、一山来商酌致曹仲珊名锟，直隶天津人。现为直隶督军，兼直鲁豫三省巡阅使。函稿，至十二时乃去。

初十日　傍晚郑苏堪来，与之合宴志赞熙于嘉业堂，陪客为王雪岑、胡姓初、章一山、叶柏皋、罗子敬，席散柏皋复长谈而去。

十一日　夜应庄得之之招，至其家，同坐者为陈筱石、李伯行、朱晓岚、名莹璪，贵州人，由浙江知县起家，官至署广西布政司。郑苏堪、刘聚卿、志赞熙、徐积馀及主人，盖亦宴赞熙也。

十二日　午后溥西园名侗，宗室。现为镇国将军。皇室为抵制取消优待事，派来接洽者。偕叶柏皋来长谈而去。王静安来谈。

十三日　午后朱古微来略谈去。葛荫梧来略谈。徐晓霞、章一山、叶柏皋先后来谈。而书客李紫东、姜鼎铭、郑长发均来，朱文海亦至。傍晚始散尽，惟一山、柏皋在此夜饭，饭后在此并拟函稿，至十二时乃去。

十四日　午后陶拙存来谈，由电话邀李孟楚来，嘱其钞致曹仲珊、张绍轩两函,盖公函也。傍晚出至孟德兰路应陈筱石之招,同坐者为溥西园、志赞熙、余尧衢、郑苏堪、刘聚卿、庄得之、章一山、朱晓岚及主人而已,席散后,复谈长久而出。至别克路答溥西园,未值即归。嘱孟楚钞录致张绍轩、罗叔韫函,盖一山、柏皋为予主稿者也。

十五日 午后叶柏皋来谈,李孟楚来,嘱其钞录致吴子玉名佩孚,山东蓬莱人。现为两湖巡阅使兼直鲁豫巡阅副使。函,盖亦公函也。取消优待事或有人谓其主张,故函之。又属孟楚为余作函致喻志韶、冯孟武、吴子修。

十六日 叶柏皋、郑苏堪、徐积馀、杨芷夗、章一山、狄楚青、刘聚卿公鲁乔梓先后来,溥西园最后至,遂入席,盖余与柏皋合宴西园也。散后复长谈良久而散,已十一时矣,一山、柏皋复谈至十二时而去。

十七日 午后出至泰利坊答葛荫梧,未晤。又至诚意里访罗子敬,亦未晤。至极司非而路张菊生家中长谈。

十八日 午后柏皋、聚卿、子敬先后来,孟楚来钞函,乃致那王、名彦图,号巨甫,蒙古亲王。贡王、名贡桑诺尔布,号乐亭,蒙古亲王。洵涛两贝勒、醇邸之弟,上之胞叔也。宝瑞丞名熙,宗室,戊子举人,壬辰翰林,学部侍郎。现为内务府大臣。五人之公函,柏皋拟稿,陈筱石制军领衔者也。

十九日 午后叶柏皋、王雪岑、朱古微、章一山、溥西园、刘聚卿先后来,盖昨日所约也。古微、雪岑并非所约,商议大婚贡款事,聚卿欲致书涛贝勒,以此次筹备大臣四人,涛为领袖故也。晚苏堪邀陪西园,余以雨苹先伯神回无暇往陪,特谢之。

二十日 早九时至诚意里访罗子敬,谈良久。十时半至唐家弄,雨苹伯灵柩正在出门,步行送至丝商码头,仍回唐家弄,与徐桂堂、邱仲虎谈。二时朱古微、叶柏皋、章一山、张砚孙先后来,由余与邢鸣盛陪之,先宴诸公。三时席散,行题主礼,古微为大宾,柏皋、一山为襄题,砚孙为赞礼,余与鸣盛为襄侍,题毕,诸公即去。

八月朔日 在南浔。

初二日　与振声至小莲庄看图书馆工程，及晚而归。

初五日　返沪。

初六日　午后一山、柏皋来谈。嘱也诗作函致吴子修、杨子盘、金钱孙。醉愚作函致王叔用、孙惠敷、宗子戴、冯孟武、朱古微、沈翼孙。

初七日　晚赴功德林，以湖州同乡会募水灾捐也，晤吴东迈，谓昌硕病已二十馀天，遂往望之，谈良久返家。嘱醉愚作函致汪甘卿、王慧言。太仓人，王祖畲之子也。

初八日　夜嘱也诗作函致吴蔚若、冯梦华、罗叔韫。醉愚作函致毛稚云、陈巽卿、黄石荪、周湘云。

初九日　至白克路答吴渔川，名永，前溪人。曾任广东山东道员。国变后，为烟台道尹。去年开缺，近自北京来申。长谈而出。至牯岭路访朱砚涛，又谈良久，大婚经费伊自愿捐助千元，不由劝募，自己发心，甚难得也。

初十日　午后姜文卿来谈。嘱醉愚作函致魏梅荪、杨定敷、钟伯荃、况夔笙。

十一日　朱古微、况夔笙来谈。嘱也诗作函致喻志韶、张让三、秦佩鹤、姚子梁、陶拙存。

十二日　午后金息侯名梁，杭州驻防。甲辰进士，奉天道员。现为蒙古副都统，清史馆协修。与章一山来，长谈北京近事甚久，继而息侯去。晚吴渔川、王雪岑、柏皋、振唐、一山已在，谈片时，息侯、莱臣亦至，遂入席，席散复小谈而去。嘱醉愚作函致秦子质、左子异、林璞山。

十三日　柳蓉村来。阅王仁权送来各书。

十四日　嘱醉愚作函致陈诒重、王君九、金甸丞、刘幼云、朱古微。

十七日　嘱也诗作函致雷君曜、陈石遗、潘仲午、季孺。醉愚作函致陶子麟、杨子盘、吴渔川。

十九日　晚一山、柏皋来谈，继而刘聚卿、朱古微、况夔笙、王静安先后来谈。沈瑞宣来,交通志局七月修洋一百九十元,以现在改组,分为十股,予亦居其一,以两年为期。共存四万,分作两年,盖已成为包办性质矣。嘱也诗作函致吴蔚若、汪甘卿、张让三、宋澄之、毛稚云、况夔笙。

二十日 午后许博明、徐积馀来谈。

二十一日 嘱醉愚作函致朱古微、黄石荪、杨子盘、宗子戴、刘春生。

二十二日 嘱醉愚作函致宗子戴、张闻远、王君九、吴子修。

二十三日 出至东亚旅馆答许博明,已返苏州。至昌硕处谈,疾已愈,遇王一亭。嘱也诗作函致况夔笙、宋澄之、余尧衢、周湘舲。嘱醉愚作函致吴昌硕、王玫伯。是晚况夔笙来访,未晤而去。

二十五日 午后庄得之来谈,继而古微、滇生来,均略谈而去。

二十六日 嘱醉愚作函致王君九、俞恒农、杨子盘、吴子修。余阅李紫东送来各书。

二十七日 出至南洋路应赵叔雍之招,晤其尊人竹君,盖第一次见面也。是晚叔雍所宴者为程艳秋、何赋琴,程为梅兰芳弟子,年二十,乃相国英和之后也。何为同来者,皆名伶。此次初来上海,亦在舞台演艺。同坐者为郑苏堪、桑铁珊、许秋帆、周湘云、王雪岑、况夔笙、孙益庵,尚有一席为罗掞东、名惇曧,广东顺德人。光绪庚子优贡,邮传部郎中。亦名流也,为艳秋捧角之最出力者,此次同至上海。狄楚青、费梓怡、袁伯夔,又不相识者三人,竹君、叔雍分陪之,菜乃功德林之素席,散后复小坐片时而出。夔笙、益庵同来长谈而去。阅李紫东送来各书。

二十八日 午后陶拙存偕其侄惕若名善乾。来谈,坐良久去。冯梦华来谈。嘱醉愚作函致王叔用、杨芷姓。

二十九日 王雪岑、李振唐来谈。嘱也诗作函致华再云、李子香、嗣香昆仲、章美卿、朱艾卿、张汉三、张孟劬。醉愚作函致黎潞庵、汪甘卿。

九月朔日 嘱醉愚作函致王雪岑、孙惠敷。

初三日 至左子异处答秦子质，并晤子异及曹梅舫，共谈片时。至李振唐处，未晤。晚金息侯、张仲照、李振唐、章一山、叶柏皋、郑苏堪、杨芷姓、刘聚卿先后来，七时宴息侯诸君于嘉业堂，酒数巡，喻志韶来，遂邀入座，散后聚卿、柏皋谈良久而去。

初四日 是日程艳秋来，未晤。

初五日 午后况夔笙来小谈而去。孙惠敷、喻志韶先来，继而章一山、叶柏皋、陶拙存、余尧衢、秦子质先后来，谈良久宴子质、尧衢于嘉业堂。散后惠敷、志韶、一山、拙存、柏皋谈良久而去。

初六日 午后出至秦佩鹤处，未晤。至四马路源源新旅社答程艳秋，并晤罗瘿公，谈良久。冯幼伟亦至，共谈片时而别。

二十日 午后汪甘卿来谈，劝余早日北上，盖恐贡金后内廷派职事也。谈至傍晚即偕甘卿至功德林应徐积馀素餐之招，同坐者章一山、梁克创、邓伯琛名彦远，广东顺德县人。江苏候补知县，铁香鸿胪之胞侄也。梁克创亦广东人而经商于南洋者，为永安公司第□层经理。及主人而已，席散即归。

二十三日 以贡款虽已托商务印书馆汇洋壹万伍千元，今则尚有二万馀，仍拟托彼汇京，乃至商务印书馆访张菊生，晤谈之下，托伊再汇二万元，伊允先行电询，而后取款云云，遂归。

二十四日 午后李振唐来谈。傍晚以宁绍湖台同乡会请沈叔詹省长，由朱葆三主席，以叔詹交卸浙省长，将欲入都，道出沪上，故同人在宁波同乡会西酌祖饯，余亦往焉。席半而出，至都益处应恽季申、瑾叔、王雪岑、陶拙存、章一山、叶柏皋祖饯之招，同坐者除主人外则李振唐、孙惠敷、刘聚卿公鲁乔梓而已。席散与一山、柏皋同归，复长谈而去。

二十五日 午后李振唐来。晚出至牛庄路应庞莱臣之招，同坐者为殷楫臣、名济，江都人。辛卯举人，内阁侍读。现为任用浙江简任职署瓯江道尹。施省之、许玉农、杨信之、张唯庭、庞馥庭及主人而已，庞丈此举盖亦为余饯行也,席散即归。益庵、夔笙来送行,长谈而去。

二十六日 是日振唐赴京,约在车站相接。莱臣、佩鹤、雪岑、礼堂、积馀均来送行。

二十七日 午后杨芷姓来送行,小谈而去。姚文敷、陶拙存、金甸丞先后来送行,均小谈而去。夜刘聚卿来谈,章一山、叶柏皋亦来谈兼送行也。

二十八日 八时半偕同朱姬至车站。车中晤陈子砺提学名伯陶,广东东莞人。己卯举人,壬辰探花,江宁提学使。长谈。

二十九日 十时到京。余与朱姬及醉愚乘汽车由正阳门至西砖胡同刘季若家,季若为聚卿之侄,钱和郛之妹婿,以聚卿约耽搁伊处也。季若名贻善,现为审计院协审官。出见,长谈用点心。

三十日 傍晚出至东华银行应金息侯之招,同坐者为胡姓初、温毅夫、柯凤孙、名劭忞,山东胶州人。同治丁卯举人,丙戌翰林,典礼院学士。宝瑞臣、名熙,宗室,正蓝旗人。戊子举人,壬辰翰林,学部侍郎。现为实录馆副总裁,内务府大臣。朱聘三、汪甘卿、李振唐及主人而已。

十月朔日 与甘卿同至陈弢庵太傅处茗谈良久,晤丁闇公。名传靖,丹徒人。丁酉副贡,某部主事。善诗古文辞,亦名流也。出至钱粮胡同金巩伯处看其房屋,以季若处地太偏僻,屋亦湫隘。

初二日 午刻振唐来,坐未几,志赞熙都护来,挡驾未见。遂与振唐乘汽车至东华饭店访甘卿,赞熙亦在,遂同至耆寿民侍郎龄处。耆现为内务府大臣,因将此次贺折名单由吴蔚若侍郎领衔共五百馀人,并贡金三万七千捌百元,又余自贡五千元,又钱自严太史等杂贡凑整洋三百元交侍郎转呈,贺表虽已备稿,隘例不用。其贺折即托侍郎代办,诸与接洽。出诣绍越千侍郎处,名英,亦为内务府大臣。待良久始见,长谈而出。至宝瑞丞宫保处,未晤。

初三日 午后陈弢庵来,挡驾未见。李振堂来长谈。文楷斋掌柜刘春生来同谈,在此间用点。五时同出,即在西砖胡同散步,谒宋谢文节祠，讳枋得，为宋末遗臣，江西人。游览一周，出至法源寺刘春生文楷斋，由其导至各处看视刊刻及印刷工程，蒙其赠《八指头陀诗集》及詹天佑碑刻。徐菊人撰，赵声伯世骏书。又由春生导入寺内瞻览，时已昏暮，张灯而行，颇有东坡夜游承天寺光景，佛殿徘徊，婆娑丈室，历数处而归。嘱醉愚作函致冯梦华，又致杨子盘，又致吴蔚若。是日饶星舫午前来两次，均未晤。

初四日 午前振唐偕琉璃厂直隶书局主人宋星五来，余未晤。午后袁珏生太史名励准，常州人而入籍大兴者。现值南书房。来，长谈而去。四时许余将出门，傅沅叔年丈来，长谈良久而去。

初五日 午前劳笃文、李振堂先后来。午后汪甘卿亦至，志赞熙频以电话相催，一时即出，偕汪、李同至什刹海醇王府，先至接待处，有员招待，虽未问其姓名而有蓝顶花翎在案，想亦官僚也。未几入谒，三揖后就座，醇邸略问同来若干人，此外尚有何人。余对以山左尚有毛承霖，安徽尚有刘世珩云云。醇邸寡默少言，略坐即出。乃至龙头井涛贝勒府，先至接待处，有员招待，未几入谒，亦三揖就坐，贝勒善于词令，历言此次筹备节俭，上谕确以三十万为限，各项樽节，几至弊绝风清，然典礼又不可废，事极难办，复又奖励同人，极意称许。并告以皇上天亶聪明，《十三经》早已念竣，旁习洋文，亦甚明了。伊子在书斋伴读，故得深知等云。谈良久而出。至王府仓访溥西园将军，未晤。又至王功厂访朱聘三太史，晤谈良久。出至南横街访林诒书，未晤。又至顺德路访陈子砺提学，知伊今日召见，以伊将赴宴席，略谈而出。归寓得甘卿电话，悉沈子培尚书于初二夜逝世，老成凋谢，又弱一同志，良可悲也。

初六日 午后杨伯典来，名履瑞，广东南海人。其父讳裕芬，字惇甫，光绪戊子解元，甲午进士，学部主事。与本生父亲两次同年者也。此次亦专诚觐贺到京，寓居长发栈，略谈而去。至琉璃厂商务印书馆，略购书籍。

初七日 以培老故世，特属醉愚拟一电稿，慰唁慈护，由余与甘卿、振唐具名。

初八日 午前温毅夫来,未见而去。林诒书来,略谈而去。午后李振唐、汪甘卿先后至,以昨夜宝瑞丞来电话,约今日二时至此,故约甘卿来,而久候未至。金息侯来访,同谈良久。与甘卿出至灵清宫谒陈太傅,因诗钟雅集挡驾。出至东华门南池子访袁珏生,谈良久。拟至朱艾卿、绍越千、耆寿民各处,先由电话询问,均未回家。乃至海北寺街顺德馆访温毅夫,又不晤。因至兵马司中街访胡姓初,长谈。伊昨日蒙恩赏紫禁城骑马,今日谢恩即蒙召见,备述见时情形。上以沈曾植溘逝,甚深悼惜,并谓中国少一硕学老臣,尤为可叹。天语谆谆,尚书泉下有知,当瞑目矣。又述上颇聪颖,外间情事十分明了,以王乃征之窘况而犹贡金,尤为难得云云。

初九日 午后李振唐来。王君九自津门至,特来访余,畅谈良久而去。汪甘卿来略谈,遂偕甘卿、振唐至南河沿应朱艾卿师傅之招,同席者为陈子砺、胡姓初、温毅夫、黄宣廷名诰,广州驻防。光绪戊戌翰林,曾任义国钦使,归授陕西陕安道。恽禹九、李东园及余等三人而已。席散即归。以明晨入宫恭递安折早睡。

初十日 早晨七时三十分衣冠待出,甘卿亦至,遂偕乘汽车前往。入神武门,再入隆宗门,递折恭请圣安,在内务府大臣栖息处小坐,晤朱艾卿师傅、耆寿民、宝瑞丞两宫保,略谈。其时志赞熙都护派一家人随往,而宫中托一王苏拉招呼。未几,旨下,以圣躬违和,闻系伤鼻,改十二日召见。遂退至赞熙处,长谈,出即归寓。午后镜古堂书铺主人段镜轩来访,同至隆古寺在其铺中小坐,略观书籍,相与同游隆福寺,该寺为蒙古和尚主持,每逢九、十日各市肆移至此间售货,名曰庙会,甚形热闹,出即返寓。刘春生来,未见。傍晚以甘卿约偕醉愚同至同顺估衣店访之,复偕往各估衣店看衣,同步至大兴公寓,振唐亦来小谈。胡姓初来,四人同往马神庙志赞熙家应其招,陈弢庵太傅已至,因待内务府朱艾卿师傅及绍耆两大臣,候之良久未至,盖验坤宁宫新装电灯也。九时始到遂入席,席散即归。

十二日　七时三十分偕甘卿衣冠坐汽车至神武门，再进隆宗门至内务府朝房，晤陈太傅、朱师傅、绍、耆、宝三内务府大臣，坐等良久，伊等先入，嗣有人招呼至一朝房，即前之军机处，余等坐待，升中堂、醇邸均至，陈太傅亦来，坐良久。旨下，先召臣升允，次臣刘承幹，次臣汪钟霖。中堂随即入觐奏对，约有三刻钟之久。既退，内监传旨行册封皇后礼，吉辰已至，礼毕再觐。闻音乐迭奏，知上已御门矣。有顷礼毕，上召臣承幹入，上坐养心殿东书房，由内监引上及门，搴门帘，臣即入跪，恭请圣安。上坐炕上，炕靠窗面北，距炕三尺许设一方杌，上罩蓝缎套，赐坐。跪谢恩，起坐。上询："汝从何处来？"对曰："臣从上海来。"上曰："寓居何处？"对曰："臣住钱粮胡同金宅。"上曰："汝曾见过醇王否？"对曰："臣已见过。"上曰："今日在外面见乎？"对曰："臣于初五日诣邸第谒见。本应先诣宫门请安，因自分官职卑小，不敢贸然来请圣安，后恳师傅奏请，然后敢来。"上曰："汝等远道来京，且又贡银，朕心甚不安。"对曰："臣等闻皇上大婚，均极高兴，诣阙朝贺，为臣子者分所应该，海上诸臣，届时尚拟集齐一处，北望觐贺。"上颔之。又曰："他们此刻弄得甚糟。"对曰："是以南方臣民均望皇上中兴，庶可大定。"上曰："汝所进各书，朕都览过，近来有续刻否？汝自己有著作否？"对曰："臣自问学殖粗浅，不敢著书，至于近刻颇有几种，俟刻竣谨当续呈。"上曰："朕颇喜观览。"对曰："臣前年曾与翰林检讨臣章梫恭进《纶旅金鉴》。"上曰："朕常观及此。"尔时臣见壁间悬有御容，上曰："此乃放大之照片。"对曰："臣前日在陈伯陶、温肃处已曾瞻仰御容。"上曰："朕亦赏汝一个。"臣起立将谢恩，上止之曰："不用谢。"未几，上曰："汝去罢。"遂退出。甘卿入觐，余仍至朝房候之。甘卿出，在朝房小坐，与升中堂略谈，遂出归寓。刘春生来见，略谈。

十七日　十一时汪甘卿、王叔用来，以柯凤孙、罗叔韫、金息侯邀集东华银行照相作为纪念，因与甘卿、叔用、醉愚衣冠而往。到者纷纷，升吉甫叔炳乔梓、定向丞、薛奉宣、善汝明、胡姓初、袁洁珊、世仁甫、凌云志、王君九、李东园、王叔用、何益三、温毅夫、黎潞庵、黄宣廷、毛稚云、荣叔章、恽禹九、吴彭秋、徐博泉、允中、冰玉、林诒书、三六桥、杨伯典、汪甘卿、李振唐、孙惠敷、沈醉愚及余,并主人共三十三人,到而已去者为陈诒重,邀而未至者为辜鸿铭、陈子砺、商云汀、梁次侯四人。照毕,余又独照一影。至灵清宫赴弢庵之招,同坐者为汪甘卿、刘聚卿、罗叔韫、孙惠敷、李振唐、李东园西奉天人。李子申、王叔用、佟楫先及主人而已,席散即归。

十八日 午前罗叔韫来长谈。赴西四兵马司中间吴印丞之招,同坐者为杨诵庄、傅沅叔及主人而已。至李铁拐街应王君九之招,同坐者为刘聚卿、陈诒重、罗叔韫、黎潞庵、沈醉愚及主人而已。

十九日 午前屈伯刚来,未晤,索书数种而去。午后朱少滨名师辙,元和人,骏声之孙。来,以刻其祖《传经室文集》,特来道谢,长谈而去。

二十日 至梁格庄种树庐观文忠遗影。

二十一日 谒崇陵、泰陵、宣陵、慕陵等处瞻览。

二十二日 在种树庐公祭梁文忠公,以文忠在日,颇蒙青睐,余尤有知契之感,故约同人祭之也。返京。

二十三日 午后段镜轩来,携书求售。日本人今关寿麿偕贺赐湖名嗣章,湖南人,在三井洋行,善日语。来访,长谈而去。今关寿麿嗜我中学,研究特甚,曾著《宋元明清儒学年表》,盖吾华古人中之有学问者,靡不研究,一一表而出之。昔在沪上曾来余家观书,惜余未见,乃于今日见之。夜以金篯孙招饮,特至明湖春应之,同坐者邓孝先、李子栽、名升培,吴兴人,癸卯举人。李彦士鼎士昆仲、松筠子。钱阶平,余俱不识。以屈伯刚名爔,平湖人,现为国务院总稽局参事。借巩伯处宴余,同坐者为吴向之、名廷燮,江宁人,举人。民政部参议,现为统稽局局长。傅沅叔、汪衮甫、名荣宝,元和人。丁酉拔贡,民政部参议,现为日本公使。陈仲书、瞿良士、沈醉愚、金巩伯及主人而已。

二十四日 午刻汪甘卿来,同至石老娘胡同应沅叔之招,同坐者为陈石遗、张乾若、吴印丞、李振唐、金巩伯、刘聚卿及主人而已。席散沅叔出所得宋椠《文中子》、《陆放翁集》相示，徘徊良久，乃与甘卿出，至受璧胡同访钱念劬，略谈而去。

二十六日 午后段镜轩来，约游古物陈列所。所即武英殿也。遂偕醉愚至镜古堂，邀同段镜轩入东华门，过文华殿不入，从西南行在太和门外，经过转至武英殿前，段镜轩购票。每人一元。

二十七日 至上斜街访王书衡，名式通，山阴籍汾阳人，侨寓苏州。辛卯举人，戊戌进士。大理院推丞。革命后曾为秘书。长谈而出。督同奴辈分配赠人书籍。

二十八日 傍晚出至东安门外东兴楼应夏闰枝、朱少滨、张孟劬之招，同坐者为吴印丞、王伯荃、名大钧，秀水人。光绪癸卯翰林。金雪孙、名兆丰，金华人。光绪癸卯翰林。金篯孙、邵次公名瑞彭，淳安人。国会议员。善于填词。及主人而已。席散即归。

二十九日 游北海。镜古堂书估携书求售。

十一月初一日 午后朱小汀、李东园、李振唐、陈重远、杨诵庄先后来，均长谈去。夜饭后偕醉愚至北河沿北京大学第三院，以该院廿五年纪念，张灯演剧。余以沈兼士及钱阶平送入场券来，特往一览。至会场人颇拥挤，余俱房廊曲折，灯光明灭，故未遍历，亦未晤相识一人。遂出至司法部街东华银行访金息侯，已寝，赠以新刻，并还佟楫先珂罗影片及与购价值洋三十二元，盖亦循息侯之情，以酬之也。嘱醉愚作函致金息侯。

初二日 午前琉璃厂书估宋汝堂、申实之来，携书求售，未晤而去。午后三时出至东华门清史馆，馆则房楹湫隘而甚曲折，据云向之国史馆、方略馆、实录馆三者并而为一，故屋极多也。余至西馆，现分东、西两馆，志、表归东馆，纪、传归西馆。晤提调邵伯絅及纂修协修夏闰枝、金雪孙、王伯荃、朱少滨、邓孝先诸公，孟劬以病未至，篯孙已去，坐谈良久。出示《大清一统续志》、《宫史续编》，皆系恭楷进呈之本，为外间所无者。未几，馆长赵次珊制军知余至来谈，余以当日清史开馆,曾聘余为名誉纂修,故以新刻《章实斋遗书》全帙存之馆中,至五时乃出。至大石作访吴向之,赠以新刻各种,长谈良久出。至地安门火药厂访佟楫先,略谈,前托伊搭印大婚宫室及奁具影片及余衣冠肖影,酬以洋四十元。时已傍晚,即归。复偕醉愚出至隆福寺街福全馆应镜古堂书客段镜轩之招,坐无杂宾,惟余与醉愚、镜轩而已,席散即出。

初三日 出游颐和园。至干面胡同应胡馨吾之招,同坐者为沈砚畲、于志昂、钱阶平、施伯彝、张祺卿、名兆琳,吴兴人。从前余刊《吴兴诗话》即假自伊者也。现为税务处帮理。金巩伯仲廉昆季、吴承斋、名佩潢,吾湖双林镇人。现交通部电政司司长。郑勇知名钧,吴兴人。及主人而已。嘱醉愚作函致邹翰飞。

初四日 午刻至隆福寺街福全馆应施伯彝、王书衡之招,同坐者为金篯孙、钱念劬稻孙乔梓、沈砚畲、胡馨吾、吴印丞、金巩伯及主人而已,席散即归。傍晚同醉愚出至麻线胡同应吴仲言之招,同坐者为胡舛初、汪甘卿、郑朴孙、长沙人。铭新报馆主任。丁闇公、名传靖。丹徒人。沈麟伯叔初昆仲、醉愚及主人而已。席未散即偕醉愚出至西城铜幌子胡同应杨诵庄之招,同坐者为袁珏孙、王维季、金仲廉、吴印丞、醉愚及主人而已。

初五日 午后余出至裱褙胡同访日本人今关寿麿,赠以旧刻十六种,以言语不通,笔谈良久,知其中学根柢甚深,吾国知名之士相识不少,亦不愧为通儒也。出至西城辟才胡同访邵次公,名瑞彭,淳安人。词学家,现为众议员。谈良久而出。至覃祉胡同访邵伯䌹,未晤,又至朝阳门大街答杨谱笙,则已返沪矣,遂归。

初六日 午后邓孝先、孙师郑、沈兼士先后来谈。扬州万寿寺印真和尚来略谈,以前日介于志昂募去文峰塔捐百元,今日特来致谢也。四时偕朱姬乘车出西直门至农事实验场一游。即三贝子花园,旧曰万牲园。至中央饭店应李振唐之招,同坐者为涛贝勒号野云。陈朱两师傅、绍越千、宝瑞丞、志赞熙、金息侯、傅沅叔、溥西园、宰鸿铭及主人而已，席散至金鱼胡同迨群社应朱小汀之招，社为孙慕韩创设，亦俱乐部也。同坐者除强梦渔、名运开，溧阳人。曾为吴兴知事。钱阶平外均不识。

初七日　嘱醉愚作函致张孟劬。午后偕朱姬醉愚乘汽车游香山。

初八日　游香山。归至王公厂应屈文六之招，文六名映光，台州临海人。曾为浙江省长。同坐者为宝瑞丞、刘芷芗、名焜，兰溪人。壬寅解元，癸卯翰林。屈伯刚、钱念劬、金巩伯、陈士可、毅，湖北□□人。周萍洄、名继潆，台州临海人。曾为浙江省议长。姚□□及主人而已。坐未几即散，复谈良久而出。余与文六素未谋面，此次谬采虚声，殷殷招饭，亦可感也。

初九日　午后李振唐来，于志昂、刘季若、钱和郛各派人送礼物来。宝瑞丞来，赠余手书屏条四幅。于志昂来，与巩伯同谈良久。与振唐出至红罗厂应张乾若之招，同坐者傅沅叔、周景瞻、金巩伯、吴印丞、振唐及主人而已。嘱醉愚作函致吴印丞，又致胡馨吾。

初十日　至太仆寺街背荫胡同访蔡孑民，未晤，乃至东安门外东兴楼应其招，同坐者为胡适之、名适，安徽绩溪人。温文尔雅，近以提倡白话著名者。马幼渔、名裕藻，鄞县人。陈百年、名大齐，海盐人。张孟劬、蒋梦麟、馀姚人。沈士远尹默兼士昆仲吴兴人。及主人而已。孑民初次识荆，向以性情怪僻，今似恂恂儒者，亦云奇矣。席半黄任之名炎培，上海人。曾为教育总长。来谈良久。散席至煤市街通运公司访周梦坡及白也诗，长谈而归。

十一日　午前周梦坡来，未晤。午后李振唐来，钱阶平饬价送礼物至。嘱醉愚作函谢之。又作函致金篯孙。三时许偕振唐、醉愚出至安定门内方家胡同京师图书馆观书，先由张乾若电话咨照，以乾若新就教育部馆长之聘，故托先容，到后由庶务员金任甫名守途，杭州人。导往各处瞻览。先至善本室，出示宋椠大字《东坡集》及大字本《文选》，共三种，二系宋刊，一疑明复宋本，与余所购者不同。徘徊良久。再至《四库全书》室,颇整齐,盖书架书箱均从热河行宫移来,并无损坏也。又至各室观普通书籍,志书最多,时已傍晚,观毕即出。至红罗厂访张乾若,晤周子乾,名曾亮,汉阳人。癸卯举人,甲辰进士。现为平政院评事。富于收藏,学问亦好。同谈良久,乾若留夜饭,饭后复小谈而出。嘱醉愚作函致夏闰枝。

十二日 午后至大学堂第一院访沈兼士,参观所藏卷帙,均由内阁取来者,内有残本宋元板书及琉球、高丽、缅甸等国贺表、太宗皇帝代明七大恨之诏书,皆《东华录》所不载者,七大恨诏中自称金国汗。尚有明朝题折、国朝初年大卷、考差卷及贺表等,以物多,不过择要看看而已。该学堂尚在检理,今已历四五月,就已清理核计不过十分之一耳,点检齐全,约非数年不可,其无用者即焚之。张孟劬来,一转即走。余亦以天晚乃出,晤朱逷先。名希祖,海盐人。少虞之侄孙也。

十三日 午刻振唐、甘卿来,同至十刹海会贤堂应涛贝勒、陈弢庵、朱艾卿、绍越千、耆寿民、宝瑞丞之招,以上月廿一日之约,余等适赴崇陵,故今日补宴也。共二席,上一席余首坐,甘卿、振唐次之,巩伯、六桥、赞熙、珏孙均在陪,涛、绍、宝三人主席;下一席为柯凤孙、胡姓初、温毅夫、杨吉三、名鼎元,广东顺德人。辛丑举人,内阁中书。在德宗实录馆充总校。荣仲泉、名源,为今上皇后之父。金息侯、朱聘三及陈、朱、耆三人主席。席散摄一影而散。阅《章实斋遗书》。嘱醉愚作函致陶拙存、毛稚云。

十四日 午刻与巩伯同至受璧胡同应钱念劬之招,余忝首坐,同坐者为王书衡、沈砚传、胡馨吾、吴印丞、施伯彝、金巩伯及主人,又其二子稻孙、穗孙。散后茗谈良久而归。至麻刀胡同访夏闰枝,不晤遂归。夜校《京师坊巷志》。

十五日 午后校《京师坊巷志》。嘱醉愚作函致罗叔韫、于志昂、沈慈护。溥西园来谈。

十六日 午后出游东华门内文华殿、武英殿。晚至琉璃厂巩伯所开博韫斋古玩店一转而归。复出至禄米仓访王显斋,名威,甘肃天水人。丁酉武举人，提标候补武弁。则已往东兴楼，盖余今晚宴之也。至则显斋、振唐、醉愚已在，遂与小酌，畅谈时局。据显斋所精数学推测，谓明岁京中不靖，大有焦土之危，五六月后不堪设想，皇上恐亦立脚不定，将返沈阳，所谓“继统偏安三十六，坐观境外血如糜”者，将有应也。馀者大言不惭，未敢尽信，饭毕即归。

十七日　午前陈弢庵太傅来长谈而去。午后阅《章实斋遗书》。

十八日　午前汪甘卿来，同至灵境谒陈弢庵，长谈良久出。午后因夏闰枝有约来此相访，在寓待之，阅《章氏遗书》。傍晚犹未至，问金氏仆人，知夏曾来电话询余，则已为彼回却也。遂出至王府仓访溥西园，因前日所约李木公报效第二工厂经费，应送涛贝勒礼物，余为代备，交西园托为转致，至则未晤，留物而出。至丰盛胡同袁涤庵家涤庵名□□，绍兴人。前国会议员。访蒋孟苹，晤涤庵及程陶遗、松江人。姚永白、名□□，宁波人。民党。王受之，名□□，江西人。前某省候补道。同谈良久，留夜饭而归。

十九日　午前十一时同朱姬及醉愚作汤山之游。嘱醉愚作函致叶柏皋，又致夏闰枝。

二十日　午后夏闰枝来长谈。志赞熙、汪甘卿偕来，以余前往梁格庄谒陵，见梁文忠公所种树缺处尚多，本生父亲曾为崇陵监修官，今皇室优待经费无著，不遑及此，余拟奏请补植报效经费，自创此议，陈、朱两师傅及内务府三大臣均极赞美，即托彼拟一奏稿，今日拟成携来请余寓目也，长谈而去。晚至骡马市大街瑞记饭庄应杨伯衡保定衡水县人，为巩伯、仲廉、叔初、孟苹、文卿合开之博韫斋古玩铺，杨为经理。之招，同坐者巩伯、仲廉、叔初及潜庵、朴斋、公弢共六人。陈仲恕、丁仲暄，吴兴人，小槎直判之子。散后至长安饭店答许博明，未晤而出。

二十一日　午刻内务府送来宫廷颁赏各物，本生父亲、梯青叔得御笔山水花卉画各一轴，福寿字各二方。余蒙恩上“金声玉色”匾额一方，福寿字二方，纹银富贵寿昌纪念杯一座，御用金盒一个，敬谨祇领，其馀各件因余经手，故均交余代领也。午后游雍和宫、中央公园。

若社稷坛,若通俗图书馆,皆无灯火,故未入。至东华饭店应朱遏庵、名希祖,海盐人。小汀少虞族侄。马幼渔、名裕藻,宁波人。沈士远尹默兼士三昆仲之招,五君皆大学堂教习。同坐者除五主人外,孑民、适之、孟苹、陶遗。夜阅《咄咄吟》。

二十二日 午前沈兼士、马幼渔来,未晤而去。余以德宗实录馆全录告成,尚少经费四五千元,特于该馆报效二千元,经陈弢庵师傅奏请,今日奉旨赏内务府卿衔,并给二品顶戴。天恩高厚,感激莫名。伏念内务府例须旗籍方可膺职,若汉人未之有也,今忽膺此恩赏,躬叩异数,尤非意计所及。各苏拉来贺喜叩头。午后溥西园将军来谈,坐良久去。出至北兵马司访赵次珊,又至司法街访金息侯,均未晤。至大甜水井访宝瑞丞,略谈,并晤冯公度。名恕,大兴人。前海军部协都统。据云昔年监修崇陵,与本生父亲同事。出至长安饭店应许博明之招,同坐者李子栽、孙铁舟、名其镛,海宁人。现陆军部高等顾问。谢复初、广东人,两湖巡阅使署实业顾问。吴季玉、名家元,吴县人。赵润秋、名启华,京兆人。常次权,名运衡,山西人。席半出至施家胡同通运公司访白也诗,略谈出。至西河沿金台馆访李振唐,略谈而归。嘱醉愚作函致吴子修、刘聚卿。

录实录馆奏底 太傅实录馆副总裁臣陈宝琛、太子少保学部侍郎臣宝熙、太子少保礼部侍郎臣郭曾炘奏,为请旨事今据三品衔四品卿衔分部郎中刘承幹呈称,为报销经费,恳请赏收事,窃闻实录馆恭修德宗景皇帝实录小红绫正本,因款项支绌,缮写不免延迟,馆员纯尽义务,已历多年,尤形竭蹶。幹不揣冒昧,谨将历年积蓄,凑集银币贰千元,随呈赍上,为馆中经费效土壤细流之助,并不敢仰邀议叙等因前来。伏查臣馆因经费支绌,时形竭蹶,兹三品衔四品卿衔分部郎中刘承幹,慨输巨款,报效情殷,虽据该员声称,不敢仰邀奖叙,合无仰恳天恩,逾格从优奖励之处,出自圣裁。所有刘承幹报效臣馆经费缘由,理合拱折具陈,

伏乞皇上圣鉴。谨奏

恭录谕旨

宣统十四年十一月二十二日钦奉谕旨，陈宝琛等奏三品衔分部郎中刘承幹，报效实录馆经费，应如何从优奖励之处请旨一折。刘承幹著赏加内务府卿衔，并赏给二品顶戴。钦此。

二十三日　午后耆寿民来谈，所有谢恩折稿即托其代办，小坐而去。出至东华门内清史馆访金篯孙、夏闰枝，赵次珊馆长亦在，遂同商缮钞实录之事。承次珊满口允许，并担任一手经理，且坚嘱外间切勿声扬，因此系史宬秘本，本不许流出于外，值此时局，多留一分于天壤间，至深欣幸云云。晤邓孝先、邵伯䌹，均略谈归寓。白也诗送谢恩折稿两底来阅，余初以也诗折稿未就，迫不及待，因托寿民代办，现也诗既已办就，即持稿出访寿民，未晤，又至陈弢庵处，亦未晤。至马神庙老胡同访志赞熙，长谈而归。

二十四日　午后朱庶侯名孙蕃，宝应人。前法部主事。来谈，并托余带御赐物件至上海交蒋苏盦，坐良久去。出至绍越千处谈。又至大兴公寓访汪甘卿，同至帽儿胡同访荣仲泉，名源，现号钟权，长忠靖公之孙，今皇后之父也。未晤。至志赞熙处小谈，因明晚宴客假座伊处也。至袁涤庵家访孟苹，晤沅叔，小谈而归。

二十五日　午前荣仲泉来拜，挡驾而去。至马神庙老胡同志赞熙家，客犹未齐，小坐始入席，计两席，左席首座陈弢庵太傅，次朱艾卿少保，次宝瑞丞宫保，次耆寿民少保，次辜鸿铭左丞，次志赞熙都护，余陪焉；右席首座溥西园将军，次绍越千太保，次袁珏孙太史，次朱聘三太史，次温毅夫副宪，次海彝孙侍卫，赞熙子。甘卿陪之。邀而未至者为涛贝勒、柯凤孙学士、金息侯都护、胡姓初阁丞，来而未入席者则荣仲泉观察也。嘱醉愚作函致杨子盘、冯梦华、钱念劬。

二十六日　八时半换二品顶戴乘汽车入宫谢赏谢恩，仍入神武门至内务府朝房，与绍越千长谈，耆寿民、陈弢庵、朱聘三在朝房略谈即去。坐良久,奏事处太监传旨,圣躬昨夜不适,因而不见,遂出。用衔片至醇涛两邸、陈朱两师傅、内务府三大臣及实录馆副裁郭春榆处道谢,春榆名曾炘,侯官人。乙亥举人,庚辰庶常。官至礼部侍郎,现为实录馆副总裁。均未见。而至陈师傅家,人虽未见,交出皇上御容,敬谨领回。至志赞熙处略谈。出至大兴公寓,以甘卿亦赏御容,由余带交也。归寓阅《李文诚公行状》。即李芍农侍郎。午后刘春生、段镜轩来即去。陈弢庵、朱艾卿来,长谈而去。涛贝勒、绍越千、耆寿民、宝瑞丞均来道贺,挡驾而去。承幹蒙赏二品顶戴,内务府卿衔,京中例须谢恩后来贺喜也。晚出至东兴楼应越千、寿民、瑞丞祖饯之约,同坐者为汪甘卿、李振唐、商筠汀、名衍瀛,庚申翰林,现东三省巡阅使署顾问。又福奕三君均内务府员。及三主人而已,席散即归。嘱醉愚作函致黄石荪,又作函致沈馥荪。是日罗叔韫特派家人来接,厚谊可感也。

二十七日 午后三时半起行,偕朱姬、醉愚及叔韫家人上车,七时半抵天津东站,叔韫躬自来迓,因坐马车至法界秋山街叔韫家。振唐于十时到,今亦在车站相迓,同至叔韫处。叔韫殷勤备至,已在百花村置酒相待,遂同余及振唐、醉愚至百花村。未几甘卿亦至,遂入席,席散即归。余在后面楼厅下榻,楼系三间,余与朱姬左右分居之。

二十八日 午刻李振唐来,余与叔韫、振唐同谈。薛奉宣来访,小坐而去。升吉甫相国现赁叔蕴旧庐,即在隔壁,知余至,特冒雪来访,长谈。余乃先出至英租界松寿里访张绍轩,名勋,江西奉新人。官至江南提督署两江总督。丁巳复辟,曾为议政大臣。马号后访铁宝臣,名良,满洲人。曾为军机大臣,户、兵两部尚书。为袁世凯所忌,出为江宁将军。英界十号访李木斋,河北三马路求是里访章式之,均略谈。又至耀华里访陈诒重,不值。以绍轩招饮,复至其家同坐者为升吉甫、铁宝臣、黎潞庵、金陶斋、杭州人。罗叔韫、陈诒重、汪甘卿、李子申及主人而已。绍帅年六十九,风采依然,须发未白,冬不衣裘,体甚结实,性亦豪迈不羁,与谈颇洽。是席肴馔绝丰,自北上以来此为最。席散后与叔蕴至甘卿卧室长谈,以甘卿即下榻张处也。十时归,复与叔蕴长谈。

二十九日 午后铁宝臣来访,长谈而去。张念兹名杰,嘉兴人。昔日经商,现在张绍帅幕府。来,略谈而去。出至隔壁访升吉甫相国,长谈,以今晚相国宴余于百花村,遂同至酒馆,其子叔炳亦偕行。同坐者为李振唐、李子申、陈诒重、罗叔韫、沈醉愚及主人乔梓而已。

三十日 午后与叔蕴出至德界陈宅访善汝明,略谈而出。又至英界球厂谒张安圃,名人骏,直隶丰顺人。同治戊辰翰林,官至两江总督。未见,见其子叔威部郎,自青岛一别已四年矣。至车马路访李嗣香学士,名士钤,天津人。光绪丁丑翰林,官翰林院侍讲学士。出见长谈,并晤其兄子香部郎,名士铭,官户部郎中。当即御赏匾额面交,同谈良久而出。又至厚德里访黎潞庵,福荫里访李子申,博爱工厂访薛奉宣,黎、李均未见,而薛则晤之。出至耀华里访陈诒重,长谈至八时归。夜阅《钱牧斋年谱》。

十二月初一日 午后至厚德里访黎潞庵,长谈而出。又至河东访吴彭秋,法界菜市后访袁述之,均赴北京未晤遂归。晚偕叔蕴出至裕中西饭店应张念兹之招,同坐者为吴调卿、名懋鼎,安徽婺源籍,近则侨寓苏州,久居天津,为汇丰银行买办,见赏于李文忠公,出为候补道。后经保荐人才,特赏四品京堂。商筠汀、叔蕴及主人而已。席间娓娓谈及戊戌、庚子两事,席散即归。复与叔蕴长谈。是日午前商筠汀来,长谈而去。李嗣香、子香、张叔威来,均未晤。

初二日 嘱醉愚作函致章式之,并赠以书籍。晚出至厚德里应黎潞庵之招,同坐者为升吉甫、李子申、陈诒重、罗叔炳、商筠汀、罗叔韫及主人而已。

初三日 午前十时起身,至升吉甫处,略谈而出。至商筠汀处谈,晤朱夔辰。江宁人,善骈文及诗。午后余至叔蕴书房,与之话别,叔蕴、叔炳、筠汀均来送行。三时半登车开驶,十时抵京,遂归。接内务府交到照会,余自备经费奏请补种崇陵树株,内务府已于初一日具奏,奉旨派为承修。工程树株与汪钟霖会同办理,特以传知云云。

初四日 午后三时出至灵清宫井儿胡同访陈弢庵,前所谈庞莱臣为其亡儿景麟请奉典,报效实录馆经费一千五百元,均已奏准。奉旨依议,将实录馆传知,托余转交。长谈而出。至东廊下梁思孝处,未晤,其家人史宽出见,所谈崇陵种树情形,伊极明晰。嘱醉愚作函致庞莱臣、周湘云、吴蔚若。

初五日 午后佟楫先偕其兄剑涛名佩章,陆军学堂毕业生。来访,略谈而去。出至赵次珊处,为钞实录事谈良久,其款约万伍千元。又至烂漫胡同访陈仲伟名嘉,诒重之弟。晤谈良久。出至金篯孙、绍越千两处,均长谈。

初六日 午后梁思孝之家人史宽来,约明日同赴梁格庄,伊先往招呼。溥西园、志赞熙先后来谈。出至隆福寺街福全馆应段镜轩之招,只主客三人小酌而已。嘱醉愚作函致李筱彭。名遐龄,内务府郎中。现为守陵人员。

初七日 偕醉愚启行至梁格庄,仍下榻种树庐。

初八日至十二日 病甚。自梁格庄返京。

十三日 午后,史宽来,赏洋二十元而去。溥西园来,述及李木公报效宗人府第二工厂银两,请赏头品顶戴,事已办妥,乃将洋壹千六百元交之,长谈而去。

十四日 嘱醉愚作函致毛稚云、稚云饬价赵顺来取赏件,故复之。杨子盘、黄石荪。得冯梦华电,为领赐寿物件,托余谢金息侯,并托带归,故作函复之。

十五日 午正陈弢庵来谈。午后出门至金息侯、朱艾卿两处辞行,均谈良久。至夏闰枝处,闰枝有恙,由其子孝蒨陪入卧室,茗谈良久。命孝蒨送余登车。至陈弢庵处夜膳,遇学贞和尚,待良久,林诒书、金巩伯、叔初先后至,遂入席小酌。

十六日 九时起,入宫陛辞。由陈朱两师傅面奏。先晤弢庵谈良久。然后召见养心殿,上备极谦冲,谕及崇陵种树,又要费钱,朕甚感激等语，且谓此次出京，若陈夔龙、郑孝胥等为朕一一道谢。奏对移时始出，复与弢庵谈，并晤艾卿。

十七日　九时属小酉，与醉愚先至车站，买票过磅等事。溥西园、志赞熙、佟剑涛、沈麟伯均各到站送行。十时开车。夜间十时车过济南，毛稚云上车来谈，专诚道谢。代领赏件也。

十八日　午后三时车抵浦口。夜十一时抵沪。

十九日　午后章一山、孙惠敷、刘公鲁先后来谈。余与醉愚出至梅白格路应周梦坡寿苏雅集之招，到者二十馀人，饮于宝斯堪中。

二十日　午后陶拙存、杨芷姓、徐积馀、章一山、李振唐、吴东迈先后来谈。姜文卿自南京来结帐。

二十一日　午后潘季孺来领御赐福寿字，略谈而去。

二十二日　李木公、庞莱臣先后来领赏件。晚以王雪岑、叶柏皋、章一山、恽季申、瑾叔、李伯贞、徐道恭敏。陶拙存、徐积馀诸公为余与醉愚接风，乃至都益处，醉愚亦自苏来沪，遂入席，至十时乃散。

二十三日　傍晚恭送御赐扁额至张骧云家，骧云返乡，而其子星若、孙骧孙均衣冠恭迓，在家中设有御案，望阙叩谢。方今士大夫首鼠两端，恬不为耻，而星若乔梓秉承父训，骧云不过一医生耳，孤忠耿耿如此，可敬可敬。

二十四日　是晚由吴昌硕、恽季申、瑾叔、陶拙存、徐积馀在都益处举行淞社第五十四集，醉愚前往，余则以病未赴也。

二十五日　申刻朱念陶在牯岭路本宅专席燕余，特偕醉愚前往，时客未齐，小谈良久，始入席，同坐者为徐积馀、陶拙存、恽瑾叔，吴昌硕东迈乔梓后至，至十时乃散。

二十六日　九月间聚卿迭次来顾，托余转托山涛将住宅出押，余为所嬲，乃与山涛言之。嗣山涛为抵于通和洋行，以余在京，迟迟尚未签字，今日应子云与山涛同来，携到抵契，计银四万两，期□□，聚卿本找别人作保，举了数人，彼皆不信，最后举余，通和非常谐洽。迨余回沪，聚卿以病，特属其子公鲁来此，一再恳求，只得允为作保，子云、山涛略谈数语,签字而去。

二十八日 午后周舜卿来,以前日送往御赐扁额,特来道谢,由杞儿接见,略谈而去。

二十九日 午后章一山、高孟贤来,长谈至晚,即在此间夜饭。夜叶柏皋来,同谈至十时馀乃去。闻廿七日晚朱古微家被盗,尔时古微处适送到通志局款千馀元,忽来盗四人,以二人监守车夫及前后门,二人上楼向朱借川资,朱云可下楼去。盗出手枪相吓。当盗登楼时,朱正在点检钞票,闻声知警,即将钞票藏匿抽屉中。盗出枪威吓,朱将衣袋中十馀元尽出给之,以示无馀。朱妾见机,亦云房中物任尔自取,遂将金表练等攫取。正在汹汹之际,其婢见盗至,知不能下楼,乃由晒台上潜至邻家,出门呼印捕二人来,盗知欲遁,印捕扭住二盗,盗乃出尖刀刺捕之太阳穴遂死,一捕亦受伤,盗则远扬矣。租界未可恃以安居,则何地更有乐土耶。险象环生,可为寒心也。

1923年(癸亥,民国十二年)

正月初二日 晚李振唐、孙惠敷、章一山、叶柏皋、高孟贤先后来,夜宴孟贤诸君于嘉业堂。

初四日 是日张砚孙病故于民厚里,年五十五,景况萧条,频年以卖字为活,并为哈同记室,去年姬觉弥忽辞其馆,贫病交迫,遂致一病不起,可叹也。

初七日 午后高孟贤、孙惠敷、王静安、叶柏皋、章一山均来谈,至傍晚而去。余至朱念陶家应其招,盖举行淞社五十五集也,共三席,到者为吴昌硕、东迈、钱亮臣、恽季申、瑾叔、曹恂卿、章一山、陶拙存、周梦坡、徐仲可、褚礼堂、胡朴庵、童心安、杨芷姓、潘兰史、白也诗,散后即归。

十二日 夜间章一山、况夔笙来谈。

十三日 上午以皇上万寿,在中堂恭设御容,敬谨行礼。先一日,由余与柏皋、振唐出名柬邀二十馀人,皆陈筱石制军所不邀者,陈处亦举行庆祝礼也。是日到者为秦佩鹤、陈容民、恽瑾叔、王叔用、高孟贤、周湘云、朱砚涛、况夔笙、徐积馀、陶拙存、罗子敬、白也诗,公推佩鹤为领班,具衣冠者除余等发起者三人外,只佩鹤、积馀二人而已,十一时半行礼,礼毕,大家吃面而散,备八簋。是日返浔。

十四日 午刻抵浔。

二十一日 在浔。阅《大清会典》工部内之陵寝及种树制度。

二十二日 阅《会典》陵寝类。

二十六日 与振声至藏书楼阅看工程,及晚而归。

二十七日 返沪。

二十八日 十时抵沪。

二十九日 嘱也诗作函复溥西园、包滇生、林朝志、李审言。

二月初二日 嘱也诗作函致崇文会、李佩秋、张菊生、吴昌硕。

初三日 晚至牛庄路庞莱臣处应其招,同座者高向叔、名云麟,杭州人,即欣木之叔祖。同治丁卯举人,内阁中书。年七十八岁,去年重谐花烛者。徐博泉、狄楚青、施省之、吴引之、仲廉、季言,散后小谈而归。况夔笙与益庵同来谈。

初四日 晚王静安、张孟劬、姚竹轩、也诗来,宴益庵、谦甫于嘉业堂。嘱也诗作函致金巩伯、罗叔韫、李孟楚、陶拙存、朱衡若、志赞熙、汪甘卿。

初六日 朱文海、汤怀之来。晚至愚园路游存庐应康更甡之招,戊戌蒙难后改此二字,长素二字废而不用。同座者杨芷姓、况夔笙、程伯葭、名潜,江苏阳湖人。山西候补道。刘海粟、常州人,上海美术学校校长。朴白岩、名殷植,朝鲜人。该国之文学家,现在上海办报,更甡之弟子也。梁长明,名广照,番禺人。法部员外郎,国变后不仕。不相识者一人,散后复小谈而归。嘱也诗作函致张菊生、王君九、徐积馀、包滇生、陈立炎。

初八日 午后至振华旅馆贺沈淇泉之子季同完姻之喜。至隔壁博古斋一转,柳蓉村不见。

初十日 午后王雪岑、李木公先后来谈。夜应周湘舲之招至其家,同坐者沈冕士、韫石、姚文敷、葛词蔚、徐冠南、蒋孟苹,席间湘舲出示教育厅长张阆声名宗祥,海宁硖石镇人。光绪壬寅举人,颇研究版本目录之学者。托其转交致旅申浙人公函,有钞补西湖图书馆所藏《四库全书》之缺者,约计经费两万元,专讲钞费、校费,做书橱等费尚不在内。拟杭嘉湖宁绍五府各募四千元,以作钞书之费,尚有六府捐款则作为做书橱等费,席间诸公均极表同情。

十一日 午后朱瑶甫来,茗谈片时而去。名宝祺,江苏宜兴人。年四十五岁。前日沈淇泉有信来,为其介绍谋馆地。其父名启凤,字小筠,浙江多年知县，后过班为道员。傍晚宋澄之、吴昌硕、朱古微来，并留夜膳，膳后柏皋、一山来，共谈至十一时而散。

十二日 午后章一山、刘幼云来谈良久而去。嘱也诗作函致徐积馀、包滇生、姚次阮。名昌咸，杭州人，菊坡学士丙然之侄。杭州孔教会支部部长，来函募基本金，余婉谢之。

十三日 午刻金甸丞来，未见。晚刘幼云、叔文、幼云次子。王雪岑、聘三、郑苏戡、一山、柏皋、惠敷、振唐先后来谈，片时入席，席散后小谈而去。

十四日 午后汤怀之来，与之买书四种，计洋六十元。国初本《趋避检》八册，又《甘露园短书》四册，明本《今言》八册，钞本《贤劫经》十册。今年本定不买书，而怀之以去年在汕头遭水灾后，生意全无，现在欲返扬州而无川资，再三恳求，故应酬之。朱文海来讨写样，以《静啸斋遗文》四卷交与之。吾乡董斯张所著。嘱也诗作函复张阆生、王幼农、名典章，陕西三原人。本四川实缺同知，前数年曾为广东道尹。现在侨寓苏州，前由成翊清介绍，向予讨过书。前日寄来伊所刻《烟霞草堂医术》，故作书谢之。杨芷姓。

十六日 午刻至振华旅馆贺葛词蔚之子书征续娶之喜，晤词蔚、荫梧小谈而去。出至城内也是园答金甸丞，长谈良久。汪甘卿自苏州来长谈，商酌崇陵补树办法，留夜膳。膳后王静安与益庵来，同谈至十二时而散。甘卿寓在振泰栈，专为将赴京，来与予商量，明日即须返苏州也。

十七日 本生父亲来答谦甫、益庵二君，坐谈片时。晚振唐来，与予合作主人宴客，到者为王雪岑、朱念陶、章一山、叶柏皋、恽瑾叔五人，张孟劬适来，遂与益庵二人同邀入席，散后又谈至十二时而散。静安来。也诗来，嘱其作函致溥西园、志赞熙、袁珏生、李审言。

十八日 午刻向景德借一汽车，与李振唐、恽瑾叔、孙益庵、杞儿至龙华应章一山之招，沿途见桃花已盛放，红绿可爱，入寺即坐席，除同车之四人外，为朱古微、高欣木、蒋孟苹八人为一席。散后至寺中闲步,与振唐、杞儿登塔之顶。归途至静安寺一游而归。

二十日 下午汤怀之、李紫东、王仁权三书估先后来。

二十一日 至商务印书馆编辑所访张菊生,未晤。至古微处茗谈良久,吴昌硕、东迈、朱闰生、王一亭亦来。

二十二日 作孙星如挽联。一经传先绪,红休辑略,深识源流,羡遗著待刊,盛业藏山堪不朽;四部赖勤搜,白下远征,倍劳心力,恨细林爽约,怆怀逝水复何言。

二十三日 上午冯梦华来,未晤。夜间一山、静安来谈。作函复汪甘卿。

二十四日 王仁权以书来阅,与之买书七种,计洋九十元。

二十六日 午刻至吴达泉处,名鼎昌,归安前邱人,生长于四川者。辛亥以前履历未详,国变后曾任财政次长。因与倪远甫、杨韵秋合请冯梦华,邀作陪客也。至则倪、杨二君尚未到,客只许秋帆、章行严湖南人,亦政客一流人物。二人,予以欲赴苏州,遂辞主人而出,至火车站买票乘车至苏州,二时半抵苏,即乘舆至阊门梵门桥弄吊曹君直,元旦病殁。其子班群名岳觐,外交部主事。出见,略谈而出。至胥门东美巷汪甘卿家长谈,并看其晦园中之花木,谈至七时赴火车站乘车返沪。

二十七日 夜阅《听雨轩杂记》。

二十九日 午后朱文海与其子明达来。

三十日 午后俞恒农与其婿温选丞名广铨,原籍广东,其大父蔗青久为长兴主簿,遂家于湖。来,恳转求吴子修、叶柏皋、章一山作其祖父蔗青像赞。夜间叶柏皋、章一山、沈慈护、孙益庵来谈。嘱子蕊作函复张闻远。

三月朔日 午后吴蔚若来长谈。

初二日 曹巽轩名元森,苏州元和人。为揆一胞弟,以余吊其兄来谢也。来,挡驾未见。

初四日 晚至爱俪园应一山、柏皋之招,盖合请孙慕韩也,陪客为夏棣三、偕复，杭州人。汉冶萍经理。哈同夫妇、姬觉弥及余而已。

初六日 午后出至三德里送徐忠愍公夫人之殡，遇董东苏。名寿慈，为枯匏之孙。未几，灵榇始至，晤外舅、张菊生、顾养吾。至昌硕处遇王一亭，略谈而归。柏皋来，同至哈同花园应慕韩番菜之招，同坐者何茂如、丰林，山东人。上海松沪护军使。许秋帆、沅，丹徒人。驻沪交涉使。姚文敷、汪撷荀、刘襄荪、章一山、夏棣三、姬觉弥、哈同夫妇而已。

初七日 作函复沈淇泉、宋澄之、包滇生。

初八日 午后董东苏来，述及天文专家，伊有友人叶友琴者名青，上海人，将来本生父亲所著《皇朝续文献通考》象纬一门，可倩阅看，伊亦可为介也。夜宴孙慕韩于嘉业堂，陪者外舅、菊生、柏皋、淇泉、淡如、懋斋，邀而未至者为姚文敷、朱小汀、厉树雄而已。

初九日 午刻应余尧衢之招，同坐者为冯梦华、陈小石、余寿平、沈冕士蕴石季宣昆仲、俞琢吾，寿璋，绍兴人。上海税务局局长。散后至李氏答蔚老，又至大东答曹巽轩，均未见。至景德号访湖叔长谈，允助梦老处二千元，宗人府工厂一千元，可喜也。出至杨芷姓处，贺其侍从南斋之喜，先晤其子硕父，继见芷姓，谈至五时方归。梦华来谈，小坐而去。柳蓉村来。

初十日 午后雷君曜、章一山、李振唐先后来谈，至十一时而散。

十一日 嘱罗子蕊作函答王雪岑、罗叔言。

十二日 阅《听雨轩杂记》。

十三日 午后至冯梦华处谈良久而出。嘱醉愚作函致汪甘卿、吴子修、朱少滨、陈诒重、雷君曜、冯梦华。

十六日 董东苏来谈留夜饭长谈而去。嘱醉愚作函致顾鼎梅、陈星南、王君九、王雪岑、张菊生、周梦坡。

十七日 嘱醉愚作函致吴子修、絅斋、张菊生、杨芷姓、叶柏皋、冯梦华。夜阅《景詹闇遗文》。姚谌著，双林人。

十八日 午后嘱醉愚作函致朱旭辰、白也诗、罗叔言。夜王静安、章一山来,谈至十一时而去。阅《屠光禄疏稿》。孝感屠守仁著。光绪朝有名御史,官至光禄寺少卿。

十九日 至孟苹处应其招,同坐者金巩伯、仲廉、季言、庞莱臣、王一亭、朱古微、邢伯韬、高欣木,席散后小谈良久而归。

二十日 以周梦坡与陶拙存合宴芷姓、静安,为之祖饯,余至晨风庐,同席者除杨、王二君外,朱古微、章一山、李审言、蒋孟苹、本生父亲,散后即归。是日邱绍周来,未见而去。

二十一日 阅《语冰阁奏议》。归善邓承修著。

二十二日 晚在家宴客,芷姓、子言、甸丞、积馀、拙存、慈护、一山、梦坡均到已良久,遂入席,散后客即散去。今日之集为芷姓入直南斋,行将北上,特为之饯行也。

二十三日 夜静安、益庵来谈。嘱醉愚作函致朱古微、溥西园、刘公鲁、薛凤宣、林朝志。

二十四日 嘱醉愚作函致许子颂、汪甘卿、沈兼士、李审言、刘怡宣、李孟楚。

二十五日 冯梦华来谈。孟苹为芷姓、静安饯行,邀余作陪,傍晚余往焉,同坐者除杨、王二君外,王雪岑、王病山、陶拙存、朱古微、高欣木,席散即归。

二十六日 午后李审言、钟伯荃、高欣木、罗子敬、王静安、蒋孟苹、邢伯韬先后至,益庵、醉愚亦在,同谈至夜,即宴诸君于嘉业堂,盖为静安饯行也。嘱醉愚作函致李东园、郑苏堪、罗叔言、李佩秋。

二十七日 午后章一山、叶柏皋来谈。晚至会宾楼应陈子言之招,同坐者芷姓、拙存、积馀、文公达,名永誉,江西萍乡人。芸阁学士廷式之子。推余为首席,惶恐之至。散后即归。

二十八日 董东苏来,包滇生来,小谈而去。晚至一品香应叶柏皋之招,同坐者杨芷姓、王雪岑、余尧衢、王静安、王叔用、李云书、沈慈护、全克卿、俞琢吾,席散即归。嘱醉愚作函致俞恒农、吴子修、絅斋。

二十九日　晚与醉愚至大雅楼应徐积馀之招，同坐者为芷姓、一山、子言、静安、尧衢、健之，亦为芷姓饯行也。嘱醉愚作函复恭邸，李佩秋、金籛孙。

三十日　午后四时许至新闻路访吴蔚若，未晤。晚刘聚卿来，未晤而去。出至振华旅馆应高欣木之招，同坐者王静安、孙益庵、蒋孟苹、雅初、邢伯弢、郭屺亭、朱古微、刘佐泉，亦为静安饯行也。散后即归。一山、柏皋、惠敷、振唐、子敬、静安均在此谈，因国会觊觎三殿，欲改组议院，其势汹汹，皇室异常忧恐，甘卿自京函致苏堪会商办法，诸公在此集议对付之策也，谈至十一时而散。校《王文敏公集》。

四月朔日　晚至晋隆番菜馆淞社同人为杨芷姓、王静安二人公饯也。到者为吴昌硕、王雪岑、钱亮臣、金甸丞、潘兰史、徐积馀、陶拙存、周湘舲、褚礼堂、朱念陶、胡朴安、孙益庵、沈醉愚、李审言、章一山、李振唐、沈慈护、王叔用共到十九人，甸丞、叔用、振唐、慈护均新加入者。散后即归。校《王文敏公遗集》。嘱醉愚作函致吴蔚若、朱古微、郑苏戡、秦佩鹤、陈式周、李审言、白也诗、包滇生。

初二日　嘱醉愚作函致陈几士、冯孟武。

初三日　吴蔚若、秦佩鹤、王雪岑、郑苏堪、王叔用、叶柏皋、章一山、孙惠敷先后至，会商对付国会改组三殿事，苏堪以为值此军阀时代，非得联络王怀庆、冯玉祥等以为抵制，殊无办法，嗣决议快邮代电，由苏堪、柏皋属稿联名函致曹仲珊、吴子玉，请其维持焉。二时入席，席散已晚矣。

初四日　午后董东苏来谈。晚与益庵至刘聚卿处应其招，亦为芷姓、静安饯行也，同坐者除二公外，梦坡、积馀、柏皋及主人而已。席过半，再至振华旅馆应古微之招，为静安饯行，陪者盛竹书、刘佐泉、郭屺亭、邢伯弢、陈叔通、蒋孟苹、雅初及主人而已。校《王文敏公集》。

初六日　是日芷姓、静安来辞行，均未见而去。

初七日 校《王文敏公集》。

初十日 校《王文敏公集》。

十四日 一山、柏皋来此,以国会改组三殿事,酌发公函,商略其稿也。嘱醉愚作函致毛稚云、姚文敷。

十五日 嘱醉愚作函致李佩秋、金仲弢、汪甘卿、张馨谷、陈叔通、叶揆初、包滇生、郑苏堪、周梦坡。夜一山来,日昨所拟函稿,今日决定缮发,盖再致曹仲珊、吴子玉,又致孙慕韩,均请彼设法保全三殿也。阅《琴鹤山房遗稿》。秀水赵铭著。字桐孙,同治庚午举人,直隶知府。为钱孙之师。稿则钱孙由京寄赠。诗四卷,古文、骈文各二卷。余昨今两日阅之,已竣事矣。

十六日 出至张菊生处,谈良久而出。嘱醉愚作函致冯孟武、金钱孙、朱念陶。

十七日 嘱醉愚作函致沈兼士、金巩伯、温选丞、吴子修、张菊生。

十八日 夜李振唐来谈。校《王文敏公集》。嘱醉愚作函致王攻伯、潘明训、吴絅斋。

十九日 七时半至姚文敷处应其招,同坐者为卢涧泉、庞莱臣、周梦坡、叶柏皋、蒋孟苹、谢泗亭、徐冠南。嘱醉愚作函致张菊生、毛稚云。

二十日 午后至吴仓硕处望其疾,晤一亭、东迈,同谈良久出。嘱醉愚作函致金息侯、白也诗、宋澄之。校《王文敏公集》。

二十一日 嘱醉愚作函致汪甘卿、王君九、宋墨庵。

二十二日 午后梦华来谈。柏皋来,晚许建屏、大陆报馆主笔。沈能毅、时报馆经理。狄楚青、王雪岑叔洊乔梓、章一山、金仲廉先后至,谈片刻,与柏皋合宴诸君于嘉业堂,醉愚亦在坐,盖今日之宴为大陆报对于三殿事主持公论也。散后一山、柏皋复小谈而去。阅《左文襄公家书》。

二十三日 午后金季言、谢泗亭、徐晓霞、叶山涛、邹聿文、王述勤、笃初弟先后来谈良久，宴述勤诸君于嘉业堂。邀而未至者为赵叔雍、金仲廉、蒋孟苹。

二十四日 嘱醉愚作函致喻志韶、王君九。

二十五日 夜董东苏来谈。校《金石学录续补》。

二十六日 午后柏皋、惠敷来谈，惠敷新自京津汉口山东等处归来，报告一切也。五时至贻德里，以厚丞弟文定钱塘许氏汲侯之女，媒人为张菊生、张笃生。嘱醉愚作函致潘明训、王一亭。

二十七日 嘱醉愚作函答陈绳甫、毛稚云、陈几士。

二十八日 嘱醉愚作函致包滇生、况夔笙、宋澄之、汪甘卿、金钱孙。

五月朔 午后姜文卿来算帐，阅其所刻来之样本。嘱醉愚作函复吴子修，致徐积馀、王君九、毛稚云。

初二日 钱长美来以书求售，却之。校《宣统政纪》。夜间昌硕、柏皋来谈。嘱醉愚作函致刘聚卿、徐晓霞、张闻远、朱念陶、张让三。

初三日 至愚园路访狄楚青，并将许建屏之二百元请其转交，因上月由柏皋与楚青向建屏说定，每年送其六百元，分三节送，我辈有何意见，可请其在《大陆报》发表。建屏乃《大陆》主笔。迨西报发后，华报或可译登，若欲华报自己发我们之宗旨，则他们为营业关系，决不敢也，可叹之至，谈良久而出。夜饭后况夔笙来谈。校《宣统政纪》。

初四日 嘱醉愚作函复吴絅斋、王玫伯、陈子言。

端阳日 出至徐积馀处，未晤。夜间成翊清来长谈至十二时而去。翊清正在江苏齐抚万督军燮元处为秘书。是日校《国朝贡举表》，予新嘱履冰钞补完全，故校勘一过，有不知者，只得听之。

初六日 午后林铁尊名鹍翔，归安县属之埭溪镇人。壬寅举人，出使日本随员。国变后曾为浙江交涉员，临海道尹。近为外交部参事。来，述及沈叔詹等近拟创办一国学专修馆，专讲国文，以辅学堂之不及，其地即以诂经精舍之基址修理之。邀予作发起人，此事完全绅办，故所邀之发起人以旧日之科第中人及讲究学问之人为界限。募捐分三处,京都、上海、杭州,基本金拟募四十万元。缓数日,叔詹当来沪邀各人集议一次,伊今日特先来接洽云云。徐积馀、叶柏皋先后来谈。夜间嘱醉愚作函致张菊生、包滇生、黄卫轩、名逸,江苏东台人。陈子言、高梦旦。福建人,在商务印书馆办事。

初七日 罗子敬与学真和尚来,学真本福州驻防旗人。光绪乙酉翻译举人,实缺协领。辛亥国变,与民军战后,遂自缢,遇救得生,而其妻子则皆殉矣。乃削发为僧,近在福清县黄檗山万福寺为方丈。去冬皇上大婚,伊亦备贡物入京叩贺。此次由京来申,欲募捐建一祠,附在寺中,祀辛亥福建殉难各官。此人原名长志,字子恒。谈良久而去。嘱醉愚作函致罗叔韫。阅《南省公馀录》,国初福州梁章钜著。昨日晓霞赠予也。

初八日 至振华旅馆答林铁尊未晤。至姚文敷处亦未晤。至功德林应庞莱臣之招,同坐者许玉农、吴昌硕子茹东迈、李耘孙、王一亭、徐冠南、张青士、顾怡庵。酒半再至楼下应罗子敬之招,同席者学真和尚、柏皋、孟苹、一山、王雷夏、名宗炎,直隶正定人而侨寓于江苏泰州者。能古文,兼讲佛学,在江海关监督署为秘书。陈乃乾,席散予将学真之万福寺捐册写洋四百元以了之。

初九日 嘱醉愚作函致罗子敬、姚慕莲。

十一日 是日林诒书、冯梦华来,均未见。

十二日 午后汪甘卿来,继而一山来,共谈片刻。郑苏戡来,同谈良久而去。阅修崇陵之工程单。嘱醉愚作函致志赞熙、佟剑涛、朱念陶、李佩秋、庞莱臣、罗子敬。

十三日 阅《诗契斋骈文》,昨日甘卿取来乞予刻者,吴县许鹤巢比部玉瑑所著。比部同治甲子举人,刑部郎中,此集计六卷,为其婿胡绥之学部玉缙所编,绥之托甘卿乞予刻者也。嘱醉愚作函致宋澄之、刘怡宣、金篯孙、陈几士。

十四日 午后至法界答林诒书,遍寻不得,其地大约必是账房中所记之地名有误之故。阅朱赤民名元善,由徐仲可介绍而来。赠予之各种佛经。

十五日　徐积馀、朱念陶先后来谈。晚至功德林宴学真和尚，陪者郑苏戡、徐积馀、罗子敬、庞莱臣、王叔用、叶柏皋，席散即归。嘱醉愚作函致罗叔韫、金息侯、严子均、刘聚卿、朱念陶。

十六日　午后一山、柏皋、梦华、聚卿、夔笙先后来谈，聚、夔二公留夜饭而去。嘱醉愚作函致张菊生、汪甘卿、宋澄之、徐仲可、陈绳甫。阅《湖北通志》。近年张次珊参议仲炘所修，成书已在国变之后矣。

昨日阅报知十三夜一时大内失火，烧至十四晨七八时方止，计焚去建福宫九间，鸾仪亭东西配殿九间，德日新楼七间，延春阁大小七十二间，中正殿五间，香云阁东西配殿各五间，宝华殿后檐烧毁，前檐未动共计一百三十二间。建福宫为藏历代皇帝遗像之所，中正殿藏历代版本之所，今竟焚如。此次损失闻在壹千万两以上，余与甘卿即电致内务府绍越千太保，乞其代请圣安。

十七日　是晚孟苹、积馀合宴学真和尚，即在西摩路孟苹家中，同席者为学真和尚、古微、一山、柏皋、子敬及主人而已。夜阅《盋山文录》。上元顾云著。云字石公，举人，咸、同、光时人。

十八日　午后一山、柏皋先后来，商酌奏稿及致内务府函，均长谈去。嘱醉愚作函致张菊生、章式之。阅《仙心阁文集》并纪时略。长洲彭慰高著。慰高为文敬公长子，咸、同时人。

十九日　午后黄缉夫来，台州宁海人，名绳熙。一山以砚孙作古，余处代笔无人，特荐伊至此，月修二十元。小谈而去。古微、叔詹来长谈，盖欲创办国学专修馆，以复诂经、安定各书院之旧，募款机关于北京、上海、杭州分设三处，杭州已推徐博泉主持，上海欲推余承当，余固辞不允，而发起不能不从众也。嘱醉愚作函致杨芷姓、王静安。又由余与甘卿具名函致内务府绍、耆、宝三大臣并附折稿商办，盖自大内失慎，急谋善后，吁上因灾思省。奏折则柏皋起稿，函则一山稿也。

二十日　午后董东苏来谈。晚一山来谈，小坐即去。余出至西摩路应孟苹之招，同坐者为董授经、名康，江苏武进人。戊子举人，庚寅进士。前大理院推丞,而于刑法固为近时之翘楚也。国变后,迭长大理院、司法部及财政部。沈叔詹、林诒书、李拔可、朱古微、张菊生、张孟劬、陈叔通及主人而已。散后与叔詹、古微谈良久而归。

二十一日 午后罗子敬来,一山、柏皋、惠敷先后来谈,均留夜饭。嘱醉愚作函致温毅夫、黎潞庵。

二十二日 午后蒋赋孙来,嗣通和洋行买办应子云来,因孟苹以西摩路住宅抵于贝闰生银柒万两,定期两年,而闰生以通和出面,例须保人,孟苹以余去年曾为聚卿作保,嬲余为之,余碍难情面,只好应允,故子云携合同来属余签字耳。林诒书来谈良久去。出至功德林应金甸丞之招,同坐者朱古微、张菊生、张孟劬、章一山、叶柏皋、沈叔詹、蒋孟苹、沈醉愚及主人而已。嘱醉愚作函致赵次珊、符笑拈、林诒书、秦佩鹤、俞恒农。

二十三日 午后至广仁里访冯梦华,晤成翊清、刘璩生,同茗谈片刻,至科学仪器馆答顾鼎梅,略谈而去。至振华旅馆答沈叔詹,未晤。至庞莱臣处应其招饮,同坐者沈叔詹、朱古微、王一亭、徐冠南、孟苹、仲廉、季言。嘱醉愚作函致毛稚云、宋墨庵、金甸丞、甘翰臣、赵次珊、朱趾呈。名萃祥,义乌县佛堂镇人。乃鼎甫侍御一新之子也。

二十四日 惠敷、鼎梅来,继而柏皋、一山、振唐、邓白村、高云麓、温毅甫、黎潞庵先后来谈良久,宴毅甫诸君于嘉业堂。夜阅《湖北新通志》人物传。

二十五日 午后东苏来谈。夜宴林诒书、陈几士、刘健之、徐积馀、振唐、柏皋、东苏、醉愚于嘉业堂。席散后与健之、积馀、振唐、柏皋小谈至十一时而去。是日午后刘春生来。嘱醉愚作函致王雪岑、汪甘卿、吴絅斋。

二十八日 午后一山来,邀黄缉甫名绳熙,宁海人。年只廿四岁,字写得好,文则不甚高明,乃杭州中学堂毕业生。在一山处帮办通志局事。来写奏折。柏皋所做,陈瑶圃侍郎共六十七人列名,予之名列在第七,先京官后外官也。夜与一山、缉甫、杞儿至克尔登吃番菜。

二十九日　午后刘春生来。缉甫来写奏折，又作函致内务府三大臣，以此折托其代递也。

三十日　王仁权来。夜阅《石隐山人自订年谱》。即朱先生骏声，今其孙少滨自京都寄来者，其意欲思予刻在《传经室文集》之后。

六月朔日　午后董东苏来谈。嘱缉甫作函答赵学南、王严士、陈绳甫、李东园、喻志韶、王一亭、徐积馀。校《传经室文集》。元和朱骏声所著。

初二日　午后王叔用、孙惠敷、柏皋、一山来谈，留夜饭至十时而去。校《传经室文集》。

初三日　嘱缉甫作函致汪甘卿、刘幼云、许博明。夜校《传经室文集》。

初四日　夜校《传经室文集》。

初五日　午后汪鸥客来，以翁覃溪写杜子美诗二十册求售，予以价贵婉谢之。柳蓉村来。作函致汪甘卿、俞恒农。嘱缉甫作函复孙公达、朱少滨、张菊生、王雪岑。

初六日　嘱黄缉甫作函致陈诒重、今关天彭。日本人。

初七日　午后以余尧衢七十寿辰，往祝焉，晤寿翁，小谈而归。

初八日　午后一山、柏皋、惠敷来谈。缉甫来，嘱其作函贺赵次珊寿辰。今年八十正，生日在五月初。阅《丁松生年谱》。子立中所缉。

初九日　嘱缉甫作函复丁仲祜、毛稚云。夜阅《丁松生年谱》完。

初十日　午后校《心向往斋集》，以辛酉年所刻太劣，有许多拟重刻过，故须复校一次也。

十一日　校《心向往斋集》。

十二日　校《心向往斋集》。王锡生来以书求售，阅之。

十三日　缉甫来，嘱其作函致王雪岑，复冯梦华、王卫轩、陈说殷、东台人，以金石书来求售，伊自己所著也。丁仲祜。校《心向往斋集》。

十五日　缉甫来，嘱其作函复刘怡宣、陈子言、李孟楚、李东园、顾鼎梅。

十六日 王锡生来,与之买明仿宋本《后汉书》乙部四十册,计洋六百元,乃于右任之物也。李紫东来,为予借到李木斋之宋本《前汉书》,因予之《前汉》所缺,借来刻入也。夜校《心向往斋集》。

十七日 午后出门吊邹薇卿之丧。十五夜戌时病故,年七十五岁。出至商务印书馆发行所访张菊生,未到,遂至其家谈良久。阅《春在堂杂文》。即俞荫甫之文集也。

十八日 嘱缉甫作函致杨芷姓、孙惠敷、冯梦华。

十九日 午后张中孚、嘉谋,河南南阳人。现为众议员。刘用甫鸿麟,河南南阳人。浙江候补县知事。来谈良久而去。嘱缉甫作函复吴子修、朱趾呈、陈几士。夜阅《拙盦丛稿》。义乌朱一新著。其子趾呈今日由邮局寄赠者也。

二十日 午后嘱缉甫作函致孙惠敷、邢伯韬、吴昌硕、苏州图书馆筹备处。夜阅《拙盦丛稿》。

二十一日 午后以沈廉卿百岁冥寿,在玉佛寺礼忏。

二十二日 午后以庞莱臣六十寿辰,往祝焉。嘱缉甫作函答胡适之、章仲铭、王雪岑。

二十四日 至张菊生家中谈良久而归。作函致孙惠敷、章一山。

二十六日 至陈子言处茗谈片刻。在博古斋与柳蓉村小谈而归。夜间一山、柏皋来谈,一山并交到前日公折之朱批,以胡姓初自京带来也。继而夔笙来,益庵亦至,谈至十二时而去。嘱缉甫作函复刘幼云、王君九,又致汪甘卿。

> 谕陈邦瑞等,览奏知卿等平安,甚慰朕怀。此次宫中失慎,远迩惊疑,朕德薄致灾,不胜恐惧,自当随时修省,以答天诫。所奏剀切详明,具征忠爱,朕心深为嘉纳,允宜置诸座右,以备省览。近年经费支绌,力崇节俭,去岁裁撤宫外员役千馀人,念宫中内监尚多,兹复量为裁减,加发两月钱粮,以资养赡,系为节省

冗费起见，良非得已，恐远道传闻失实，聊复及之。

二十七日 嘱缉甫作函致孙惠敷、金巩伯。《春在堂文集》阅完，前数年曾看过，已全忘，今第二次矣。

二十九日 夜张菊生来谈。柳蓉村来。校《心向往斋集》告竣。

七月朔日 嘱缉夫作函致升吉甫、张孟劬、宋澄之。予自作函致罗子敬、叶柏皋。阅《庸盦文集》。无锡薛福成著。

初二日 出至四马路西合兴里大中旅馆访郑辉庭，名煌，山东临清州人。与惠敷相识，初住孙家，昨日迁至此。言语甚少，丝毫看不出其有何能者。遇李德三，亦临清州人，在吴淞商埠警察局办事，与惠敷同事。小谈而归。作函致罗子敬、王雪岑、王叔用。

初三日 徐积馀偕杨云史名圻，原名鉴莹，常熟人。壬寅举人，邮传部部曹。现为吴佩孚处秘书，乃积馀之妹丈也。来，小谈而去。命缉甫作函致刘用甫、顾鼎梅、王慧言。李紫东送来求售之书。

初四日 夜宴郑辉庭于功德林，陪者李德三、王雪岑叔濂父子、王叔用、李振唐、叶柏皋。

初九日 下午晓霞来访，乃下楼小谈而去。既而沈慈护、董东苏、李振唐与郑辉庭先后来谈。命缉甫作函复吴絅斋、许博明、孙惠敷、王叔用、顾鼎梅。

初始日 夜间一山、柏皋、惠敷来长谈。邱绍周来。嘱缉甫作函复丁仲祜、黄卫轩、陈说殷、张菊生、张闻远。

十一日 至益庵处谈，夔笙、孟劬均在座。

十二日 柳蓉村来。

十三日 至冯梦华处长谈。嘱缉甫作函复金巩伯，致孙惠敷，谢丁仲祜。

十四日 午后东苏来谈。嘱缉甫作函复赵次珊、成翊清、严子均、章仲铭。阅《少年进德汇编》。昨日丁仲祜所赠也。

中元节 午后王叔用、孙惠敷、叶柏皋、王雪岑、李振唐、章一山先后来谈。与雪岑、惠敷、柏皋、叔用至克尔登吃番菜。阅《少年进德汇编》。

十六日 嘱缉甫作函致张菊生、梁任公。

十七日 午后孙惠敷、刘用甫来,继而顾惕生名实,常州人。南京高等师范教授,兼东南大学教授。持丁仲祜介绍函来见,欲为刘申叔师培,壬寅举人,谦甫之胞侄也。刻遗书,求予担任其经费,予答以帮助则可,全力任则亦不能。东苏来谈。点《藏书纪事诗》五页。

十八日 午后朱古微来谈。晚以柏皋六十生日在功德林举行,特往一祝。同座者陈理卿、名廷绪,镇海人。光绪丁酉举人,奉天州县。国变后,曾为浙江运司塘工局长。章一山、白石农、汪鸥客、沈慈护、章仲房,名尔良,柏皋之弟,两淮候补运判。散后即归。

十九日 午刻至张石铭处吃三朝面,以叔驯得子也。石铭、芹伯、叔驯共谈良久乃入席。检阅康熙《江南通志》人物传。

二十日 午后至李木斋处长谈,至晚而归,此次承其借之宋本《前汉书》四卷,俾予之刻本得以完全无缺,予深感之。阅《江南通志》人物传。

二十一日 至庞莱臣、徐积馀二处,未晤。至吴昌硕、王雪岑、冯梦华,均小谈而归。嘱缉甫作函叶揆初、金巩伯、张芹伯、朱古微、章仲铭。阅《国学丛刊》第一期。是日得报条知周舜卿姻伯于昨日辰时寿终于无锡周新镇。

二十二日 嘱缉甫作函致张菊生,复罗叔韫。

二十三日 午后阅报知日本东京、横滨二处大地震,后继之以大火,东京则市面去十之七八,横滨则全地毁灭,几无存者,实为中外古今未有之奇灾,其损失不知几千万万。近数十年来,我国为日本所欺,亦不可胜计,至今日国势如此衰微,皆受日本之影响所致,今彼遇此大灾,实天之报施,恐日本从此不振矣。夜间李紫东来,与之买三朝本《前汉书》、三朝本即宋、元、明本。元本《圣朝混一方舆胜览》及国朝本书九种，计洋陆百元。阅《松溪文钞》。国朝新安汪梧凤著。

二十四日 李孟楚来谈。晚昌硕来谈。夜间柏皋来。阅《小松石斋文存》。国朝常熟赵允怀著。

二十五日 徐积馀来谈。晚惠敷来谈。校《向惕斋璇，国初山阴人。文集》。

二十六日 午后李木斋、周湘舲来谈良久而去。校《向惕斋文集》。

二十七日 校《向惕斋文集》。

二十八日 午刻以邹薇卿领帖往吊焉。至佛照楼答李孟楚，牛庄路访庞莱臣，均未晤。至章一山处，并谒袁子羽谈良久而返。夜阅《笥河文集》。大兴朱筠著，乾隆时人。

八月朔日 嘱缉甫作函复张菊生、吴子修、杨谱笙、朱古微。点《藏书纪事诗》五页。

初二日 夜校《向惕斋文集》。

初四日 午后阅报知张绍轩制军于初二日申时病殁于天津旅寓，年七十岁。我辈同志又弱一个，深为悼惜。

初五日 阅《粤海潮音集》。番禺张汉三年丈廉访学华所著，福州黄石孙太守自青州寄来者也。

初六日 作函致商筠汀、张念兹问张少轩之恩恤及有无谥法也。又函复王雪岑。

初七日 嘱缉甫作函致黄石孙、张菊生、金息侯。

初八日 校《向惕斋文集》。

初九日 嘱东苏作函复吴絅斋、罗叔韫。校《向惕斋文集》。

初十日 嘱醉愚作函致吴子修、汪甘卿、朱古微、王雪岑、陈子言。傍晚汤怀之来。

十一日 晚柳蓉村、汤怀之来。至倚虹楼应李木斋之招，同坐者只董授经、李紫东二人而已，长谈至十时而散。嘱醉愚作函致杨芷甡、白也诗、吴昌硕。

十二日 阅《宣统政纪》。嘱醉愚作函致王叔潍、周湘舲。

十三日 下午黎潞庵来谈。嘱醉愚作函致俞凤宾、徐积馀、汪甘卿、雷君曜、朱少滨、杨云史。钱长美以书来售,检阅良久。

十四日 嘱醉愚作函致秦佩鹤、王雪岑、沈翼荪、黎潞庵。

中秋日 午刻至一江春以淞社公祝昌硕丈八十寿辰也,到者钱亮臣及其子、潘兰史、恽季申、瑾叔、陶拙存、朱砚涛、胡朴庵、周湘舲、褚礼堂、徐积馀、张石铭、孙益庵、沈醉愚、李振唐、曹恂卿,尚有子茹、东迈二人亦侍昌老同来者也。散后即归。惠敷来谈,伊明日入都,瑾太妃之五十寿礼托其带去,并作函致志赞熙,乞其代为进呈也。得商筠汀太史函知少轩制府于初九日奉上谕予谥忠武。

十六日 晚吴昌硕、东迈、朱古微、周湘舲、朱砚涛、况夔笙、孟莘先后来谈良久,宴昌老诸君于嘉业堂,补祝其八十大庆也。散后夔笙小谈而去。嘱醉愚作函致王君九、吴子修。

十七日 嘱醉愚作函答冯梦华、顾伯华、王一亭、高吹万、雷君曜。

十八日 夜间钱长美来,以书求售,阅之。嘱醉愚作函致汪甘卿、沈翼孙、喻志韶、吴絅斋、顾惕生、张孟劬。阅《王益吾年谱》。自己订者。

十九日 章一山、李孟楚先后来谈,一山在此夜膳而去。嘱醉愚作函致谢泗亭,复王君九。

二十日 下午古微来谈,晚同至朱砚涛处夜膳,同坐者昌硕、孟莘、拙存、东迈、醉愚、小珊,砚涛族人。席散后复在其书室小谈而归。嘱醉愚作函致宋墨庵、陈式周。

二十二日 是日余与冯梦华、郑苏堪、康南海、王病山、章一山、徐积馀、王雪岑、胡甡初、陈仁先、汪甘卿、李振唐十二人发起在报本堂公祭张忠武公。十时许偕孙益庵及杞儿同往,醉愚、缉甫已先在,正在悬挂挽联,联语有六十馀副,颇壮观瞻。未几,会祭诸公先后至,到者为冯煦、朱祖谋、庞元济、周鸿孙、陶葆廉、林开謩、王乃征、章梫、徐乃昌、叶尔恺、黎湛枝、刘体乾、王式、左孝同、王秉必、罗振常、王秉恩、王文焘、赵时桐、金兆璜、刘之泗、李之鼎、袁之球、董寿慈、邓彦远、徐良、周庆云、沈颎、康有为、恽毓龄、恽毓珂、况周颐、徐道恭、高振霄、李常度、吕静斋、郑垂、周达、李之韶、朱锟、孙德谦、邱炳圻、屠佩环、孙守正、余肇康、沈焜、黄缉熙、史九绍、张幕府。刘嘉树、徐行、王华璋、沈荣楫、均张幕府。胡嗣瑗、汪钟霖及余子世炽连余共五十六人。午刻行一跪三叩礼，若康有为。王秉必均挥泪焉。祭毕备有素馔，遂入席，共六桌，膳毕复小谈而散。是日报本堂所有共八十一元，馀皆出自余也。三时后嘱醉愚、东苏、缉甫在堂稍待，恐尚有人至也。予先出至普庆里新同华客栈答金仲弢，小谈而归。王叔用及黄邃之、名邃，江西清江人。□□科举人，□□道员。李振唐、柏皋、一山、金仲弢、袁子羽、李孟楚先后来谈良久，宴诸君于嘉业堂，东苏、缉甫亦在坐，席罢复谈良久而散。此席本宴仲弢，嗣以邃之来，只得以之居首，而以次坐位仲弢矣。阅所钞出之挽张忠武公联。是日屠仰琴、名佩环，萧山人。戊子举人，戊戌进士，嘉兴府教授。徐执卿、名行，江西奉新人。浙江知县，现为候补知事。刘百获名嘉树，江西泰和人。官与徐执卿同。来，均未晤见，三公皆为公祭张忠武公事，特自杭州来者。

二十三日　下午高云麓来谈。晚金息侯自都来，谈京中及皇室事。柏皋、一山均来，留夜膳共谈至十时而去。嘱醉愚作函复冯梦华、沈翼孙、孙惠敷、吴䌹斋、喻志韶、张乾若、杨芷姓。阅《虚受堂文集》。王先谦著，长沙人，官祭酒。

二十四日　赵周人名倜，河南汝宁人。曾任镇总兵，在崇陵当差，与本生父亲相识。辛亥后曾为河南督军。去年交卸后，寄居在申。与费廷玉、慈溪人，乃赵周人处之幕友。刘用甫来谈片时而去。嘱醉愚作函致张菊生、陈式周、张孟劬、吴子修。

二十五日　王仁权、李紫东、钱长美均以书来售，灯下检阅之。嘱醉愚作函致王叔用。

二十六日 李紫东来谈。晚振唐来,以与之合宴康更甡也。七时更甡、黎潞庵、邓伯村、徐积馀、王叔澥、柏皋、一山均先后来,谈良久乃入席,席散后复谈至十一时客皆去。阅李紫东送来之各种书。

二十七日 至冯梦华处长谈,晤其孙立之名景曾,年近三十。嘱醉愚作函致屠仰琴、俞恒农、王叔用、陈巽卿。阅李紫东送来各书。

二十八日 晚董授经、恽季申、屠仰琴、姚文敷、李拔可、张菊生、恽瑾叔、孟苹先后来谈良久,宴授经诸君于嘉业堂,散后与孟苹谈片时而去。检阅李紫东送来之书。

二十九日 至汉冶萍俱乐部访董授经,未晤遂归。钱长美来,与之买书五种,计洋八十元,检阅良久。

九月朔 下午以昌硕在茧业公所作八十寿,生日实是八月朔,以天太热故改迟一月。至则寿翁未见,正在开锣演戏者上台跳加官,而人则拥挤不堪,几无容身处,予本不欲看戏,遂至各处看看书画之类,有许多无处可挂,在桌上陈列而已。遂归。孙惠敷、王叔澥来长谈,惠敷昨自北京归,纵谈一切,端康皇贵太妃五旬寿辰,余贡献礼物后回赏光绪官窑仿旧花瓶一对、大盆一对、福寿字二方、龙虎字各一方,均惠敷带来者也。晚晓霞懋斋父子、仁元、叔驯、沁泉、三多、博庵之子。冰盟、笃初、培馀、厚丞诸弟均来,预备二席,坐不满,邀谦甫、益庵、子蕊、少清、子青共坐一席。适张孟劬来访益庵,亦邀之入席。散后伯、皋振唐来谈。阅王仁权来售之书。

初二日 阅《木铎集》。类书,甚陋劣。至永和里在闸北西藏路。董授经处,因伊与刘春生合请也,三楼三底,楼上授经住家眷,楼下则春生之伙计刻字匠住。同座者谢敬虚、名远涵,江西兴国人。甲午翰林,御史。辛亥后,曾为内务部次长。前年任为江西省长,不能到任。孟莼生、孟苹及一刘姓,常州人,在先施公司办事。散后即归。

初三日 午后刘春生、冯梦华、陈子言、王叔用、孙惠敷、章一山、李振唐、王仁权、李紫东先后来。夜间嘱醉愚作函致康南海、徐贯之、史少芝、二人即现在包办崇陵工程之人。恭亲王。

初四日 钱长美来，以书求售，检阅良久。嘱醉愚作函致金篯孙、孙师郑、张仲照、商笏汀。是日朱筱韵、陈退山名竞西，江宁人，意大利领事署翻译，持钱少菊介绍函来看旧书。二君，嘱醉愚代见。

初五日 以张石君七十寿辰，特往一祝，晤其子理卿及陶心如。家瑶，江西人。现为江西省长，未能到任。

初六日 赴浔。

初七日 午刻过震泽，抵浔时已一句馀钟矣。嘱醉愚作函致金息侯、张菊生、周梦坡、唐立厂。

初八日 四时同叔云至藏书楼，见各窗甫装好而上下皆有隙，铜匠所镦之锁，亦甚歪斜不正，且铜片太薄，不能耐久，心甚恨恨。继而振声亦至，余指示之，伊亦无言可答。念自营建以来，一再告诫，而责任所在，惟伊是问，亦曾屡屡言之。余为持久计，是以不惜重赀，端求坚固，乃竟潦草塞责，一至于斯。虽由匠工之用力不专，而监督人之放弃亦可想见，或者受其重贿而宽其责，或者怠于察看而任所为，二者之中，均不得辞其咎也。振声近来名誉甚坏，经手此楼工程，人言籍籍，近又自己营造房屋，尤为显见，盖此嫌疑极应避也。人心不古，托人办事，竟如此不可靠，可胜浩叹。

初十日 余前日与长美新购之《左文襄公全集》，今已寄到，余为检阅之。

十一日 周子美来谈。翻阅《左文襄公文集》。

十三日 嘱醉愚作函致商笏汀、封庸庵。

十四日 嘱醉愚作函复孙惠敷、吴子修。

十五日 四时许与振声至藏书楼看工程，楼前荷花池似嫌太小，尚拟开拓，惟四围假山已经堆栈，开大拆去，损失又不赀耳。

十六日 王培荪姑丈来谈良久乃去。

二十日 午后与振声至藏书楼看工程，未几归。

二十四日 午后与振声至藏书楼看工程，醉愚亦至。余以荷池太狭,四围虽已建筑,趁此尚可开大,就新砌之绕池四面假山埒岸,堆者金鹤皋,杭州人。原有者计四十二丈,做二千多任务,每日工费大洋六角。现开大两面共六十七丈外四十五丈内二十二丈,约三千四百五工,须费二千馀元,此又振声不善经画,以致荷池狭小,耗损又非浅矣。况值天寒晷短,年前恐做不完工,为闷闷者久之。

二十八日 夜钱长美以书求售。

十月朔日 午后一山、柏皋、惠敷、叔用、雪岑、叔澥先后来谈,留夜膳,谈至十时而散。嘱醉愚作函致汪甘卿。

初二日 嘱醉愚作函致庞莱臣、董授经、冒鹤亭、陈叔通、蒋孟苹。

初三日 晚应周湘云之招至其家,晤甘翰臣、潘明训、徐积馀、赵叔孺、俞彦文,名人蔚,馀杭人。现为杭州造币厂厂长。观书画良久待客,程艳秋、吴赋琴与徐建侯、况夔笙、赵叔雍同时至,遂入席吃番菜。散后复至楼上主人卧室,观其所藏铜器装饰房屋及各物均华丽异常,茗谈良久而归。阅《宸垣识略》。国朝乾隆时人仁和吴长元所著。嘱醉愚作函致金息侯、潘季孺。

初四日 嘱醉愚作函复杨子盘、孟莼荪、常州图书馆、陈巽卿、刘怡宣。

初五日 阅《梦厂杂志》。山阴俞蛟著。嘉庆、道光时人也。

初六日 午后刘聚卿来谈。

初七日 阅《逊斋文集》。钱塘吴承志祁甫氏著,新刊入丛书者。

初八日 晓霞、一山先后来谈。校阅《逊斋文集》。

初九日 校《逊斋文集》。夜间沈慈护与益庵来长谈,继而罗子敬来。

初十日 校《逊斋文集》。柳蓉村来。

十一日 至德裕里答吴北山、名学恕,归安前邱人。广东候补直隶知州。国变后改为知事,王雪岑之甥。广德里答黎露庵,均未晤。傅沅叔与孟苹来长谈至一时半而去。

十二日　柏皋与章拱北名景枫，金华人。辛卯举人，福建候补道。曾任福建烟酒公卖局局长，去年福州遭乱辞职，至申闲居。来谈。作联挽廖杰斋。

十三日　校《雪桥诗话馀集》。汪甘卿来谈。

十四日　至庞莱臣处应其招，同席者姚本泉、张子襄、吴昌硕、东迈、沈联芳、孟苹、泗亭，散后小谈而归。

十五日　嘱东苏作函致李审言。

十八日　午刻至报本堂公祭袁老太太高太夫人，系子久阁学保龄之继配、述之京卿世傅之嫡母，袁慰庭之婶母。晤鲍子丹、谢蘅窗、袁履敦、徐积馀、沈慈护、章一山。至董授经处，未晤。至王雪岑、朱古微、宋澄之三处谈，至晚而归。

二十日　晚至昌硕处谈良久而归。校《雪桥诗话馀集》。嘱醉愚作函致一山、王君九、陈式周、蒋抑卮、庞莱臣、黄卫轩、许士衡、孙惠敷、高云麓。

二十一日　校《雪桥诗话馀集》。嘱醉愚作函致吴昌硕、杨芷姓、吴北山、罗叔韫。夜傅沅叔、孟苹来长谈。

二十二日　校《雪桥诗话馀集》。晚振唐来谈，同至新卞尔登宴傅沅叔、董授经、刘聚卿、李紫东、张石铭、周湘舲、蒋孟苹、李振唐，谈良久乃入席。

二十三日　嘱醉愚作函致余尧衢、刘乙青、名燮钧，海门人。九月廿六日七十生辰寄寿诗者。李孔扬、高云麓、吴子修、杨志林、王玫伯、陈绳甫、黄石孙。

二十四日　阅《章实斋年谱》。胡适之作白话体。嘱醉愚作函复金钱孙、孙师郑、包滇生、况夔笙。

二十五日　下午冯梦华、朱古微来谈良久而去。郑长发来，与之买《学海类编》一部，计八十册，价洋五百五十元。书为国初嘉兴曹溶所编，活字本印，书不多见，故价目如此之贵也。缉甫来，嘱其钞祝吴钝斋七十寿函、孙益庵起稿。张以柏七十寿诗。新昌人,省长张暄初名载阳之父也。东苏起稿。嘱醉愚作函致朱古微、孙惠敷、高吹万。

二十六日 阅《章实斋年谱》。嘱醉愚作函致吴纲斋、褚礼堂、李审言。夜校《雪桥诗话馀集》。

二十七日 校《雪桥诗话馀集》。

二十八日 阅《章实斋年谱》。嘱醉愚作函致雷君曜、沈翼孙、汪甘卿、周湘云、吴子修、潘季孺、黄卫轩、周湘舲。夜况夔笙、黄缉甫来,留夜膳,夔笙谈至十二时。

二十九日 阅《章实斋年谱》。嘱醉愚作函致章仲铭、陈几士、张鸿山。名元勋,陕西三原人。清麓书院高材生,以书院所刻书赠予,并索所刻各书。

三十日 嘱醉愚作函致孙惠敷、汪甘卿、叶柏皋、朱古微。作联挽简照南。广州人,南洋兄弟烟草公司之主人。

十一月朔日 是晚王君九自苏州来,醉愚见之,余未晤。

初五日 午后外舅来谈,晚晓霞来,同至博庵叔岳处,约同外舅,往极司非而路张菊生家应其招,同席者除我三人外,冠南、孟苹而已。阅《柚堂文存》。秀水盛百二著。

初六日 嘱醉愚作函致朱古微、王一亭、汪甘卿、董授经、张鸿山。

初七日 嘱醉愚作函致章式之、况夔笙。

初八日 嘱醉愚作函致杨子盘,募去贫民工厂捐五十元。阅《清麓文集》。三原贺瑞麟著,同、光时人。

初九日 晚以淞社同人在晋隆西餐馆公祝梦坡六十,余偕益庵同往,到者除梦坡外,昌硕、雪岑、亮臣、子梁特自南翔来,季申、瑾叔、审言、拙存、一山、恂卿、聚卿、子戴、念陶、朴庵、礼堂、振唐、石农、醉愚、益庵及余主宾共二十一人,每人收份两元,盖醵饮也。嘱醉愚作函致张鸿山、赠以书五十种。金甸丞、杨芷姓、张馨谷。

十三日 嘱醉愚作函致吴纲斋、宋澄之、董授经、杨子盘。阅《魏叔子文集》。国初宁都魏禧撰。

十四日 午后钱簪桐、宗子戴、庞莱臣、东苏来谈。嘱醉愚作函致王一亭、陈绳甫、张菊生、齐相琴、王雪岑、钱簪桐。

望日 嘱醉愚作函致金息侯、顾惕生。

十六日 午后李紫东来，与之购成《永乐大典》二本、宋本《通鉴总类》二十册，两共洋六百元。校《雪桥诗话馀集》第八卷完。

十七日 吴昌硕、王一亭来谈良久。与昌硕同至朱砚涛处以消寒第一集也，座客昌硕、潘兰史、恽季申、瑾叔、陶拙存、周湘舲、胡朴庵，散后复小谈而归。阅《王文敏公集》。嘱醉愚作函致冯梦华、张菊生、金息侯、汪甘卿。

十八日 阅《王文敏公集》。

十九日 午后阅《小西腴馆文集》。沅陵吴大廷著，咸丰、同治时人。晚况夔笙、东苏、益庵来谈。嘱醉愚作函致周湘舲、李审言。

二十日 晚至消闲别墅应潘兰史之招，同坐者周湘舲、兰史、祝其六十生日也。恽季申、瑾叔、朱砚涛、胡朴庵、醉愚，散候即归。阅《正谊堂文集》。国朝康熙时人仪封张伯行著。

二十一日 晚至颐福里应周佩宜之招，同坐者吴昌硕、周湘舲、诸季迟、徐晓霞、胡朴庵、醉愚、东迈，散后即返。嘱醉愚作函致章式之、顾惕生。

二十二日 嘱醉愚作函致吴纲斋。

二十三日 晚以吴昌硕轮主消寒会假座梦坡家，余往焉，同坐者为朱念陶、潘兰史、恽季申、瑾叔、胡朴庵、周梦坡、沈醉愚及主人而已。

二十四日 至梦华处细谈，梦华告余近得柯凤孙学士函，谓皇室有某格格流落天津唱戏，尚有宗室两人卖为女婢，拟筹集巨金赎还，并办工厂以安顿之，上海拟筹五千元，梦华以此事向募，须与皇室有关系者，而诸遗老大都贫寒，稍有力者又复此推彼诿，若有人首捐倡助,方可以次就募。余闻而恻然,乃写助千元而出即归。晚周梦坡、宗子戴、潘兰史、吴昌硕、章一山、邢穗轩、张石铭先后至,遂入席,醉愚亦在座,盖为梦坡祝六秩也。席半徐晓霞以腰酸不至,特命子懋斋来,邀入席,终宴而去。嘱醉愚作函致徐积馀、林朝志。

二十五日　阅《汪梅村文集》。余与醉愚出应石铭之招,至大东旅社西餐,同坐者为周梦坡、金仲廉、徐冠南、蒋孟苹、徐蓉卿及主人而已。嘱醉愚作函致章一山、孙惠敷、杨芷姓。

二十六日　午后孙惠敷、叶柏皋、陈子言先后来谈。晚应朱砚涛之招,所请之客本是名伶王凤卿、梅畹华二人,谦让再三,坚不肯首座,主人乃邀予首座,推无可推,只得坐之,次文公达、次王凤卿、梅畹华、姜妙香、姚玉芙、洪□□、安徽人,前在砚涛所开之纱厂办事。朱树仁。砚涛之族兄。王、梅、姜、姚四人以今夜共舞台有戏两出,须早往预备,故匆匆吃完即走。凤卿乃畹华之姊丈,年四十一岁,故坐在梅前。

二十七日　晚宴诸季迟、李审言、许松如于嘉业堂,陪者东苏、醉愚,以尚有徐仲可、周佩宜、陈子言、周湘舲、张孟劬均未至故也。嘱醉愚作函复吴子修、章一山、柳蓉村。阅《唐确慎公集》。国朝善化唐鉴著。

二十九日　至周湘舲处拜寿,以六十生日也,遂留夜膳,同坐者许子颂、朱砚涛、刘聚卿、褚礼堂、白石农、醉愚。嘱醉愚作函致文公达、陈几士。

十二月朔日　晚至周湘舲家,以公贺也,同席者姚东年、海宁人,文敷之侄也。王一亭、钱簪桐、周慕狄、佩宜之子。刘山农、吴昌硕,散后略看昆曲而归。

初二日　至功德林祝冯梦华寿,今年八十一岁。晤其孙立之及成翊清、朱焌甫、李佩秋、曹惕寅,苏州人,再韩方伯之子,于去年到申行医。小谈而归。晚举行消寒三集,到者恽季申、瑾叔、陶拙存、周湘舲、朱砚涛、胡朴庵,不到者吴昌硕、潘兰史、徐积馀,散后李佩秋来谈。

初四日　白也诗来。夜周子美、叶柏皋来。嘱醉愚作函致志赞熙、汪甘卿、董授经。阅《补学轩文集》。象州郑献甫著，国朝道光时人。

初五日　章一山偕廖仲任来长谈，留夜饭，至九时而去。仲任自青岛别后忽经五年，据述辛酉之秋，有俄国保皇党谢米诺夫出赀十二万与伊昆仲二人其兄为讷愚。在京运动奉省军官，希图复辟大举，不意为奉省侦探测知，在京中拿住带往奉天，由张雨亭巡使躬自讯问。所有运动费十二万被军队掩没者八万三千，仅剩三万七千，呈报充公。雨亭以其惑乱军心，钉镣收禁，性命在俄顷间，囹圄中凄苦万状，奄奄待毙。未几朱聘三太史来沪到处乞援，陈筱石制军助以大衍，余十倍之，合津沪诸同志所助约有一千馀元，俾在狱中使用金钱，少抒困苦。去春雨亭将欲入京，忽然释放，且壮之曰汝等好汉，余亦佩汝等云。迨至冬间讷愚、仲任返粤，特来谢余。适恭贺大婚入都，不克晤面，现伊昆仲奉素相密谕同蒙古军官数人由粤来申，讷愚以病未痊，留在旅寓，而仲任至此畅谈，胆大行果，良可佩也。一山诉说近况，旅费不敷，余复以二百元赠之，伊昆仲即日北上，其蒙古军官等先遣明日行也。素相即升吉甫也。

初六日　李惠生携书求售，未购而去。阅《陶楼文钞》。贵筑黄子寿方伯彭年著，为其门下章式之外部钰所刻，特以寄贻，于今日递到也。

初七日　嘱醉愚作函致周孝怀、章式之、周左季。

初八日　晚应陶拙存之招至都益处以消寒四集，昌硕未到。

初九日　午后叶柏皋来谈，公拟作函贺郑苏戡新得内务府大臣之恩命，柏皋拟稿，嘱醉愚钞之。又具函贺孙慕韩新组内阁，即由柏皋领衔，函中所重者恳其维持皇室事也。夜间况夔笙来谈。嘱醉愚作函致王汉章、名崇焕，文敏公之子，予赠与《文敏公集》十部。董授经、高云麓、罗子敬。

初十日　嘱醉愚作函致金息侯、孙惠敷、吴䌹斋。校《葭洲书屋遗稿》，以现将是书刻入《湖州丛书》也。

十一日　晚况夔笙偕其子铁臣、女密文来，年十一岁。小坐而去。

十四日 夜宴谦甫、以其将返扬,明年不来,故特宴之。也诗、振唐、一山、醉愚、子青、伯厚、履冰于嘉业堂。嘱醉愚作函致李审言。

十六日 午后高吹万来,未见而去。嘱醉愚作函致冯梦华、齐相琴、朱梧生、陈诒重、张菊生。

十七日 至振华旅馆答高吹万,小谈而归。

二十日 姜文卿自南京来算帐,与谈良久。

二十二日 是日消寒六集,恽瑾叔假座南轩,余未赴。

二十三日 嘱醉愚作函致董授经、蒋孟苹、章式之、吴䌹斋、罗子敬、孙惠敷。钱长美来,与购书三种,计洋一百三十元。阅《柏枧山房集》。

二十四日 嘱醉愚作函致刘聚卿。王仁权来,以书求售,却之。

二十五日 王仁权来,与购书二种,计洋五十五元,以不能过年,应酬之也。嘱醉愚作函致陈子言。阅《梦鹿庵文稿》、《榆荫山房吟草》,皆朱少虞太姻丈所著新近印行者也。

二十六日 嘱醉愚作函致徐行可、陈绳夫、罗叔韫、姚虞琴、周佩宜、潘仲午、张菊生、王雪岑、章一山。

二十七日 嘱醉愚作函致汪甘卿、杨芷夿、屠辅清。是日李紫东来,与买书五种,计洋八十五元,亦以年关需款孔亟,特来恳求交易,皆应酬之事,并非真有书癖也。

二十八日 晚以消寒七集应周梦坡之招,除向来各人外,徐积馀足疾稍痊亦到,东迈以侍昌硕丈来,亦在座。阅《双梅景闇丛书》。

1924年(甲子,民国十三年)

正月初七日　至功德林应潘兰史之招,是为消寒第八集。

初八日　午刻与柏皋合作主人为郑苏戡、黎潞庵饯行,陪者刘健之、李振唐、孙惠敷、章一山、罗子敬。

初九日　上午陶拙存为杞儿作伐,请恽季申之女庚帖来,照片亦携至,小谈而去。

十一日　章一山来谈,本年应交吴䌹斋之二千五百元,一山现借一用,俟䌹斋支款时由伊划还,余允之。是日佐久间贞次郎日本人,株式会社海洋社社员。与金守梅来,未晤。

十三日　携杞儿至祥福里秦佩鹤处,小谈片时。又至蒋孟苹处,晤雅初、谷孙,并晤古微、欣木。晚以消寒八集至都益处应徐积馀之招,到者为吴昌硕东迈乔梓、恽季申瑾叔昆仲、潘兰史、陶拙存、周梦坡、胡朴庵,所不到者只念陶一人而已。

十四日　晚董东苏来,属其作函致朱古微、孙惠敷、陈式周。

十五日　周梦坡所纂《南浔镇志》出书,昨以见贻,展阅之。

十六日　午后况夔笙来,未晤。属东苏作函复吴䌹斋。

十七日　午后吴昌硕东迈乔梓及刘玉盦来,未见。

十九日　午后与杞儿在张园原址散步,未几返。黄蔼农、名葆钺,福州长乐人。擅书画铁笔,在沪行道。吴祺树、名青槐,本台湾人,现入漳州龙溪县籍。林朗庵名雄光,本台湾人,现入漳州龙溪县籍。林本台湾巨富,为陈弢庵之外甥,薇阁之弟。偕日本人冈田剑西名正之,文学博士。东京帝国大学助教,研究中文,来华游历,西北各省均已去过,现将返国。朗庵本日本留学生,肄业东京帝国大学,与剑西有师生之谊者也。来看宋椠书籍,日昨蔼农曾托一山来函介绍,在此看书十馀种,约一时馀之久而去。

二十日 午后宋澄之、陈子言先后来小谈而去。至消闲别墅应胡朴安之招,是为消寒九集,到者吴昌硕、刘玉盦、东迈赴禾,伊陪昌硕来者。恽季申、瑾叔、潘兰史、朱念陶、徐积馀,散后即归。

二十三日 阅《式古训斋文集》,华亭闵萃祥著,同治、光绪时人。集系昨日金山高吹万惠赠者也。

二十四日 午后孙惠敷来谈,伊拟廿七八入都也。

二十五日 午刻至都益处应刘健之之招,同坐者为朱古微、余尧衢、章一山、吴鉴泉、名学廉,安徽庐江人。江苏道员署淮扬道。丁巳补度支部参议,亦今日之遗老也。徐积馀、刘晦之,健之胞弟。散后即归。陈乃乾曾来访余,未晤而去。晚至梅白克路应周梦坡之招,同坐者为吴昌硕、许玉农、姚本泉、朱古微、沈联芳、凌铭之、庞莱臣、邢穗轩、张石铭、蒋孟苹、卢次廉、徐禹平,共两席。散后即归。阅《续通考》中之《经籍考》。

二十六日 晚黄公渚孝纾石荪太守之子,一山荐在余处主记者也。今日上午自青岛坐轮到此,至是来谒焉。来谈。属东苏作函致宗子戴,又致日本人内藤虎次郎,盖以所著文集集名《宝左庵文》。赠余,而以函谢之也。夜与东苏、公渚长谈。

二十七日 午后阅《式古训斋文集》。至朱念陶家以消寒末集也。

二十八日 林铁尊、陈乃乾先后来谈。阅《式[古]训斋文集》。

二十九日 午后属公渚作函复汪甘卿、孙惠敷、董授经。夜阅《式[古]训斋文集》。属公渚作函致王雪岑。

二月朔 下午至冯梦华处谈片刻。至振华旅馆答林铁尊、屠辅清,均已动身,未晤。

初二日 午后至姚文敷处看昆曲戏。其如夫人生日。晚返家宴孙益庵、黄公渚、董东苏、沈醉愚、章一山、蔡咏和、孙季英、朱衡石,散后复小谈而去。嘱公渚作函复潘缉之，醉愚作函致汪甘卿、孙惠敷、吴䌹斋、宋澄之、陶振坤。

初三日　嘱公渚作函贺郑苏戡、金息侯。新得内务府大臣之恩命也。晚与外舅、晓霞至张菊生处，同席者董授经、金甸丞、葛稚威、徐毓臣、夏棣三，散后小谈至十时而归。聚卿来谈。阅《南浔志》。

初七日　嘱醉愚作函致陈乃乾。

初八日　午后郑子兰来。苏州刻书铺主人。

初十日　晚与醉愚至会宾楼应章一山、徐积馀之招，同坐者袁述之、谢蘅窗、杨汉汀、袁履登、杨韵秋、刘健之。

十一日　嘱醉愚作函致袁述之、张菊生、董授经、李孟楚。阅李紫东送来求售各书。

十二日　至董授经处茗谈一小时而归。

十四日　王君九、章一山来谈。嘱醉愚作函致吴䌹斋、孙惠敷、汪甘卿、冯孟武、莫伯蘅、罗叔韫、钟伯荃、杨子盘。

十五日　阅《素心簃文集》。华亭顾莲著。同治、光绪时人，高吹万之妇翁也。

十六日　晚应庞莱臣之招至其家，同坐者王雪岑、曾农髯、向乐谷、名药，农髯之亲家。甘肃候补道。朱古微、吴昌硕、周湘舲、孟苹，散后与莱臣长谈而归。

十八日　午后金守梅偕佐久间贞次郎日本人，驻沪株式会社海洋社社员，知华文，通华语。来小谈而去。来讨《海东金石苑》。冯梦华来。嘱公渚作函致宋澄之、李东园、章式之、贺其六十寿辰。张菊生、白也诗。

十九日　夜嘱公渚作函致傅沅叔、董授经、刘聚卿、王君九。

二十一日　至南浔。

二十三日　嘱醉愚作函致吴䌹斋，又致黄公渚。

二十六日　至新开河求恕斋一看，以书箱器具今日起皆迁至藏书楼安顿也。

二十七日　夜阅《寿恺堂集》。海门周家禄著。家禄同治庚午优贡，江浦训导。集为陈子言所赠。

二十八日 夜阅《寿恺堂集》。程伯厚自上海来,属其到藏书楼帮忙也。

三十日 午后君实弟来谈,同至藏书楼,以各书箱均已运往,指示星华、伯厚如何安置也。

三月初三日 阅《邃怀堂文集》。宝山袁翼著,道光时人。

初四日 阅《邃怀堂哀忠集》。

初五日 夜阅《龚定盦文集》。

初七日 嘱醉愚作函复虞际唐、金巩伯、孙惠敷、吴絅斋。出至藏书楼看伯厚、星华理各府州县志,及晚而归。

初八日 阅《濂亭文集》。

初十日 午后顾怡庵、朱衡石、周子美先后来谈。阅《洪北江文集》。

十二日 醉愚子美来谈。阅《魏默深文钞》。

十三日 午后阅《魏默深文集》,并检点楼下橱中各书。夜阅《石笥山房文钞》。山阴胡天游著。

十四日 至此藏书楼料理各事。

十五日 午刻与振声至藏书楼阅看各项,并与子美、伯厚、星华谈。

十六日 抵沪。嘱醉愚作函唁吴絅斋。以得报条知子修提学已于十一日逝世也。

十七日 午后陈子言来,略谈而去。孙惠敷,章一山来谈,继而叶柏皋来,同在此夜膳,膳罢李振唐来谈。

十八日 嘱醉愚作函致吴絅斋。以明日子修神回,嘱昌之至杭州送礼。嘱公渚作函致仲少梅、高吹万、陈绳甫。阅《国学丛选》。系高吹万所送,书则荒谬之处甚多。

十九日 午后章一山、叶柏皋先后来谈。嘱醉愚作函致陶子麟、王一亭。阅《国学丛选》。

二十日 嘱醉愚作函致陈诒重。公渚作函致李东园。缉甫来，属其钞写公函，由柏皋拟稿，以近日李燮阳辈复倡前议，又欲取消优待，沪上同志联名，分致曹总统、孙慕韩、王懋宣怀庆。吴子玉佩孚。张雨亭作霖。冯焕章玉祥。王孝伯承斌各要津，以冀其保全也。

二十二日 午后陈子言来，为杞儿执柯，小谈而去。晚褚礼堂来，以《吉安室书录》稿本求售，据云是其兄绎堂之书，身后萧条，现欲售去此书，以营葬事。余以礼堂失馆闲居，境况支绌，未便告贷，或以此为设词，因以三百元购之。盖论真实书价，不过数十金，此乃应酬人情而已。嘱醉愚作函复姚文敷，又致张菊生、陈诒重、唐印僧。

二十三日 晚至大东旅社应李振唐之招，同坐者王雪岑、叶柏皋、章一山、刘未林名凤起，江西南城人。癸卯编修。及振唐之弟柯山，尚有十馀人，均不相识。散后一山、柏皋同至余处谈良久而去。嘱醉愚作函致曹根荪、刘怡宣、张中孚、杨子盘。阅《陶楼文钞》。贵筑黄彭年著。章式之外部赠余者也。

二十四日 晚一山招饮于功德林，未赴。董授经来谈。嘱醉愚作函致钟伯荃、何三益、赵次珊、金钱孙。

二十五日 嘱醉愚作函致毛稚云、冯孟颛。阅《陶楼文钞》。

二十六日 午后罗子敬来，未见。汪甘卿自苏州来，留夜膳。授经来，与谈片刻而去。嘱醉愚作函复罗子敬。

二十七日 午后一山、惠敷来谈。晚痛至沧州旅馆吃番菜，并邀郑让于、名垂，苏堪之子。新从北京来接家眷到京也。罗子敬，子敬不至，醉愚亦在座。席间让于述其父办事为难情形，闻之浩叹不已。嘱醉愚作函致沈兼士、金西林、李拔可、屠辅清。阅《恩福堂笔记》。

二十八日 午后陈子言来，由醉愚接谈，及余出，已去矣。孙玉仙来，邀余往祭仓圣，辞以疾未见。柳蓉村、李紫东均以书来求售，阅之良久。夜属醉愚、从叔检点新钞本朝十三朝实录。又属醉愚作函致罗叔韫、陈绳甫。

二十九日 午后张淡如与钟养斋来谈良久,养斋之次子号琅书者,人极沈潜好学,于各科学均有根柢,而家贫无力出洋,由淡如发起,送往美国留学,费约五千元,淡如认二千元,石铭亦助千元,尚少二千元,曾来募余。余与养斋甚交好,故以千元应之,今养斋特来道谢也。夜柳蓉村来,与购旧钞本书四种,计洋三百二十元,检阅良久。嘱醉愚作函致金篯孙、金巩伯、董授经、孙玉仙、吴絅斋、张孟劬。

四月朔日 夜厚丞弟与伯阳妹丈陪许仁卿来课杞、虎二儿习英文,许乃江宁六合人。上年在贻德里课厚弟,是邵叔嘉所荐。今年厚至学堂,转荐于此,每月束脩四十元。今日为始,时间则夜饭后二时八时至十时。也。

初二日 午后庄骥千来谈,募去《新溪诗征》刻赀壹百元。

初四日 夜间点《藏书纪事诗》五页。

初五日 嘱公渚作函复喻志韶,致宋澄之、包滇生、陈子言。夜间点《藏书纪事诗》五页。

初七日 午后李紫东以书来售,阅之良久。嘱公渚作函致李审言、王雪澄、孙惠敷。夜阅《李笠翁集》。名渔,国初钱塘人。

初八日 李紫东来。阅《光绪朝实录》。

初九日 下午章一山、宗子戴先后来谈。

初十日 午后饶星舫来自天津来,近在陶兰泉处为其影写所刻之书,今晚即须返湖北黄冈原籍。谈。至长康里访邢伯韬。托其为杞儿作媒,请朱砚涛之女公子之庚帖也。至冯梦华处,以赴南京未晤。至张菊生处谈良久而归。

十一日 午后培馀弟来,继而一山、惠敷、振唐、薛佩苍、名汝琥,常熟人。在兴业银行办事。其祖絅铭大令应枢乃浙江武义县知县,在南浔当过厘局委员,故已多年,一山之乡试房师也。柏皋、高云麓、杨云史、徐积馀先后来谈良久,宴云史诸君于嘉业堂,与一山合局也。

十二日 午后余尧衢来谈良久而去。况夔笙来谈。阅《新塍镇志》。今日范指顽送来者。

十三日　夜校《逊斋文集》。

十四日　至一品香答冒鹤亭，谈良久而归。校《逊斋文集》。

十五日　晚至功德林应叶柏皋、孙惠敷之招，同坐者杨云史、高云麓、李振唐、沈慈护、章一山。

十六日　嘱公渚作函致吴絅斋、雷君曜、周湘舲。

十七日　午后至董授经处，未晤。嘱公渚作函致金篯孙、汪甘卿。

十八日　嘱醉愚作函致赵次珊、张菊生、汪雪岑、宋澄之、况夔笙。

十九日　嘱醉愚作函致冯孟颛。

二十日　嘱醉愚作函致朱古微、潘缉之、金息侯、钟伯荃。嘱公渚作函致杨云史。

二十一日　嘱醉愚作函致王玫伯、罗叔韫、吴絅斋、张孟劬、毛稚云。

二十三日　吴昌硕、王一亭来，小谈而去。

二十四日　晚至杏花楼应姚文敷之招，同坐者金巩伯、仲廉、徐冠南、晓霞、蒋孟苹、姚虞琴。

二十五日　午后李紫东来，与之购书六种，计洋壹百元。嘱醉愚作函谢冯孟颛。赠书。晚至一枝香应杨云史之招，同坐者叶柏皋、高云麓、李振唐、孙惠敷、章一山、徐积馀。夜阅《天潮阁文钞》。明末上杭刘坊著。

二十六日　嘱醉愚作函致毛稚云。

二十八日　嘱醉愚作函致刘健之、张菊生。

二十九日　下午今关天彭名寿麿，日本人。偕王莀孙苏州人，上海三井洋行庶务员，陪来作翻译也。来，观宋本书良久而去。嘱醉愚作函致杨芷姓、张石铭。

五月朔日 至东和洋行答今关天彭,茗谈片时,翻译为曾良宾。宁波人,东和洋行之伙友。嘱醉愚作函致吴絅斋。

初二日 午后李审言来,未晤。

初三日 嘱醉愚作函致吴絅斋。

初四日 午后冯梦华来谈。嘱醉愚作函致宋墨庵、王玫伯、毛稚云、汪甘卿。

端阳日 嘱醉愚作函唁钱赏延。以幹臣叔岳于昨日下午后一时逝世。又函致陈善馀、李审言。

初七日 嘱醉愚作函致杨芷姓、李审言、张孟劬。

初十日 午后柳蓉村来,携书求售。汪甘卿自苏州来谈及陵工事,伊拟二十日后北上,所有前修不合程序之处,今拟恢复原状,重行修葺。由泰宁总镇虞际唐君荐王用中承办,计开工料估价洋五千六百六十二元,呈余察核,余允照搬。

十一日 汪甘卿来过,携去川资叁百元。李振唐、柳蓉村来,均未晤。嘱醉愚作函致今关天彭。

十三日 下午与程学川名宗伊,海盐沈荡镇人。癸卯举人,甲辰编修。今年由章一山介绍在贻德里课厚弟等读。谈至晚。

十四日 午后一山、柏皋、惠敷来谈,夜饭后而去。嘱醉愚作函致钟伯荃,谢王慧言、蒋恢吾,名藩,河南杞县人。某科举人。今来函赠予河南《河阴县志》及《金石考》,皆伊所编辑者也。复徐积馀、金仲弢、严南筠、名松年,广东高州电白县老诸生,亦遗民也。周兹明。名述祖,常州人。湖南候补通判。三十年前曾充南浔电报局委员,近为山东泰安府电局局长。来书乞《阆风集》,故以书答之。

十五日 夜间阅《章实斋遗书》,修改后第一次出书,今日从江宁寄到也。

十六日 午后莫伯蘅来谈。至冯梦华处,已返宝应。至新馀里答莫伯蘅,已至火车站赴杭州矣,均未晤。夜阅《章实斋遗书》。

十七日 叶柏皋、孙惠敷、章一山来谈,继而聚卿来,均在此夜饭，谈至九时后而去。况夔笙偕其子又韩来谈，未久即去。柳蓉村来，以书求售。

十九日 柳蓉村来，与购书五种，计洋六十六元。嘱公渚作函复湘舲。

二十一日 以送本生三庶母丧返浔。

二十二日 上午九时抵浔。午后至藏书楼一转。

二十四日 周子美昨自岱山返浔，来此小谈而去。

二十五日 午后至藏书楼察视，所装电灯，时阅两月，尚未装就，颇闷闷也，及晚而归。

二十六日 嘱醉愚作函致张菊生、汪甘卿。

二十七日 午后出至藏书楼一转，以时晚即归。夜阅《东林山志》。

二十八日 阅《东林山志》。嘱醉愚作函致张中孚，并寄去明嘉靖刻本《王文庄公凝斋集》八册，盖向余假去校刊也。又致孙惠敷。

三十日 午后至藏书楼一转即归。

六月朔日 嘱醉愚作函致张菊生、董授经。

初三日 午后周子美来，偕至藏书楼及晚而归。

初四日 午后偕醉愚、星华、振声至藏书楼巡览一周出。嘱醉愚作函致钟伯荃、吴絅斋、李审言。

初九日 嘱公渚作函致邢伯韬、成翊清、孙慎钦、孙玉仙。

初十日 夜阅各处图书馆章程。

十一日 午后嘱公渚作函致朱古微、王雪岑、宋澄之。

十二日 午后至城内乔家滨梓园吊王一亭太夫人之丧，由招待员吴子茹导至慈云草堂，坐甫定，伊峻斋至。至也是园访金甸丞，则回嘉兴矣。至永和里访董授经，长谈而归。

十三日 天明后六时半与内子至晓霞处，同晓霞夫妇至火车站公祭钱幹臣叔岳，路祭共六席，余与晓霞、田莘、慕莲、笃初五人共一席,在站晤朱润生、古微之弟。张菊生、许汲侯、徐植甫、姚文敷。七时车到,以无拜垫,均行鞠躬礼。七时三刻车开行嘉善,余亦返家。

十四日 午后叶柏皋来谈。夜属公渚作函复金砚君、杨芷姓、陈诒重、王叔用。

十六日 午后章一山来谈。嘱公渚作函致叶揆初、雷君曜、钟伯荃、吴絅斋。夜阅《人范》。

十七日 夜柳蓉村、钱长美来,携书求售。

十九日 夜阅李紫东送来求售各书。是日姜文卿之子自金陵来算帐,每字一千加至大洋两元九角,声明现在刻残之书如此计算,此后付刊者则须每千大洋叁元也。初刻时只每千两元五角,既而二元七角,今则须三元矣。

二十日 午前俞琢吾名寿璋,浙江上虞人。光绪癸巳举人,官至湖南衡州府。国变后,曾为山东政务厅长,现为江苏简任职。来,以余家籍上虞,特来募绍兴会馆捐,余未见,与子青略谈而去。属公渚作函致汪甘卿、雷君曜、张闻远。

二十一日 属公渚作函谢蒋恢吾、许士衡。钱长美来,携书求售。

二十二日 以钱幹臣叔岳领帖,九时上车十二时抵嘉善,即往谭家埭叩奠,晤葛词蔚、徐冠南晓霞昆仲、朱闰生、张菊生、姚文敷、沈冕士、金甸丞、邢伯韬、许幼芝、幹臣叔岳之堂内侄。沈嗣臣、吴江人,沈文定之曾孙。为内务部某官,向从幹臣叔岳做事者也。陈子石、贵阳人,名昌谷,少石方伯之子,现为浙江烟酒公卖局局长。李乾臣。广东人,为上海何护军使代表赴善致祭者。乘四点四十分车返沪,同车者文敷、幹卿、菊生、冕士、冠南、晓霞、伯韬。

二十三日 余阅徐仲可所赠之《可言》,即伊之笔记也。

二十四日 午后柳蓉村、钱长美来,与长美购书三种,计洋二十元,蓉村购书二种,计洋一元六角。

二十六日 属公渚作函致吴絅斋。余阅《蕉廊脞录》,即吴子修提学之笔记也。

二十六日　出至吴昌硕处谈良久，遇吴湖帆、吴清卿中丞之孙。冯超然、松江。善山水。袁安圃本城人。及东迈。阅《蕉廊脞录》。

二十七日　属公渚作函复赵学南、成翊清、罗子敬、金籛孙。又以学真和尚馈食物，亦作函谢之。夜阅《蕉廊脞录》。

二十八日　属公渚作函复冯梦华。又唁程鲤门。少白之子。

二十九日　午后叶柏皋、孙惠敷来谈即去。至赫德路吊胡仲巽之丧。

三十日　属公渚作函致俞瑑吾，盖余家公堂捐助绍兴旅沪同乡会费洋五百元也。又致沈蕴石、刘健之、王君九。

七月朔日　阅《蕉廊脞录》。嘱公渚作函复吴絅斋。

初二日　午后至大德里吊施子英之丧。三十日病逝，年七十岁。

初四日　吴昌硕来谈。陈式周与成翊清来，为杞儿作伐，请到朱峻甫观察之令爱庚帖，小谈而去。嘱公渚作函致钟伯荃。阅《清皇室四谱》。丹阳唐邦治编辑。由陈式周交来。据云唐君号子均，在赵次珊制军处就馆，兼充清史馆协修。

初五日　嘱公渚作函致王静安、陈善馀、汪甘卿、包滇生。

初七日　嘱公渚作函复张菊生，致吴絅斋、宋澄之。

初八日　阅《抱润轩文集》。桐城马其昶著。今日孙公达所赠者也。嘱公渚作函致俞瑑吾、王叔用、金潜庵。

初九日　嘱醉愚作函复梁任公启超。阅《抱润轩文集》。

十一日　嘱醉愚作函谢蒋恢吾，复封庸庵，致罗叔韫。阅《抱润轩文集》。

十二日　嘱醉愚作函复陈善馀。阅《抱润轩文集》。

十六日　嘱醉愚作函致王雪岑、孙惠敷、钟伯荃。

十七日　晚孙惠敷、叶柏皋、章一山来谈，留夜膳。

十八日　午后李紫东来，与其同至李木斋处谈良久，伊募江西水灾捐,以五百元应之。夜间况夔笙来谈。钱长美以书求售,阅而未购。嘱醉愚作函复王雪岑、陆叔同。

十九日 夜阅《湘绮楼文集》。湘潭王闿运著。咸、同、光、宣时之人,国变后数年卒,年八十馀矣。

二十日 夜黄缉甫来,写挽张让三直刺联。两世幸敦至契,仰声驰梁苑,藻耀萧楼,更欣诗社联吟,得复后车成乐事;七旬将届稀年,忆北海偕游,东湖陪奉,孰料仁乡永诀,倏摧宏栋赋归魂。嘱醉愚作函致吴纲斋、屈伯刚。

二十一日 李渭生自苏州来,与购《南村草堂文钞》,新化邓显鹤著。计洋三元。陈重远自粤来访,谈次募去孔教大学校捐洋贰百元,久坐而去。

二十二日 嘱醉愚作函致金籛孙。

二十三日 嘱醉愚作函致叶柏皋、陈绳甫。

二十四日 早起至赫德路送胡仲巽之丧。因就近至极司非而路访张菊生,与谈良久而出。再至董授经处,谈及厰工积欠不发,典质俱穷,种种困难情形。余谓孟苹至此无力维持,还是趁早解散为宜。谈毕适胡丧过其门,余亦辞出,乃抵海界桥湖州会馆,在柩前行礼。晤朱古微闰生昆仲、吴子茹、史文甫,略谈而出,即归。柏皋、惠敷、慈护先后来谈,至晚而散。嘱醉愚作函致李木斋及恭邸。

二十七日 嘱醉愚作函上外舅,以近日江浙开战风声甚紧,宁沪两地火车时断时通,十分危急,劝其携眷早来也。

二十八日 嘱醉愚作函致汪甘卿。闻外舅已挈眷来沪。

二十九日 余以金籛孙来函催款,钞列传所需。特至菊生处,托伊汇款二千元与赵次珊,其款仍由籛孙转交,遂归。嘱醉愚作函致于志昂,伊来所募之佛教会劝募水灾捐,余以百元酬之。又作函致金籛孙、周子美。今日江浙战衅仍未开火,杭宁两车仍旧时通时断耳。是日午后钟养圣偕其子琅书名兆琳,交通部南洋大学电机科学士。来辞行,盖明日琅书将赴美游学,并谢余千元之助也。

八月朔日 午后出至通运公司答钟养圣，谈良久，知其子琅书在久兴里张淡如处，特往送之，谈良久而归。

初七日 醉愚以战训日紧，于早晨返浔。

初八日 午后王培荪姑丈与君实弟来，小谈而去。罗子敬来谈。钱长美来，以书求售，因中秋需款急迫，再三恳情，与购书四种，计洋五十元。夜属公渚作函致陈式周。又解湘中水灾捐洋壹千元。乃冯梦华经手者也。

初九日 午后罗子敬来谈。

初十日 是日陈子言来，未晤。夜阅《龙泉园集》。蓟州李江著。江字观澜，同治壬戌进士，兵部主事。

十一日 午后骆揆若雁云昆仲来，募去嘉定难民收养所捐洋壹百元，该所在车埭角搭萝扉棚二十馀间，专收嘉定、黄渡、安亭等处遭兵火之难而逃来海上者，尽有上等人及有钱之人在内，闻之伤心泪下。阅《问青园集》。蓟州王晋之著。举人，同治、光绪间人。夜属公渚作函致孙公达、袁子羽、宋澄之、董授经。

十二日 午后外舅来谈，既而一山、柏皋、叔用来，同谈片时而去。夜阅外舅之《甲午纪事诗》。

十五日 属公渚作函谢张鸿山。青麓书院赠书，伊乃院长故作函谢之。

十六日 夜叶柏皋来谈。阅《放生杀生现报录》。国初江永著。

十七日 夜君实弟来谈，支去本年藏书楼薪俸洋八十元而去。

十八日 阅《南村草堂文钞》。新化邓显鹤著，道光时人。

十九日 嘱公渚作函致罗叔韫。阅《龙泉园文草》。

二十日 午后蒋澜江来，募湖州红十字会捐，余未见捐册留存，因属公渚作函复之，应酬百元并册送去。夜叶柏皋来谈。汤怀之来，携书求售，应酬其府县志九种，计洋三十元。

二十一日 嘱公渚作函致吴絅斋、汪甘卿。

二十二日 蔡咏和来谈，孟苹借款借道契事。嘱伊向孟苹讨一办法,盖欠余之款非特不解利息,而同吉、洪德两处抵款,由余代付利息,每年须同吉元九千两,洪德元壹万零捌百玖拾两,两共壹万玖千捌百玖拾两,长此以往,余将支持不下,盖以两处之房租、地租,洪德乃四明银行租地造屋者,故只有地租。与地款利息相较抵消,不过抵息大而租金小,余一面无收拾,一面再赔贴利息,如何能了。况孟苹在余处利息不解,似觉十分为难,一面仍在刻书刻碑,为他人印书即王静安之《观堂集林》,孟苹为印数百部,其费亦须数千元。及自己买书画书籍,岂不欺人太甚,天下有此理乎。嘱伊向彼索一切实办法回音。

二十四日 午后徐积馀、沈慈护来谈。夜叶柏皋、况夔笙、蒋孟苹先后来谈、至十二时而散。

二十八日 嘱公渚作函复刘健之、陈子言。

九月初二日 查《光绪东华录》。

初三日 查《光绪东华录》。

初四日 午后叔和、季雅两弟来,出示颂叔来函,缕述近状,所有浙军、皖军、苏军经过镇上,必欲借款,多则数万,少亦数千,络绎而来,闻南浔为浙西富镇,故有许多并非必欲经过特绕远道过此,为要钱地步,镇上殷户之金钱有限,军队之欲念无穷,在镇上已觉勉竭绵力,收括无馀,在彼等犹大不满意。商会会长庞赞臣终日为军队办差,疲于奔命,尚不讨好,上次所募之五万元已完,须再集五万元以备应用等云。挑泥填海,如何得了,战事设或延长,恐富者渐变为贫,贫者生计绝,强横者变为盗贼,懦弱者转为沟壑而死矣。每一念及,忧心如捣。夜阅《抱润轩文集》。

初五日 嘱公渚作函复董授经、张菊生,致彭蕴玉。阅《抱润轩文集》。

初六日 阅《抱润轩文集》。

初七日 阅《抱润轩文集》。

初九日 至长康里邢颂声家道贺,以钧庵之女适蒋氏也。至孟苹处贺其子谷孙完姻之喜，适花轿到门甚热闹，即在彼处看结婚见礼，遇古微、欣木、慈护、授经。

十一日 夜阅《道藏》。

十二日 嘱公渚作函复沈薇园、借去洋五十元。姚文敷、募去救灾会洋五百元。今关天彭。日本人。

十三日 阅《道藏》。

十四日 晚沈端臣名继贤，海宁人。四川候补知府。国变后，仍寓成都，近以川中内乱日甚，携眷归里，寓居萧山。与叶柏皋同来，留夜膳，谈至十一时而去。端臣乃吾党之健者，年四十六岁，精神好，能耐劳，见理明白，志趣正大，可用材也。

十五日 下午柏皋、一山来谈。嘱公渚作函致吴絅斋、王君九。午后得各报号外，知卢子嘉永祥。何茂如丰林。陆芷汀、荣䉪，警察厅长。沈季宣尔昌、韫石宝昌，二人是胞弟，一松沪运副，一县知事，皆兼护军使署秘书。等已于今晨乘船赴日本，以松江已为孙传芳所得，无险可守，而军火亦已将完，不能接济，且陈乐山之第四师已不听命令，故由陈力劝卢何解除兵柄下野，遂通电全国东渡矣。一说仍避在租界，所有军队由朱声广新补第十师长，即前卢子嘉自己所带者。维持现状，所最虑者臧致平、杨化昭二人仍在沪上，有推徐树铮为总司令作背城之一战等说，但此说不确，可以早日太平耳。

十六日 夜校《天问阁文集》。明末达州李长祥著，刊入《求恕斋丛书》，新由姜文卿刻来者。

十七日 嘱公渚作函复陈子言、昨来未晤面。周子美。

十八日 夜校《天问阁文集》。

十九日 陈子言、东苏来谈。

二十日 夜张孟劬与益庵同来谈。

二十一日 午后惠敷、一山、柏皋、端臣来长谈，至晚而去。是日朱古微来，未见。

二十二日 下午曾农髯及其子季鸣同来，小谈片时而去。东苏来,允许明日午后来代陶惕若课杞虎二儿读,午后一时起至五时止,以东苏住在西门华界,现在戒严时期,晚七时后行人不得往来故也。出至功德林应章一山、沈慈护之招,同坐者谢复园、名凤孙,湖北汉阳人。壬寅举人,所写之字极似沈子培。复园本其字也,国变后以复园为名,而以石卿为号,故人皆以石卿呼之。朱古微、叶柏皋、沈端臣、孙惠敷。阅《时事新报》上来稿二篇,皆粤人痛骂孙文之文也,列名者为蓝独培、陈尔嘉、伍荃熙、王德龄、郑铁心等。

二十三日 嘱公渚作函复叶子山。

二十四日 嘱公渚作函复封庸庵、丁仲祜、邹翰飞。

二十五日 午后至柏皋处答沈端臣,共谈良久而归。嘱公渚作函复陈式周、胡孟玺。阅钱长美送来求售各书,无一当意,故均还之。

二十六日 午后柏皋、一山、振唐、翊清先后来谈,至晚而散。

二十七日 曹智涵、名元恒,苏州人。最有名之医生,自为光绪帝看病后出来,遂此停诊,近年已七十外矣。叔彦来,二人是胞弟兄。长谈有一小时而去。晚柏皋来,谓探得北京电信已通,发一电致郑苏戡,问宫廷安否,伊与一山、予三人列名。夜惠敷来谈。嘱公渚作函复张菊生、吴絅斋。

二十八日 嘱公渚作函复周湘舲、段镜轩。

十月朔日 午后柏皋、惠敷来谈。一山、端臣来谈,至十时而去。

初二日 至天吉里吊许子颂之丧,上月廿八酉时病故。友皋、松如均出见,述及并无疾病,全受全归,毫无遗憾。午后得苏戡复电,知上安,通知同志中人,于心稍慰。

初三日 出至吴昌硕处茗谈片时而归。灯下嘱公渚作函致钱阶平,复邓伯村。阅李紫东送来各书样本求售者。

初五日 嘱公渚作函复王君九,慰冯梦华。丧其如夫人。阅《共党祸国》。广东人所著,不出名,以反对孙文者。

初六日 邓伯村来谈,募去印《共党祸国》二千册计洋六十元。

初七日　嘱公渚作函复林朝志、刘聚卿、宗子戴。王仁权来，与之买书三种，计洋二十五元。李紫东来，与之买书七种，计洋壹百陆拾元。

初八日　嘱公渚作函复张赞君，致蒋恢吾。

初九日　夜间一山、甘卿来谈，至十一时而去。甘卿借洋二千元，息则叨情免之，期则一年，恐到时一定不还，盖近来朋友全无品行，故可叹也。

初十日　午后阅报知国民军领袖冯玉祥五日令鹿钟麟、张璧、李煜瀛率兵入宫，逼皇室立时迁让。偕内务府绍英入神武门，先见荣源，谓民国国民均有总统资格，清帝深居宫中，放弃选举权利，殊失优待之意。先奉院令修正优待条件，清宣统取消帝号，交出国玺，将宫殿让出。至清室珍宝，系属私有，民国不取分毫。惟古物系国有，应归政府保管。帝开御前会议，决交出国玺两方，立即迁出。谕知太监宫女百馀，每人十元。三点钟鹿钟麟派汽车五辆护送帝后妃及亲属等至什刹海醇王府邸。帝态度从容，谓事在意中，政府派队保护王府，一面由警厅布告市民知悉。六日起皇室内务府派四人，警卫部警厅各派二人，在宫中点交物件。所有财产设委员会保管，以李煜瀛为委员长。其院令修正清室优待条件五条，系一永除皇帝尊号，与国民享同等权利；二民国每年补助清室家用四十万，并特支二百万开办工厂，收容旗籍贫民；三清室照原条件第三条移出宫禁，自由择居，民国仍保护；四清室宗庙陵寝永远奉祀，民国派兵保护；五清室私产归清室享有，公产归民国。读之嗟叹不已。忆壬戌冬冯玉祥犹蒙恩赏紫禁城骑马，今年又赏热河避暑山庄办公房屋一所，乃反复无常，忍心出此，可为小人之尤者也。晚李振唐来谈，既而柏皋、一山、叔用均为逼宫之举，先后来此商议，由柏皋起一电稿，拟分致英、日、荷三公使及段芝泉、张雨亭，冀复保全，然纸上空言，终恐无补，不过尽人事以俟天命而已。初拟由冯梦华中丞领衔，既而王叔濞来函，谓陈筱石制军亦允主持，故将电稿分缮，请陈、冯看过再发也，均谈至十一时而去。

十二日 午后阅报国务院有通电,宣布修改优待条件,撤销帝号,每年改为五十万元等,因伏念前此订约每年皇室经费四百万,纸上空言,何曾克践,迨至近年卖物度日,几至绝粮,而犹作此欺人之谈,谁复信之。阅之闷恨无已。今日一山、柏皋来过,余未见,仅留语奉张津段已由陈筱石制军发电,计二十六人出名,余亦在列焉。夜徐积馀、沈慈护来商酌此事,盖欲电致英、日、荷三公使也。

十三日 至福熙路答邓孝先,未见。至新闸路答宗子戴,民裕里答魏梅荪,均茗谈良久。又至一山处谈片时。

十四日 夜柏皋、一山、振唐来商皇室被逼事,并拟致电各国公使。

十六日 嘱醉愚作函致恽瑾叔。阅《张文达公日记》。

十八日 午后吴昌硕来,未晤而去。钱长美来,携书求售,与购万历本《宋元资治通鉴》,明薛应旂著。计洋七十二元。

十九日 钱长美来,携书求售。

二十日 嘱醉愚作函致汪甘卿、李东园、王君九。《张文达公日记》今日阅竣,书从一山处借来,系记其辛丑年交卸广东学政赴西安行在起至壬寅癸卯止,记事甚略,惟与友人酬酢则甚详也。是日冯梦华来,未见。

二十一日 以邹履冰在谦泰旅馆结婚,新妇高宝娣上海人,年廿一岁,孤儿院学生。由王一亭介绍配合,延余为证婚人,三时半即往。晤陆纯伯、蔡式之、高翰卿,待至六时新妇始至,遂行结婚礼,礼成,未几即入席,同坐者为纯伯、子蕊、东苏、醉愚、公渚、戟士,席散即归。钱长美来,与购《通鉴》三种,计洋百元而去。

二十二日 是晚与周湘舲合宴王雪岑,盖祝其八秩也。五时湘舲至,既而徐积馀、章一山、王病山、朱古微、王雪岑父子先后来,谈良久,待昌硕不至,乃入席,散后复在书房谈良久而散。朱古微复邀孙益庵来谈,至十一时半而去。

二十三日 嘱醉愚作函复毛稚云。阅《辛壬春秋》。行唐尚秉和著。近时人，曾为袁世凯幕友，现在北京。

二十四日 午后出至斜桥贺袁帅南伯夔之侄，仲龙之子。授室，晤伯夔略谈。嘱醉愚作函致金篯孙。

二十五日 晚出至刘襄孙处应其招，客将到齐，小坐入席，同坐者为吴䌹斋、龚景张、心铭，合肥人。光绪壬辰进士，兵部主事。金伯平、邦平，黟县人。留学生，赏翰林。章仲和、叶揆初、庄得之、陆稼孙及主人而已。席散后与䌹斋、得之、稼孙长谈至十时归。

二十六日 傍晚王叔用、叶柏皋来谈，坐片时而去。夜章一山来谈。钱长美来，与购《资治通鉴补》，系钱竹汀瓶花书屋活字本，计洋四十元。

二十七日 长美送来活字本《资治通鉴补》，翻阅不全，因换《历代通鉴纂要》云。

二十八日 钱长美来，携书求售，与购《通鉴》三种，计洋四十五元。嘱醉愚作函致冯梦华、徐积馀。

二十九日 午后出至东有恒路德裕里祝王雪岑廉访八十寿，晤罗子敬。出至曾农髯处，未晤，留校书勘书两手卷而出。

三十日 嘱醉愚作函致刘聚卿、袁子羽、王慧言、曾农髯。

十一月初一日 午后以邀集诸公会议争持皇室优待条件事，由梦华、雪岑、柏皋、一山、积馀未至。叔用出名，借余处茶话，到者康南海弼德有为。李守一提学翰芬。李伯行侍郎经方。吴宽仲观察庆焘。宗子戴观察舜年。李振唐大令之鼎。他山大令之韶。何肖雅太守刚德。张豫泉观察其淦。罗子敬待诏振常。承绍郇太守恩。恽瑾叔观察毓珂。胡甡初阁丞嗣瑗。严仲琳太守庆祺。程学川太史宗伊。高云麓太史振霄。秦子质军门炳直。陆纯伯观察树藩。谢石卿孝廉凤孙。朱古微侍郎祖谋。李孔曼部郎渊硕。宋澄之孝廉文蔚。李伯贞太守常度。徐敏丞大令道恭。吴鉴泉参议学廉。邓伯村大令彦远。余尧衢参议肇康。况夔笙太守周颐。刘襄孙观察燕翼。朱念陶观察锟。沈淇泉太史卫。本生父亲、外舅及沈慈护颎。益庵、醉愚、公渚及余共四十三人,初由南海发议拟借日兵,用激烈手段对付,大有夜郎自大,言语夸张之概,同人既无抗辩,大半佯为避开,康则甚为扫兴,急欲一走,经数人劝止,敷衍了事,复小坐用点而去。康去后,同人将柏皋所议致段、张函稿再四筹商,以伯行有言简意赅之论,公举姓初主稿,将柏皋所议带去修改,约初三日再行集议于此,至晚而散。然海上诸遗老,虽号同志,其实罕以皇室为心,官越大者越不肯说话,几有推出门外分付梅花自主之意,此外各人相见,彼此寒暄,几忘此集为国事来也。余以恭邸函有"国家养士三百年,仗义死节正在今日"等语,特将此函遍示同人,则亦读之而已,毫不为动,哀莫大于心死,迭次会商,意见分歧,毫无结果,良可叹也。嘱醉愚作函致金籛孙。夜饭后刘聚卿来谈,亦为争持优待事也,谈至十一时而去。

初三日　午后以重议优待事,余尧衢先至,未晤而去。嗣后沈慈护、冯梦华、宗子戴、恽季申、瑾叔、陆纯伯、秦子质、徐敏丞、庞莱臣、沈淇泉、叶柏皋、章一山均至,由梦华主稿拍致段芝泉、张雨亭电,茶话而散。淇泉谈至晚而散。嘱醉愚作函致徐积馀、童亦韩、冯梦华。

附录电稿:

前阅报载冯军入京,有修改优待条件,迫胁皇室出宫之事,中外闻之,莫不愤慨。今公俯顺潮流,起而执政,然亦前朝大臣也。报又载公入京之始,首撤监视醇邸军队,继请皇室迁居颐和园,实否不敢知,如信有之,则我公不忘故君之心,昭然揭于天下,且感且佩。夫优待条件出之民意,证之使团,譬之各国所订约章,如须修改,亦必双方磋商,同意始能决定,岂容一二人肆意修改,强力执行。非特显违公理,实亦腾诮外交。愿公速发明令,取消修改之议,仍履行辛亥冬所订之优待条件,使天下晓然于大义之不可悖,强权之不可能,以申公理而昭大信,则好乱非理之风不戢自止。公或不更为叙黎曹之续，硁硁之愚为皇室计，兼为公计，且为天下万世之人心计也。迫切上达，即希鉴谅，并望惠复。冯煦、陈夔龙、秦炳直、王乃征、叶尔恺、王秉恩、余肇康、钱绍桢、陈三立、刘承幹等二百十六人同叩。右致段芝泉。

冯军入京，变更优待条件，迫胁皇室出宫，中外骇异，优待条件本之民意，证之使团，譬各国所订约章，如果必须修改，亦当双方磋商，同意始能决定，岂容一二人肆意变更，强制执行。非惟显悖公理，亦且腾笑友邦。执事夙持正义，不忘旧君久所企仰，侧闻段执政于冯军行使强权，亦深致不满，务恳执事力赞执政，恢复辛亥优待条件，保护皇室安全。遏乱萌，崇国信，安人心，在此一举，岂惟皇室之幸。除电段执政外敬盼示复。具名与前同。右致张雨亭。

初四日　钱长美来，与购书十种，计洋一百四十元。嘱醉愚作函致李佩秋、毛稚云、王君九、吴䌹斋。

初五日　午前宗子戴来，交到梦华所拟致各公使电稿，由醉愚接见，略谈而去。午后阅报知皇上昨日傍晚匆匆偕庄思敦出避交民巷，盖段入京就总执政后，首将看护醇邸之冯军撤去，故得出险也。先至德医院，不敢留，再至英使馆，恐冯军出激烈手段，亦未允，乃至日本兵营，日公使芳泽恃有兵力，邀入使馆居之。芳泽一面电告政府，一面报告外部。念皇上此行，必因过激派欲不利于圣躬，万不得已，而出此一著。闻之欣幸无已。屠佑予、夏剑丞来，均未见。夜叶柏皋、徐积馀来谈。

初六日　傍晚章一山来，携到珠盘金表两只，并墨兰手卷一件，系恭邸之物，康南海介一山交来，意欲作抵，盖恭邸欲来沪，藉此作川赀也，为数一千五百元。余与恭邸，亦已迭次应酬，然五百元似非整数，不甚得体。近闻日金一元合此间银币不过六角有奇，与一山磋酌至再，决计汇日币一千元而还其物云。夜嘱醉愚作函致陈筱石、吴䌹斋、林朝志、顾鼎梅、汪甘卿。

初八日　傍晚叶柏皋来,长谈而去。嘱醉愚作函致恭邸、余尧衢。

初九日　嘱醉愚作函致郑苏戡。钱长美来,与购书四种,计洋一百十元。

初十日　午后李孔曼来,未晤而去。

十一日　嘱醉愚作函致顾鼎梅,又致冯梦华,盖以兵灾善后募捐,余与本生父亲合助一千元,当即付讫也。

十二日　嘱醉愚作函致封庸庵、吴絅斋。

十三日　至山涛处,为孟苹抵在潘明训处书籍画件,计银壹万伍千两,余与朱有文之弟合抵,归朱出面,各出银柒千伍百两,件则放在余处,订期六个月,息一分,长谈而归。钱长美来,与购《资治通鉴通纪》,计洋二十元。

十四日　送同女柩归浔。

十五日　午刻到家。

十七日　午后君实弟来,同至藏书楼,振声与俱。至则巡览一周,电灯均已装竣,假山亦已完工,惟书橱则缺而未备者尚伙耳。子美、醉愚亦在,徘徊良久乃归。嘱醉愚作函致康更甡、黄公渚。

二十三日　阅一山寄来息侯、惠敷五函,报告蒙尘后近状,阅之伤心无已。夜校阅楼下书橱中各书,今夏晒后,仆人任意放置,杂乱不堪,有一书而分置数处者,有遗失者,有缺票签者,不一而足,可见星华晒书时全不留意,一任用人为之,以至于此种人全无心肝,盖伊为藏书楼之人,则此等事是其专责而尚如此,其平日之懒不作事,于此可见。近来用人之难,十倍于昔,食其禄而忠其事邈焉无人,我等虽有办事各友朋,而事必自己留心,颇苦乏人襄助,咨嗟太息,徒深扼腕而已。是日阅《焚琴怨》小说一册及李申耆《养一斋文集》。

二十四日　午后至藏书楼。

二十六日　至藏书楼。姚小仙携砚来求售,据云去岁曾经还价,余允二十元，伊再四恳情，谓有急用，给以三十元而去。略翻书籍，颇有缺佚，余甚恨恨。

二十七日　周子美来。

十二月初一日　午后钱彬如来谈，同至藏书楼小坐，君实、振声、子美均在，醉愚亦至，余同醉愚、振声斟酌诗萃室及后面并宋四史斋楼头书橱位置，及晚而归。

初二日　周子美来送行。舟中阅《章实斋年谱》。

初四日　明日吴蔚若夫人在苏领帖，以时局艰危，未敢试险，属醉愚作函唁之，饬伻送去。并致汪甘卿函，盖前日与汪有约故也。叶山涛送孟苹所抵画件来，该画件孟苹抵在潘明训处，曾经估价，约值六万元左右，山涛劝余与朱德记朱有文之弟。合抵，连宋版书籍十三种共计银壹万伍千两。余与德记各出银柒千伍百两，书画各件均放余处，抵据则交德记收藏，订期六阅月，息一分。今书籍尚未交到，而画件已来，计宋元妙绘中堂立轴十五件，手卷七件，册页八开，然孟苹处并未提明也。与醉愚等看画，至一时乃竣。

初五日　午后徐晓霞来谈，及晚而去。孙惠敷来谈。

初六日　以杞儿文定早起。蔡咏和主持账房开消。十一时冰人陶拙存、宋偁卿名祥麟，江西奉新人。为念陶内弟，新娘之母舅，邢伯韬委其为代表也。至，款以茶点。午刻遂行盘，盘系首饰四、金玦嵌宝盘珠、金如意二、钻镯一双、环连牛奶珠一双、小钻花一朵，共计六件。衣料四、共八件。绉纱二、计红、绿绉各二匹。微礼聘金、各一百两。堂上、一共四十两。叔堂上二、共五份，各廿两。礼帖一、堂上叔堂上礼帖一、冰人帖一冰敬四封，每封二十元，盖行媒外复有黄媪、钱妈两坐媒也。共计十八盘。又吉果架二枚，茶枣四百份，共六抬。冰人即在朱宅午饭。袁帅南、徐絅章均来贺喜，帅南未见，絅章小谈而去。三时冰人至，甫坐谈，坤宅回盘已到，计回新郎靴帽、帽上悬有赤金小发禄袋。袍褂扣带、金镶嵌批霞翡翠者。挂件文房四宝共八盘，太堂上鞋帽袍褂一盘，庶太堂上衫裙、鞋袜、枕帕各一盘,堂上鞋帽、袍褂、衫裙、鞋袜、枕帕共一盘,生堂上、庶堂上各一盘,与庶太堂上同,叔堂上四、五两弟。各一盘,太堂上同,馀则礼帖和合之类四盘,共计二十盘;锭胜大糕百果匣糕共二百六十份,计十抬。遂乃犒赏仆人,以茶酒待之。此间所致送之微礼聘金,微礼受而聘金还,锭匣上加"原聘折妆"签条一纸而已。

初七日 晚与醉愚至愚园路康更甡家应其招,并谒见恭王,小谈片时乃入席。首座恭王,次成靖一、宗室,乃豫王之后,寓居奉天者。王叔用、程子良、名大璋,广西桂平人。从前仕履未详,现为众议院议员,乃更甡弟子,议员中能为皇室帮忙者,以此公为最。徐山伯、沈慈护、梁克刚,散席后至恭王卧室谈良久而归。嘱醉愚作函致王君九、沈淇泉、邓伯村。

初八日 张孟劬、孙益庵来谈。

初十日 午前林诒书来,未晤而去。午后出至大新街雅叙园祝包滇生八十寿,与其子澄甫略谈而去。是晚宴恭王于家中,所邀陪客刘聚卿已先至,馀则柏皋、一山、惠敷先后来,未几恭王、叔用亦至,并招益庵同谈良久,始入席。首座恭王,馀则依次序坐,醉愚亦在焉。席中所述本朝宫廷事多外人所不知者,有豫通亲王满文纪事一则,史忠正公为其所杀,其宝刀绘图纪焉,王悯其忠,解袍裹其尸瘗于西岗,今所传梅花岭史阁部衣冠伪也。又世祖出家及董小白为妃,高宗之香妃,均力辟其妄,可见近人著作,非圣无法,不足为据,良可慨也。嘱醉愚作函致金鑀孙。是晚招而未至者为康更甡、郑苏堪、周佩宜。

十二日 嘱醉愚作函致郑苏堪、陈子言、并送刊赀四十元。李梦楚。

十三日 恭邸本约是晚至皇家饭店,即旧时麦边花园。既而以事不来,而陪客林诒书至此,坐谈移时,并约黄公渚步行至皇家西餐,餐毕略看跳舞而归。

十四日 午后潘叔玑其璇,南海人,康更甡之婿。未晤而去。傍晚苏堪来,以约恭邸至皇家饭店西餐,邀其作陪也,长谈京中情形,此次皇上移避日馆,皆苏堪力也。须臾,恭邸至遂偕往西餐,醉愚同行。

十五日　傍晚出至倚虹楼应董授经之招，遂即入席，同坐者为潘明训、赵晋卿、上海人。李牧斋、朱古微、王聘三、高欣木、蒋孟苹及主人而已。席半即出，以一山、柏皋、醉愚借余宅宴恭邸，邀余作陪，遂而返家。至则席已半矣，同坐者除恭邸三主人外，郑苏堪、林诒书、王叔用、孙惠敷，席散后复小谈而去。

十六日　嘱醉愚作函致雷君曜、刘聚卿。

十八日　嘱醉愚作函致张菊生、王敬铭、朱少滨、李雁晴。名笠，温州永嘉人。现为广州大学教习，年未三十，颇好旧学者。

十九日　嘱醉愚作函复张青士、徐仲可、陶拙存、宋澄之、金巩伯。

二十日　夜宴陶惕若、罗子蕊、黄公渚、黄缉夫、程星甫、瞿从叔、沈醉愚诸君于嘉业堂。

二十一日　嘱醉愚作函致王君九、罗叔韫。是日公渚返青州。

二十三日　上午吴蔚若来，未见。

二十五日　钱长美来，与购开化纸印《廿四史》中之十一种，计洋三百七十二元。

二十六日　褚礼堂来长谈，借洋壹百元而去。

二十七日　午后柏皋、惠敷来谈，留夜饭，以明年正月十三日皇上二十万寿，应递贺折在此磋商，开列衔名，余自己贡献千元，独具一折，均函托京中金息侯办理，至十一时而去。

二十八日　阅清史馆钞来之《国史儒林传》。

二十九日　夜阅《儒林传》。

1925年(乙丑,民国十四年)

正月初三日 阅《国史儒林传》。

初九日 晚应张菊生之招至其家吃番菜,同席者董授经、潘明训、张石铭、许博明、夏剑丞、蒋孟苹。散后出示去年年底在扬州何秋辇中丞彦升,江都人,曾任新疆巡抚,卒于光绪三十二年丙午。秋辇中丞是江阴籍,寓居扬州者。家购得宋淳熙本《盘洲集》,宋洪适著。完全无缺,难得之书,授经云照时价此书足值五千元,菊生以三万元将何氏之书尽行买来,此为其中之第一好书也。以三万元买何氏四万本书,每本只扯七角半,实在便宜。

初十日 作函致董授经。

十四日 午后阅报知昨日皇上万寿,二旬正寿。到日本使馆行礼庆祝者有五百馀人之多,分班行礼,中有民国官吏及外国宾客,尤为难得,以此观之,足见人心所向,天命可知,定有中兴之日,以拯我天下苍生也。

上元日 至袁伯揆家祝其太夫人唐氏七十九岁寿,晤姚虞琴、袁巽初、康更甡、金仲廉、潘祥生小坐而出。至冯梦华处谈良久。检查本朝实录数节,命履冰钞出,以张孟劬撰《国朝后妃传》,托予代查者也。

十六日 检查咸丰光绪二朝实录,命子青钞录之。

十七日 阅《国史文苑传》。作函致褚礼堂。

十九日 晚至周湘舲处应其招饮,同坐者金甸丞、夏剑丞、徐积馀、陶拙存、陈乃乾、刘公鲁、蒋孟苹,散后复又谈良久而归。

二十三日 午后褚礼堂与吕选青来,将孟苹之画件请礼堂估价,选青亦能画者,同细阅看良久。

二十四日 午后李孔曼来,送到恩赏福寿字一幅,系本月十三日万寿恩赏者也,此次二旬万寿,予贡献千元,故有此赏。谈及行在近日情形,可为痛哭而已。作联挽傅申甫。沅叔提学之封翁,直隶怀来县知县。

二十五日 作函复江湘岚。名峰青,安徽婺源人,光绪丙戌进士,曾为嘉善知县多年,后改道员,至江西候补,放审判厅丞。国变后隐居不出。

二十六日 嘱醉愚作函致康更甡、叶揆初、俞琢吾,唁傅沅叔。

二十七日 嘱醉愚作函致金息侯、于志昂、张菊生、陈诒重、杨志林、沈薇园、王君九、高颖生、吴䌹斋、王友竹。名松,台湾人,诸生,自属日本后,此公悲愤异常,时时发诸于诗,著有《沧海遗民剩稿》二卷,托予付石印,雷君曜介绍来者。予阅《权斋老人自订年谱》。

二十八日 余至西藏路访董授经长谈。又至和乐里答李孔曼谈良久,正欲出门,而古微至,又邀入同谈。出至东有恒路德裕里对门访曾农髯,未晤,而向乐谷名燊,湖南衡山人,甘肃候补道,入民国曾为观察使,亦能书画者。在焉,谈良久而出即归。嘱醉愚作函致金仲弢、顾怡安、许博明、汪甘卿、雷君曜。阅《权斋年谱》。

二十九日 嘱醉愚作函致金籛孙。是日程仁轩之族人来,携书求售,余以仁轩荐应酬二种,计洋一百三十元。

三十日 嘱醉愚作函致曾农髯、陈述猷、董授经、黄公渚。阅《权斋年谱》。

二月朔日 阅《权斋老人年谱》。

初二日 午后朱古微来谈。嘱醉愚作函致金息侯、吴䌹斋、孙师郑、罗叔韫。

初三日 嘱醉愚作函致陈巽卿、吴䌹斋、毛稚云。

初四日 午后施韵秋自海门来。本小学校教员,张叔似、程星甫荐于余,为南浔藏书楼办事员也。黄公渚亦自青州来。钱长美来,与购志书十六种,计洋一百廿六元。

初五日 况夔笙来谈,及晚而去。是晚宴孙益庵、鲍康侯、许仁卿、董东苏、黄公渚、黄缉甫、何三益、王澄清于嘉业堂。嘱醉愚作函致吴絅斋、朱古微。

初六日 傍晚王建夫自昆山来,本拟即往藏书楼,以乃兄逝世,尚须至禾中一行也。嘱醉愚作函致周湘云、张菊生、周子美。又复曾农髯,募去吴山石观音阁洋五十元。阅《王船山年谱》。族裔王之春编。

初七日 姜文卿自江宁来。午后至威海路吊左子异。夜陈乃乾来略谈。嘱醉愚作函致王病山、吴絅斋、高云麓。

初八日 姜文卿自南京来,盖《八琼室金石补正》将欲竣工,预备购纸印书,特来领款也。夜钱长美携首本来看。嘱醉愚作函致陈子言、杨芷姓、陈乃乾。

初九日 傍晚钱长美携首本来。夜看长美首本。

初十日 钱长美来,携书求售,与购廿一种,计洋二百十五元。嘱醉愚作函致张菊生、金息侯。

十一日 嘱醉愚作函致吴絅斋、林朝志。

十二日 以花朝佳节余与梦坡假湘云观察学圃举行淞社第五十九集,醉愚、公渚先往招呼,余到时客尚未齐,至未刻始入席,共三桌,到者为金甸丞、朱念陶、徐积馀、恽季申、瑾叔、李振唐、陶拙存、张石铭、孙益庵、褚礼堂、白石农、曹恂卿、周湘云、沈醉愚、又新入者为陈子言、罗子敬、黄公渚、刘公鲁,余及梦坡共二十人,以学圃嬉春为题。拟绘图记之。席散后宗子戴至,徘徊良久而出。邀而未至者为吴昌硕、章一山、高云麓、况夔笙、刘聚卿、潘兰史、徐仲可、吕幼舲、姚子梁、夏剑丞、张孟劬。以同人约往徐园展览近人书画,余与醉愚同往,至则浏览一周,无甚佳者,晤邓孝先、刘襄孙良久乃出。嘱醉愚作函致毛稚云、陈槼卿。

十三日 夜宴高友梅、汤岷江、高松泉、沈幼樵、沈侣夔、王澄清、施韵秋于嘉业堂。

十四日　午前醉愚与韵秋赴浔。

十五日　夜为孟劬检阅实录。

十八日　至蟫隐庐访罗子敬，小谈而归。

二十日　阅《劳玉初尚书年谱》。

二十一日　午后至柏皋处，晤惠敷同谈良久而归。余至一品香应董授经之招，同坐者瞿良士、张菊生、恽季申、张石铭、李紫东、蒋孟苹、吴德生、宁波人，留美学生。陈克柔、苏州人，留美学生。萨赉德，美国人。吴、陈、萨三人均同学，近为东吴大学教习。散后即归。

二十二日　午后惠敷、振唐来谈，坐良久而去。

二十三日　属公渚作函致邱问清、陈述猷、王友竹。夜为孟劬查实录。

二十四日　午后叶伯皋来谈。属公渚作函致张孟劬、陶拙存。夜阅《清朝十大名人家书》，其中如纪文达、胡文忠、张文襄、袁慰庭四人均系伪作，盖于其人之事迹不明，全然错误而妄撰，托名以侔利者也，书卷流传，误人非浅，可恨亦可痛也。是日王建夫赴南浔藏书楼供职。

二十五日　至宗子戴处谈良久而归。晚钱长美携书来售，阅之良久。

二十六日　夜钱长美携书求售，阅之良久。嘱公渚作函致吴北山、孙师郑。

二十七日　晚钱长美来求购其书，交易八种，计洋壹百十五元。阅《梦碧簃石言》，系今日顾鼎梅送来者也。属公渚作函致包滇生。又以曹根荪为余作《留馀草堂丛书》序，乃作函谢之。

二十八日　午后曹智涵、叔彦来谈良久而去。阅《陶庐文集》。

二十九日　属公渚作函复金息侯，谢顾鼎梅，致陈筱石。

三月朔日　嘱公渚作函致金通尹、籛孙子。吕幼舲、陶拙存。

初二日　午后王兴甫名大隆，秀水籍而侨寓苏州，从曹叔彦治经学有年,年只二十五岁,年少好学,极可佩服,今日之来,亦叔彦介绍欲求予所刻书。来谈。夜间嘱公渚作函谢杨宾叔。康鸣江宁人。

上巳日 嘱公渚作函致宋澄之、张孟劬、宗子戴。

初四日 出门至保康里答王兴甫小谈。属公渚作函致陈筱石、吕幼舲、冯梦华。

初五日 送笃初弟丧返浔。

初六日 下午四时至东棚。余至藏书楼一转,以余住在楼中,子美、建夫、韵秋均来谈良久。

初九日 嘱醉愚作函致汪甘卿。阅《近思录集注》。

初十日 嘱醉愚作函致吴䌹斋、潘季孺、叶柏皋。

二十二日 嘱醉愚作函致董东苏、李佩秋、宋墨庵、董授经。

二十三日 阅《朱舜水遗书》。名之瑜,遗民,明末馀姚人,避地于日本长崎者也。

二十四日 嘱醉愚作函致吴䌹斋、章一山。

三十日 上午十一时舟抵上海。

四月初一日 午后宋谷宜来,同至冯梦华处一见,谢其派为兵灾善后会劝募员也,小谈而出。

初十日 属公渚作函复刘公鲁、张孟劬、宗子戴、周湘舲。

十一日 晚况夔笙与其子小宋来谈,留夜饭而去。

十四日 晚吴昌硕来小谈而去。属公渚作函致吴䌹斋、周湘舲。

十五日 属公渚作函致张菊生、刘公鲁、吴䌹斋、陈小石。

十九日 孙惠敷自津回来谈行在情形。李紫东来,与购书四种,计洋五十元。属公渚作函致张菊生、宋墨庵、刘怡宣、王兴甫。

二十一日 属公渚作函致张于相、名原炜,鄞县人,现为省议员,旧学甚好。冯孟颛。

二十二日 傅沅叔来,未见。

二十三日 属公渚作函致周湘舲、江湘岚,潘兰史。

二十四日 午后徐积馀来长谈，至晚而去。

二十五日 至怡和渝答傅沅叔，未晤。

二十八日 晚以公贺姚虞琴次子仲诰喜事至振华旅馆，同坐者为吴昌硕东迈乔梓、金甸丞、周湘舲、汪笃甫。

二十九日 午前张菊生来，未晤而去。

闰四月朔日 午后钱长美以浙江广东湖北同官录求售，阅之良久。嘱醉愚作函谢陈绍周。名大斌，湖南平江人，江苏候补县知事。惠自刻图章一方，故以函谢之。

初二日 午后董授经、张菊生、许松如先后来谈。查阅《光绪实录》。嘱醉愚作函复封庸庵、叶揆初、李佩秋、陈星南、杨子盘、王友竹惠书，致傅沅叔、吴䌹斋。

初三日 午后周子美来谈。晚至一枝香应徐积馀之招，同座者傅沅叔、金甸丞、周湘舲、沈冕士、韫石、季宣、周湘云、徐晓霞、张石铭、陈乃乾，散后即归。

初四日 至吴昌硕处长谈一小时而归。夜阅中国书店送来求售各书。嘱醉愚作函致董授经、褚礼堂、章一山、杨芷姓。

初五日 午后钱长美来。阅《光绪实录》及《宣统政纪》。夜周子美来谈。嘱醉愚作函复吴䌹斋、王友竹。

初六日 嘱醉愚作函致罗叔蕴。是日仍检查《光绪实录》、《宣统政纪》。

初八日 阅中国书店送来求售各书。

十二日 阅《国史文苑传》。作函与傅沅叔。

十三日 校《近代名人小传》之误处数十节。

十四日 阅《国史文苑传》。嘱公渚作函复金甸丞、张菊生、罗子敬。

十五日 午后朱古微来谈，新自天津归，缕述行在近来情形，大致与前日柏皋所说相仿佛，毫无善状，相对叹息而已。作函复张菊生。

十六日 夜校正《闲渔闲闲录》。

十七日 嘱公渚作函复胡电明、名朝熙,安徽芜湖人,江苏候补县知事。包仲修,台州人,南京东南大学学生。均来讨《章氏遗书》者也。

十八日 夜校正《辛壬政纪》误处数条。

十九日 嘱公渚作函致张菊生、刘环甫。阅《五十日梦痕录》。罗叔蕴所著。

二十日 嘱公渚作函致金息侯、周湘舲。阅《颐志斋诗文钞》。山阳丁晏著,嘉庆、道光时人。

二十一日 嘱公渚作函致朱古微、潘兰史。夜校补《金石学录》补码十条。

二十六日 钱长美来,与之买书四种,计洋二十元。嘱公渚作函致李审言、李佩秋、罗叔言、叶柏皋。

二十八日 嘱公渚作函致董授经、冯梦华。

晦日 钱长美偕傅丽生江宁人,专写宋字书根,及为人钞书等事。来见,荐其为予影写钞补缺页等事也。阅《大清畿辅先哲传》。嘱公渚作函复于志昂、刘健之,谢胡孟玺。

五月初二日 钱长美来。

端午日 嘱公渚作函致王君九、章一山,复吴絅斋。

初八日 夜阅《金石学录》。

初十日 李紫东来以书求售,阅之。至董授经处,小谈而归。嘱公渚作函复张菊生,谢施省之惠书乙部。

十二日 晚张孟劬来谈,留夜膳至十时而去。

十三日 嘱公渚作函致杨志林,自作函致褚礼堂。是日得济南毛稚云年丈讣,知于四月廿五日作古,不胜痛惜之至,为予之忘年交也。

十四日 午后庞莱臣来小谈片刻,并将孟苹所押之画请其鉴定,伊云真伪参半，约值四万元，倘不来赎，亦不致吃亏。原抵一万五千两银子。嘱公渚作函致潘兰史、邹翰飞。予自作函致张孟劬、章一山。阅《国史新编大臣传》。

望日　以郑苏戡今晚赴津，特往一送，未晤而归。

十七日　午后叶柏皋与王叔用来谈。嘱公渚作函祝陈巽卿寿，廿一日八十寿辰。复张中孚，致冯梦华。

二十日　夜阅光绪朝《国史列传》，有许多谥法均漏而未书，予特为之查明而补书之，甚费时刻也。

二十三日　嘱公渚作函致张孟劬、黄漪生，复陈星南、朱古微。

二十四日　钱长美来，与之买书两部，计洋五元。

二十五日　阅《思亭文集》。昆明李坤著，同治、光绪时人。

二十六日　嘱公渚作函复韩嘉会、河南阌乡县人，为孙佩南弟子，来讨其《校经室文集》。王仁山、赵苕狂、名泽霖，湖州人，世界书局编辑所小说部长，来招股也。张孟劬、罗子敬、孙惠敷。

二十八日　嘱公渚作函复李佩秋、杨耀松、王友竹。夜阅近来所钞之家传墓志铭。

二十九日　阅《浔溪文征》。

六月朔日　午后至章一山处谈良久而归。夜阅新刻成之《旧五代史》，顷从京都运到也。

初二日　夜阅《旧五代史》。

初四日　嘱公渚作函复邹翰飞、王友竹、张石铭。阅《旧五代史》。

初五日　午后周子美来谈。嘱公渚作函致封庸庵，复王君九。阅《旧五代史》。

初六日　阅《旧五代史》。

初八日　至振华旅馆答陈述猷，名乃勋，湖南长沙人，江苏候补知县，国变后仍以县知事在江苏。茗谈良久而归。

初十日　至昌硕处望其坠车之疾，当日跌伤甚重，今面部已愈，惟肋臂尚多酸楚耳,遇吴玉盦、东迈。

十二日 嘱醉愚作函致吕幼舲、王雪岑。

十三日 午后张豫泉名其淦,广东东莞人,光绪己卯举人,壬辰进士,甲午庶吉士散馆,山西知县,后为安徽候补道。来谈。钱长美来,与购书五种,计洋十五元。嘱醉愚作函致朱古微、京师图书馆、张石铭、冯梦华。

十四日 午后钱长美来。阅《青草堂集》。丰润赵国华著,同治癸亥进士,山东即用知县,后为候补道,殁于光绪十九年。嘱醉愚作函致章一山、钱新之、冯梦华、张石铭。

望日 嘱醉愚作函致朱古微、况夔笙、陈星南、董授经、冯梦华。

十六日 嘱醉愚作函祝罗叔蕴、孙师郑。均六十寿辰也。

十七日 嘱醉愚作函致曹叔彦、周梦坡、朱古微。

十八日 午后嘱醉愚作函致金篯孙、褚礼堂。夜饭后罗子敬来谈。钱长美携书来。

十九日 钱长美来,携到开化纸印殿本《图书集成》共计一百三十七册,与余藏者同约十卷可配,乃与购取付洋二百二十元而去。

二十日 晚朱古微来谈,留夜饭而去。嘱醉愚作函致吴絅斋、陈子言。

昨今两日各报载清室善后委员会在养心殿检得去年二月初六三月初七日金息侯时为内务府大臣奏折两件,前者有"刘承幹养士崇贤,乃心王室",后者保举人才三十八人,予亦在列,其考语为"尊贤养士,好义轻财,遇有急难,能不顾身家以赴之",又有"与叶尔恺、章梫时有规划"等语,在息侯固是好心,在予又不免贻人口实矣。

二十一日 午后出至冯梦华处,交去四川赈捐贰千元。本生父亲壹千元。又至董授经处小谈而归。夜况夔笙来长谈,至十二时而去。钱长美来,与之购书七种,计洋六十五元。

二十三日 夜阅陈诒重寄来之《续通考》各稿。

二十六日 下午至况夔笙处送行，以明日移家苏州也，并其子又韩小谈片时，与夔笙同至一枝香，以赵叔雍为伊饯行也。叔雍为夔笙弟子，学填词也。同座者郑让予、陈蒙庵、名[运]彰，广东潮阳人。陈罍石、孙益庵、黄公渚、况小宋，夔笙次子。席散即归。袁帅南来长谈至十一时而去。

二十七日 午后至叶柏皋处谈。夜校《旧五代史》。是日得报条知李振唐于昨日子时逝世，闻之骇然，振唐年虽六十有一而身体健于予，从无疾病，十六日尚在此长谈，甫隔十日遽尔永诀，同志又弱一个，书此不觉泪下。闻其疾乃腹泻不止，近日之时症也。

二十九日 下午李他山来，报告其兄振唐得病及临终之情形，并托求一山作墓志铭。嘱公渚作函复刘聚卿、张孟劬，谢钟伯荃。阅《退一步斋文集》。定远方浚师著，同治、光绪时人也。

七月朔 王叔用来谈。是日查《大清会典》，为本生父亲之《皇朝续文献通考》用也。

初二日 出至章一山处长谈。夜间查《同治实录》，亦为《皇朝续文献通考》用也。

初三日 午后袁帅南来谈。嘱公渚作函复王友竹，致吴䌹斋。是日仍查《同治实录》。

初四日 阅《皇朝政典类纂》。

初六日 阅金砚君寄来之近人墓志铭。

初七日 午后孙惠敷来谈。嘱公渚作函复周子美。阅《大清会典事例》。

十一日 以邹蔚卿撤座，往一拜。

十二日 夜检阅《大清会典》。

十三日 夜检查《光绪实录》。

十四日 夜补《皇朝续文献通考》中帝系各条。汤怀之来售书，未买。

中元节 夜阅《皇朝文献通考》之《封建[考]》。

十六日 阅《皇朝文献通考》封建门。

十八日 夜罗子敬来长谈,新自天津回也。

十九日 午刻吊张骧云之丧。至吴昌硕处长谈,留夜膳而归。查《清史纲要》,为改正《续通考》之《封建考》之各条也。

二十一日 夜阅《光绪实录》。

二十二日 午后姜毓麟自南京来,代表其父文卿来者。来接洽刻书字。

八月朔日 朱古微来留夜饭而去。汤怀之来。

初二日 汤怀之来,阅其各种书籍,无一要者故无交易。

初四日 晚费恕皆至,名有容,湖州籍,生长于杭,光绪壬寅举人,为晓楼画师之孙。余因公渚精神不振,作札多讹,一山荐来庖代书记者也,与谈良久,倩伊为起函稿。嘱醉愚作函致许博明、吴絅斋。

初五日 晚况夔笙携其子又韩来,长谈至十二时而去。嘱醉愚作函致金息侯、罗叔言。

初六日 费恕皆来,属函致金籛孙、莫伯衡、金砚君、徐积馀。嘱醉愚作函致王友竹、杨芷姓。

初九日 费恕皆来作函致李木斋。夜又作函致刘未林、李他山。夜嘱醉愚作函致陈子言、金甸丞、封庸庵。

初十日 费恕皆来作函致魏紫侯。夜嘱醉愚作函致张豫泉、周毅人、浙江东阳人,名杰,为吾浙全省警务处科员,介郑长发来索书者。孙惠敷、吴絅斋、董授经、叶柏皋。郑长发来,携书求售,应酬其七种,计洋壹百五十元,又借洋壹百元而去。

十一日 费恕皆来,属函致曹叔彦、李孔曼。

十二日 嘱醉愚作函致赵孟斋、杨子盘、俞恒农、刘聚卿、褚礼堂。

十三日 钱长美携书来售,与购十四种,计洋三十元。

十四日　嘱醉愚作函致王君九、王雪岑、宋澄之、陈星南、王友竹。钱长美来，与购书两种，计洋二十四元。

十五日　孙惠敷来谈至傍晚而去。阅昨购长美各书。

十六日　恕皆来，嘱其作函致沈淇泉。

十七日　阅柏皋送来之《浙江通志》各传稿。

十八日　恕皆来，嘱其作函致王友竹、张豫泉。

十九日　夜饭后有欧阳惠周名翥、无近名森，二公均湖南湘潭人，无近在淞沪戒严总司令邢士廉师长部下为咨议，惠周则自湘中来，据云即欲返里。持曾农髯函来见，带有《四声韵谱》梁沈约著，国朝杨锡震笺注，杨为乾隆时人。钞本欲售，以其书向无刻本，故甚居奇，索价壹千元，予以价太昂还之。阅《吴船日记》。杜云秋观察俞于光绪丙申年任营务处时出巡时之作也。阅《遂翁年谱》。太湖赵昀自订，嘉庆、道光、咸丰、同治四朝时人，合肥李文忠公之岳也。

二十日　夜阅李明仲《营造法式》，明仲名诫，宋徽宗时人。各种图样印得精美异常，此书收入《四库全书》而无刻本，故甚少见，现由朱桂辛启钤、陶兰泉湘集资刻行，图则石印，书只八册，售洋六十五元，今一山以之赠予，亦极大之人情也。

二十一日　午刻至功德林应叶柏皋、章一山之招，首座为孙慕韩，次为施省之、姚文敷、夏棣三，散后即归。夜阅杜云秋观察所著之《海岳轩丛刻》。

张石铭于十九夜十一时在宁波路中旺弄口张崇新酱园门口为匪徒绑去。

二十四日　夜查《大清会典事例》，为《续通考》用也。

二十六日　出至望平街福兴园贺陈子言之孙虞仲合卺之喜，晤王雪岑，略谈即归。

二十七日　嘱公渚作函复于志昂、况夔笙。

二十八日　午后沈慈护来谈良久而去。恕皆来，嘱其作函致朱古微，复吴䌹斋。阅程雪楼中丞德全，江苏人。《内经过谈》，皆记辛亥国变时之事。予览之心痛。

二十九日　恕皆来,嘱其作函致徐积馀,复陈彦畴、李孟楚、李雁晴、名笠,瑞安人。王均卿、陈星南。

三十日　晚至功德林应叶柏皋之招,同坐者康更甡、王雪岑、朱古微、张仲照、张篁楼、名彬,南皮人,文襄公之胞侄,本江苏道员,现为浙江候补简任职,海宁统捐局长。沈慈护、何见石、名奏簏,台州临海人,光绪乙酉拔贡,甲午副贡,丁酉举人,由法部郎中出为甘肃审判厅长,署提法布政。国变后在京充顾问咨议之类,有挂名差事。王病山。

九月朔日　查阅《大清会典事例》、《程雪楼奏疏》。

初二日　上午与外舅合请孙慕韩。午刻慕老首至,继而叶柏皋、姚文敷、沈慈护、章一山、刘襄孙、沈淇泉先后至,宴之于嘉业堂,散后复小谈而去。恕皆来,嘱其作函致王有竹、郑虚一、台湾人,名霁光。吴䌹斋。阅《潜园全书》中之《坚冰志》及《光宣佥载》。南昌魏元旷著,字斯逸,光绪己丑举人,乙未进士,法部主事。

初四日　午后一山来谈。恕皆来,嘱其作函复黄石荪、魏斯逸。名元旷,谢其惠赠《潜园廿四种》及诗文集。阅《蕉盦随笔》。魏斯逸著。

初五日　夜阅徐仲可所赠之《心园丛刻》。

初六日　嘱恕皆作函谢叶揆初,致升吉甫、罗叔蕴、张菊生、金篯孙。

初七日　夜恕皆来,嘱其作函致杨芷姓。

重阳日　夜阅《皇朝文献通考》之封建门。

初十日　夜查乾隆五十年以后所封之承恩公。

十一日　嘱恕皆作函复邹翰飞、陈子言。

十二日　夜编《封建考》。

十三日　夜褚礼堂来,交到代拟杨志林之《金石文字辨异补编序》一首,送其润资四十元,核伊卖文笔单以字计算也。编《封建考》,查书数页。

十五日 阅左子异方伯及其夫人行述。

十六日 恕皆来，属其作函复于志昂、朱古微、王仁山、胡孟玺，又致杨志林。阅《翁文恭日记》。

十七日 至董授经处，小谈而归。

二十日 况夔笙自苏来，长谈而去。

二十六日 柏皋、沈端臣同来，端臣今日下午自津坐新铭轮船来沪，细述行在近状，并谓陛辞时皇上饬伊问臣安好，谈至十二时而去。

二十七日 沈端臣来谈，留夜膳而去，伊在此间述及西陵情形，曾奉旨前往调查及拟整顿办法。予忆前岁承修陵工，今日尽归乌有，抚今感昔，为唏嘘者久之。属恕皆作函复金籛孙、罗叔蕴、王友竹。

二十八日 晚至柏皋处夜膳，同坐者郑苏戡、沈端臣、章一山、孙惠敷、罗子敬，席间所谈皆近日行在情形，以苏戡、端臣皆昨日自天津来也。苏戡请假十日即欲赴津。九时归寓喻志韶来谈。

二十九日 董授经来小谈而去。

十月初二日 下午徐积馀来谈。

初七日 午后唐国华来其字与先王父同，故书其名，湖州人，陆军上尉。持沈谱琴函为介绍，携来本朝人画尺页及折扇，皆内府之物，款均写臣某人恭绘敬书，展阅良久，还之。夜汤怀之来。

初八日 恕皆来，嘱其作函复黄卫轩、名述祖，丹徒人。朱丹九。名起凤，硖石图书馆馆长，托程学川介绍来讨书者。

初九日 午后朱古微来谈。恕皆作函致金籛孙，复黄石荪、刘聚卿。

初十日 嘱恕皆作函致陈诒重、吴昌硕。

十一日 午后钱长美来，与之买书二种，计洋三十二元。

十二日 恕皆来，嘱其作函复叶柏皋、陈绍周、陈谷岑。名纶，江苏江阴人,无锡师范学校校长,并不相识,来函讨书,以六十种酬之。

十六日 嘱醉愚作函致朱古微、宋澄之、孙公达。

十七日 钱长美来,携书求售,应酬四种,计洋一百十六元。

十八日 属恕皆作函致吴䌹斋、陈绳甫。

二十二日 夜况夔笙来谈,小坐即去。

二十三日 午后冯梦华来谈,以现在又欲办淮徐海兵灾义赈,托予代为劝募,小坐而去。朱古微来谈良久。恕皆来属其作函复姚文敷、吴䌹斋、吴昌硕,又复北京大学图书部主任某君。夜钱长美来。是日黄庆臣来拜,未见,庆臣公渚之胞叔也。

二十四日 至平安旅馆答黄庆臣,未晤。又至振华答况夔笙,略谈而出。柏皋庆臣先后来,同谈至十一时而去。属恕皆作函致朱古微。

二十九日 夜属恕皆作函复金钱孙。与公渚长谈至十二时。

十一月初三日 属恕皆作函复王友竹、陈子言。

初十日 扶二庶母榇归浔,与余同船者为陈星华、朱五峰、邢复三、黄公渚四人。公渚乃余邀其至浔者。

十一日 一时舟抵东栅极乐寺前,与公渚坐小舟至藏书楼,晤子美、韵秋,在各处视察一周。晚与公渚至宅中谒见本生父亲,谈良久。八时返藏书楼,子美、韵秋来谈良久,又有写宋字之陈佩伯亦来谒见,略谈。

十九日 晚以醉愚新居落成,并为其太夫人悬御赐贞孝女宗扁额,与子美、周星三、陈佩伯同往贺焉。

二十日 夜与公渚谈,伊明日欲返沪也。

二十一日 夜与子美谈。是日公渚返沪。

二十三日 醉愚来,属其作函致杨芷姓、罗叔言,又复章一山、李佩秋。

二十六日 醉愚来,属其作函致许博明、康更甡。

二十九日 阅《鸿蒙室丛书》中之《星烈日记》。

十二月朔日 醉愚来作函致黄公渚、王兴甫。

初三日 阅《洪北江文集》。

初四日 午后阅《洪北江年谱》。门下士旌德吕培编。照相者来，饬其将书楼前面摄一影片，又摄一侧边影片，适陈星华至，亦摄在其中也。崔振声来，督同工役种杜鹃花百本，余亦看其挥锄也。

初五日 照相者来，再将书楼正埭摄一影片而去。醉愚来，属作函祝金甸丞七十，又复刘纯甫、徐可均，又致吴昌硕、刘谦甫。

初七日 嘱醉愚作函谢李佩秋，致吴絅斋、周湘舲。

初九日 下午二时抵埠。

初始日 恕皆来，属其作函慰杨云史悼亡，又致徐积馀。

十一日 恕皆来，属其作函复国立北京师范大学图书馆，又沪江大学图书馆。夜钱长美来。

十二日 午后冯梦华来募亳州灾赈，殊为可厌，小谈而去。

十三日 夜钱长美来。

十五日 午后恕皆来，属其作函致喻志韶、宋澄之。姚小仙来，与购明万历刊本《易林补遗》一部，十二卷，张世宝著，计装四册。计洋十二元。夜钱长美来。

十六日 恕皆来，属其作函谢张菊生惠书，又谢秦平甫名毓钧，无锡人，该处图书馆馆长。惠书，赠予书七种，并乞余所刻之书。又复秦理斋。理斋，为平甫之子，在申报馆主笔，奉其父命来取书，予以七十种赠之。

十七日 夜汤怀之、钱长美来。

十八日 属恕皆作函致沈淇泉、李他山、张孟劬。汤怀之来，与购《春秋四传》一部，计洋壹百元。此书伊据作宋本，谓非六百元不卖，予谓其是明翻宋本，绝非真宋椠也。余从前曾与怀之买《陶渊明集》，乃本朝复宋本，谓作宋椠，出价三百元，迨买成看出，急欲退还，伊言洋已付去，允许换书，然终未有书来。现在将此书贬价售余，以补前此之不足。余以钱已早去,欲换好书,总是难事,不如吃亏,以了其帐,过迟则恐并此明刊《春秋》而无之矣。是日吴昌硕与王一亭来,未见。

十九日 阅杨云史所著《谥妻记》。

二十日 属恕皆作函致吴絅斋、金息侯。属醉愚作函致陈子言、徐积馀。夜饭后汤怀之、李紫东先后来,紫东携明刊《三苏文粹》、元本《六书通》,谓系授经所托向余求售者,余拟酬以二百元还其书,未解决而去。

二十一日 恕皆来,属其作函致朱古微。

二十二日 晚恕皆、子言来,夜宴子言、恕皆、公渚、季英、醉愚、从叔、子青于嘉业堂。是日本宴孙君益庵,因午前请其迁让房间,俾漆工施漆,杞儿婚期伊迩,迟恐不及。由子青、履冰向其磋商,孙乃大怒,有"宁可走路,不愿迁移"之说,语意甚僵,无可转圜。子青不得已乃至益庵夫人处,请劝其迁移,有尔嫌暗,不妨暂屈,俟明年再行设法,伊始无言。有此芥蒂,故请伊夜膳,托病不来,因请其子季英以代乃翁之意,膳毕略谈而散。属醉愚作函致张菊生。

二十四日 午后李紫东来以书求售,并持董授经之名片,谓年关难过,以书托其来售。予本拟还其书而赠以二百元,紫东谓如是则伤其面子,伊不愿意,还是受书为妙。乃与之买明刻《太平广记》,授经自己以宋本校过者,计洋五百元,论正价不过三百元,其贰百元半是交情,半是校本,其价必须稍大也。余前日以益庵事函约古微明日下午六时诣谈,而古微来书以明日无暇,特约今晚在来远公司面谈。傍晚前往,古微到已久,正在与刘佐泉、雅初谈,余将益庵日昨情形,并告《宋会要》决计不办,明年送薪一年,不请其作事,后年请其另行高就。如此则可以了结,否则年复一年,事则不办,而终无了期,文人无行,大率如此,可慨之至。益庵自《章氏遗书》告竣,公渚来后,已两年不办事,虚糜薪水而已。

二十五日 汤怀之来。

二十七日　属恕皆作函致董东苏、冯梦华。查《光绪实录》，为编《封建考》也。

二十八日　宋澄之、汤怀之来谈。

二十九日　阅《春明梦录》，为闽县何肖雅太守刚德所著新近赠余者也。

1926年(丙寅,民国十五年)

正月朔日 阅《春明梦录》。

初三日 晚得报条悉念陶于昨日酉时逝世,闻之悼惜良深,即往吊之。

初八日 张诚斋送来《小方壶斋舆地丛钞》一部,计洋叁拾元。诚斋系钱长美伙友也。

十一日 午后陈子言来谈。

十二日 以傅小庵之封翁晓春公八十冥寿在静安寺礼忏庆祝,特往一拜。

二十七日 夜校勘《管处士年谱》,谱系黄岩管德舆年丈遗稿,余新近为付剞劂者也。

二十八日 晚至张菊生处为厚丞弟喜事拟今冬办理,请伊致书许汲侯夫人,庶彼处亦可从容筹备,小谈而归。夜查《宣统政纪》,为《封建考》之用也。

二十九日 午后查《宣统政纪》,为《封建考》之用。

二月朔日 夜为《封建考》事查《宣统政纪》。

初二日 邱绍周来谈。阅《莲生存稿》,咸丰、同治时人,华亭附贡生朱逢甲著。即昨日汤怀之送来者也。

初三日 姜文卿之子毓麟来,予荐其至章一山处刻《方正学集》。属费恕皆作函复刘公鲁。

初四日 夜汤怀之来,与购《莲生存稿》三十册,计洋五十元。

初五日 夜阅《杭州府志》,乃壬戌年所印,今日叶揆初惠赠者也。

初六日　午后周子美来谈。恕皆来，属其作函复李审言。晚至晨风庐应周梦坡之招，同坐者邢穗轩、聚之、徐冠南、姚本泉、庞莱臣、谢泗亭，散后即归。阅《杭州府志》。

初八日　午后培馀弟来，同至福煦路张定甫处，祝其七十寿辰。至董授经处长谈，伊一目失明，不能看书，甚为愁闷云。

初九日　属恕皆作函致刘环甫、刘纯甫、杨芷姓、朱古微。

初十日　午刻至同兴楼应李佩秋之招，同坐者为冯梦华、章一山、徐积馀、余□□、尧衢之子。姚石樵、名祖义，临安人，壬寅举人，江苏县知事。向乐名。席后至致远旅馆答钟伯荃，茗谈良久而出。

十一日　属恕皆作函致朱古微、刘纯甫、胡孟玺、雷君曜。

十二日　嘱醉愚作函致潘兰史、徐仲可、杨芷姓。

十四日　嘱醉愚作函致朱古微、杨芷姓、章一山。

十五日　午后朱古微来谈益庵事良久而去。金甸丞来谈。

十六日　午后屠辅清、章一山、周子美、褚礼堂先后来谈。与礼堂购六安沈舜卿侍御巍皆所辑碑跋两册，计洋五十元，此乃应酬之举，不能与寻常买书一概论也。

十七日　嘱醉愚作函复陆纯伯、罗子敬、刘环甫、袁子羽、国立北京师范大学、李云书、曹梅访、陈诒重、陈筱石。

十八日　嘱醉愚作函致雷君曜、朱古微、叶柏皋、郑虚一、冯梦华、吴䌹斋。与恕皆同查《十朝东华录》，为编《封建考》也，卷帙浩繁，属谢庆馀、邹履冰分别钞之。钱长美以书来求售，约略观之。

十九日　嘱醉愚作函致李审言。

二十日　返浔。醉愚、子美同行。阅胡孟玺所编《林琴南年谱》。

二十一日　十时抵埠，遂换坐小船至藏书楼展览一周。

二十二日　嘱醉愚作函致董授经。阅《梦蕉亭杂记》，系陈筱石制军新赠者也。

二十四日　阅《汪双池年谱》。双池名煊，安徽婺源诸生，康熙、雍正、乾隆时人。年谱为婺源余龙光所编,即其弟子遹光之孙也。

二十五日　嘱醉愚作函致潘兰史。

三月朔日　午后阅报知段执政祺瑞已为国民军鹿钟麟所驱追,逃入交民巷,执政府卫队缴械,曹仲珊锟恢复自由,放出延庆楼,国民军联合吴子玉佩孚以拒张雨亭作霖,现驰电子玉,请其入京主持大政云云。晚阅《九尾龟》十六集。夜与子美谈。又检阅书橱中各书。

初七日　阅《图书馆学季刊》。嘱醉愚作函致陈公猛、洪范五、名有丰,南京东南大学图书馆部主任,安徽绩溪人。郑长发、胡寄凡、名祥翰,上海人。王毅侯。

初十日　午后崔振声来谈,并将藏书楼工程帐目分别各项一一开具,共计洋拾贰万叁千零捌拾肆元,可谓巨矣。与振声至小莲庄藏书楼之四面散步一周而归。夜阅《甲寅周刊》,每星期出一册,乃长沙章行严士钊所办,其中文字亦以行严自己为最多,虽是英国留学生而学问颇有门径,且思想甚旧,见理甚明,不以现在之办学者为然,勒马悬崖,回头是岸,若行严者可谓铁中之铮铮、庸中之佼佼者矣。京中学界以其异己,群起而攻,方今新学少年不悟自己之执迷,反排他人之顽劣,公理之不彰,一至于此,良可叹也。

十一日　嘱醉愚作函致章一山。

十二日　夜与子美、建夫谈。

十三日　赴杭州。子美以装牙未就,约十五径赴杭州。

十六日　午后与子美、建夫至后面宝石山麓观余所置空地,又至宝庆堂观池上石壁蒋果敏公题名,盖昔日屯师处也。嘱醉愚作函致陈诒重、冯梦华、章一山。傍晚偕子美、醉愚、建夫散步湖上,至白堤而归。

十七日　午刻偕子美、建夫、醉愚乘小划至西泠桥南楼外楼午饭,菜不甚佳,价颇昂贵。席将尽,从叔自城中至,同坐片时,偕往西泠印社,至各处巡览一周,观汉三老碑,盖已藏之石室矣。又至徐文敬祠一转。乃至公园，公园者即旧日圣恩寺行宫也。时天气闷热，余因解衣磅礴，在凉台茗坐片时，晤凌铭之。出至隔壁王阳明祠，即文澜阁旧址也，御碣犹存，书籍已悉数移出，良可浩叹。

十九日 与醉愚、子美、从叔、建夫至坚匏别墅。至弥勒院，刘聚卿寓此，知余至出见，与聚卿长谈。而归。夜聚卿公鲁乔梓来谈，至一时馀而去。

二十一日 书估杨耀松来，携书求售，余婉谢之。傍晚至候潮门雄镇楼应徐允中之招，途遇邱莘农母舅、邢伯谷，遂同往，到即入席，陪者季小波、邵虎臣及其子逸农而已。席散允中邀至楼上看宋元椠本及王右军手卷，盖内府藏本也。

二十二日 午前吴东迈、王竹人杭州人，工写照。来，未晤而去。

二十四日 午后出至吴絅斋、谢虎臣、汤拙存、杨见心、王湘泉、邵虎臣、沈翼孙、吴一臣、喻志韶九处拜谒，俱出门，惟与志韶长谈良久归。经钱王祠入内瞻览，时已下雨，即在此避焉。

二十六日 嘱醉愚作函致北京图书馆。

二十七日 午前吴絅斋来，未晤而去。午后沈翼孙来长谈，既而喻志韶来同谈良久而去。嘱醉愚作函复王汉章、宋墨庵。

三十日 赴桐庐。

四月初三日 返杭。午后入城，至荐桥珠宝巷访王竹人画小照者，以托其画崇陵补树图肖影也。

初五日 晚与虎臣、从叔、培馀弟同至城中西太平巷王湘泉家中应其与絅斋合局之招，陪客为喻志韶、袁巽初、吴一臣、谢虎臣及从叔而已。

初六日 返沪。

初七日 午后与公渚谈。

初十日 三时至贻德里以涧乐、亮畴两弟文定钱塘胡藻青部郎三、四两女。

十一日 午后与公渚谈。夜罗叔言自津来访,子敬同至,长谈甚洽,述及行在情形,虽当日之三堂已去,而近日皇室办事处之把持蒙蔽,不减当时,苏堪为总办,姓初为副,陈太傅高拱其间,凡有热心皇室之人入朝谒帝,半为姓初所沮,苏堪则一味孤傲,空唱高调,太傅且忌人多才,畏人多事,自己专打诗钟,几置上于不顾,种种情形,殊堪痛恨。虽叔言之语,未必尽然,然亦可想见一二,其不能和衷共济,戮力同心,断可言也。一席之谈,令人怏怏而为皇室计,则尤伤心靡已耳。

十三日 午后与公渚谈。出至冯梦华处略谈而出。至功德林应谢泗亭之招,盖素食聚餐会也,到者为姚文敷、李云书、黄涵之、庞莱臣、关炯之、赵云韶、沈惺叔、金仲廉、季言。

十四日 费恕皆来与谈良久。嘱公渚作函稿谢王湘泉、吴纲斋,倩黄缉甫钞之。

十五日 恕皆来,属其作函谢徐积馀,为本生父亲校《封建考》中之同姓封爵者。

十六日 是日午前李审言来,未晤而去。夜编校《封建考》中之同姓封爵。

十七日 午后吴吉卿名馨,河南固始人,前江苏巡抚吴子健中丞元炳之子,官新疆劝业道,未到任,赏三品京堂,办西北垦务。现为德国商务顾问,兼银行团资本团委员会会长。来谈,述及醇王府有田廿二万馀亩欲出售,因连年收租无著,所获甚微,如得五十万元即可出售。吉卿在京时曾与王聘卿士珍商酌拟合公司购取,到津时面奉谕旨,上亦以此为言,故来招股。并言此项田亩每年可得三十馀万元,以十分之六归公司,四分报效皇室,公司利益既丰而皇室亦免竭蹶之虑,可谓一举两得云云,坐谈良久而去。夜嘱恕皆作函复陈绳甫、施韵秋。余乃编校《封建考》中之同姓封爵。

十八日 午后醉愚、子美自天台来,子美小谈而去,属醉愚作函复钱三兰、郑兰桂。余与恕皆为《封建考》事查《会典》、《通志》等书。

至振华旅馆答李审言，值其已睡，未晤而出。嘱醉愚作函致刘聚卿、陈诒重、李审言。

十九日 以约审言夜饭，特至振华旅馆访之，略谈偕出。原约在晋隆西餐，既至则双门已锁，因是日为阳历五月三十号国耻纪念，学生工徒已在大马路一带肇事，与洋人为难，捣毁电车，勒定店家罢市，故晋隆已闭户，不得已而归，知醉愚与公渚已改在一江春，曾有电话来关会，遂与审言前往小酌而归。属醉愚作函致冯梦华、袁子羽、包仲修、周梦坡。

二十日 午后章一山来谈。夜编校《封建考》中之同姓封爵。

二十一日 午刻至功德林应一山、柏皋之招，同坐者罗叔言子敬昆仲、王雪岑叔舞乔梓、沈端臣、高云麓、刘健之、徐积馀、吴吉卿、蔡北岭、福建晋江人，善星相，其挂牌之名为昆云使者。单仲范、名宗模，无锡人，邮传部主事，后改湖北知府。辛亥后隐于商，现为西门子买办。沈醉愚，席散后复小谈。出至董授经处，正在移居，新寓在公益里，因往焉，长谈。伊目疾稍好，述其女为狐鬼所祟，现在苏州，亦是奇闻。其女已字陶兰泉之子，将于今冬出嫁。嘱醉愚作函致李佩秋、单仲范、李孔曼。阅《郡斋影事》，何小雅新近所赠者也。

二十一日 晚至一家春应沈端臣、单仲范之招，同坐者罗叔言、子敬、王雪岑、叔澥、叶柏皋，席未终即出。至姚文敷家伊请巩伯，邀作陪也。阅《天目游记》。周梦坡著，新近赠于余也。嘱醉愚作函复李佩秋。

二十三日 至元芳路荣锦里答吴吉卿，未晤，又至颐福里答金巩伯，亦未晤，在巩伯家晤袁帅南，小谈而出。至吴昌硕处，先晤其弟子刘玉盦，邀至楼上房中长谈至晚而出。至诚意里罗子敬处答叔言，未晤，晤其四子子期，略谈而归。夜嘱醉愚作函复朱少滨。属恕皆作联挽沈子培夫人及施韵秋之母，倩缉甫书之。

二十四日 午后李孔曼来最早，以欲借书查阅也。六时章一山、叶柏皋来，既而罗叔言、子敬、沈端臣、单仲范、刘公鲁先后来，徐积馀最后至。夜宴叔言诸君于嘉业堂,席散后又长谈皇室及甲子十月逼宫事,当逼宫之际,淑嫔几以身殉。先是宫中藏有宝刀,淑嫔爱之,向上乞赐,上不知其蓄虑已深也,迨逼宫事急,上先出诣醇邸,淑嫔拔刀欲上刎,幸得侍者从后夺之,则锋芒所及,破其手指,贞烈之心如此,贤于花蕊多矣。谈至十二时而散。

二十五日 晚至晋隆应徐积馀之招,亦宴叔言也,其馀客人为罗子敬、章一山、叶柏皋、刘公鲁、李审言、李木公、斐君、木公之弟,名国筠,壬寅举人,某省候补道。入民国曾任广东、安徽两省省长,又任浦口商埠督办。宣古愚、黄朴存、安徽徽州人,能画者。刘健之、沈醉愚、金颂清及主人之子子高,散后即归。嘱醉愚作函致吴絅斋、王毅侯、冯梦华。

二十六日 午后李紫东来,与购明刊本《聚善传芳录》一部,计八卷,嘉禾窦卿良佐氏编集。计洋二十元。夜校《封建考》中之同姓封爵。

二十七日 晚至功德林,以叙餐会第十一集,余作主人也,到者为姚文敷、庞莱臣、王一亭、黄涵之、施省之、李云书、关炯之、金仲廉、季言、沈惺叔、赵云韶十一人,计洋廿五元,另给小帐一元。便路至忠厚书庄,即李紫东所开设者。一看而归。嘱醉愚作函复郑虚一、李佩秋,又致李孔曼、张鸿山。

二十八日 至诚意里访罗叔韫,未晤,晤子敬,茗谈片时而归。

二十九日 属恕皆作函致喻志韶、高云麓。

五月朔日 晚与恕皆同至霞飞路何企岳处,企岳名飞,陕西凤翔人,生长于苏州,故说话全是苏州口气。谈片时,企岳邀至陶乐春,小酌而归。

初二日 至于园路应康更甡之招,宴罗叔韫也,陪者为王雪岑、沈端臣、徐积馀、叶柏皋、章一山、罗子敬,席间出示吴子玉来函,谓俟讨伐赤化之后,再做此事,现在似尚嫌早等语,可见吴并不反对此举。散后又小谈,忽有他客至,同人乃走。

初三日 午后以陈筱石七十寿辰,特往祝焉,晤袁伯夔、何肖雅、刘襄孙、庄得之，小坐而归。

初四日 午后孙惠敷来谈。晚至叶柏皋处小谈，又至罗叔韫处，未晤而归。

初五日 午后本生父亲来，同至叶柏皋处商酌《学校考》事，谈良久而归。晚至功德林应庞莱臣聚餐会之招，到者为施省之、李云书、黄涵之、关炯之、姚文敷、谢泗亭、金仲廉、季言、王一亭、赵云韶，又外客为庄骥千、庞赞臣，散后即出。至诚意里访罗叔韫，谈良久而归。

初六日 午后章一山来，伊所开设之丽华公司有货押在益昌钱庄，计银九千两，乞余作保，观其情形甚为惶急，余情不可却允之。傅沅叔来谈，既而单仲范来，又王叔用、沈端臣同来，仲范先去，叔用新自天津、大连来，谈行在及恭邸近状至晚而去。夜属恕皆作函唁陈仁先，又复冯梦华，又致康南海。

初七日 阅《家声丛刊》，衡山聂云台所编辑刊行者也。

初十日 午刻至同兴楼应丁伯阳之招，盖陪叔蕴也，馀客为陈容民、罗子敬、许某伯阳亲戚。培馀弟。散后至怡和渝答傅沅叔，未晤。刘未林之子某君忘其名。持其父书来见，晤谈之下，知代索《章氏遗书》也，小谈而去。属恕皆作函复陈述悠、刘蔚林。六时半与公渚携杞儿至晋隆燕客，孙惠敷、王雪岑已到，既而沈端臣、叶柏皋、顾鼎梅、褚礼堂、丁伯阳、单仲范、金颂清、高云麓、王叔用、王聘三、葛荫梧、刘聚卿、郑让予、罗叔蕴先后至，茗谈良久，康更甡、傅沅叔最后至，迨席散已十时矣。是日之燕，本为叔蕴饯行，不意坚不肯坐，乃以康更甡首座，傅沅叔次之，馀乱坐矣。

十一日 晚至功德林应单仲范之招，亦为叔蕴饯行也，同坐者王雪岑、叶柏皋、沈端臣、罗子敬而已。钱长美以书求售，为翻阅久之。

十二日 至罗叔蕴处送行，以今夜坐新铭轮船回津也，小谈片时而归。属恕皆作函复李佩秋、吴絅斋、徐允中，又谢刘聚卿惠参。李紫东来，与购《三十科同馆赋钞》一部，计一百二册，价洋三十六元。钱长美来，与购书五种，计洋六十二元。与公渚谈。

十三日　恕皆来,属其作函复刘怡宣、林朝志,又致何企岳。葛荫梧来略谈而去。晚应张菊生之招,盖宴傅沅叔也,陪客为盛省传、徐积馀、陈乃乾、叶揆初、陈叔通、高梦旦,席散后复茗谈片时而出,至叶柏皋处一转,略谈即归。姜毓麟文卿之子。自南京来,与之谈良久乃去。

十五日　属恕皆作函致刘聚卿、王苍民、宋谷宜。又复马君武。广西人,大夏大学校长,国民党人物,去年段祺瑞任命为教育总长,未到任,此则为学堂来索书也。

十六日　午后与公渚谈。

十七日　至北浙江路龙吉里诚化普善社访曹梅访,请其写先君家传,又手卷四个,请其一题,共送润笔洋贰百元,茗谈良久而归。

十八日　阅《毅轩杂著》,陆纯伯所作者也。

十九日　属恕皆作函复周子美、陆纯伯,又致王竹人、单仲范。葛荫梧与屈伯刚来谈,继而章一山来谈,募去宁海修文信国祠捐洋壹百元。曹梅访来,交到所书先君家传,只隔一日即已交卷,可谓迅速之至,良可感也。去年请沈淇泉写,亦送其润笔,至今未来,曹则殊难得也。

二十日　恕皆来,属其作函复李佩秋王友竹、何肖雅,又致李孔曼。

二十二日　恕皆来,属其作函致叶揆初、徐仲可、沈淇泉、罗子敬、东南大学。

二十三日　钱长美自金陵寄到首本数十册,皆道、咸、同光时人之集部,阅之终日。晚至叶柏皋处长谈而归。夜与公渚谈。

二十四日　出至威海卫路寿萱里答屈伯刚,茗谈良久。至甲秀里十六日自公益里迁移至此。陆纯伯家,以其五十九岁生辰亲戚送礼者邀夜膳也。散后至楼上访纯伯,竟瘦得失其旧形,似不相识,据云还是二月间起仿佛似黄胆病神气,其致病之源,实因经济艰难,家庭之间又有难言之隐,不谅苦衷,其病竟是忧郁而起,余甚怜之,月之望前,曾邀子青去谈,历述苦况,无钱延医服药,至于余处屡次告贷,难以启齿,故未开口，尚算伊有品，余闻而怜之，乃送洋二百元去，以济其急也。观其卧在榻上，疲倦万分，声音甚低，故亦不敢多与之谈，小坐片时归。

二十五日　属公渚作函复邱仲虎、刘公鲁，函则倩伯厚钞之。是日刘纯甫、南京人，金陵大学图书馆研究部主任。万孟周武进人。同来，未见而去。

二十六日　午后李紫东来。既而刘纯甫、衡如、江宁人，纯甫之侄，美国留学生，哲学博士，现为金陵大学图书馆国文部主任。万孟周来，略谈之下，以时间短促，只能约略取出宋本之最著名者与之阅看。孟周调查中国农林古书，列有一表，询问此间备有多少，又此间未备而外间可觅者向何处购取，余均无以应，可愧也。盖中国向来以此项书籍甚属稀寥，而此种学问，亦无人研究，故茫然不知耳。茗谈片时而去。余至功德林应施省之叙餐会之招。至怡和渝访傅沅叔，赴苏未回，乃至孟渊旅馆答刘纯甫、衡如、万孟周，亦未晤，遂归。属公渚作函复刘聚卿、吴吉卿、张惟熙，杭州道古堂书局主人，不知其号，故又写名也。又致刘纯甫。

二十七日　至永年里答单仲范，茗谈良久而出。至晋隆宴纯甫、衡如、孟周，陪者屈伯刚、陈乃乾、李紫东、张芹伯，陪客先到，待良久，纯甫等始至，遂入席。散后与伯刚、乃乾至中国书店一看而归。阅《图书馆季刊》第二期。

二十八日　汤拙存来，谓宁波洪巢林孝廉有人托其荐至余处校书及办笔墨，余答以近不添人，且欲从减，以刻书将蒇事也，小谈而去。夜属公渚作函致王友竹、周湘舲，仍倩伯厚钞之。阅《柏堂师友言行记》。桐城方存之京卿宗诚所著，王毅侯舍人自京寄赠者也。

二十九日　午后李紫东来，托伊买《四库全书简明目录》一部。夜属公渚作函致许博明、邓孝先。

三十日　属公渚作函复周湘舲、李佩秋、王毅侯，仍倩伯厚钞之。

六月朔日　晚至广仁里访冯梦华，适值大雨，敲门不应，至衣履尽湿,马夫从窗缝窥之,其中灯火全无,必无人在内,故不开门,遂怅然而归,鞋袜衣服统行换过,打电话至广仁里一问,知梦老全家已返宝应歇夏矣。夜阅《盛湖志》、仲廷机辑,道、咸时人,十四卷。《补志》。廷极之子虎腾所辑,四卷。与公渚谈。

初二日 午后屈伯刚来小谈而去。至周梦坡处访金甸丞,茗谈良久而归。

初三日 属公渚作函复张菊生、王友竹,函则倩伯厚钞之。

初四日 午后吴吉卿来谈良久而去,仍为醇王府田事也。夜属公渚作函复罗叔蕴、宋俑卿。

初五日 午后李紫东来谈。马庸生苏州人,扫叶山房经理,名德镤。来,持封庸庵札来收余所助张闻远《三礼学书》刻赀洋五百元,付之而去。

初六日 阅《行素斋杂记》。长白继昌著,述国朝掌故之书也。

初七日 张诚斋来,与购钞本《野录》一部,计十九册,洋壹百元,所钞明、清两朝之事而无钞录人之姓名。明本《毛诗正义》十册,计洋七十五元。

初八日 属公渚作函复沈淇泉、孙公达、封庸庵,均倩伯厚钞之。

初九日 阅钱长美自金陵寄来各书头本。

初十日 恕皆来,属其作函致罗叔蕴、金甸丞。

十一日 恕皆来,属其作函致沈淇泉、王毅侯。六时许金甸丞来,募去捐造仓圣祠经费洋五十元。

十二日 徐可钧来,募去中国工程学会捐洋壹百元,谈良久而去。晚李紫东来,与购《海昌丛载甲编》一部,计洋三元。夜况夔笙挈其子又韩来长谈而去。

十三日 是日刘聚卿赠余吉林秧参壹斤,收梢去蒂不过净存十两,以七两献之本生父亲,余则今日起每日服一钱。

十四日 午后至甲秀里吊陆纯伯之丧,昨日辰时病故,以天热已小敛矣,与叔同及姚达孙谈即归。属恕皆作函致金甸丞、陶拙存,又复汪甘卿。

十七日 属恕皆作函复汪甘卿、黄卫轩、况夔笙。

十八日 午后徐仲书来,谓纯伯之二子颂橘、君毅托其来向余暂借洋五百元,以月内欲出丧用也。据云本向乃叔叔同借,叔同谓欲伊垫款,须将纯伯之书画古玩存在伊处,然后肯借,否则不能。颂橘、君毅于纯伯故后书画箱上均加封条,万不肯将各物存在叔同处,故特托其来向余商恳。仲书细述纯伯家事,余闻而寒心,慨然允之。

二十日 恕皆来,属其作函复王友竹、郑虚一、周佩宜、赵叔雍、徐仲可。季雅弟来谈述及兴业银行事已由其师徐叔刘与徐新六接洽,尚须考试,特来托函致仲可,故作函恳之。

二十一日 出至吴昌硕处谈,晤古微,同谈片时,又与东迈小谈而归。

二十二日 午刻以孟苹五十生日,特往一祝。

二十三日 李紫东来,携书求售。

二十四日 晚陈重远自北京来谈良久而去。

二十五日 午后许博明来谈。恕皆来,属其作函复杨芷姓、姚子梁、张孟劬。

二十六日 午后以陆纯伯出丧,至甲秀里送殡,至则灵柩已出,遂至湖州会馆一拜,送客寥寥,人情势利,大抵如斯。

二十七日 出至龙吉里访曹梅访,小谈而去。夜罗子敬来谈,并交到皇上赐臣承幹藏书楼对联,及缕述行在近日情形良久而去。

二十八日 恕皆来,属其作函致吴昌硕、章一山、黄缉甫。

二十九日 恕皆来,属其作函致吴䌹斋、周佩宜、罗叔蕴、胡姓初。

七月朔日 恕皆来,属其作函致屈伯刚、孙公达,复王友竹,又谢罗叔蕴、胡姓初。阅《松荫盦漫录》。所录同治十一年至光绪二年《申报》上所记之遗闻轶事,书则并不佳也。夜汤怀之来,谓伊有至友某君甫到沪地,即染疫症病殁于医院,身后各费皆须伊任之,特来商恳购伊书籍数种。余购其五,计洋二百元,此乃济人之急,并非专为买书也。

初五日 返浔。

初六日 天明即到浔,十一时登岸,即至藏书楼与建夫略谈。午后沈叔筠、崔振声先后来见。夜与子美、韵秋谈。

初八日 嘱醉愚作函致白也诗。阅《泗水集》。上虞俞印民著,集中杂乱非凡,遗闻逸事错误甚多,盖下笔太易也。印民为时报馆记者,根柢浅薄,亦无怪也。

初九日 嘱醉愚作函致章一山、叶柏皋、蔡西生。

初十日 阅《拙盦丛稿》。义乌朱鼎甫侍御一新著。夜谷宜来,与振声、子美三人在宋四史斋纵谈至十一时而散。

十一日 嘱醉愚作函复恭邸,又致李审言、陈诒重。

十二日 嘱醉愚作函致金篯孙。

十三日 嘱醉愚作函致陶子麟。

十五日 嘱醉愚作函致章一山、孙公达、周梦坡。

二十一日 以朱古微七十寿辰特往一祝,挡驾未见而归。恕皆来,属其作函复吴吉卿、孙玉仙。

二十二日 午后顾惕生来,名实,武进人,国立东南大学教授。述及丁仲祜诸君将发起中国国学研究会,邀余入会等事,谈良久而去。恕皆来,属其作函致刘聚卿、王友竹。

二十四日 周子美、葛荫梧先后来谈。属恕皆作函致刘谦甫。夜阅《何肖雅诗钞》,公渚交来,谓有许多官阶谥法记忆不清,属余就所知者为之改正云。

二十五日 午后许博明来谈。恕皆来,属其作函致冯梦华。夜阅《何肖雅诗钞》。

二十六日 恕皆来,属其作函复朱旭辰,又谢王幼农。

二十七日 午后周子美、培馀弟先后来谈。至盐业银行应倪远甫之招,特客为衡亮生,名永,都统。陪者为黄伯雨、章一山、徐积馀、刘聚卿、王叔用，小谈片时遂入席，散后即出。阅《沣西草堂集》。长安柏景伟著，咸丰、同治时人，其弟子三原黄幼农司马典章所刻赠余者也。

二十八日 至肇嘉路泰瑞里江浙渔业局答莫伯衡，坐谈片时，以有客至，余遂出。

二十九日 午前朱古微来访，未晤而去。晚宴金叔初、季言、荷君昆仲、袁帅南、谢芝生、朱衡若、蒋少清、培馀弟于嘉业堂。

三十日 午后得报条知巩伯于昨夜三时病殁于宝隆医院，闻之伤心。曹恂卿来谈。属恕皆作函复李孔曼，又致冯梦华、徐积馀。

八月朔日 恕皆来，嘱其作函祝喻志韶七十。

初二日 至龙吉里访曹梅访，小谈而归。

初五日 是日屈伯刚、瞿良士来，均未晤而去。

初九日 夜汤怀之、张诚斋送书来售，约略阅而还之。是日下午王欣甫来，未见而去。

初十日 嘱醉愚作函致顾惕生，又复吴絅斋、王君九。

十一日 恕皆来，属其作联挽况夔笙。嘱醉愚作函致吴絅斋。晚至大东酒楼应陈筱石之招，以寿辰后谢客，客共五六十人，相识者王省三、张午城、朱象甫、奚萼衔、陈介卿、高云麓、朱斗文、吴引之而已。席未终，至岭南楼应朱古微之招，亦是寿后谢客，同坐者约三十馀人，相识者为恽瑾叔、姚竹轩、蒋雅初、包滇生、李孔曼、赵叔雍等。

十二日 夜至孟莘处，遇商笙伯，名言志，嵊县人，本江西知县，入民国仍在江西为县知事。谈良久，至十一时后笙伯乃去。

十四日 费恕皆来，属其作函致陈筱石、李审言。又嘱醉愚作函致李佩秋、王友竹。

十六日 费恕皆来，属其作函预祝汪甘卿六十寿。九月中生辰，不知何日也。邀公渚来，与恕皆三人共拟巩伯哀启稿子。

十七日 午前有日本帝国大学豫科教授高田真治持贺赐湖介绍函来访，以时太早未见而去，留言明日赴杭，杭回再来。恕皆来，属其作函复罗子敬、江湘岚、赵叔雍。

二十日 晚以慕莲处公贺,特往应酬,至则客并不多,同席者为陆叔同、沈田莘、包小蝶、湖州人,蝶仙之子,客串青衣者。邢鸣皋、俨廷弟,尚有二人不相识。散后邀至自来水公司看戏,均是客串,慕莲自己亦上台饰汉昭烈,演《黄鹤楼》,尚有徐子山演《四进士》,子山为颂阁协揆之仲子,名厚祥,部员外郎。包小蝶演《玉堂春》,罢已十一时,照戏单上尚有慕莲之如夫人潇湘云本大世界坤角。之《打花鼓》,余以为时太晚,不及待而归。

二十一日 午后嘱醉愚作函致罗叔蕴,又作函致升吉甫、罗叔炳乔梓,盖惠赠款五百元也。又唁况又韩、小宋。即夔笙之子。

二十三日 午后日本高田真治来访,并带翻译郑贵金,宁波人。略谈而去。

二十四日 嘱醉愚作函致刘公鲁。余偕公渚出门至贝勒路吊况夔笙之丧,宾客寥寥,联幛亦偻指可数,门庭冷落,不谓名士下场,竟而如此,良可叹也。一拜即归。

二十五日 午后汪甘卿自苏州来,在书房长谈,由醉愚招同宋谷宜至晋隆西餐,餐毕,甘卿回振泰旅馆。

二十七日 为长男世炽授室。午前十时在中堂延颂驺叔伉俪为炽儿行加冠礼,早餐已和菜款客共十五席,未几冯梦华、陈筱石、朱古微、王聘三、王雪岑、余尧衢、曹梅访、刘葱石等均来贺喜,客约四百馀人,应酬颇愧不周。

九月初三日 嘱醉愚作函致冯孟颛。

初五日 钱长美携书求售,玩其情形,窘急异常,此次专为吃喜酒而来,大有不能回去之势,与购十二种,计洋壹百元,并非真欲买书,盖应酬也。

初六日 嘱醉愚作函致王雪岑。

初七日 刘幼云、章一山偕来,既而李孔曼、朱聘三、王雪岑、单仲范、叶柏皋先后至。夜宴幼云、聘三诸君于嘉业堂，醉愚、公渚均在座。

十四日 恕皆来，属其作函寿刘谦甫八十。

十九日 至忠厚书庄访李紫东。又至孟渊旅社答黄世元，台湾新竹人，王友竹介绍来者，十七日来拜，故往答之，年五十一岁，本读书出身，近年改入商界耳。略谈片时。又答袁守和，名同礼，北京大学教授，图书部主任，是北方人，为北京大学向余索书来者，十六见过，故亦往答之。未见遂归。李紫东来与谈良久。

二十日 属恕皆作函致王幼农。谢其题翁覃溪四库提要稿本也。是日有日本人井出五州，名季和太，台湾基隆税关长，持王静安介绍书来者。未见而去。

二十一日 王君九来谈。新从天津回南。出至柏皋处长谈而归。夜至罗子敬处晤许季实，鲁山之子，在中南银行办事。谈及国民党在沪迭谋举事情形，闻之痛恨。

二十二日 午后日本人井出五洲名季和太，台湾基隆税关长，日前来过，未见。与江季子四川重庆人，南方大学教习，日本留学生，能日文。来访，此公识华文，又能诗，专心研究关税一项，知《宋会要》稿本在余处，特来阅《市舶》一项，季子乃伊朋友某请其重翻译者也。

二十四日 费恕皆来，属其作函复吴吉卿、王友竹，又致井出五州。

二十六日 午后至西摩路孟苹处贺其三女出嫁之喜，适苏州杭伯华之子。晤朱古微、褚礼堂、徐仲书，长谈良久而出。

二十八日 午后三时至孟苹处，以其新婿杭渭渔回门也，至则席甫散，坚邀见礼，遇王聘三，与谈行在近状，聘三去后，与孟苹谈至晚而归。夜属恕皆作函致恽季申、黄伯雨、傅沅叔、胡孟玺、王友竹，又作函祝钟伯荃八十，贺吴䌹斋娶孙媳。

二十九日 属恕皆作函复李佩秋、周湘舲，致张幼涵，前日来过，其兄号少涵，现充北京师范大学校长，盖为学堂索书也。又谢张中孚。曾以书赠余,故复之。

十月初一日 属恕皆作函复康南海。

初三日 午后五时日本人井出五州偕蔡爱仁来,台湾人,本在上海读书,现已毕业,在印棉运华联益会办事,五州不善华语,请其同来,当翻译也。赠余蛇皮手杖一枝,系台湾出产,借《宋会要》七册而去。

初四日 午后王欣甫来索书,小谈而去。王君九来谈。恕皆来,与君九同谈至晚,同出至大华饭店吃番菜。

初六日 至新惠中贺葛词蔚嫁女之喜,晤荫梧,小谈而出。乃至贻德里与本生父亲谈至晚,同至大东旅社张菊生处贺喜,以其子仲木完姻也,即娶葛氏。由招待员邀入席,同席者程学川、陶拙存、徐冠南、徐彦如,馀均不识,散后即归。

初八日 午后恕皆来,属其作函致喻志韶、罗叔蕴、沈兼士。

初九日 午后出至柏皋处长谈良久,晤张篁楼。名彬,直隶南皮人,为文襄之侄,光绪己丑举人,江苏候补道,现为浙江简任职,海宁统捐局局长。

十一日 属恕皆作函复刘聚卿、陈绳甫、杨芷姓、徐冠南、左台孙、宋俑卿、邢伯韬、蒋澜江。

十二日 恕皆来,属其作函复王君九、张君鹏、常熟人,不知其号,月霄之元孙也,其后知鹏号叔远。孙公达。

十三日 午后刘稚樵自九江避难来沪,长谈良久而去。继而陈绍周来名大斌,湖南平江人,江苏直州判。国变后以知事仍在江苏候补,现充江苏第七师司令部秘书,通过书札,并未见面,今第一次也。谈片刻而去。晚至新惠中应葛词蔚之招,陪张菊生也,词蔚请菊生过门共两席,上席为菊生,陪者本生父亲、徐冠南、晓霞、徐眉轩、徐毓臣、怡堂、毓臣之侄。余及主人耳,下席为菊生之侄首坐,主人为辅堂,散后即出。

十四日 恕皆来,属其作函致吴絅斋、刘聚卿、公鲁。阅《贵池先哲遗书》中之《杏花村志》。

十五日 阅《建文逊国之际月表》。《贵池先哲遗书》中之一。

十六日 夜为《续通考》中之《封建考》，查《光绪实录》、《宣统政纪》、《先正事略》、《宰辅录》、《督抚表》等书。汤怀之来。

十七日 恕皆来，属其作函复陈墨迻。名邦福，东台人，欲刻伊所著书来募刻赀，乃酬以二十元。

十八日 张诚斋书客来，携书求售。

十九日 恕皆来，属其作函复金敏甫、真茹，暨南学校图书馆主任，青浦人。金甸丞、周湘舲、周子美、张中孚。

二十二日 午后宋澄之来，以翁覃溪手稿《易记附记》两本、《左传附记》两本、《四家朔闰表》六本，覃溪亲笔只一本，馀非亲笔。乃于渊若太史式棱之旧藏，现其夫人欲为渊若营葬求售，以余从前买过覃溪手稿二十馀册，皆其兄晦若侍郎之旧藏，晦若无子，故后承继二侄，其一即渊若之子，将翁稿分作二份，尚有一半，早售于余，故特来劝余购买，以冀合成全书，不意只存此数册，仍配不全，大约已遗失有半矣。故送余阅看，怂恿购买，合成全书。余细对之下，仍不能全，还其壹百元一册，计共伍百元，后复请益，加以一百元。昨日澄之复有书来恳情，谓于夫人求念当日与晦若交好，可否作为七百元，以成其事，余允之。故今日亲送书来也。张诚斋来，与买旧《搢绅录》二部、《上虞诗存》一部，付洋六元而去。

二十三日 午后出至冯梦华处谈，交去朱砚涛、幼鸿两公墓志铭两篇，并润资洋壹千元，此老得之颇欣喜也。恕皆来，属其作函复罗叔蕴、林朝志、丁仲祜，又致朱古微。

二十五日 嘱醉愚作函复万年尊仓会，又致冯梦华、蒋孟苹。书客张诚斋来以书求售，约略阅之。邢伯韬来略谈而去。

二十六日 午后褚礼堂来，余约其来看伯韬交来及张诚斋送来缪氏之碑帖也，长谈至夜饭后而去。

二十七日 屈伯刚来谈。

二十八日 属醉愚作函复黄世元、李拔可，又致朱古微。张诚斋来,与买书二种,计洋十一元。

二十九日 阅《钱塘许氏家谱》。从张菊生处借来。其家始祖本姓沈,明成化间从富春移杭,依许氏为生,遂改许姓。

三十日 午后董授经来,历述近况艰难,刻书者均欠赀未付,致难支持,为文楷斋预支洋五百元以维现状,余允之。夜与公渚谈。

十一月初二日 恕皆来,属其作函致邢伯韬,复刘纯甫、张叔远。月霄之曾孙。嘱醉愚作函致朱古微、况小宋。

初三日 恕皆来,属其作函谢朱象甫、高淞荃,又致杨见心、王雪岑、周湘舲、张菊生、冯梦华。

初四日 汤怀之来,以缪筱珊旧藏碑帖五百种求售,展阅良久,以五百五十元购之。是日程伯厚返徽州。

初五日 汤怀之来。

初六日 恕皆来,属其作函致葛荫梧,又备函祝葛词蔚六十寿。孙惠敷来谈,夜饭,八时柏皋来,与惠敷同谈至十时馀而去。

初七日 嘱醉愚作函致冯梦华、葛荫梧、杨耀松。

初十日 夜属恕皆作函致沈惺叔、宋澄之、张叔远、冯梦华。属醉愚作函致钦时亮、湖州人,在同善社所办之学堂中充教习者,以书求售。庞莱臣、况小宋。夔笙之子。今日得报条知刘聚卿于昨日午刻逝世,闻之深为痛惜,盖同志日益凋零矣。

十二日 周子美来谈,又与恕皆谈。

十三日 午后王仁山、宗子戴、孙惠敷来,均未见。恕皆来,属其作函唁刘公鲁,又致孙惠敷。汤怀之来。

十五日 恕皆来,属其作函复李佩秋、罗叔蕴,又致罗子敬、黄卫轩。今日以翡翠翎管班指各壹个、披霞翡翠挂牌各壹块、披霞扣带壹条交吴瑞生去销售。

十六日 午后李孔曼来谈,出示去年伊在家扶乩数次,乩语谓戊辰岁今上必中兴等云,阅之以为大清气运有三百五十八年之久,今则国乱而已，未可以为亡也，并录明末谶语数则以证三百五十八年之不谬，坐良久。

十九日 晚应周梦坡之招至其家，盖消寒第一集也，同坐者为吴昌硕、潘兰史、陶拙存、金甸丞、徐积馀、恽瑾叔、姚虞琴、李伯勤、吴东迈。

二十日 午后谢伯衡名学承，湖北汉川人，复园大令凤孙之子，在兴业银行办事。持章一山函来见，以明本《仪礼》作抵，余无意于此，婉谢之。夜李惠生来，以支那本《藏经》二千二百馀册求售，索价二千六百元，云是钱塘许信臣中丞乃钊故物，目录一册即为中丞亲笔所书者，余以心绪恶劣，经济困难，无意于此回绝之。与公渚谈，属其作函复章一山。

二十二日 午前周景瞻来访，未见，赠余乡先辈《董若雨日记》一册，乃康熙乙卯、丙辰之间只几个月耳。其时已出家，无甚记载。

二十八日 喻志韶自杭州来谈良久，即宿于此。夜属恕皆作函复孙惠敷、丁仲祜、黄卫轩。

二十九日 夜属恕皆作函谢慕玄父。名学勋，山东蓬莱人，其履历未详，此次赠余所藏埃及墓石拓本，故作书谢之，并报以《八琼室金石补正》一部。

十二月朔日 自初三日起形寒气急，请唐乃安来诊，谓是肺炎。二十日后乃能起坐食粥。至除夕尚未起身。

1927年(丁卯,民国十六年)

正月初一　是日中西药均停服,阅去年十二月间各报,是为病后第一日阅报章也。

初五日　夜阅《旧五代史》并各处来函。

初六日　午后校《旧五代史》。夜仍校《旧五代史》。

初七日　校《旧五代史》。

初八日　校《旧五代史》。

初九日　校《旧五代史》。

初十日　校《旧五代史》。

十一日　午后校《晋书斠注》中礼志十叶。又翻阅《晋书斠注》中之列传。

十二日　校《旧五代史》。

十三日　校《旧五代史》。

十四日　校《旧五代史》。

十五日　午后黄公渚上楼来谈良久乃去。校《旧五代史》。

十六日　校《旧五代史》。晚庞莱臣来登楼纵谈良久乃去。

十七日　午后校《旧五代史》。夜复校《旧五代史》。是夕校竟。

十八日　午后校《晋书斠注》。夜仍校《晋书》并阅小说。

二十日　校《晋书斠注》。夜阅《三垣笔记》。

二十一日　夜校《晋书斠注》。

二十二日　校《晋书斠注》。夜公渚上楼长谈而去。

二十三日　校《晋书斠注》。

二十四日　夜校《晋书斠注》。

二十五日　校《晋书斠注》十页。

二十六日　夜校《晋书斠注》,已校完卷二十、廿九两册矣。

二十七日　午后阅《古文约编》,因心绪恶劣,书竟看不下,故以此旧读之古文阅之,似亦恍惚不清楚。

是日得报条知许南仲姨丈于日昨亥时病故,年只四十九岁,浮生草露,良可叹也。

二月朔日　夜校《晋书斠注》卷廿七者十五页。

初二日　校《晋书斠注》卷廿七者十六页。

初三日　校《晋书斠注》卷廿七,是夕完。

初四日　阅苏州《隐贫会旬刊汇编》第一期,昨日曹融甫带来赠余者也。

初六日　阅《奇觚庼诗集》,乃叶鞠裳丈之遗著,王君九学部经手新刻成者也。是日午刻汪甘卿来,以余未起,约夜饭后再至,待之良久而竟不至。伊此来为祝康更甡七十寿,故即寓于康宅。

初七日　夜黄公渚来谈。校《晋书斠注》数页。

初九日　校《晋书斠注》七页。

初十日　校《晋书斠注》三页。

十一日　费恕皆来书,谓手肿甫愈而足肿又作,不能到馆,将复倪寿川、王惠言、刘公鲁、李乐知名俨,福建侯官人,现在陇海铁路充测量员,住在河南灵宝,专收藏算学等书,来索《授时历故》者。四缄交到,即付邮焉。夜校《晋书斠注》。

十二日　午后作联挽刘聚卿。

十三日　阅《图书馆学季刊》第四集。

十四日　夜周子美来谈,公渚来谈。阅《图书馆学季刊》。

十六日　夜子美来谈。阅《图书馆学季刊》。

十七日　午后以刘聚卿领帖,往吊焉,晤褚礼堂,小坐而归。沈淇泉来,谈良久而去。

二十二日 金甸丞偕子美来,正欲出门,托辞已出,未见而去。夜作函致蒋孟苹。

二十九日 午后邹燕孙来,为费恕皆代庖,燕孙名复,仁和诸生,从前在杭州典业公会勾当文牍,故与菊如甚熟,近来亦在哈同花园办笔墨,因醉愚不来,恕皆病疯,又手足不能动,由菊如介绍至此。与之略谈,属其作函贺章式之。

三月初二日 午后燕孙来,属其作函致陈诒重,又以刘幼云去岁为先君书墓志铭,特作函谢之,又谢陈述猷。客岁杪惠物。又作函复曹靖陶,名熙宇,苏州学界中人。并致孙惠敷。

初三日 徐积馀来,畅谈良久而去。

初四日 邹燕孙来,属其作函复曾农髯、王友竹。

初五日 午后至民厚北里访吴䌹斋,遇刘襄孙、高欣木,同谈良久而归。䌹斋明日携全眷返杭。属公渚作函复赵叔雍。

初七日 邹燕孙来,属其作函复金息侯、陈墨迻、王兴甫。

初八日 午刻至孟德兰路吊王驾六之丧。初四病故,年五十八岁,今日未时大殓。

初九日 午后邹燕孙来,属其作函复李审言、王君九。余至章一山处望其疾,据云二月初甚危险,各物都不能吃,自以为必死,后事俱备。嗣经王病山侍郎多方医治,始得转危为安,现虽痊可,而形神消瘦异常,尚未原复。谈至晚而归。

十一日 邹燕孙来,属其作函复徐积馀、金潜庵。

十三日 出至迁善里叶柏皋处一谈,盖为本生父亲所著《续通考》中《学校》一门,请渠帮同编辑,渠明日至青岛,拟将稿子带去阅看也,小谈而归。

十五日 施韵秋自海门来,一见即去,明日至浔也。

十六日 午后张菊生来小谈而去。

十七日 前日报载长沙枪毙叶焕彬吏部德辉之说,余以为未必确实,嗣见各报皆载,且宣布罪状有帝制遗孽及反革命种种罪名,始知的确,与南翔陈巽倩太史枬被害事同一律,可叹可惨。

十八日 午后至寿圣庵吊许南仲姨丈之丧,盖假该处领帖也,晤张菊生小谈而出。

二十日 邹燕孙来,属其作函复陈子言,又致温毅甫,又谢徐积馀。

二十一日 邹燕孙来,属其作函复王兴甫、李佩秋、曹靖陶、顾午楼。

二十二日 邹燕孙来,属其作函复邹翰飞、陈子言。

二十三日 午后醉愚自浔来,已四月馀不到此矣,属其作函复金篯孙。邹燕孙来,属其作函谢傅沅叔、顾鼎梅、章一山。

二十四日 嘱醉愚作函复张叔远、名鹏,常熟人。王友竹、罗叔蕴。夜朱明达文海子。来,招呼印书刻字生意,余拒绝之。

二十五日 李紫东来。嘱醉愚作函致许博明。

二十七日 属醉愚作函复沈淇泉、张菊生,又致吴䌹斋、杨见心、杨芷姓、李耘孙。夜校《晋书斠注》。

二十八日 夜校《晋书斠注》。

二十九日 孙惠敷来长谈,伊吴淞商埠局之事已经脱离,现住塘栖超山报慈寺作居士,号隐光。留夜饭而去。

四月朔日 夜校《晋书斠注》。

初二日 午后俞恒农、孙惠敷、徐积馀、宗子戴先后来谈,均坐良久去。邹燕孙来,属其作函谢陈援庵。名垣,广东新会人,曾任教育次长。属醉愚作函复张叔远、与购乃曾祖月霄先生遗稿六卷,计洋壹百元。陈子言。

初五日 邹燕孙来,属其写南海挽联,南海晚年忠于皇室,虽瑕瑜互见,过不掩功,而未变初衷,则犹有可取者在也。今春二月间党军将至海上,南海遍辞亲友,仓皇出走,旋殁于青岛旅次。余挽以联云:晚节善全终,十四幅谢表犹存,恨未睹光武中兴,少康复统;古稀才祝嘏,数千里噩书猝至,痛竟失昆山遗老,汾曲大师。

初六日 周子美来谈。夜饭后复与子美谈。

初七日 费恕皆来谈,为商酌重编《宋会要》也。陈子言来,余将出门,由醉愚接见,故未晤面。出至辛家花园盛氏答宗子戴,谈良久而归。嘱醉愚作函致宋澄之、王雪岑。

初八日 属燕孙作函致宗子戴,又作函复张叔远。

十四日 公渚来,携示陈邕若函,述及董东苏有信致伊妇病垂危,介伊转托公渚向余说项,余念相识多年,怜其窘迫,属燕孙作函以百元应之。费恕皆来谈良久而去。

十五日 出至同孚路吊余寿平中丞之丧,晤黄伯雨、汪撷荀,略谈而归。属醉愚作函致李审言。

十六日 周子美来,未晤。属醉愚作函复朱汉澄。汉澄日昨惠余郑板桥草书中堂一幅、吴让之篆屏四幅、扬制螺钿嵌漆屏四条,又螺钿嵌照架两围。余只领照架,馀俱璧回,而以所刻《旧五代史》、《金石萃编补正》答之。

十九日 返浔。在舟中阅金松岑天翮,同里人。所著之《天放楼文言》,王欣甫自苏寄赠者也。

二十日 午后三时抵浔。四时到藏书楼。

二十一日 午后三时出至适园访蔡孑民,同寓者为李石曾父子及褚民谊,未晤即返。

二十六日 属醉愚作函复冯梦华、王欣甫。

五月初四日 傍晚陈林三偕王禅那来,余与彼素昧生平,欲到书楼办事,毛遂自荐,良可笑也。余托辞出门,倩叔笏见之。

初六日 属醉愚作函致吴絅斋。

初八日 午前子美来谈,昨夜自杭归也。午后蒋少清来,导余至眉月湾慈云坛,子美同行。

二十一日　晚与子美、韵秋、建夫询问匠工包富庭印书情形。富庭苏州人，连耕雇来。

二十二日　属醉愚作函复金息侯，又致罗叔言。

二十四日　出申。

二十五日　午前八时抵埠。

六月朔日　作联挽王静安。

初三日　五时后至冯梦华处，谈良久而归。夜姜毓麟自南京来，盖算刻书帐也。

初四日　午后余尧衢来谈。

初五日　至愚园路吊康更甡之丧，晤杨云史、潘□□、若海之子，更甡之婿。钱定安，无锡人，与云史皆更甡弟子也。略谈而出。六时至湘舲处，与之合请客也，到后先与金甸丞谈，既而徐冠南、施省之、叶柏皋、黄涵之、周紫珊、关炯之、庞莱臣、许止静、名业笏，江西彭泽人。癸卯举人，甲辰翰林院编修。国变后，隐居学佛，于去年避难来沪，寓在觉园。朱古微、金季言、姚文敷、狄楚青、沈惺叔、李云书，共两席。此次借省之厨役，每席二十元，另赏八元。邀而未至者为王一亭、谢泗亭、伍渭英、陈星华。散后又与湘舲谈吾镇二五库券事。

初十日　钱长美、李紫东来，长美以书求售，阅之良久。

十二日　属燕孙作函致宋澄之、董授经。

十三日　钱长美来，与之买书十七种，计洋二百零五元。

十九日　夜钱长美来，与买书四种，计洋七元。

二十日　属燕孙作函贺颜冠三到任浙江财政厅之喜。

二十三日　午后章一山来谈。阅《端忠敏公奏稿》。

二十四日　夜钱长美来，与买书三种，计洋十六元。

七月初二日　周湘舲陪郑觐文名光裕，江苏江阴人，深于音律。来，以本生父亲所纂《续文献通考》中之《乐考》，请其编辑，湘舲介绍，故陪其到此。订期半年,价四百元,每月送五十元,书成另送百元。余设宴款之,既而罗子敬、姚祝萱、费恕皆、邹燕孙陆续至,谈未久,葛荫梧来,坚留其在此夜膳,谈良久乃入席。此席与培馀弟合请。散后子敬复小谈而去。阅《续通考》中之《经籍考》。

初三日 阅《续通考》中之《经籍考》。

初四日 午后李紫东来。

初五日 午后冒鹤庭来,未晤而去。李紫东来,与买《九宫大成》一部,洋二十元。夜阅《续通考》中之《经籍考》。

初六日 冯梦华丈于今日午后二时逝世,感念挚交,悲悼靡已。

初七日 夜十一时至广仁里送梦华丈大殓,以地小人多,故宾客咸集广仁堂,晤冒鹤亭、徐积馀、夏剑丞、余尧衢、恽季申、朱庶侯、曹梅访、承绍村、姜毓麟、成翊清、外舅,待至十二时后始殓毕,诸客行礼后遂归。

初八日 燕孙来,属其作函致颜冠三,盖即荐燕孙也。郑觐文、徐晓霞先后来,均小谈而去。褚礼堂来谈至晚而去。燕孙来小谈良久,伊明日赴杭,爱俪园之馆已告辞,而此间代理书记,亦就此终局,束脩送至本月底。

十二日 恕皆来,属其作函复郑觐文。查杭州府人物传,为《续通考》中之人名履历须改正故也。

十三日 至南洋路严孟繁家中答冒鹤亭,谈至晚而归。属恕皆作函致冒鹤亭,请其题手卷册页也。

十五日 夜查《续通考》中之《经籍考》人名履历,阙者补之,误者改之。

十六日 郑觐文来检阅《实录》,与之略谈。

二十日 周子美来谈。王叔用与叶柏皋来谈良久而去。属恕皆作函复王君九、张菊生、金息侯。

二十一日 午后李紫东陪叶焕彬之侄荔圃、定侯、东明来谒见,略谈而去。

二十二日　属恕皆作函复冒鹤亭。余阅《续通考》中之《经籍考》。

二十三日　属恕皆作函致章一山、王叔用。晚至晋隆应罗子敬之招，为其长女于归子美事与余商酌，故客只余与培馀弟二人而已。

二十四日　子美来谈。罗子敬来长谈而去。

二十八日　章一山来，交到所书先妣墓志铭，此乃伊自己讨差，今既书来，不能不送润笔，以墓志非寻常应酬品可比，只得送润三百元，然而写得实在不惬余心，此纸万难刻石也。

八月初五日　至吴昌硕处谢其去年年底来望予疾二次，而今年未曾见过，故往候之。长谈二小时，东迈亦在旁同谈，并晤朱古微、王启之，江苏海门人，昌硕之弟子，现馆伊家课东迈之郎。及晚而归。

十三日　恕皆来，属其作函致吴䌹斋、莫伯衡、张祺卿。

十八日　午后以冯梦华丈六七领帖往吊焉。客咸在广仁堂，晤李佩秋、陈式周、郭涵斋、名振镛，湖南湘阴人，郭意城之孙，安徽候补知府，梦丈之门生也。魏楳孙、成翊清。楳孙与余言及义赈协会梦老最为注重，此会万不可散，且梦老之办赈乃奉特旨者，协会中人今只刘璩孙、朴孙之弟。王叔相、印光和尚、方颂如、成翊清、乔□□宝应人。及余数人而已。梦老尝谓耿耿孤忠而热心于振务者首推余，故与余言此会万不可散。涵斋亦系同志，言二者兼而有之之意。乃今年新来者，此后当可出力，尚须托佩秋去邀聂云台。总之，乞余不可以梦老逝后不肯帮忙，此其大要也，谈良久而出。

十九日　徐冠南于今日上午十时在宁波路五福弄相近地方被匪六七人绑去，其地离伊家甚近，又在热闹之区，而时间又在上市之时，竟出此事。沪上变为盗贼世界，宜逃避者之多也，寓沪富人避往大连、京、津，日有所闻，若晓霞、惺叔、叔驯均于前日启程矣。

二十日　编《续通考》中之《经籍考》。

二十一日　属恕皆作函致黄君坦，公渚之弟，在北京。属醉愚作函复饶星舫、徐积馀。

二十二日 编《续通考》中之《经籍考》。

二十四日 午前十一时至广仁堂送冯梦华丈灵柩出殡,至则已出门,乃径至平江公所等候,其时陈筱石、秦子质、叶伯皋、黄涵之、外舅已到,既而朱古微、陈子言、徐积馀、王叔用均来,与之略谈,迨灵柩到后行礼毕遂出。

二十五日 阅《王忠悫公哀挽录》。忠悫,静安之特谥也。

二十六日 返里。舟中阅何肖雅所著之《郡斋影事》、《西江赘语》、《话梦集》三种。

二十七日 有金子长者名涛,长兴城中人。专诚自长兴慕名而来观书,索余所刊十馀种而去。其人年只三十四岁,从前在中学堂法政学堂肄业,好学不倦,际此新学横行之际,而能如此笃嗜旧学,实为不可多得者也。

二十八日 阅《梁贞端公年谱》。名济,广西桂林人,乙酉举人,民政部员外郎,戊午十月投水自尽,殉皇室也。年谱为公子焕鼐、焕鼎所编辑。属醉愚作函复王巨川、名铨济,籍贯、仕履均不知,王欣甫托其来索书者也。王欣甫。

二十九日 属醉愚作函致刘谦甫。

九月朔 阅梁贞端公之《伏卵录》。醉愚今日赴沪,为子美作媒,初三行盘故也。

初二日 屈伯刚来谈良久而去。阅《梅里备志》。嘉兴余楫江孝廉霖辑,甫经刻成,金甸丞年丈赠予者也。

十一日 阅《啬翁自定年谱》。啬翁即南通张季直年丈謇之别字也。

十二日 是日阅《啬翁年谱》完。共上、下两卷,至壬戌七十岁止。尚少四年。

十三日 夜与韵秋查《续通考》中之《经籍考》,以其中人名,程学川有许多含糊为之,故须一考查也。

十四日　夜姜毓麟自南京来，为印书事也，与谈良久。

十八日　子美自沪归，与之略谈。

十九日　属醉愚作函复吴絅斋、陈保之、星南之子，名邦忆，现在南通图书馆充主任。金子长、即八月廿七自长兴特来看书者。聂云台。其杰，湖南衡山人，仲芳中丞缉规之子。

二十二日　罗子敬来小谈而去，伊于昨日由沪到此送其长女来，将于廿四日嫁与子美也。

二十四日　午前走至门口罗子敬舟中贺其女出嫁之喜，茗谈片时。至周子美家贺其续娶之喜，并留午膳。晤沈凤喈、沈允明、曹砺君、名元晋，双林人，壬寅举人，现为浔溪第一小学主任，子美之师，以二十年前曾在周氏处馆也。罗诒孙、名縠辰，湖州人，砺轩明经之子，子蕊之堂弟，二十年前曾馆余家课彬、橘妹等读。余与砺君、诒孙二十年不见，今不相识矣。周心远、鹤侪之四子。子怡、子美之弟。柏年、子美堂兄。汪胪仲。席散后至新房小坐片时，见妆奁中有书籍碑帖字画，以新娘国文颇有根柢，洵为近来所罕有者也。

二十五日　晚与姜毓麟谈，昨日自金陵来此，同来印书者二人、修补板片者一人。

二十七日　阅金子长所著之《面城楼书目解题》。属醉愚作函复刘公鲁、王巨川、金子长。夜编辑《续通考》中之《经籍考》。

二十九日　属醉愚作函复曹靖陶，又致孙师郑、刘春生。以书楼前面及西边空地须添种树木，与小莲庄花司务荣根相度地位计算株数及价目，约添四十株，须三百元光景，近来无物不贵，树木亦然也。夜阅《诗史阁丛刊》甲集，常熟孙师郑铨部自京寄赠者，其中诗则师郑与人唱和之作，文则名曰《禹斋文存》，即其自己之集，计散文二卷、骈文一卷。

十月朔日　属醉愚作函复王君九、贺葆真，前总统徐世昌之秘书，来函端为东海索余所刻各书，其人素不相识，亦无介绍，故亦不知其底细也。

又致叶柏皋、黄公渚。夜校《三垣笔记》。

初三日 属醉愚作函致吴絅斋、李审言。夜编《续通考》中之《经籍考》。

初四日 属醉愚作函复王毅侯、陈墨迻、章一山、张祺卿。阅《复庵遗集》。无锡许静山星使珏所著。静山,光绪壬午举人,先为丁文诚公幕僚,后充出使随员参赞,历保至广东候补道,出为意大利公使。国变后隐居不出。

初十日 夜阅《国学论丛》。皆北京清华学校研究院诸生所撰者也。

十三日 以《经籍考》中名目多误,特检各书对核而改正之。

十四日 属醉愚作函致褚礼堂、刘幼云、陈绳甫。

十五日 午后课荣根、元春种树,此三日中计种好桂花六株,梅花廿六株,腊梅三株,珠藤三本,木兰二株,嘉庆子玉兰、蔷薇各一枝,皆归荣根包种,计洋三百十五元。

十六日 罗子敬来,谈良久而去。日昨自沪至浔,寓在子美处。

十九日 检阅《耆献类征初编》及《碑传集》正编,为查人名也。

二十八日 在各处督荣根种树,计海棠、腊梅、夹竹桃而已。

三十日 与韵秋谈佛学,罂论先天门派等事至两时馀而睡。韵秋佞佛茹素,亦研究佛法者也。

十一月十三日 醉愚来,以吴昌老病故,属其作函唁东迈,又作函寿徐积馀六十。

十九日 顾企韩来,募购外国水龙捐洋贰百元,茗谈片刻。伊本是老同盟会,近来亦颇觉悟革命之殃民祸国,政治远不如前清,深悔从前做事之非,绝迹不与党国之事。谓从政一班,皆是强盗,势必演成公产无疑,姑息影家乡,以终馀年等云。余闻之,深讶与前判若两人,尚算是国民党中之有良心者。

二十日 属醉愚作函致朱少滨。阅姚名达所辑之《章实斋年谱》。

二十一日 是日阅姚名达所编之《章实斋年谱》。

二十二日 阅姚名达所编《章实斋年谱》,并参看胡适之所编之

《章实斋年谱》及实斋之《章氏遗书》。

二十九日 属醉愚作函复武进修志局，以索《章氏遗书》也。夜检阅各书。

十二月朔日 检阅近来新印之书。《传经室文集》、《雪桥诗话馀集》皆新印者也。

初二日 夜阅新印《王荆公诗文注》。

初三日 属醉愚作函致杨芷姓。

初四日 属醉愚作函复罗叔蕴，又致罗叔炳、金籛孙、金息侯。

初八日 查阅《十六国春秋》。

初九日 阅《清代朴学大师列传》。丹徒支伟成著。

十三日 查阅《南北史》及《十六国春秋》。

十四日 姜毓麟自南京来算印书帐，与之谈。

十五日 夜与姜毓麟长谈。

十六日 阅《蕉廊脞录》。吴庆坻著。

十七日 属醉愚作函致吴絅斋、孙惠敷、罗子敬、叶伯皋。

二十日 钱长美自南京来以书求售，阅之良久，可购者少。

二十一日 午后钱长美来，选购书四种，计洋拾一元，嬲之不已，余不能救其穷也。阅《台州府志》。王玫伯所纂，其子毅侯寄赠者也。

二十二日 属醉愚作函复喻志韶、李佩秋，又致陶拙存、陈述猷。夜阅《象山县志》。李佩秋新近寄赠者也。

二十四日 属醉愚作函复费恕皆、吴絅斋。

二十七日 阅《陈小石制军七秩寿言》。

1928年(戊辰,民国十七年)

元旦　阅《湘绮楼日记》。湘潭王闿运著。

初六日　嘱醉愚作函复陈剑翛,南京特别市市立通俗图书馆主任,来函乞书者。又复南京特别市教育局。亦来乞书者。

十一日　阅《聂氏家言旬刊》。

十三日　阅《中华图书馆协会会报》。

十五日　阅《图书馆学季刊》。

十六日　属醉愚作函复吴絅斋、王毅侯、黄公渚,又致庞莱臣、周湘舲、王均卿。

十七日　嘱醉愚作函复严谷孙、张石卿。名森楷,四川合州人,履历未详,略有文名。据云与吾湖陆存斋友善,在光绪癸巳、甲午之间。

二十六日　嘱醉愚作函致刘襄孙,又复朱少滨、许博明。

二十七日　夜校《三垣笔记》。

二月朔日　游超山。

初四日　午后四时抵浔。

初六日　夜查阅嘉庆、道光、咸丰、同治四帝诗文集,为作《续通考》中之《经籍考》按语也。

初八日　为《经籍考》检查各书。嘱醉愚作函致董授经、李紫东。

初九日　午后阅《皇朝通考》中之《经籍考》,因有许多书两处皆收,须对核也。夜仍阅《皇朝通考》中之《经籍考》。

初十日　午后阅《皇朝文献通考》中之《经籍考》。属醉愚作函复王均卿、徐积馀。

十一日 属醉愚作函复金甸丞，又致周湘舲。阅同治御制诗文集。

十二日 午后阅《续碑传集》及钱塘丁氏《八千卷楼书目》。

十三日 午后以编《经籍考》，仍查阅丁氏《八千卷楼书目》。

十四日 嘱醉愚作函致黄公渚，又复瞿良士、张叔远及清华学校研究院。阅丁氏《八千卷楼书目》。

十五日 编《经籍考》。

十六日 嘱醉愚作函致李紫东、陈子言。余编《经籍考》，查阅各种书籍。

十七日 嘱醉愚作函致刘春生。阅《续碑传集》，为编理《经籍考》用也。

十八日 余以编理《经籍考》，查阅各种书籍。

十九日 嘱醉愚作函致陶拙存、陈述猷、李乐知，又复丁仲祜、吴䌹斋。余仍编《经籍考》。

二十日 午后编理《经籍考》，查阅各书而已。

二十一日 与子美谈。属醉愚作函复彭恕遣，名轼，苏州人。素昧平生，亦来索书者也。又致左东山。名桢，日本人也。阅范小庭所纂《南浔镇志》。小庭名来庚，志系道光二十年所修。

二十二日 属醉愚作函致宋澄之、黄公渚，又复费恕皆、章一山、刘公鲁。

二十四日 午后阅《皇朝文献通考》中之《经籍考》。属醉愚作函复陈子言、黄公渚。

二十五日 夜阅《雄白集》。南皮张宗瑛著。宗瑛少年不禄，宣统二年故，时只三十三岁，良惋惜也。

二十六日 属醉愚作函复金篯孙、张菊生。晚赵季珩、王蓓孙、宋谷宜先后来谈，坐须臾，宴季珩诸君于宋四史斋，陪者醉愚、君实、蕴春，席散后复小谈而去。阅《掌故丛编》。仁和许宝蘅编。其掌故皆从国朝档案中辑录者，傅沅叔自京寄贻，于今日递到。

二十七日 阅《碑传集》,为《经籍考》查人名也。

二十八日 为《经籍考》查阅各种书目。

闰二月朔 嘱醉愚作函复周子美、罗子敬,致董授经、李紫东。

初二日 阅《续碑传集》与《先正事略》,为《经籍考》查各人仕履、著述也。

初四日 夜编《经籍考》。

初五日 夜饭后作张石铭挽联。阅郑觐文名光裕,江阴人。所编《续通考》中之《乐考》。

初六日 阅《乐考》。

初七日 嘱醉愚作函复陈绳甫、金息侯、费恕皆、张果侯。名宗芳,直隶南皮人。留学生之研究旧学者,向不相识,慕名而来。夜编辑《经籍考》。刻书人姜毓麟自南京来,与之谈。

初八日 阅《续碑传集》。

初九日 午后阅劳玉初遗稿,卢涧泉舍人所赠,刻亦涧泉所刊刻,以伊乃玉初之弟子也。今日自京师寄到也。嘱醉愚作函复李审言、顾斗南,名天枢,安徽歙县人。南京通俗图书馆主任。致郑觐文、叶柏皋。

初十日 嘱醉愚作函复吴絅斋,祝黄石荪七十寿。去年石荪丈正欲做寿,以丧弟未举行,今年补做七十生日。

十一日 夜校《泌园集》。

十二日 嘱醉愚作函致郑觐文。阅《十三峰书屋文集》。剑州李榕字申甫著,只文一卷,诗二卷,书札四卷,批牍二卷。咸丰壬子进士,官至湖南布政司,乃曾文正公幕友。

十三日 阅《续碑传集》。

十四日 阅《续碑传集》。

十五日 夜阅《掌故丛编》第二辑。

十六日 阅《续碑传集》及自己所藏书目。

十七日 夜校《泌园集》。

十八日 午后葛词蔚来，今日自平湖来吊张石铭之丧。参观各处，茗谈未久，钟伯荃至，自长兴来吊石铭之丧者。同谈片时。校《泌园集》完。

十九日 午刻以张石铭领帖，往吊焉。昨日灵柩自沪返浔。阅近时人文集数种。

二十日 嘱醉愚作函致罗叔炳、黄公渚、金钱孙，复董授经、吴絅斋、刘健之。

二十一日 韵秋自海门家中至。阅《经籍考》别集类。

二十二日 夜阅近人集部数种，为《经籍考》中别集类有错误，非查看原书不可也。

二十三日 午后张君谋来，将江苏大学募建礼堂办公厅捐册写洋五百元交还，略谈即去。昨今二日上午均来，以太早未见，热心奔走，对于该学可谓尽忠矣。阅光绪朝人之文集数种。

二十四日 夜阅光绪朝文集。

二十五日 嘱醉愚作函复李审言、李乐知、黄公渚、吴絅斋。阅同治时人之文集。

二十六日 嘱醉愚作函致郑觐文、恭邸，谢朱少滨。阅柏皋寄来近人家传墓志十馀篇。

二十七日 嘱醉愚作函复张菊生、任心伯。名绳祖，绍兴人。南京佛教慈幼院院长。阅王壬秋文集。名《湘绮楼集》。

二十八日 阅李次青方伯元度《天岳山馆文钞》。

二十九日 夜阅《贺松坡文集》。名涛，直隶武强人。光绪丙戌进士，刑部主事。为桐城吴挚甫京卿弟子。徐菊人相国世昌为之刊行，南皮张果侯自津寄赠者也。

三月朔日 阅《吴挚甫文集》。名汝纶，安徽桐城人，同治乙丑进士，直隶冀州知州，为光绪时之桐城派古文家。

初二日 嘱醉愚作函复袁恩树、向不相识，不知其字，亦不知其籍贯，乃交通大学毕业生,来讨《叶天寥年谱》者。杨芷甡。阅《贺松坡文集》。

上巳日 查阅近人集部,为《经籍考》中之别集类参考也。

初四日 嘱醉愚作函致俞恒农、张菊生,复叶柏皋。阅《墨花吟馆文钞》。桐乡严辰字缁生著。咸丰己未进士,得庶吉士,散馆改刑部主事,其兄伯雅观察锡康与先大父有金兰谊也。

初五日 夜阅《黎里续志》。光绪丁酉里人蔡丙圻修。

初六日 阅《贺松坡文集》。

初七日 午后阅《贺松坡文集》。夜与韵秋查改《经籍考》中之集部,亦须写明文集几卷、诗集几卷,不以混称之某某集几卷,非看原书不可也。

初八日 嘱醉愚作函致金篯孙、董授经,复李审言、张果侯。阅《雄白集》。南皮张宗瑛字献群所著。卒于宣统二年,只三十三岁。为吴挚甫、贺松坡之弟子,果侯之胞兄,其书亦果侯所赠。

初九日 出至颂驺叔处谈,因接财政部长宋子文来函,以卷烟特税库券续募壹千陆百万,照第一次须认三成。又接劝募委员会函所开数目:余拾万、贻德廿万、景德拾伍万、崇德伍万,限十日内解款。两函大不符合,找去年浔认三成,只须捌万壹千,沪认三成,祇须肆万捌千。委会来函竟加十馀倍,此中黑幕,明是沈联芳辈为鬼为蜮,实堪发指。又接张静江函以建设向余借款伍万元,贻、景两德各拾万,闻浔地芹伯最巨为叁拾万元,既无息又无期,显系竹杠主义。培馀弟得此函后惶恐万分,特函余属向颂驺叔商量,顾值此盗贼世界、黑暗政府,直是无法可商,只有一面倩山涛探听外间,一面静事观望,姑从延宕办法。似此一波乍平,一波又起,凡在资本家中非破产不可,一筹莫展,徒唤奈何。

初十日 午后阅《清麓文集》。贺瑞麟著。瑞麟字复斋,陕西三原人,恩贡生,咸、同、光时人。

十一日 孙惠敷自杭州来长谈各事。

十三日 嘱醉愚作函致张菊生。

十四日　嘱醉愚作函复袁恩树。

十五日　阅梦坡所辑《淞滨吟社甲集》及《甲乙消寒集》。

十七日　夜校朱聘三所托于《光绪实录》内钞录光绪一朝新进士引见、庶吉士散馆之谕旨。

二十日　翻阅各种诗集。

二十二日　午后阅《张文襄公奏稿》。

二十三日　阅《张文襄公奏稿》。

二十四日　嘱醉愚作函致朱聘三、叶柏皋、袁季龙。名恩树，芦墟人也。

二十五日　嘱醉愚作函致郑觐文，又唁吴东迈。

二十六日　嘱醉愚作函复章一山。阅《赌棋山庄文集》。长乐谢章铤著，同治、光绪时人，光绪丁丑进士，内阁中书。

二十七日　夜阅《赌棋山庄文集》。

二十九日　阅《费氏遗书》三种。武都费密著，国初顺治、康熙时人。严谷孙所刻赠予者也。

四月初二日　午后与子美谈。查本朝人各集部，为《经籍考》中有错误者须改正也。电复王叔用为《续通考》御序事也。文曰：北京东城干面胡同十八号辜府王叔翁鉴：两函及电敬悉。款于虞日交兴业汇奉，并两函，谅到津。书甚多，不在南钞，非经年不可，俟印就即进呈。别无他法，乞公斡旋。至感可敬。

初三日　夜与姜毓麟谈，今日自南京来也。阅《程一夔文集》。名先甲，江宁人，光绪辛卯举人，其人尚在。毓麟新赠者也。

初六日　夜阅《衎石斋记事稿》。嘉庆、道光时人，嘉兴钱仪吉所著。

初七日　与子美查府县志，为《经籍考》中人之履历均须考查明白也。

初八日　查阅《安徽通志》、《杭州府志》，欲考正《经籍考》中之人名也。

初九日 阅《虹桥老屋集》。无锡秦缃业著,字澹如,道光丙午副贡,浙江候补道。

初十日 阅《逊学斋文集》。瑞安孙衣言字琴西著,道光庚戌进士,官至太仆寺正卿。

十一日 嘱醉愚作函致金钱孙,复王叔用。

十二日 阅《思益堂文集》。长沙周寿昌著,道光乙巳进士,官至内阁学士,《国史》文苑有传。

十三日 与韵秋检查各书,为编次《经籍考》也。阅《思益堂日札》。长沙周寿昌著。宣统元年在上海千顷堂购后曾看过一遍,相隔二十年,已全忘之矣。

望日 检查本朝人集部书添入《经籍考》中,以有许多不著名删除,将有名补入,排其先后,非看原书不可也。

十六日 检阅乾隆以后人之集部。嘱醉愚作函复王叔用、金息侯、叶柏皋。

十七日 嘱醉愚作函复袁季龙,致费恕皆、内藤湖南。名虎次郎,日本人,颇研究中文者,彼国之博士。翻阅各集部。

十八日 翻阅各种别部。

十九日 嘱醉愚作函致叶柏皋。检阅集部。

二十日 嘱醉愚作函复高吹万。阅《躬耻斋文集》。会稽宗稷臣著,道光辛巳举人,官山东运河道。

二十一日 阅《石经阁文集》。冯登府著,字柳东,浙江嘉兴人,嘉庆庚辰进士,宁波府教授。作联挽辜鸿铭左丞。汤生,福建同安人,生长于南洋之槟榔屿,英、德、法三国留学生。宣统元年特赏进士,外务部郎中。丁巳复辟,授外部左丞。留学生中之长于国文,不染邪识,已不得见,而伊耿耿孤忠,不薙发辫,维持中国礼教甚力,译《四书》及我国典制诸书为英、法文,甚称于时。尝谓欧美主强权,务其外者也;中国主礼教,修其内者也。故言一时之强盛,似优于中国,而图长治久安,则中国之道盛矣美矣。为张文襄所倚重。晚年世变益亟,守旧如故,人以怪诞迂腐目之,贫窘更甚,应日本大东文化协会主讲之聘,留东三年,去秋返国而竟郁郁以终。方今邪说横行,丧心病狂,几不知礼教为何物，鸿铭博通中外，徒以墨守旧型，为所摈斥，世道尚可问哉。通才如此，吾辈之与世龃龉盖可知矣。

通中学则维圣教，通西学则审敌情，报国有文章，笑他邹衍空谈乌谷青邱夸异域；

尽臣道以翊冲人，尽师道以裁后进，识时真俊杰，愧我韩荆幸识泰山北斗苦先生。

二十二日 作联挽刘诚甫侍御显曾。

二十三日 翻阅各种书籍。作联挽黎潞庵湛枝。

后辈附年家，记曾上擢甲科，谏草争传遗老重；

先型守经学，还赖遥分乙火，韡华遽谢阿兄单。侍御与本生父亲戊子同年，壬辰进士，官至御史。为刘伯山大令四子，其兄为谦甫孝廉也。

遗墨认烟云，最难忘沽水联欢，淞江饯别；

清怀傲冰雪，犹想见天章拜宠，内帑衔哀。右丞光绪癸卯传胪，官编修，丁巳复辟，授学部。右丞，余由一山介绍相识于海上。甲子返津，不谓遂成永诀矣。

二十四日 编《经籍考》，查阅各种书籍。

二十五日 查书编《经籍考》。

二十六日 查书编辑《经籍考》。嘱醉愚作函致吴絅斋。

二十七日 午后叔筠来，出示少清函，述及山涛告以张咏霓曾至其家，卷烟库券限我家一星期内先解二十万元，闻之愤愤，专制达于极点，即军阀亦无如此蛮横手段也。

二十九日 午后四时舟抵沪。

三十日 午后费恕皆、叶柏皋、罗子敬来谈。

五月朔日 午后清理书室各物。离开九月,杂乱不堪,不知为谁所拖乱者,可恨。

初二日 嘱恕皆作函致张菊生。子美来谈。

初四日 午后冒鹤亭、张菊生、章一山先后来谈,因知予到沪故来访也。

端午日 阅《茹经室文集》。太仓唐蔚芝侍郎文治,光绪壬辰进士,官至农工商部侍郎。所赠共六卷。甲寅年其弟子金叔初为其刻行,此为初集。

初六日 午后与子美清理善本书。宋、元、明及旧钞并批校本。

初七日 午后子美来,并偕履冰清理予书室及厢房善本书籍。

初八日 夜与公渚、子美谈。阅《王忠悫公年谱》。赵万里辑,清华学校学生,忠悫之弟子也。

初九日 清理书籍。

初十日 恕皆来,嘱其作函致庞天笙、褚礼堂、冒鹤亭。晚子美来,作联挽陶子麟。

大孝本天情,岂因白业皈心,禅榻甘从开士习;
荣封仍市隐,纵到赤明历劫,学林犹忆椠人功。

十一日 嘱恕皆作函复高吹万、庞莱臣。

十二日 李紫东来谈。

十三日 子美来谈。嘱恕皆作函谢唐蔚芝,谢其赠《茹经堂初编文集》也。致叶柏皋。

十六日 嘱恕皆作函复恽瑾叔。晚陈子言、叶柏皋来谈。

十七日 嘱恕皆作函致李木公、顾斗南。名天枢,南京中央大学社会科学院主任,不知其何处人,寄来文渊阁所藏《四库全书》照片,故作书谢之。

十八日 阅《清史稿》,新从北京寄来者也。

十九日 阅《清史稿》。

二十四日 午后徐积馀来谈良久。嘱恕皆作函复章一山。

二十五日 午后柏皋与王叔用来，谈天津行在情形良久，至晚而去。嘱恕皆作函复庞天笙、张菊生，致褚礼堂。

二十九日 嘱恕皆作函致张芹伯、余樾园。谢其赠汪鸥客山水册页也。

六月朔 李紫东以书来售。鲁玄尘杭州人，现在两门二区公安局充秘书，恕皆介绍其钞《宋会要》清本，价目则每千字两角。来。嘱恕皆作函复金箴孙、张菊生。

初二日 嘱恕皆作函复张中孚、张果侯、宋澄之、周子美。

初三日 午后郑宇荪来，为《续通考》中之《乐考》乃其父觐文所编，今来取国史馆之《乐志》去，以便觐文有所增补也。

初四日 叶柏皋、李紫东来。嘱恕皆作函谢俞凤宾、徐积馀赠书。

初六日 午后冒鹤亭偕叶誉虎名恭绰，广东番禺人，邮传部佥事。国变后久任交通总次长，与梁燕孙士诒等同为交通系，颇著名，其人办事颇有才而文学亦优。来谈片时而去。

初十日 嘱醉愚作函复陈诒重，上恭邸，又致郑觐文、沈淇泉。

十二日 嘱醉愚作函致沈淇泉。

十四日 午前胡幼腴名思义，漱唐之弟，前官云南蒙自县知县。入民国，浙江盐运使，江西省长。来，未见而去。

十五日 午前程子大名颂万，湖南宁乡人，湖北候补道。来，未见而去。

十六日 嘱醉愚作函复吴䌹斋，致章一山、姚文敷。

十七日 四时与公渚同至徐园即双清别墅祝孙慕韩夫人六十寿。出至永善坊答胡幼腴，南洋路答冒鹤亭，均谈良久；锦文坊董授经，未晤而归。嘱醉愚作函答孙惠敷、高吹万。

二十二日 王叔用来谈。恕皆来，以疯症旧恙复发，自初五起未曾来过，今已十七天矣。嘱其作函复张果侯、姚石子。名俊超，又名光，号凤石，江苏金山人,惠予《钧璜堂存稿》并索予所刻书,故作书以谢,并赠以书也。夜与公渚谈,嘱其去通知同志,以便电致国民政府,请严禁严惩掘毁乾隆及慈禧后等陵,现在虽云溃兵,实乃冯玉祥指使其部下所为,总之非国民党,决不作此等残暴之事。国民党之人专与皇室为难。罗叔蕴自天津电致叶柏皋,谓将联合各团体电国民政府,严禁并请保护,南方同人愿列名者请电示,以便加入。柏皋以感冒不能来面谈,故又函来,又嘱叔用致意。

二十三日 嘱恕皆作函致包滇生、葛词蔚。夜与公渚谈,据述今日所至之处,若陈容民、许鲁山、陶拙存均不以罗叔蕴为然,谓不愿由彼作面子,并劝予万不可列名,盖无益于事而有害于己,现在政府最恨遗民,如有钱者尤为注意,此真不可不防,实是爱吾者之美意,此数语乃拙存所说者,尚有恽季申、曹梅访、张豫泉、李孔曼均极热心,愿附名焉。予以为最可恨者有一班遗老,自己则毫无忠义之心,皇室之事全不在心上,若有人出而为之,则又必多方讥笑以批评之,即如今日之事,他人不为,而叔蕴能为之,理论应由陈弢庵、朱艾卿、郑苏勘等发起,结合团体,请政府严办保护。即是忠臣义士,纵其人他处有不足取之处,此举总是好事,何可一概抹煞。思之心痛,此所以有今日之世界。读书君子尚如此,况小人乎。

二十四日 李孔曼与苏幼宰、名宝盉,广东顺德人,宣统元年优贡,考取礼部七品小京官,提升主事,在沪卖字多年矣。叶柏皋、王叔用先后来,同谈良久,皆为掘陵之事而来商酌也,遂即电致罗叔蕴,告以极愿附名,王雪澄等十馀人电费由予出,名则未立。叔用以奉旨召赴天津行在,及奔走大连、奉天等处,苦无川资,予以五百元赠之。嘱恕皆作函复褚礼堂、陶拙存。

二十五日 李孔曼来,交阅张汉三年丈学华来函,无非欲予与柏皋在沪邀集同志联名具呈政府,请严惩掘者,将毁坏者修复原状,未掘者妥为保护尚有一函四人具名,其意相同,列名者为张学华、汪兆镛、吴道镕、桂坫四人,尚有名单一纸,约二十人左右,皆愿名者。之意。以今日新闻报载慈禧太后面如生，脑骨都凿碎，阅之岂不伤心。夜喻志韶、叶柏皋来长谈。

二十六日 午后李紫东来，托其向董授经催书目稿也。出至章一山处谈良久而归。

二十七日 子美来即去。嘱醉愚作函致罗叔蕴、俞寿丞名明颐，绍兴人，曾任江西奉天实缺道，恪士提学之胞弟也。后即去，以伊约友游黄山，趁长江船须今夜登舟也。

二十八日 午后李木公来谈。嘱恕皆作函慰傅沅叔悼亡，复章一山。

二十九日 午后孙景杨、叶柏皋、孙惠敷先后来谈。

七月朔 午后柏皋来，交阅恭慰皇上之折稿。惠敷来谈。嘱恕皆作函谢姚石子。惠我书籍。

初三日 嘱恕皆作函致汪甘卿，复朱古微。

初四日 午后葛荫梧、章一山、叶柏皋先后来谈良久而去。李紫东来即去。嘱恕皆作函复南浔中学、高吹万、贺性存，致沈端臣、王叔用、陈彛卿。夜罗子敬来长谈至一时而去，盖新自天津归，缕述行在近来情形也，闻之叹息。

初五日 嘱恕皆作函谢高望之。蒙其赠书也。

初六日 午后鲁玄尘名奎，杭州人。黄缉甫已告辞，恕皆举此君暂行试用。来，嘱其作函复庞天笙、董东苏。

初七日 至叶柏皋处谈良久而归。

初八日 李紫东来。嘱恕皆作函致汪甘卿、王兴甫、王叔用。

初九日 午后柏皋来谈。嘱鲁玄尘缮写恭慰皇上孝思折奏，为东陵掘毁事。即由柏皋领衔共百馀人，予亦列名其中。嘱恕皆作函复顾午楼、王兴甫、陈保之、陈述猷。

初十日 柏皋来谈。嘱玄尘钞致罗叔蕴。恕皆昨日所拟之稿。查《光绪二十一年谕折汇存》。

十一日 李木公来,说定报効东陵修复费一千元。嘱玄尘作函复沈侣夔,致郑觐文。夜姜毓麟自金陵来。

十三日 午后与公渚至极司非而路答林诒书,遇李拔可,谈良久。至陈仁先处,未晤。

十四日 午后柏皋、积馀来谈。嘱鲁玄尘作函复李孔曼、吴絅斋。

中元节 下午姚达人、名达,江西兴国县人,北京清华学校研究院毕业,王静安之弟子。陶拙存、柏皋先后来谈。夜阅陈诒重所编之《帝系考》,阙漏甚多,远不如予前所编者,托人之难如是,可叹。

十六日 嘱恕皆作函复张中孚、汪甘卿及外舅。嘱玄尘缮写报效东陵款五千元之奏折。罗子敬来,交到乃兄叔蕴来函,云今日有张君兆钾据子敬说是曾任甘肃陇东镇守使,现已下野多年,不知是何处人。有款进呈,因便携尊函上陈乙览,尚甚怫然,言刘某屡次进奉,忠款夙彰,乃同人挤之若此,岂有此理,总之汝与刘某一片至诚,不仅我知,上天亦知之,二三日内即须发电,列名必须加入,并望传知我意,以后幸相助,勿灰心等云。读悉之下,感激涕零。溯自国变以后,凡皇室有事,靡不赔银钱,贴辛苦,供奔走,乃旁观者或讥其未列朝廷,妄称遗逸,或指为宗社遗孽,不识时机,即此次陵案发生而后,陈筱石为东南领袖,并不来此关照,而余属公渚往招,诸君非特不肯出赀,不来会议,且谓掘坟之始作俑者为罗叔蕴,而刘某何必为叔蕴作面子,叶柏皋又袒护叔蕴之人,若不屑与哙等为伍者。余甚愤愤,故不列名,然遇有事故,打电报,写快函,均惟余是责,而事后则人又反唇相讥,何乐而为此。今朝廷不以草莽而弃之,则又未便漠视。读杜工部"独使至尊忧社稷,诸公何以答升平"之句,古今同轨,可胜叹哉。

十九日 午后董东苏来,长谈至晚而去。阅《清史稿》中之《王子世表》,与《帝系考》两相核对,以冀完善无缺。

二十日 属恕皆作函致万公雨、江湘岚、张德孙,复王蔀畇。名荣甲，嘉兴人，己丑举人，广西州县，国变后隐居不出，学问亦优，嘉兴之耆旧也。后来知国变后，莭畇曾为江苏震泽统捐局长，非遗民也。玄尘来，此四函即属其钞写。褚礼堂来，交到请其所题之希古楼藏书、嘉业堂勘书两手卷，盖去年八月交去，今始交来，礼堂可谓疏懒矣。留夜饭，长谈至十一时而去。余请其加题崇陵补树图及写扇面一页，共送润赀壹百元。

二十一日 阅《清史稿》中之《皇子世表》及牟其汶编之《宗室王公世职章京爵秩袭次全表》，两相校对，或有补增，以冀《帝系考》之完备无误，然皇皇《清史稿》竟有错误，反不如牟其汶所编者，官书之不可靠如此，反不如私家著述之审慎矣。

二十三日 午后叶柏皋来谈。属恕皆作函复张豫泉，又有七古一章祝其七十寿，四月间生辰。属玄尘一并钞之。陈乃乾偕高君定来小谈而去。君定名基，金山人，高望之之子，持乃翁谢余赠书之函而来谒也。

二十四日 午后吴东迈来，先交到银元三千两，欲存在余处，利息欲格外叨情，按月七厘。余答以此间自己人存款，只有长年六厘，阁下宜加，则全体存户统欲增加，实有为难之处。后由菊如与之谈，作按月六厘，伊亦允许，数目则大约壹万两之谱。余收受此等存款，真是讲交情，甚为吃亏也。属恕皆作函复汪甘卿、顾鼎梅。

二十七日 属恕皆作函致庞莱臣、周梅泉、邵叔嘉。晚喻志韶、吴东迈来谈。

二十八日 午后徐积馀来，亲交到贡献东陵款洋贰百元，小谈而去。柏皋来谈。晚汪甘卿自苏州来，交到东陵款洋陆百元。据云尚有数百番可来，此次在苏劝募颇为尽力。留夜饭，长谈至九时许。曹融甫来，交到洋贰千元，乃智庵叔彦昆仲每人一千，亦甘卿经手者也。

二十九日 属恕皆作函复孙惠敷、金子长。庄骥千来谈，为浙江省政府现在通令各县捕捉街上野狗，南浔巡警奉到省令亦在举行，由警察与保卫团四处捕捉，杀毙掩埋，令人惨不忍睹，因一面商恳警察局展缓一月,一面由伊发起在四乡祖屋数间以豢养之,每头养费约七元二角,合镇之狗几及千头,现除各居民捐照者每年一元。不计外,约有六七百头,除被捕而死者约二百头,尚有四五百之多,现除各家认捐者外尚有百头无著,故特来恳商,余允许其由公堂助洋五百元而去。惟念革命军之害人可谓至矣尽矣,禁止卜筮星相各家营业,则革九流家之命;禁止烧香拜佛礼忏等事,则革僧道之命;鬼神仙佛均受其害,今下而至于畜生亦受其害,其毒甚于洪水猛兽,甚于洪秀全、杨秀清及明之李自成、张献忠,而昏愦之民尚日夕颂扬之,此余所最不解者也。

三十日 午后徐积馀交到印光法师助修东陵善后款洋叁拾元,方外而具爱国之忱,墨而儒者,赞叹靡已,奈何身受君父之恩而漠然视之,转不若缁衣之侣,有颇多矣。叶柏皋来,继而一山、惠敷来。晚孙慕韩、黄伯雨、章拱北、名景枫,金华人,辛卯举人,福建建州县,后过道班,曾署兴泉永道,国变后曾当烟酒公卖官产处等差。曹梅访、周紫珊、冒鹤亭、黄涵之、孙厚在、名嘉荣,绍兴人,湖北知府,闻与国民党人颇接近,亦老革命家也。左台孙均先后至,适陈容民来访,公渚遂邀之入席,成翊清亦至,共两席,膳系功德林素菜,以今日之宴,乃为东陵善后事,非寻常宴会者比,盖照大丧例也。散后请诸公落笔,共写约叁千元。邀而未至者,俞琢吾、王雪澄、张仲照、李木公。木公人虽未至而贡款壹千元即已送来。此次宴客虽余与柏皋、一山同具名,然其费皆余一人认之,盖往往如此,非止今日也。

八月朔日 恕皆来,属其作函复吴絅斋、庞莱臣。

初二日 恕皆来,属其作函复王蔀畇。

初四日 下午余尧衢来,由恕皆接谈片时,迨予下楼,已走矣。

初五日 下午周梅泉偕夏剑丞来,未见。

初七日 午后金钱孙自北京来谒,小谈而去。章一山来谈。

初九日 恕皆来,属其作函复董东苏、孙慕韩、杨芷姓,致喻志韶。补辑《帝系考》。

初十日 补辑《帝系考》。

十一日 李孔曼与柏皋来谈良久而去。补辑《帝系考》。

十二日 补辑《帝系考》。

十三日 嘱恕皆作函复沈重堪、名沂，杭州人，二十年前在杭相识，今忽来告贷，云欲赴河南冯玉祥处当差，乃前江苏省长韩国钧所介绍，以重堪本江苏县知事，曾任吴江，故与韩熟，现在求助川资，乃以五十元赠之。张中孚，致徐积馀。嘱醉愚作函复徐懋斋、李毋固，致章式之。

十四日 午后恽瑾叔来，借洋叁百元而去。茗谈良久，伊甚感荷，以欲写借据，余力劝不必，问利息若干，予亦告以不必，区区之数，万无是理，故伊甚欣然。嘱恕皆作函致余尧衢。嘱醉愚作函复夏剑丞、张果侯。

十六日 补辑《帝系考》完。

十七日 嘱醉愚作函致汪甘卿、张星若、严载如，收到贡献东陵善后款项，作函以代收条。复喻志韶。

二十日 嘱恕皆作函复宋澄之，致恽瑾叔。补辑《封建考》。

二十二日 叶柏皋、李孔曼偕金滋轩名湛霖，广东番禺人，荫湖北同知。甲子出宫，曾奔赴北京，在日本公使馆召见数次。此次在粤集款，只得二千馀元，携款至天津贡献，尚拟至遵化谒陵，亦吾侪同志之健者。予深佩之，年长于予四岁。至东莞陈子砺提学伯陶为广东同志之最忠诚者，已独贡五千元，早与奏折同去矣。来茗谈片时。

二十三日 嘱恕皆作函致宗子戴，复周湘舲。

二十四日 重编《封建考》。

二十五日 嘱恕皆作函复余尧衢、柳诒徵，字翼谋，此是其名，据来书云是缪小珊弟子，曾在缪处见过，予久忘却，其号亦记不得，现为中央大学国学图书馆馆长，来乞书者。致汪甘卿。

二十六日 章一山、宋澄之、王毅侯、喻志韶、潜甫先后来谈良久，宴毅侯于嘉业堂，以志韶是父执，一山是师，坚不肯坐首座，由志韶代坐,陪者尚有恕皆、玄尘、公渚,皆自己人也。

二十七日 嘱恕皆作函复周湘舲、葛词蔚、南浔中学。补辑《封建考》。

二十八日 下午玄尘来,嘱其缮写奏折,予与柏皋会衔将募集之壹万四千五百元随折贡献,缺少二十元,将杞儿之名写入,以凑成此数,折稿乃柏皋所作,由交通银行汇去,托罗叔蕴代递。夜柏皋来谈,待至十二时始得写完。此次东陵之事,柏皋奔走并致函各处最为出力,良可钦佩。一山近亦淡然,不能如从前之热心矣,可叹之至。

二十九日 嘱恕皆作函致罗叔蕴,复汪甘卿、孙厚在,谢周梅泉。题崇陵补树图,故以函谢之。

九月朔日 补辑《封建考》完。

初二日 章一山来谈,李孔曼、柏皋来谈久之,留夜膳而去。嘱恕皆作函复陶拙存、罗叔蕴、江湘岚及外舅。嘱玄尘钞陈子砺函。与李孔曼、谭组庵,皆为东陵重葬后善后事宜,考据甚多,孔曼交来阅看者。

初三日 嘱恕皆作函致余樾园,复宗子戴。

初四日 午后王叔用自天津大连南归,与李孔曼来长谈。

初六日 返浔。

初八日 午后阅《中华图书馆协会会报》。嘱醉愚作函复孙惠敷、陶拙存。夜阅《北京图书馆月刊》第一、二期。

重九日 夜阅《北京图书馆月刊》第三期。

十五日 嘱醉愚作函致周梦坡。阅《茹经室文集》二编。太仓唐文治著,新刻竟而介俞凤宾赠余者也。

十八日 阅《郎园读书志》。

十九日 阅《郎园读书志》。

二十日 阅《郎园读书志》。补辑《经籍考》。

二十一日 阅《退耕堂政书》。徐世昌著,内分奏议、函牍、电文,今日沪寄到赠余者也。藏书楼前三亭之顶本系葫芦式形，今易以瓷瓶，取其储水一泓，可以克火，亦形家补救之法。先是，吕选青勘书楼风水，云荷花池不宜正对，必须移向西边，乃可避火。余以移池大非易事，工资甚巨，动耗数千，因循未果。今春选青来此，又请其细看，并告移池之难，伊踌躇再四，劝余造一亭子，以遮蔽池西南隅之桥，然量度方向，起亭已无位置之所。日前高云川来，请其阅勘，与选青意见相同，不得已而思其次，属余将亭顶各置一瓶，瓶中储水，水或干时，天亦雨矣。如是瓶水不竭，庶可避其火灾。藏书楼总以避火为第一要义，甬江天一阁亦犹此意耳。云川又说书楼过壬申年，余不宜住，住则恐得风瘫症。姑志之，以验来者。

二十五日　醉愚来，属其作函复朱古微、贺性存、贾君玉、殷介夫、孙师郑、杨芷姓。编辑《经籍考》。

二十七日　醉愚来，属其作函复叶柏皋、罗子敬、李孟楚，又作函谢包滇生、万公雨，题崇陵补树图诗。又致李紫东。夜增补《经籍考》。

二十八日　嘱醉愚作函致沈端臣。余为查《经籍考》中之著书人仕履、籍贯。夜阅《杭州府志》。

十月初二日　在湖州。午后至盐公堂，晤邱松存。时李佑仁在公堂相候，遂同至潜园，园在横塘，地颇幽僻，晤陆颂橘，正在开书画展览会，殷勤招待，同至各处瞻视良久乃出。由佑仁陪往海岛图书馆，馆门键闭，不得入，盖俞恒农为馆长，其钥匙为恒农收管，其人不在，无从进去，怅然而出。

初四日　返南浔。

初五日　嘱醉愚作函慰章一山悼亡，又复喻志韶、费恕皆。

初六日　午后邱问清来长谈良久，并至楼中各处阅视一周，赠余孔子圣像照片一纸，盖伊新从山东放赈归来，在兖州一带有四月之久，在曲阜亦有一月，此象片乃衍圣公孔德成所赠放赈诸君者，伊转以赠予藏诸书楼，亦可感也。

初八日 嘱醉愚作函复吴纲斋、董授经、周湘舲,又致李紫东。

初九日 嘱醉愚作函复陈墨迻、罗子敬、黄公渚、王均卿、陈子言、邓萃英。河南开封中山大学校长,籍贯、履历均未详。晚厨司连生以饭菜恶劣,开罪韵秋,韵秋大愤,特来告余,余安慰之,并饬连生以后不可如此。

初十日 嘱醉愚作函复贺性存、罗叔言,又致罗叔炳、叶誉虎。

十二日 校《经籍考》。

十三日 嘱醉愚作函致周梦坡、吴纲斋。

十五日 陆颂橘自湖州来,赠以王勃、岳云画像各一帧,王烟客山水一帧,朱文公行书立轴一幅,又宋元工笔小件两幅,地子太黑,看不出是谁所绘。小谈,留其夜膳,坚不允,盖欲趁苏班返湖,此来专诚访余,并告以纯伯今冬即欲安窆,并将帐目示余,不知其意之所在也。属醉愚作函复陈述猷、陈绍周,又唁高吹万。

十六日 查《经籍考》作者履历。

十七日 属醉愚作函复孙惠敷、姜毓麟,又致方惟一、名还,昆山人,本一岁贡生,略有文名,现为国民政府交通部秘书,向余索书,后曾以五古来谢,故作函答之。叶伯皋、罗子敬。

十八日 阅《天问阁文集》。

二十日 属醉愚作函谢王友竹赠书。

二十七日 夜补《经籍考》。

二十八日 属醉愚作函唁冯孟颛,丁承重内艰。又致费恕皆、周梦坡、黄公渚。

十一月朔日 阅《光绪十九年搢绅录》,为查《经籍考》中著书人履历也。

初二日 夜校《经籍考》。是日得胡姓初十月望函,知蒙恩赏"世有令名"扁额一方,御用玉器四件,上照片一纸,谨志之。

初三日 校钞好之《经籍考》第一册。

初五日 夜阅《庄史案辑论》，近人朱邦彦字襄廷者所著，亦国民党人物，诋毁本朝之语甚多，未足为信史也。

二十四日 夜饭后与子美、公渚谈。公渚于十三日到此。

十二月初四日 醉愚来，嘱其作函复汪滋生、借以百元。陆颂橘、陈子言、罗叔蕴、子敬。

1929年（己巳，民国十八年）

七月朔日　下午五时郑觐文来谈，为《续通考》中之《乐考》，请其增补乐器图也。

初六日　午后王均卿与汤济沧湖州人，向为学校教员，本是革命党中人物，丁卯年国民政府成立后，曾任沙田局长，颇有所获，近已在苏州买宅纳妾，面团团作富家翁，不复出而任事，究竟作官之钱来得甚易也。来谈良久，据云近来颇研究小学，欲看余小学书目，余答以在浔，致未得看耳。

初七日　董东苏来，将《象纬考》三册交其阅看，并托其修饰文字。

初八日　恕皆来，属其作函致褚礼堂、陶拙存，又复黄申甫。名维翰，江西崇仁县人，乙未科进士，兵部主事。国变后，未出山。来索书者。申甫由兵部主事出守奉天，被议革职，特志之。

初九日　夜喻志韶来谈，公渚同至共谈良久。

初十日　属恕皆作函复金铸欤，又致袁观澜。为人文图书馆索书，赠其十种而已。

十五日　属恕皆作函复吴絅斋、王均卿。

十九日　费恕皆来，属其作函复王均卿、孙师郑，又致宋澄之。

二十二日　下午此间将买汽车，法界霞飞路大利汽车行开到一辆，看其牌子曰飞亚脱，乃与钟屺云、杞、虎两儿试之，驶至静安寺路，驶者为法人名海门廷格，后又驶至汽车行，七时半回。

二十五日　嘱醉愚作函致傅沅叔。

二十六日　李紫东来，谈董授经纂辑藏书志事良久而去。是日作陈善馀挽联，特录之：

大名千古，大集千古，通儒兼孝子，奚须捧檄承欢，况高蹈不上征车，只许他卿相驰书，生徒秉贽；

经师一时，人师一时，父执溯年家，犹记造庐请谒，奈老成顿悲绝响，转愧我乡邦访旧，耆献谀闻。

二十九日 是日董授经、李紫东来，余因病未见，由醉愚见之，补辑藏书志事，授经约初四日到馆，约期半年，月脩贰百元，长谈而去。

八月朔日 周子美来。嘱恕皆作函致黄申甫，醉愚作函复郑觐文，又作函致徐积馀、张菊生、董授经。

初二日 属醉愚作函致董东苏。周子美来谈。

初三日 是日王雪澄大殓，余因病体初痊未赴吊。年八十五，初一日酉时病故。

初四日 午后四时徐积馀、张菊生、周子美、费恕皆先后来，在此辨别宋元本，盖为选印书影也。六时半董授经、李紫东同来，略谈，宴授经诸君于嘉业堂。饮毕略谈而散。属恕皆作函致王蔀畇。余与公渚、子青、醉愚谈。

初五日 午后子美来谈。阅杞虎两儿近来所作之文，杞则全无长进，余心闷甚。是日董授经至此，为余编藏书志，在东厢房办事，随带钞写孙逸斋同来。名怀林，镇江人，从前在缪筱珊处为钞胥，筱珊故后，即在授经处办事，亦已多年。盖此书初请筱珊办理未成，而筱珊作古，即请授经继续为之，言明一年为期，送润赀洋壹千贰百元，岂知一年期满，钱已送罄，而书只成五卷以后即延搁不办，已数年矣。余急欲结束此事，屡次向催，依然不办。今年乃托李紫东与之说定，再送千贰百元，以六个月为期，惟必须到此办理，方可成事，否则仍是到期不完工，亦是一定之理。以伊境况奇窘，近又在做律师，充学堂教员，在家作此，定难限期交卷。故由紫东与之约定，到此办理，且各种善本书送去，难免遗失，前此送去各书，已为其遗失数种，不得不防。是以请其到馆，伊亦许可。上月廿九日与紫东来过，余适抱恙，由醉愚与之接洽。昨日上午与孙逸斋同来，在此午饭，是以昨夜设席宴之。今日始来实行办事，上午九时来，午后二时去。

初六日 午后与董授经谈。

初七日 属恕皆作函致余尧衢，又复董东苏。

初十日 午后张菊生来略谈即去。属恕皆作函致王均卿，又复余尧衢。

十一日 午后宗子戴来小谈而去。

二十三日 属恕皆作函复傅沅叔。

二十九日 属恕皆作函复张菊生、孙惠敷。

九月朔日 嘱恕皆作函复王欣甫、张菊生，致张芹伯。

初三日 嘱恕皆作函复吴䌹斋、潘姜灵。名宗鼎，江宁人，素不相识，赠书二册，来讨予所刻之书耳。夜校《经籍考》，钞写之人杂出不一，故错误太多耳。

初七日 嘱恕皆作函复王均卿、张芹伯，致朱聘三。上月向大利汽车行所购之飞亚脱牌汽车价银贰千八百两，此乃内子去看，张叔驯所介绍者，该行乃美商经理，名海门廷格。于今日第一次坐也。

十四日 傅沅叔、李孔曼来，均未见。傍晚至极司非而路应张菊生之招，同坐者傅沅叔晋生乔梓、汤爱礼、名中，常州人，前为教育次长。白坚武、名坚，四川人，好收藏金石者。王啸侯、名念曾，宝应人，民政部员外郎。国变后，闻在财政部办事。董授经、李拔可、高梦旦，福建长乐人，前在商务印书馆办事。席散后与沅叔、授经小谈而归。

十五日 晚至云南楼应董授经、李紫东之招，亦为傅沅叔晋生乔梓饯行也。傅氏乔梓明日赴日本游历，兼看彼国所藏之中国各书，以近年日本不惜重价收买吾华宋元明各种善本，所有文苑菁华为彼收去不少矣，可叹也。同坐者为白坚武、张菊生、陈乃乾、恽季申，散后即归。

十六日 夜与公渚谈，孙公达、王毅侯来小谈即去。校《经籍考》。

十九日 恕皆来，属其作函复周子美、施韵秋、李孔曼、许谷人。名浩基，杏泉之子。

二十日 夜属恕皆作函致汤爱礼、郑觐文。又以郑虚一五十，作书祝之。

二十二日 恕皆来，属其作函致姚虞琴、章一山、金甸丞。

二十六日 属恕皆作函致金季言、张亮卿、董东苏，又复谢刚主。名国桢，不知何处人，清华学校出身，为梁任公、王静安二君之弟子，由贺性存来函介绍者也。

十月朔日 费恕皆来，属其作函复王一亭、宗子戴、张亮卿。

初二日 费恕皆来，属其作函复张菊生、贺性存、徐积馀。

初四日 费恕皆来，属其作函复汤艾礼、袁伯夔、孙康侯。

初六日 费恕皆来，属其作函复刘凌沧、张亮卿、吴絅斋。

初七日 叶誉虎、赵叔雍偕至，欲选有清一代诗馀，定名《清词钞》，约一百卷，推余与公渚为总干事，其意以叔雍从事报馆而誉虎寓居偏僻，欲就余处为征集之所。余以精神疲惫，且自己事务亦在慵办，婉言辞谢。而伊等以为事可责成公渚，惟借余寓为叙集所耳，因邀公渚来此同谈良久而去。晚醉愚自浔来，属其作函致汪甘卿，又复董东苏、郑觐文。

初八日 恕皆来，属其作函复谢刚主。

初九日 午后与醉愚出至虹口东有恒路德裕里吊王雪澄之丧，晤王聘三、罗子敬，略谈而出。至发界拉都路访章一山，登楼长谈，由其派一人，陪至周宅答朱聘三，未晤即归。

初十日 午刻培馀弟来，偕同公渚、醉愚至六三花园以为吴昌硕开追悼会也，发起人为中日各半，华人为王一亭、朱古微、哈少甫、姚虞琴、庞莱臣、周梦坡、丁辅之、王个簃、吴仲熊及余共十人，到时正在开会追悼，日本人山田郎演说甚久，复有日人从而和之，演毕，东迈叩谢众宾而散。随即入席,共八桌,在草地上搭一凉棚,下设筵席。同坐者为叶誉虎、李云书、任堇叔、沈醉愚、黄公渚、培馀弟,并日人山田郎、福田千代。作素膳甚劣。席散后由□□导观各处,又在陈列所楼上楼下展览昌硕遗书遗画及金石等,琳琅满壁,目不暇给,惟脱履而行,来者甚众,亦有因此而裹足者。将出门,晤袁伯夔、周梅泉、夏剑丞,小谈而别。至老靶子路答汤爱礼,祁齐路答叶誉虎,均长谈。至霞飞路答屈文六,未晤而归。夜属恕皆作函致徐冠南、姚慕莲、刘襄孙、庞莱臣、张芹伯、周湘云、周梦坡,盖徇一山、文六之请为台振说项也。又作函复章一山、汤爱礼。

二十一日 属恕皆作函致胡姓初,为去年东陵贡款所赏福寿字春条等件之谢恩折,由曹东瀛学士领衔,计五十九人外,尚有僧人印光及妇女六人,内子亦在其中。

二十二日 属恕皆作函复孙惠敷、陈墨迻,又致叶伯皋。

二十四日 属恕皆作函致董东苏、郑觐文、张菊生、东方图书馆。

二十五日 晚褚礼堂来,为其堂兄纲堂鹾尹德黼双目失明,晚景奇窘,持一折为之集款帮助。余悯其学问而如此结局,特助年捐五十元,援卢涧泉例也,折上只有涧泉一户。夜属恕皆作函致姚文敷,亦为纲堂募款事也。礼堂谈至十一时而去。

二十八日 属恕皆作函复葛荫梧、白也诗,致陈子言、郑虚一。

三十日 返浔。

十一月朔日 午刻抵浔,即至藏书楼小憩。

初二日 醉愚来,属其作函致叶伯皋、黄公渚。

初九日 属醉愚作函致周湘舲,又复叶伯皋、李审言。

初十日 午后至斜桥观机器车水,因书楼四面环以小河,河中之水于八月下旬为顺宝、元春踏干,捕鱼而售之,迄今两月馀河流断绝,隔岸之人可不涉水而渡,太觉疏失,特借用少清所办之车水机器,将外河之水灌入内河,庶几盗匪不能越度矣。夜属醉愚作函复贺性存、王欣甫。

十四日 属醉愚作函复周湘舲、费恕皆、张菊生、丁仲祜。

二十三日 属醉愚作函复吴絅斋、葛荫梧、李孔曼、黄公渚，又致叶伯皋。

二十八日 夜阅《散原精舍文集》。义宁陈三立伯严所著，未有刻本，此乃公渚借伊原稿托人抄录者也。

二十九日 夜阅《散原精舍文集》。

三十日 夜阅《散原精舍文集》。

十二月朔日 醉愚来，属其作函复曹融甫、贺性存、周湘舲、高云麓。

初二日 属醉愚作函复孙惠敷、罗子敬、黄公渚、叶誉虎、丁仲祜，又致罗叔炳。并馈素相伍百元。

初三日 夜阅《散原精舍文钞》。

初四日 阅《散原精舍文钞》。

初五日 属醉愚作函致董东苏、郑觐文、费恕皆、褚礼堂、俞恒农、宋墨庵。夜阅《散原精舍文钞》。

初七日 阅《散原精舍文钞》。

初八日 属醉愚作函致董授经、李孔曼。

十一日 属醉愚作函复章一山、陶拙存。夜阅《散原精舍文钞》。

十四日 醉愚来，属其作函复郑觐文、傅沅叔、陈子言。

十九日 阅《沈寐叟年谱》。嘉兴人，王蓉畇之子蘧常所编。

二十一日 醉愚来，属其作函致王叔用、张菊生、朱聘三。

二十二日 醉愚来，属其作函复孙惠敷、喻志韶。

二十五日 属醉愚作函复张菊生、费恕皆，又致余尧衢。

1930年(庚午,民国十九年)

元旦 午前八时起身,阅《浪迹续谈》。十时至祠堂行礼。后在馨德堂贺年。

初三日 夜《浪迹续谈》阅竟。

初七日 夜阅《桐城吴挚甫全书》中之《清史》本传及家传、行状、墓表、墓志等文。

初十日 阅《国闻周报》中之《今传是楼诗话》。合肥王逸塘赓所著。

十二日 醉愚来,属其作函复王均卿、董授经。

十三日 午后君实之子令贻陪唐长孺耕馀之长子。来贺年,茗谈良久,知其于中国史学颇有根柢,年只二十岁,在上海大同学校肄业,而于国文程度甚高。据君实云《廿四史》已将看完,有此才华,余甚嘉许,惜我家无此好学之子弟也。

二十日 午后史守彝陪盛如升太湖滨五界亭人,在贻德金山县租栈收租。来,谈及松江有人家以医书求售,共百馀种,计一千八百多册,索价至万元之巨。余以价码太巨,所值不过叁千元,故将其目还之。属醉愚作函致董授经,又复叶伯皋、冯孟武。

二十九日 属醉愚作函复叶伯皋、陈子言。

二月初二日 属醉愚作函复金息侯、周湘舲、王均卿。

初三日 属醉愚作函答王承祖、友竹子。丁仲祜、王均卿,又致唐耕馀、黄公渚。阅子美之《周氏家谱》。乃宣统三年湘舲所续修者也。

十三日 属醉愚作函复叶伯皋、陈重远、谢刚主、汪甘卿。

十七日　午后五时董授经与李紫东自上海至，由子美陪来，接谈片刻。

十八日　夜宴授经紫东于宋四史斋，陪者程学川、屠辅清、醉愚、子美、韵秋、文夔，建甫之郎，近日适在此帮钤图印。散后复与诸公小谈。文夔字夔梅。

十九日　本生父亲来答授经。

二十日　午后偕醉愚、子美、韵秋、君实陪授经丈、紫东至适园一游。晚同至宅中本生父亲宴授经、紫东诸人也。席散小谈而归。余复与授经丈、紫东谈良久而睡，以明晨授经丈赴苏，紫东赴杭，为时太早，不及送别耳。

三月初十日　嘱醉愚作函致章一山，复陈绳甫。

十二日　夜阅《观古堂书目》。湘潭叶焕彬之物，现售于李紫东者。

十八日　阅《叶郎园焕彬之别号。追悼录》。不署著者姓名，乃焕彬弟子，亦是湘人。

二十一日　醉愚来，属其作函复朱古微、宋澄之。

三十日　属醉愚作函复叶誉虎、金息侯，又唁王承祖。友竹子。阅《野棠轩文集》。吉林奭良著，为奉天、湖北、江苏道三十年，现人尚在。今日由誉虎送来者也。

四月朔日　嘱醉愚作函谢顾鼎梅惠家集。夜略阅《顾氏家集》，乃顾鼎梅之曾祖廷纶及祖淳庆、伯父寿桢、兄迪光四人之著作也。挽台湾新竹王友竹茂才松，己巳十一月故，年六十五。

初三日　阅《野棠轩文集》，选出三篇，为再续碑传集之用，令锡庚钞之。

初五日　属醉愚作函致朱古微。

十九日　属韵秋作函致董授经，又复陶拙存、章一山。

二十六日　午后方颂三来，因书楼前荷池之西南隅缺一角，特携罗盘来一看。前年吕选青来劝余将池开过东而将西南隅遮蔽,方免火灾,后经夔州人高云川履勘,谓池上品字三亭各以瓶为顶取天一生水之义。今颂三谛视,劝余将池之对岸六角亭去其枪角,俾可压火,又至各处观看,长谈良久。

五月朔日 属醉愚作函致张菊生,又复罗子敬、傅沅叔。

闰六月十九日 嘱恕皆作函李佩秋、王君九。

廿一日 嘱恕皆作函致张菊生、金息侯。

廿四日 傍晚与董授经谈,明日赴浔阅书,为编藏书志也。晚方鹤人、林子有、李孔曼、徐积馀、叶伯皋、李佩秋、王毅侯、葛荫梧先后来,托公渚代为陪客,谈良久,宴鹤人诸公于嘉业堂。恕皆作函复金篯孙,致周子美。

廿五日 午后恕皆陪张阆声名宗祥,硖石镇人,光绪壬寅举人,大理院六品推事。国变后曾任教育部主事,浙江教育厅长,瓯海道尹。来,将本生父亲之《续皇朝文献通考》中舆地一门,面交其阅看,请伊修改,阙者增之,多者删之,因此公于地理一道向颇研究,故请修改。嘱恕皆与之约已多日,订定今日来看,遂将稿本五册带去细看,再定办法,茗谈良久。伊亦颇嗜旧书,版本目录之学甚好也。

廿七日 嘱恕皆作函致金润之、杨芷姓、沈慈护。

廿九日 恕皆来,嘱其作函致吴蔚若。

本月廿四日宴请之方鹤人,名燕年。系安徽定远人,余初不识也。忽一日晚间得叶伯皋条,言有方某欲来访余,务必延见。须臾鹤人至,见余后即敛容言近自天津来沪,皇上命传旨存问陈夔龙、朱祖谋、王乃征、叶尔恺及承斡诸人。故彼特至各人处传旨也,匆匆即去。其后相见,问及本生父之名号,云昔官户部山东司主事,为同衙门,且为戊子同年也。鹤人庚寅进士后改山东候补道,署提学使,亦遗民也。此系大概,已经记过,因本年缺日记两月,故无可考,今补载于此。

七月初二日　嘱恕皆作函复刘春生、金篯孙。

初三日　昨夜未服安眠药，致不能睡著，天明后诵《佛说摩利支天经》一时余。此《经》甚短，乃密宗之咒，载在《藏经》中，徐积馀印行以赠予者。张菊生来茗谈片时而去。

初十日　恕皆来，嘱其作函致褚礼堂、罗子敬，复王君九。

十三日　嘱恕皆作函致徐积馀，复周子美。

十四日　嘱恕皆作函致张孟劬，复陈绳甫。

既望日　至靶子路皇家饭店答汤爱礼，谈《宋会要》事一时馀而出。以爱礼近颇研究《宋会要》，将此书之源流及予得此之情形，详细撰一文，以为此书表扬，并拟由商务印书馆印就，寄至各省图书馆及日本各处，庶使人皆知，则印后购者可多，书可传世，而予之名亦可附之以传，其盛意极可感也。此乃伊自发心，非予之请求也。出至大通路培德里答张阆声，未晤。至康脑脱路长康里答陈仁先，数年未晤，苍老憔悴，几不相识，谈天津静园事良久而归。现在皇上所住之屋，乃向海宁陆闰生宗舆所租，向名静园，今仍旧名。嘱恕皆作函复王君九，致周湘舲。

十八日　嘱恕皆作函复陈子言。

十九日　嘱恕皆作函复章一山。夜唐长孺耕馀长子。甥来谈至十二时，对于史学颇为用功，青年学生而能将旧学钻研不倦，亦属凤毛麟角不可多得者也。

二十四日　午后与公渚同至陈仁先处访张道铭，四川人，据云能知未来事。略谈数语即走，约后日再在陈氏晤面，以客人甚多，不便多谈。其时在旁者有陈识先、仁先之九弟。黄同武、陈伯严之子彦通、蔡子玉、其籍贯、履历未详。周君适仁先之婿。诸人，略与周旋而归。至功德林应叶伯皋之招，同坐者水孟赓、江苏阜宁人。王孟范、杭州人，子良之侄，水、王二人向均在北京政界上者。于右任、张篁楼、周伯敏。不知其为何等人。

二十五日　午后孙惠敷来长谈，新从北京归来，静园事无好气象,诸事均为陈弢庵、胡姓初所把持,主人不免有纨绔气,吾辈志愿恐成画饼,叹息者久之,留夜饭而去。嘱昶皆作函复董东苏、金籛孙,贺陈子言。得曾孙。

二十九日 以庞莱臣新居落成特往贺之。在白克成都路口。阅《聂氏家言》旬刊第四辑。

本月廿二日接到法界阜元来函,函中大略谓与革命诸同志讨论 * * * * * 尊崇清室,是否为反动派。按 * * * 为 * * 巨富,其商业冠江浙,劳动家服务其名下者有数万人。 * * 本为前清进士,曾经京职,光复迄今已十有九年,而其帝制思想依然存在,凡与亲朋函札往来,其自制笺封两旁绘有龙纹,中衔一株,冠以"御赐"字样,其它尊溥仪为天,以志恩遇等等,皆忠于清室之铁证,似非今日革命时代所宜有。况笺封为交际必需,而流传甚广,除戚友外,依其谋生者有数万之众,此数万人为衣食计,能不受其感化乎。先总理毕生精力,方始推倒满清,现蒋总司令正亲冒矢石,剿除反动,不料青天白日之下,后方有此宣传帝制思想者在。再如其 * * * 君与人通函,亦尝用其笺纸,由此类推,服务于 * 之数万人,人皆如此,宣传力之伟大,实可惊骇,长此以往,妨害革命,日深一日,既非国家之福,又非先总理手创革命之初心也。鄙人老朽,忝为革命一份子,心所谓危难安缄默, * * * 尊崇清室,是否为反革命之一种,出入甚巨,未敢加以判别,谨登报端,愿与海内同志公同讨论之。又查 * * * 世居 * * 现寓 * * * 路 * * * 号,藉先人之馀荫,积赀数千万,其个人名下除其它商业外,只当典有八十馀处之多,拥赀既厚,何事不可为,似此丧心病狂,醉心帝制,视法律如无物,倘宣传成熟,革命前途发生障碍,正意中事耳。海内同志如与鄙见相同,愿检齐证据报告中央党部,转请政府治以应得之罪,如能将其财产收归公有,或充善举,或作军需,一举而数善备,并可消患于无形,使 * * * 手无巨赀,则无人附和,无人附和,则野心自敛,吾国民可长处青天白日之下矣。

反复讨论,不知何人所为,既而思之,阜元者阮也,朱汉澄之未婚妻兄为阮慕伯，文达公之曾孙，福之孙，福建知县。其为汉澄无疑。伏念汉澄湖州人，为余家恒丰祥伙友朱子英之子，子英并非重要伙友，不过叶翰甫丈请其在号对付官场而已，嗣后子英积有馀赀，为其子纳粟入官，是故汉澄曾为海丰场盐大使。子英故后，此间本不相闻问，乙丑之岁，余与恕皆至双清别墅展玩书画，适遇汉澄，盖同是湖人，且与恕皆同寓民厚里，对门而居，由恕皆介绍识之。既而来见，并惠厚贶，余推却再四，受少璧多，初以为盐场官吏，往往如此。次年杞儿授室，汉澄送礼极丰，却之不恭，只好领受，不意伊有深心，遂托恕皆转恳余为伊谋事。余以其人沈溺鸦烟，做事懒惰，每至日斜始起身，何所容其足乎。况年来谋事甚艰，而伊对于商业又枘凿不入，婉言谢却之。而汉澄屡次来函告贷，余以百元应之，忆有二次，伊又向恕皆嬲之不休，恕皆一味敷衍，含糊答应。迨程星甫物故，伊又托恕皆说项，恕皆犹以余允为安插为辞。去年一再来函相嬲，余无可奈何，复以一缄，备述无地可以位置，赠以百元，自以为仁至义尽矣。不料汉澄大不为然，其来函以先君曾服役恒丰祥盐旗十馀载，敢求恕翁转乞赏一枝栖，今读来书，赏款在执事已克尽绵薄，在小子则误听人言，并述初意欲见好执事，令郎喜期及后贡礼物价值远过执事之戋戋，以富甲江浙者百元尚且如此，例以贫无立锥之小子，彼时勉力情形又何说耶。又谓尊处有八十馀典，恕翁云可赏栖一枝，又云执事前冬返里时，谓湖州盐务中可以代荐，终谓经理程星甫处已有执事去函，属其安插，均有恕翁函件可凭。种种情形，余并无知悉，此则恕皆之狡弄，以致激人之怒也。而其函中不堪之语甚多，末谓蒙赐番佛百尊，却之既恐有误，受之不知所云，或谓二三年前曾误受弟之礼物，特赏此以了前情，系一种矜恤之意，然亦未敢度大君子之腹，惟有暂行保存，用敢函乞示知赏见时日，以便趋诣珂乡，敬谨奉璧，顺将恕翁函件携呈，藉明真相。再弟株守三年，未成一事，而德泽被人，不敢湮没，拟将一切实事登诸报章，聊申谢悃，并为世之妄攀财阀者戒也云云。本月上浣，汉澄又来借贷，自己不好启齿，属其妇恳求恕皆向余备述艰辛，几难度日，意欲遄返邗江。余闻其语，亦极可怜，因假以贰百元备函送去，汉澄于回片上亲笔书收到字样，而其妇尚告恕皆当有复函来谢，不意番接是函，因前函中曾有引及其亲阮慕伯者，因汉澄而思及阮，因阮而决定汉澄，特告恕皆以汉澄由伊而相识，送伊贰百元，反受其如此抨击，此皆受君之累。恕皆知慕伯每晨在半斋早点，特往诉之，慕伯绝端反对，声言并无此事，且竹杠之敲，平素不为，盖亦不以汉澄为然也。特志之，以为后此滥交之戒。方今文人无行，世道日漓，交友不慎，有如蛇蝎，不如杜门谢客之为愈，不亦大可慨哉。此事虽由恕皆与慕伯了之，但汉澄实因恕皆而来，恕皆敷衍之，致有此事，否则此间情形，汉澄何从知之。

八月初五日 夜为陈仁先饯行，将于日上移家赴津，供职内廷也。陪者陈容民、黄蔼农、李拔可、夏剑丞、袁伯夔、李孔曼、公渚，散后略谈而去，邀而未至者高云麓。是日谢刚主持冒鹤亭介绍信来，未见。

初七日 谢刚主来看书，嘱履冰及公渚招待，余略与周旋，并嘱菊如公渚同至番菜馆夜膳。

初八日 恕皆来，嘱其作函致王均卿、陈几士、于志昂、章一山，复张菊生。

初九日 午后四时与公渚同至袁伯夔家送陈仁先行，因陈明日赴天津静园供职，伊家眷行李均已下船，本人在袁宅，盖伯夔为之饯行也。晤见后小谈而去。属恕皆作函致陈绳甫。

十六日 夜韵秋自浔来，将于明日归海门，邀其登楼长谈。

十八日 属恕皆作函复王君九。

二十一日 恕皆来，属其作函复王西神。

二十二日 唐长孺来募大同学堂健身房捐五十元而去。

二十三日 恕皆来，属其拟函答徐鸣昌、名朝阳，商务印书馆编辑员。张菊生。令伯厚钞写，以恕皆疯疾发作，手肿不能写行书也。

二十六日　张菊生来访董授经，晤谈片时而去。午后与授经谈。

二十九日　午后沈稚梅陪沈刚甫名家权，湖州城内人，在金季言表弟家教读三年，与菊如有戚谊。来，在账房见之，余以恕皆、醉愚二人皆抱恙久不来，书记乏人，故邀刚甫庖代。晚谢刚主来，在授经书房细看各籍，余叫晋隆番菜宴之。

九月初二日　属刚甫作函复聂云台、徐积馀。

初四日　宗子戴来长谈。恕皆来，属其拟稿复章一山、夏闰枝、冒鹤亭，令伯厚钞之。

初五日　属恕皆作函唁陶拙存丧母，倩刚甫钞之。

初六日　施韵秋自海门来，夜与长谈。作联挽陶拙存参议之太夫人王氏，勤肃公之继配也。

初七日　至辛家花园答宗子戴，茗谈一小时而出。至柏皋处，适归杭，未晤，遂归。

初九日　恕皆来，属其作函致宗子戴、成翊清，令伯厚钞之。属刚甫作函致陶拙存。

初十日　午后袁帅南陪程御霜名艳秋。来，先至公渚处，余越十馀分钟即下楼，至则已去矣。

十二日　午后吴蔚若来谈，既而林子有来，据云在天津将至沪时，诣静园请安，蒙皇上召见，谕以到沪后传谕问候于余，闻命之下，感激莫名，小谈良久而去。

十四日　恕皆来，属其作函致立耘孙、贾君玉、叶伯皋，令伯厚钞之。

十五日　出至东亚旅馆答吴蔚若，长谈一时馀。

十六日　属刚甫作函致金籛孙。

十七日　午后阅《柏堂师友言行记》。桐城方存之大令宗诚所著。属刚孚作函复宗子戴、金息侯。

二十二日　恕皆来，属其作函复金西林、陈绳夫、胡东岩。名昉，北方人,履历未详,谬然来函索《雪桥诗话》者,并无介绍之人。阅《北平图书馆馆刊》第四期。每二个月一期,此乃七、八两月者。

二十六日 晚宴张阆声、汤爱理,陪者程学川、周梦坡、费恕皆、沈刚甫、黄公渚,谈良久始入席,席散即去。

二十九日 属恕皆作函复曹叔彦,令刚甫钞之。孙惠敷来,云决计下月初二日启行回成都,余赠其川资捌拾元。念与惠敷订交倏已九年,伊南北奔驰,一无所遂,今则销声匿迹,蛰处川中,当不复再有出世心矣,临歧话别,为之黯然。

十月朔 午刻朱古微、袁伯夔来,约余与公渚同至西摩路林子有处应其招,以子有为王聘三侍郎七十寿辰补祝,陪者夏剑丞、郑苏堪、李拔可、赵叔雍、苏幼宰、古微、伯夔、公渚,席散后小坐良久,与聘三、公渚至愚园路李孔曼处小谈片时。晚至盛氏访宗子戴,长谈而归。

初二日 属恕皆作函致周子美、宗子戴,倩刚甫钞之。校《雪桥诗话》三集,讹字尚多。

初三日 属恕皆作函复贾君玉、陈绳夫,仍倩刚甫钞之。

初四日 午后许谷人杏泉子。来,持其所纂《文山传信录》商请斠正,长谈而去。与公渚至海格路李拔可处应其招,亦为聘三补祝也,陪者朱古微、郑苏堪、俞寿丞、名明震,绍兴籍。考宛平,生长湖南,曾官江西赣南道。袁伯夔、夏剑丞、公渚及余。当筵菊花盛开,有一盆独蕊者,有数十蕊一盆者,紫白红黄,迷离五色,足娱目也。席散即归,古微偕来,长谈至十时去。

初六日 属恕皆作函复陈绳夫。

初七日 晚至康脑脱路应袁伯夔之招,亦为聘三补祝兼请苏堪,客齐入席,聘三仍首座,苏堪次之,陪者为朱古微、林子有、夏剑丞、叶浦孙、周梅泉、陈子言、李拔可、黄公渚及余而已,席散小坐而归。与公渚谈。

初八日 午后吴东迈来,以今春所办昌明艺术专科学校上学期垫款至八千元之多，余曾被举为校董，今思将垫款弥补，出其乃翁昌硕丈遗画十幅，又海上诸书画家如王一亭、郑苏堪、任堇叔、吴待秋辈各赠所作为券以售之，书画共二百五十幅，券亦如之，惟每券售洋二十五元，未免太贵，以十二张嬲余应酬，无可奈何，乃受八张，计洋二百元，小坐而去。褚礼堂来，留夜饭，饭后复长谈。朱衡石来，同谈至十一时而散。属醉愚作函致章拱北、张芹伯、宗子戴。属刚甫作函致周梅泉。

初九日 属醉愚作函致陈子言。

十二日 至振华旅馆答冒鹤亭，未晤。

十三日 属醉愚作函复秦平甫，名毓钧，无锡人。现为无锡图书馆馆长。又致谢刚主。晚在晋隆西餐馆补祝王聘三七十，偕公渚、醉愚同往，时客已有到者，七时半入席，聘三首坐，苏堪次之，馀程子大、名颂万，湖南长沙人，湖北候补道。朱古微、徐积馀、冒鹤亭、夏剑丞、陈容民、朱聘三、陈子言、李孔曼、叶浦孙、苏幼宰、沈醉愚，余与公渚分陪。席半李拔可、赵叔雍先后至。招而未至者为周梅泉、袁伯夔、何肖雅、林子有。席散出覃溪《四库提要》索题，各署名而去。予以车迓聘三至此，仍以车送回，待车未至，与醉愚、公渚至隔壁中国书店看书，与购《清代帝后像》二册，又书二种，计洋十四元，遂归。

十四日 属醉愚作函致吴絅斋、张泠僧，又复张小雅。

十五日 属醉愚作函复王君九。

十七日 属醉愚作函复张泠僧、李审言。晚偕醉愚、公渚出至爱多亚路都益处应严载如之招，至则客尚未齐，未几兰史来，遂入席，同坐者以兰史齿最长，推为首席，馀夏剑丞、白石农、姚虞琴、郑蒙庵、夔笙之弟子，向开土栈，家颇殷实。沈醉愚、黄公渚，周梦坡稍后至，膳毕即散。是日四时许赵叔雍同梅兰芳来访，余以将出门，未见，盖余素不喜捧角，对于梅郎淡漠视之。

十八日 午后徐积馀来，赠余《周壶慎公周名馥，安徽建德人，由保荐军功官至两广总督。全集》，并《摩利支天陀罗尼经》十帙以配身，可以避祸也,长谈而去。

二十日 属醉愚作函致李审言、叶浦孙。三时许夏剑丞、袁伯夔、冒鹤亭、沈剑知先后至公渚书斋,以今日同至庞莱臣处看画。五时馀余诣公渚书斋,约同偕往。至则姚虞琴、周湘舲、屠辅清、郭屺庭均在看宋徽宗及王廉州、石谷、恽南田、石涛和尚画,展玩良久乃入席。莱臣以受寒故体不甚适,呕吐发热,故由屺庭代表,自不陪坐。席散,剑知先走,伯夔、虞琴、剑丞、公渚至屺庭房中看其临摹画幅,余与鹤亭、湘舲、辅清、莱臣清谈良久而散。余送鹤亭至振华旅馆遂归。

二十一日 午刻起身,与公渚至梅博格路晨风庐应湘舲、虞琴之招,到时已坐,遂入席,盖宴饮已半矣。是集亦为王聘三补祝兼为鹤亭饯行,陪者古微、兰史、剑丞、余与公渚及两主人,席散在湘舲斋中看书画良久。夜饭后至振华旅馆答屠辅清,不值,又以鹤亭将赴镇江亦访其寓,则已睡矣,留书一帙而返。

二十二日 午后俞恒农来述及《嘉泰吴兴志》颠倒错谬,不一而足,伊自通州回来,近在南通图书馆借到旧钞《嘉泰吴兴志》互相校核,始知脱简甚多,允返湖后,费却三四月工夫,为录一清本云云。惟恒农耳聋更甚,只用笔谈。六时偕其及醉愚、刚甫至戈登路福源饭店夜膳,店系苏堪之庖人所开,虽属闽菜,亦不甚佳,膳毕即归,恒农在此小坐而去。属醉愚作函致吴进思,又复陈绳甫、陈墨宧。

二十四日 属醉愚作函致徐琦仲,又致章一山,并寄诗幅祝其七十寿,又复陈绳甫。吴东迈来即去。

二十五日 午后二时出门至东有恒路雪窦寺吊陈文良公名伯陶,字子砺,广东东莞人,江宁提学司。之丧,盖其亲戚故旧在彼开追悼会也。钱长美以书求售,与购八种,均系陶兰泉刊印者,计洋壹百元。

二十七日 夜与公渚至福康里应何肖雅之招,到时陈小石、刘襄孙、林子有、费叔荃尚在看牌,俟彼八圈既罢,乃入席,除上四客外张午城、孙景扬,菜甚好。九时半返家。阅《周悫慎公自定年谱》。

二十九日 夜李孔曼来。嘱刚甫作函复章一山、陈绳甫、俞恒农。

三十日　阅陶兰泉石印之《喜咏轩丛书丙集》，兰泉将明版书上石影印者也。上午蔡孑民来访董授经，附有一片候予者。建甫谈及从周子美处听得有北京图书馆赵万里因前番来沪，余失招待，大不满意，痛诋余摆牌子，而其同事谢刚主则力为余辩白，谓刘某待人甚好，毫无脾气，因此二人断断争论云云。余记得七月间至董授经房间，董说今日有赵万里来会，伊并留片候余，因北京图书馆嘱赵向余处商让《宋会要》一书。余曰然则余须往答候乎？董谓赵已赴杭，似可从缓。迨赵由杭回沪会董，又留片候余。董转达并出示北京致赵之电。余又欲往候，则云赵已登轮回京，行色匆匆，遂而未果。不料赵误会，谓余不肯见，竟相诋如此。谢刚主于八月间来沪，余曾接谈并邀膳，尽地主之谊，故论余与赵相反。当时赵来实系会授经，乘便候余而已，乃因未往答访，贻人口实，信乎为人之难也。

十一月朔日　嘱刚甫写信复李佩秋、胡东岩，又致陈小石、刘襄孙，各送《晋书斠注》一部，托小石题翁覃溪《四库提要》手稿，托襄孙题崇陵补树图。夜读《喜咏轩丛书丙集》。嘱履冰在橱内取出宋本书，拣选数种预备陈列中国科学社书版展览会，以应蔡孑民之请。

初三日　陈小石送予自著《鸣原集》二册，胡孟玺送《天遗诗集》四册，略为翻阅。嘱刚甫写信致杨芷姓，问其寄存书籍，坊贾批价百元是否肯卖。

初五日　午后一时至振华旅馆贺葛荫梧嫁女，词蔚亦见，说张菊生有病，晤高吹万、于志昂。旋至张菊生处问疾，在楼上接见，伊病已愈，云前患小便不通，经西医用手术后，又过于频数，每小时至八十次，可见求医不可不慎也，略谈而出。至其对门答候蔡孑民，余到时适杨杏佛夫人赵氏叔雍之姊。亦在，余固不相识也，听其与孑民谈话始知之。杏佛夫妇离婚案，孑民系任调停。余待伊等谈毕，与孑民略为周旋，送其《书影》一部。又至法租界梵王宫答梅兰芳，未晤，留片而出。嘱刚甫写信复丁仲祜,告以此间藏书志正在编纂。

初六日 晚间将杨芷姓托售之书为予架上所未备者检出一二十种,翻阅一过,以备选购。嘱刚甫写信复褚民谊,又致杨允中、路季讷,送去宋刊批校本十种陈列中国书版展览会。允中系中国科学社总干事,季讷系明复图书馆馆长,负此次出品收发保管之责者。

初七日 嘱恕皆拟稿复叶伯皋,又致徐积馀。因柏皋来信谓聂云台石印《圣学宗传》一书,托徐积馀料量印刷事务,嘱予助资,前云台为此事来函相商,予已允之,故径送四百元致徐积馀为购纸之用。

初八日 曹纕蘅来会公渚,并留片候予。纕蘅名经沅,四川绵竹人,从前随王揖唐来沪议和,章一山、徐积馀曾假予寓宴王,未知伊在坐否。陈小石送来《松寿堂》、《花近楼》、《亭秋馆诗集》三种,并题翁覃溪手稿七律一首,嘱刚甫作书复之。

初九日 钱长美携书来看,选购十二种,系武进陶兰泉所刊。嘱刚甫写信复郑觐文,送去洋百元助造乐器。又致喻志韶,因章一山寄来诗稿,嘱予转交也。复诸贞长。

初十日 属恕皆拟稿致张冷僧。

十二日 嘱刚甫写信致章一山,告伊送陈仁先润笔四百元,本生父亲已允许,惟须待御序颁到再汇集。又《纶旅金鉴》一书,钞手不大佳,间有破体俗字,未知可进呈否,倘须另钞,则又需时,请其酌夺。

十四日 嘱刚甫写信致张冷僧,借与《罪惟录》十册。又致施韵秋。午后朱古微来,予未见。

十五日 午后答访金钱孙,先至法租界古拔路三十七号伊三子纯儒寓。不值,询知在霞飞路桃源村六十号,伊长子敬渊寓。乃往晤谈,送其《晋书斠注》一部。至一品香答曹纕蘅,则已行矣。

十七日 嘱刚甫写信复宗子戴谢题件,致金钱孙托题藏书、勘书两手卷,送其《八琼室金石补正》一部。

十八日 约漱芳同往闸北新民路居士林观舍利,由范古农招待。古农嘉兴人,精研佛学,丙寅某僧莅浔讲经,古农同来,寓予家藏书楼，今始识面。舍利共四粒，一大三小，色白如珠，往予游宁波阿育王寺所见舍利质透明，与此不同。古农云此舍利其三粒由刘田生请来，其一粒由白喇嘛普仁请来，前月忽失去一粒，其后又发见云。古农又导予等至林内附设之佛学书局，购佛学书十馀种。乃至亚尔培路参观书版展览会，本日为闭幕日，各书版陈列玻璃橱内，分宋元明清各代，并有炖煌石室写经及龟甲文多种。各藏书家均有出品，中华、商务两书局陈列品各占一室，巡览一周。北平图书馆长袁守和名同礼。来会，未见。

十九日 夜施韵秋、王建甫来谈。阅《喜咏轩丛书》之《天工开物》，明奉新宋应星号长庚著。知各种制造，中国早已滥觞，惜不讲求，遂致湮没，可叹。钱长美以书求售。

二十日 北京图书馆长袁守和来，予延见守和，略谈馆中情形。伊系直隶安肃人，安肃现改名徐水。专研汉学及目录版本之学，曾出洋游学，中文甚好，从前梁任公为全国图书馆协会会长时，伊为副会长，任公故后，伊仍为副会长。正会长尚未补入。嘱刚甫写信复夏闰枝、金息侯、北平图书馆。

二十一日 嘱刚甫写信复李佩秋，送其《荆公集补注》一部。复刘凌沧，又致周梅泉，谢惠《悫慎公全集》。

二十二日 傍晚至本生父亲处，因章一山前寄到《续文献通考御制序》，故赍往也。

二十三日 嘱刚甫写信致罗子敬，送去《词人考略》三十一册，嘱其令嫒即子美夫人。校勘。又致张冷僧。

日前章一山来信说人臣私人著作御制序文向无此例，今兹诚旷典也云云。予翻阅列圣御序，只有三篇，一福建总督范承谟《画壁集》序，《圣祖御制文》第四集卷二十二。二沈德潜《归愚集》序，《高宗御制文初集》卷十一。三沈德潜《国朝诗别裁》序，《高宗御制文初集》卷十一。然《诗别裁》系选录之学，亦不得谓为著述，故人臣私家著作而有御制序者真绝无仅有也。

二十五日 夜叶伯皋来谈,云聂云台印《圣学宗传》尚少百元,予前已助其四百元,允再助百元,以免功亏一篑,即交柏皋带去。

二十八日 嘱刚甫写信复汤爱理,借去古本《列女传》一部,送《郑堂读书记》一部。又致余樾园,送《晋书斠注》、《味水轩日记》各一部。

二十九日 嘱刚甫写信致王欣甫、施韵秋。

三十日 上午袁守和由浔回见访,因时早未见。嘱刚甫写信复刘襄孙,谢题补树图。致钱赏延,送去钞洋两百元,系予与本生父亲助朱伯勋者。名崇荫,云南通海人,实缺内阁侍读,光绪戊子副榜。又致袁守和、张菊生、张冷僧、金篯孙,邀明日晚膳。

十二月朔日 徐积馀、葛荫梧同来晤谈,后袁守和、汤爱理、董授经、张芹伯、吴潜甫先后至,恕皆亦作陪,张菊生、张冷僧、罗子敬因病未到,金篯孙、瞿良士不在沪亦未到。入座已八句钟,席散略谈而散。

《宋会要》一书系大兴徐松从《永乐大典》中辑出,缪筱珊荃孙在海王村得之,赠与张文襄者。文襄督粤开广雅书局,已将是书写样,未及半而文襄移督两湖,王雪澄为广雅书局提调,据为己有。至乙卯之冬有洪鹭汀者向雪澄索逋,雪澄无力偿还,欲以书相抵,鹭汀不允,双方遂启龃龉。筱珊与朱古微出而调解,嘱予购此书及《郑堂读书记》。予与鹭汀相善,乃许之,出价二千馀元。然《会要》缺刑法等数十册,雪澄说为沈子培拖散。其后雪澄之子叔澥持来,予出五百金购之。予既购得《会要》,适仪征刘谦甫馆予家,乃请谦甫重加董理,凡十年之久,至甲子年,因谦甫年老龙钟,乃请其回家休养,仍照旧支薪。至乙丑年,请孙隘庵赓续其事,而隘庵竟闹脾气,予乃决计辞馆,送其丙寅一年薪水,又从前所支薪一年,亦不向索。费恕皆于乙丑年至予处为书记,隘庵去后,乃嘱恕皆担任编辑,另送酬资五百元。原书缺宁宗、理宗、度宗、帝昺四朝,嘱恕皆补辑,原卷共五百,恕皆改为四百六十卷,又补四帝共四十卷,仍为五百卷。书成,多有劝予授梓者，但卷帙繁重，印资浩大，又系典章制度之书，爱者寥寥，将来购者不多而索者纷至，可以预券，是以踌躇未果。往岁日本人曾来看过，云此书惜为谦甫裁割，否则可值万金。后有北平图书馆属意此书，欲买清钞本，愿出价四千元，议未定。今年四月间忽接北平来函，多系名人，首列柯绍忞、王树枏、傅增湘等，略谓阁下嘉惠艺林，慷慨素著。《宋会要》一书拟请售与北平图书馆，作价四千元，此款仍请捐助该馆云云。时适汤爱理在浔，予示以此函，爱理谓系托名，因从签名看出破绽也。力劝予不可售去，留为藏书楼生色。予乃函复沅叔拒绝之。爱理允为此书作记一篇，以报予赠书款待之情。至闰六月间有北平图书馆赵万里来会授经，欲购是书，并出示北平来电，详情记在十月三十日内。当时万里欲购原本，许价四千元，但原本已割裂，必俟复订后再说。现在袁守和来，又提此事，说只购版权，将来原本清本仍旧交还，予之让此书并非为此四千之价，予为此书所费已如上述，此四千之数何补于予，只因此书付印，非二三万金不办，且校雠等事，旷日持久，殊难其人。今北平图书馆志在流通，与予志愿相同，亦何忍峻拒之。然予为此书煞费苦心，倘该馆付印时，将予名削去，亦所不愿。所以与授经说仍欲将予名及序跋照刊，守和皆一一允许。

初二日 至戈登路贺庞青臣嫁女，即适康有为之子。遇褚民谊、王一亭、庞天笙。嘱刚甫写信复黄稼寿。送去钞洋三百元，助北平粥厂经费。又致王均卿，送《书影》一部。致顾斗南。送《书影》一部，小影一帧。致许谷人。借与书三册。致张泠僧、冒鹤亭。

初五日 与董授经谈金城银行事。嘱刚甫写信致杨芷姓，汇去书价洋一百五十元，又复贺性存，送书二部。

初六日 嘱刚甫写信致郑虚一、周子美。

初七日 嘱刚甫写信致顾鼎梅，送《书影》一部。丁仲祜。送《郑堂读书记》、《湖录经籍考》、《书影》各一部。

初八日 嘱刚甫写信致罗叔炳，赠洋五百元，函托罗子敬汇寄。

初十日 下楼费恕皆已先在，与其谈《宋会要》事，嘱拟一说明书。又嘱拟稿致王书衡、章一山。

十一日 徐行可来谈,李紫东陪来。行可江夏人,颇好学,赠予书三种,并携来《慈云楼藏书志》首册,劝予石印,谓此书是周中孚所著,予阅其书有"上海李筠嘉笋香编次"字样,殆中孚馆于其家为之捉刀而名从主人欤。此书有七十馀册,从前李振唐携来求售,予未购,后归行可。嘱刚甫写信慰黄公渚悼亡。致张惠衣,送《八琼室金石补正》一部。致陈仁先。

十二日 至四马路大新街孟渊旅馆答徐行可,不值,将送其书四种交出。嘱刚甫写信致李佩秋、陈绳甫。

十三日 今晚宴徐行可,陪者费恕皆、王福庵名禔,杭州人,同伯之子,善篆刻,曾在北京金巩伯处与予相见。先至,董授经、罗子敬、张芹伯、徐积馀、李紫东、徐孟博,行可长子,年十七,治目录及三传之学,席间出其所著窗课,皆其师密圈细改。行可出示王阳明手写诗稿,字大径数寸,行可收得时只百馀元,现在日本人还过千元云。嘱刚甫写信复陶拙存、陈子言。

十四日 嘱刚甫写信致余樾园、朱益明、徐行可。

十六日 嘱刚甫写信致褚礼堂,助其兄纲堂洋五十元。致朱叔莲,助洋四十元。致王季常,君九之妹。送《明史考证捃逸》一部,致金息侯、周子美。

十七日 嘱履冰取出书画来看,选出仪字款数种,预备悬挂浔楼等处。嘱刚甫写信致朱益明、屠辅清、费恕皆。

十八日 嘱刚甫写信复贺性存,谢惠《苗氏说文》两部。致诸贞长,送书八种。致张秉三,送《书影》两部,一部系送张咏霓。致曹纕蘅、张泠僧。至董授经书房谈,见其帮办袁景唐。系授经之弟子。

十九日 下午一点起身下楼,培馀弟来,同至极司斐而路冶萍俱乐部吊孙慕韩之丧,时正在大殓,其婿一袁某,世凯之子。一盛泽丞、杏荪之子。来宾中有西洋人、日本人。晤袁伯夔、刘襄孙、朱象甫、周佩箴、谢蘅窗、施伯彝、沈淇泉、沈定九、淇泉胞侄。李云书、于志昂、潘拥延、钱升如、李征五，其馀未相识者甚多。嘱刚甫写信致张冷僧，送其编《舆地考》润笔两百元。致朱衡石、叶伯皋、费恕皆。

二十日 近日阅《喜咏轩丛书》。嘱刚甫写信致许谷人，附去文文山象跋两篇。致黄公渚、顾斗南。

二十一日 出至赫德路净业社吊黄涵之之媳，王君九之女，夫字仲殷。晤黄伯雨、陈景颜。江阴人，君九之婿，一口京语，问系陈梦陶副宪俶之孙。问涵之，知王季常系君九之妹。适苏州本城程氏。与涵之谈金继忠之事，涵之缕述详情，云继忠人尚不坏，惟其妻黄氏即涵之庶妹。颇不明事理，屡向涵之借款，涵之逢节给伊五百元，今年端午涵之只给与三百元，彼不肯受。至中秋前继忠自向涵之借五百元，涵之预备借与二百元，先以一百五十元应之，彼不满意，全数退回，乃至宁波。其投海原因系为投机事业失败，又好烟赌，日暮途穷，愤而出此，并非为涵之所讥嘲。现在继忠之妻子已提起刑事诉讼，控涵之逼死继忠，已开庭二次，庭上劝令和解云云。予今日适接陈子言来函，云金继忠系内阁侍读学士光绪十七年辛卯科江南正主考金忠甫讳保泰。之子，于旧历八月初四日乘宁兴轮船渡宁波，于夜间投海死，系受黄涵之讥嘲，故愤而蹈海，遗有一妻二子，情形凄惨，嘱予周济。及证以涵之之语，始知子言所云全系一面之词，予与金家素不相识，不过因子言之请，助洋五十元。嘱子青带交子言转交，并告以涵之之语，子言始悟，并云涵之贴款，继忠之二子均不得而知，因为其母所隐瞒也。

二十二日 嘱刚甫写信致朱益明，购卞雅堂讳斌，嘉庆时菱湖人。《尚书集解》抄本二册，价洋三十元，又送书五种为酬。

二十三日 钱长美来以书求售，予购九十种，计洋一百五十元。嘱刚甫写信复金篯孙，又致董东苏，赠洋一百元，予与本生父亲各半。

二十五日 嘱刚甫写信致丁仲祜，送《传经室文集》一部。又复郑觐文。

二十六日 叶伯皋来，柏皋借洋三百元，予允之，嘱其不必归还，作为撰文润笔,款即交其带去。其友某君托其以所作文稿求售,系山东黄崖教案,予购之,计洋四十元,款即托柏皋带去。柏皋又借去书目一册。嘱刚甫写信致贾君玉。

二十七日 嘱刚甫写信致章一山。

1931年(辛未,民国二十年)

正月初三日 嘱刚甫写信致章一山,汇去本生父亲贡款五千元。

初四日 嘱刚甫写信致刘凌沧,汇去二百元,托贾君玉转交。又致郑彩彤唁其丧兄,因其来信云虚一已故也。

初六日 嘱刚甫写信致李增元,送《雪桥诗话》二三四集、《京师五城胡同集》。

初七日 嘱刚甫写信复屠辅清,致张冷僧,又致曹纕蘅,送《雪桥诗话》三集。

初八日 嘱刚甫写信致张冷僧。

初九日 报载有上海县文庙辟作公园一节,略谓上海县文庙,自经市府议决,辟作公园,后工务局即将第一期整理工程规画蒇事,招工投标,定期动工,文庙前之文庙路,亦同时放阔,现正在埋置阴沟,此后黉门庑舍将成陈迹,昔时俎豆馨香之地,一变而为公众娱乐之场,邑中耆宿他年泮水重游,定多感喟云云。嘱刚甫写信致陈述猷,送《书影》一部、章实斋《甲子编》一部。

初十日 嘱刚甫写信致袁守和、谢刚主。钟养圣荐史养元教授春蕃、欣万两儿物理、化学、几何、地理。养元名钟奇,宜兴人,交通大学理科,去年毕业,现为母校钟琅书助教,每逢星期一二三四六下午二点至四点授课,月脩大约六十元。

十一日 金镂孙来未见。陈子言来见。嘱刚甫写信致黄公渚、金息侯。

十二日 嘱刚甫写信致金镂孙、王莼赋、金西林、王均卿、陈子言、吴子馨、送《八琼室》一部。邱慰祖。送《南浔镇志》一部。

十三日 董东苏来略谈,带去《授时历故》校勘。嘱刚甫写信致周湘舲,复章一山,致张冷僧。

十四日 返浔。舟中阅《东陵于役日记》。著者临清徐埴,意是师傅徐梧孙监丞坊之昆季。二时半抵浔,乘轿至书楼,崔听舟、叔荣、周子美、沈叔籍均来见,与谈良久。阅《畴隐居士年谱》,盖无锡丁仲祜明经福保自订者也。

二十日 属醉愚作函复顾鼎梅、张豫泉、孙师郑。

二十二日 属醉愚作函复张中孚、章一山、杨芷姓。

二十四日 属醉愚作函复章一山、张冷僧、宋墨庵。

二月初一日 午后子美新自上海来,今日到馆。崔振声来,以书楼多白蚁,为指其处。属醉愚作函复张宋庼、陈几士、张孟劬。

初三日 阅《国闻周报》中之《凌霄一士随笔》。著者但知姓徐,不知其名,其人对于清代掌故极熟,父知县,随官有年,记山左事尤多,意是学士致靖之侄,乃致愉子也。

初五日 阅《人文周刊》中之《荷香馆琐言》,常熟秉钧居士著,此人姓丁,乃芝孙之兄,名号、官阶未详。其人幕游鄂北,曾在王胜之学使署中,熟谙掌故,所记遗闻轶事颇多,本系南菁书院高才生,缪艺风弟子,人已故去,此稿由芝孙送交人文社编印,不料书未出齐,而芝孙亦已作古,可胜浩叹。又《相老人八十年之经过谈》。相老人者,丹徒马相伯良也,现尚在沪,今已九十二岁,此书由人记其所言而记之者也。

初七日 属醉愚作函复河南通志馆馆长魏松声、副馆长张藻,又复海门葭沚、浙江省立第六中学校长萧卫,均索书也。又作函致黄公渚。

初十日 属醉愚作函复吴子馨、陈绳甫、许西畴,又致董授经。

今日报载山东省政府提议重修曲阜孔林孔庙,估计工程约银壹百拾万,先蒋介石、张汉卿各助贰拾万,馀则各省筹募,值此时局,典礼久废,而忽有此盛举,殊难得也。因忆去年曹叔彦来函,劝余发起此事，余有鉴于戊辰东陵一案，劝募款项万分艰难，是以未敢勉应，婉言谢绝。近见叔彦元弼与唐蔚之文治。张仲仁一麐。费仲深叔蔚上书政府，请修先圣林庙，此书之有无效果，不得而知，忽传佳音，要亦梦想不到者耳。

十三日　午后书楼中发现白蚁，余书房内书桌蛀蚀不堪，笺纸皆坏。今由管门役费祥麟介绍童法生双林洛舍人，世传捕白蚁，据云西浙只伊一家，亦绝艺也者。来捕，索价甚巨，磋商至再，以三十六元允为捕绝。其捕也三次乃净，今以香料药饵散布于地以引诱之，是为初次，其二次约在黄梅时节，至秋际第三次则净尽矣。

十四日　阅《人文周刊》中之《古红梅阁笔记》、似张仲似著。《惜阴堂笔记》、似赵竹君著。《亦佳庐笔记》。

十五日　属醉愚作函致董授经，又致费恕皆。

十七日　属醉愚作函复章一山。

二十三日　属醉愚作函复陈绳夫、章一山，又致郑彩彤、俞恒农。阅《许复庵集》。无锡许珏著。顾斗南天枢，安徽歙县人。现为南京历史博物馆主任，虽未识面，通讯已有数年。自南京来访，原约昨日到浔，吾入湖轮，今晨由湖转浔也，出见畅谈。夜作联挽孙慕韩。属醉愚作函致张芹伯。阅《复庵集》。复庵号静山，光绪壬午举人，入山左抚幕，平远丁文诚公以国士待之。迨入都，阎文介一见器其才。适无锡薛叔耘副宪福成使英，文介荐为随员。后又随南海张樵野侍郎荫桓使美，充参赞。旋襄平杨子通侍郎儒出使美洲，再充参赞。归国后，在山西胡蕲生中丞聘之幕中，迨胡罢抚，静山亦回籍。在锡山倡办禁烟，庚子奔赴行在，鹿文端公深相器识。时当拳匪之后，山右洋务最困难，晋抚锡文诚公良奏调至省，办理洋务，洋兵乃退，枢府以为能。文诚奏保以出使大臣记名，特旨以道员发往广东。到粤未久，出使奥国大臣，迨任满返国，鹿文端公奏留在京中，间屡上政策，谓咨议局、资政院改官制及留日学生等，均不利于国家，而崇尚理学，挽回人心，为当今之急。后其言皆应，惜政府不听耳。盖尝谓曾文正诸公戡平大乱，未始非从理学入手，收拾人心，方可恢复，乃今隳三纲、斁九法，皆亡国之朕兆，异日倾覆宗社者，皆日本留学生也。余诵其言，有无穷之感慨。窃念熟娴洋务者，大都褊袒欧西，视中学为迂腐，复庵独持正论,谆谆以理学为救世良砭。国变后,隐居不出,诚今之完人也。书此以志景仰云。

二十六日　属韵秋、子美等约斗南至怡丰园小酌,并送其赴苏登程。属醉愚作函致陈子言。

二十八日　属醉愚作函复董授经。

三月初一日　属醉愚作函致张孟劬,又复谢刚主。

初三日　属醉愚作函致金息侯。

初四日　属醉愚作函致董授经。

初五日　是日接陕西兴平县寄来张仁斋学正讣告。仁斋名元际,字晓山,陕西兴平县人,廪生,国子监学正衔。曾掌教清麓书院,今为爱日精舍山长,年八十一。值此危时,犹留山长一席,讲学不倦,其推崇先圣,研究张横渠、朱考亭之学,麟角凤毛,亦世所仅见者也。顾陕西僻在西陲,书院存而不改,若江浙汹汹学潮,断无存在之理,孔圣不尊,中山遍户,良可慨也。

初六日　施韵秋自沪回,述及徐行可已在沪,准乘立兴班于明晨抵浔。属醉愚作函复陈绳甫。

初七日　徐行可来此为借校书籍,此来拟长住也。出与略谈,即邀其宴于宋四史斋。行可带一学生来,以供钞写,姓成号棣仙,兴国州人,亦邀入坐。陪者为沈醉愚、沈叔筠、王建夫、施韵秋、崔叔荣、君实弟,饭毕略谈而散,邀而未至者为冯季苏。

初十日　十一时乘公利汽油船动身。午后三时至嘉兴。四时五十分上车抵沪,车中遇金颂清。中国书店主人。抵寓后得悉外舅于今日午刻逝世。

十一日　嘱刚甫写信致张泠僧。

十二日　八时起身,九点率春蕃、欣万两儿乘车赴嘉善吊外舅之丧。遇张菊生、徐彦士、徐冬生、钱达士,亦往嘉善吊丧者。

十四日　与公渚同访郑苏堪,未见,由伊幼子可久名何。招待。

十七日　夜宴郑苏堪稚辛昆季，陪者朱古微、何小雅、夏剑丞、袁伯夔、罗子敬、叶伯皋、黄公渚席后略谈而散。苏堪定后日回津故饯之。予托其题希古楼图，承伊拨冗题五古一首，今日亲自送来。

十八日　嘱刚甫写信致张菊生、邱问清、周子美。

十九日　嘱刚甫写信复叶浦孙。

二十日　嘱刚甫写信致章一山、张果斋。张仁斋之弟，名元勋，丁酉拔贡，壬寅举人。因仁斋故世，书以唁之。

二十一日　王君九来访，阔别数年，欢然道故，畅谈行在情形，留晚餐而去。

二十三日　夜检《苏州府志》徐树丕事略，于人物传之文苑门得之。树丕字武子，长洲人，明末遗民，著《中兴纲目》等书。嘱刚甫作书致张菊生。

二十四日　夜整理《清史稿》目录。嘱刚甫作书致谢刚主、金砚君。

二十七日　嘱刚甫作书致陈绍周，送《书影》一部、叶伯皋。

二十八日　五时至太平寺吊赵叔雍母丧，时晏人散不果吊。至大中华饭店贺吴仲言嫁女之喜，坚留夜膳，晤王均卿、许姬传、子颂孙，冠英子。陈蔼士。嘱刚甫作书致谢刚主、李佩秋、罗子敬、沈醉愚。

二十九日　嘱刚甫作书致贾君玉、张芹伯、孙惠敷、施韵秋、张惠衣。

四月初二日　夜叶叶伯皋来谈。嘱刚甫作书致邵伯絅、赠书十四种。王培孙、南洋中学校长，赠书十种。陆仲襄。名祖谷，嘉兴图书馆馆长，赠书四十种。

初三日　张惠衣来谈。惠衣海宁人，家住硖石，在北京大学研究院专治音韵之学，近今毕业。宗子戴、葛荫梧来谈。夜与公渚谈，今日朱古微、蒋雅初来会公渚，为陈星华丧子，欲将所藏《巢氏病源》一书星华过莫枚士批校本。售予，此书不值巨价，予为情面计，允助洋两百元,书归于予。

初四日 王君九、葛荫梧来谈。嘱刚甫作书致葛荫梧。送屈伯刚书四种。

初五日 嘱刚甫作书致金息侯。嘱醉愚作书致吴进思。公渚介绍桐城马文季名根质,通伯之子。将方望溪评点明本《柳子厚集》一部质洋二百番,此书共八册,通伯得于厂肆而无年月款识,以家藏望溪手札核之,审为亲笔,乃征求名流题咏,如陈弢庵、赵尧生、陈仁先、林琴南、劳玉初等均有题识。

初七日 嘱刚甫作书致陈绳夫、金息侯。

初八日 嘱刚甫作书复孙玉仙、施韵秋。

十一日 嘱刚甫作书复贾君玉。寄来《晚晴簃诗汇》一部,故汇去书价一百〇八元。

十二日 阅《晚晴簃诗汇》。

十三日 阅《晚晴簃诗汇》,中有卷数舛误,嘱醉愚作书告贾君玉,因君玉任校雠之责也。

十六日 嘱醉愚作书复宝瑞臣,贺董东苏娶媳。

十七日 邓孝先、宗子戴、庞莱臣来谈。

十八日 叶伯皋来谈。嘱刚甫作书致王君九、金息侯。

二十日 访宗子戴,未见,将抄稿交其仆人而出。

二十一日 周子美、施韵秋、崔振声、叶伯皋来谈。嘱刚甫作书复章一山、蔡孑民、徐行可。

二十三日 到嘉善。

二十四日 今日为外舅开吊之期,张菊生题主,葛词蔚、潘经耜襄题。

二十七日 嘱刚甫作书致冒鹤亭。

二十八日 有日本人名山田谦吉者上海东亚同文书院。来会予,未见留片而去。予与此人素不相识,未知此人是否来会,予应询问明白。嘱刚甫作书致屈伯刚。送书二种。

二十九日 六时至晨风庐祝周湘舲夫人张氏七十寿，晤姚本泉、王绶珊、褚慧僧、黄柏龙、白石农、姚虞琴、王漱六。嘱刚甫作书致徐积馀、张菊生。

三十日 嘱刚甫作书致葛荫梧、叶伯皋、陈绳夫。

五月初一日 嘱刚甫作书致张菊生、徐积馀、汪甘卿。

初三日 嘱刚甫作书致王书衡、张菊生。

初四日 嘱刚甫作书致吴蔚若、叶伯皋、徐积馀，谢生日礼。

初六日 嘱刚甫作书致张菊生、张果斋。

初八日 今日为予五十初度，因念时艰，预戒举觞，重以先王父遗诫，不得生日称庆，故不敢铺张。乃前日由章一山左丞寄到御赐"规策枭谟"扁额，五十赐寿，实属异数，惶悚无似，而亲友送诗文及礼物者亦络绎不绝，诗文固无可却，礼物则不敢受，幛子只领款字而已。上午十时即有客至，应酬甚忙，上午设宴三桌，晚十二桌，夜间又有滩簧、戏法、唱书等馀兴。

初九日 今日沈淇泉七十生日，予至徐园祝寿，遇施再村、姚桐生、杨千里、徐凌云、沈季璜、青海和尚、沈研传。

初十日 至王福庵家谢徐行可步，见。

十一日 至叶伯皋、罗子敬、林子有、宗子戴、夏剑丞、张菊生、喻志韶、赵季珩、叶浦孙、董授经、孙逸斋、李孔曼、陈微明、王均卿、张莼孙、袁伯夔等寓谢步。

十二日 至徐冠南、琦仲、王叔用、徐积馀、陈子言、于志昂、吴东迈、沈慈护处谢步，均未见。嘱刚甫作书致黄石荪、朱古微、何肖雅，谢生日礼。

十四日 徐行可、程凤璋来谈。行可后日回浔。嘱刚甫作书致诸贞长、朱炎午，谢生日礼。又致姬觉弥、周君常。

十五日 嘱刚甫作书致周子美，又致刘公鲁。谢生日礼。

十六日 嘱刚甫作书致陈弢庵太傅、胡姓初、并托递谢恩折。陈仁先、谢生日礼。王均卿、李圆虚。

十七日 嘱刚甫写信致章一山、董东苏。

十八日 嘱刚甫写信致叶誉虎,谢生日礼。

十九日 王均卿来谈。夜喻志韶、李圆虚来观盗陵等抄稿。

二十二日 嘱刚甫作书致王福庵、徐行可、孙惠敷。

二十四日 嘱刚甫作书致贺性存、杨芷姓、张孟劬、王均卿。送购书及钞费洋六百元。

二十六日 嘱刚甫作书致宗子戴、徐积馀,送桃子。

二十八日 嘱刚甫作书致孙玉仙、叶伯皋、叶浦孙。

六月初二日 嘱刚甫作书致冯孟武、叶伯皋。

初三日 嘱刚甫作书致金篯孙、沈醉愚。

初五日 至功德林应夏剑丞、徐绍周、黄公渚之招,同席者尚有姚虞琴、叶伯皋、赵叔雍、朱犀禅、许绶臣、陈彦通。

初六日 嘱刚甫作书致沈英斋、余了翁。名霖,嘉兴人,壬寅举人,本字楫江,后改此别号,从前浙江通志局办事者。

初七日 上午十二时至爱俪园,哈同于今日成主,予为陪宾也。题主者为刘春霖,号润琴,肃宁人,甲辰状元。襄题者为夏寿田、号午贻,桂阳人,戊戌榜眼,前江西巡抚,夏时之子。郑沅,号叔进,长沙人,甲午探花。护主二人为徐积馀、许鹤丞。久香之弟。刘、夏二人均由北平请来。予与刘润琴同席。功德林素席。园内有喇嘛及六十三代张天师名恩溥,字瑞龄,其父晓初与予相善。等礼忏。章嘉活佛亦在焉。又有太监二三十人击鼓以迎客,其服装一律,并有摄影及摄影戏者,孝子乔治等叩谢,用跪拜礼。哈同遗像共有数帧,其一为红顶花翎颇特异云。晤刘未林、名凤起,癸卯编修,江西南城人。杨哲子、名度,湘潭人,甲午举人。沈淇泉及其孙班闻、徐冠南琦仲父子、杨韵琴、名际春。方筱兰。名彤。

初十日 午后与叶伯皋同至兴业银行答曹吉如。出后至沧洲旅馆答溥西园，因今午伊先来访也，并于晚间宴之，陪者夏午贻、郑叔进、秦子质、程子大、林子有、喻志韶、狄楚青、徐积馀、叶伯皋、沈淇泉、刘未林、徐绍周、名桢立，长沙人，同治六年及光绪二十一年两次浙江学政，徐寿衡尚书树铭之侄，其父叔鸿名树钧，江南盐道，壬子、癸丑间故世。承绍村、庞莱臣、李孔曼、夏剑丞及公渚、刚甫，邀而未到者刘润琴、董授经、宗子戴，席散后与淇泉畅谈。嘱刚甫作书致陈几士、慰悼亡。高云麓、谢生日楹联。陈子言。

二十六日　金镂孙、沈慈护来，未见。

二十七日　嘱刚甫作书致张宋庼、封庸庵，复金镂孙、李孔曼。

二十八日　午后三时至霞飞路桃源村访金镂孙，至则镂孙不在该处，系寓其第二子处，询其佣妇则云在集思惠路宝安路祥茂里。又访陶兰泉，坐谈良久，伊藏书现已售去，拟刊刻艺术之书，有一种专载宋宣和至清宣统各种营造法式并延外人造成摹形，以验古法之是否符合。伊又拟编一书，专载六十年间刻书家之事迹目录等。

三十日　嘱刚甫作书致朱聘三、沈淇泉、送润笔三十八元，酬仆人两元。沈慈护、赵季珩、陶兰泉。

七月初一日　下午一时下楼，李木公来访，钮觐唐来，坐谈良久。傍晚刘润琴来访，率其子筱琴同来。名海云。七时偕公渚至一品香应沈淇泉之招也，客为刘润琴父子、郑叔进、喻志韶、张燕昌、名启后，安徽泗州人，甲辰传胪。叶伯皋、许鹤丞、陈良初、宁波人，庚子辛丑举人，内阁中书，光、宣之间在李云书处办事，与余相识，忽忽二十馀年，余竟不复识矣。国变后，在财政部办事。顾渭川及淇泉之子季图等。嘱刚甫作书致蒋抑卮、金息侯、余了翁、吴进思。

初二日　嘱刚甫作书致汤爱理。

初三日　午刻程学川来，同赴爱俪园，少待开席，同坐者喻志韶、夏浒岑、名寅官，江苏东台人，戊子举人，庚寅翰林。夏同甫、名启瑜，甲午翰林，鄞县人。温钦甫、名宗尧，驻藏帮办大臣。夏季实徐州人，觉弥同乡。及学川,席后摄影。

初四日　今晚本生父亲与余合请钮觐唐,陪客为喻志韶、金钱孙、程学川、周湘舲、王均卿、公渚,本生父亲与学川同来,席散已久时矣。陶兰泉来,未见。

初五日　午刻至爱俪园应姬觉弥之招,至则客已满而主人尚未到,由李汉卿招待,觉弥至后始开席,今日专宴溥西园,陪招刘润琴、夏午诒、郑叔进、张燕昌及余,席散后摄影。

初六日　访程子大、秦子质,均晤谈。嘱刚甫作书致钱新之。送书五十种,系带往法使馆者。阅《涉园墨萃》。

初七日　四时至沧州旅馆送溥西园行,伊定后日回京也,坐谈良久。

初八日　夜葛荫梧、喻志韶、李圆虚来谈。嘱刚甫作书致周子美。阅《涉园墨萃》。

初九日　与董授经谈。覆阅《续通考经籍考》。嘱刚甫作书致章一山、喻志韶。

初十日　嘱刚甫作书致孙惠敷。覆阅《经籍考》。

十一日　赵万里来,未见。今晚喻志韶借余寓宴客,到者刘润琴筱(润)〔琴〕父子、沈淇泉季图父子、张燕昌、郑叔进、夏同甫、公渚及予连主人共十人。重阅《经籍考》。

十二日　午后至新惠中答赵万里,坐谈片刻,万里赠予《校辑宋金元词》一部,系万里手辑新出版者。晚七时至威海卫路中社应授经之招,到者万里、郑振铎、陈乃乾、瞿济苍、名炽邦,良士之子。授经及予共六人。振铎字西谛,福建长乐人,在商务印书馆编辑所办事。嘱刚甫作书致贺性存、张芹伯。

十三日　嘱刚甫作书致姬觉弥、赵万里、贺性存。

十四日　今晚宴赵万里,陪者张菊生、郑振铎、张冷僧、张芹伯、瞿济苍、公渚,九时半散席。

十五日　至朱古微处问疾,得晤陈君任、名祖任,江西新城人,能古文，马通伯之弟子，湖北候补通判，民国曾官汉口，陈硕士少宗伯之玄孙也。袁伯夔、王聘三、金雪塍。镇海人。嘱刚甫作书致赵万里。托带送北平图书馆书十八种，送伊二种。

十六日 屠韦人来，未见，赠予祝枝山字一轴，系赝鼎也，拟璧返之。覆阅《经籍考》。嘱刚甫作书致赵万里。补送书二种。

十七日 李紫东来谈。夜覆阅《续通考经籍考》。嘱刚甫作书致王君九、叶伯皋。

十八日 汤爱理来谈，伊日内东渡赴日本，嘱予检出书刊携往赠送彼邦要人。夜徐行可自浔至，伊明日回鄂转车北上，因近膺北京辅仁大学之聘也。嘱刚甫作书致章一山、贾君玉、孙虞臣。送书四种。

十九日 下楼与授经谈。夜叶伯皋、李圆虚来谈。覆阅《经籍考》。嘱刚甫作书致张菊生、张皇楼、沈醉愚。

廿一日 七时至老靶子路王家饭店应汤爱理之招，同席者周越然、白坚武。四川西充人，做古董掮客。嘱刚甫作书致章一山、汇去津贴洋五百元。李圆虚。送医金百元。

今日小报载今上离婚事，妃原文绮致妃一函颇详，略谓我家世受国恩，二百馀载，我祖我宗四代官至一品，且漫云逊帝待汝并无虐待之事，即果然虐待，在汝亦应耐死忍受，以报清室之恩。今竟出此，汝清夜扪心自问，他日有何颜面见祖宗于地下耶。且汝之出此，不过听三妹家人所调唆，为讹诈逊帝几文钱，且汝试行仔细想想，汝纵讹诈得几文钱到手，将来果能不被一般小人所骗去乎云云。

廿二日 覆阅《经籍考》。嘱刚甫作书致周子美。

廿三日 覆阅《经籍考》。

廿四日 覆阅《经籍考》。嘱刚甫作书致章一山。

廿五日 下午四时至宁波同乡会观况又韩书画展览会，伊弟小宋亦在会，其书画佳者已售去，故予亦未购。

廿六日 夜饭后至徐冠南处，因其今日六十六岁生日也。嘱刚甫作书致罗叔炳、升，吉甫之子，因吉甫故世来电致罗子经，嘱转告余，故书以唁之。王君九。

廿八日 覆阅《经籍考》。

廿九日 朱古微、程子大来,未见。

八月初一日 嘱刚甫作书致沈慈护、王君九、陈几士、陈子言。

初二日 嘱刚甫作书致陈绳甫。

初三日 董东苏、屠辅清来谈留夜膳。嘱刚甫作书致周湘舲、沈英斋、李圆虚。

初四日 子蕊交来一单,系凌补华托问者,有《画学辨惑》一书,按照古音编辑,计五册,晟舍凌钦明著。字丽夫,号讱言。钦明生于康熙壬子正月初六日,卒于乾隆庚辰十一月十七日,寿八十九岁。此书欲售洋万元云。嘱刚甫作书致李木公、叶伯皋、邵蕴章、周子美、沈醉愚。

初六日 夜叶伯皋来谈。嘱刚甫作书致刘润琴、吴仲言、送《郑堂读书记》一部,系仲言代索者。叶伯皋、周子美。伯皋云沈端臣来信,谓溥心畬名儒,恭亲王溥伟之胞弟,升吉甫相国之婿。近搜罗遗民诗文,汇刻为书,名曰《灵光集》,以耿耿孤忠,不食周粟者为限。每人选数篇,各附小传,刻成后由今上赐序,目前暂不行世,留待将来,使人知我朝三百年养士之报云。

初七日 嘱刚甫作书致王叔用、罗子经、姚达人。商务印书馆编辑,索书。

初八日 嘱刚甫作书致汪甘卿。

初九日 率春、欣、福三儿至江湾叶园观游艺会。嘱刚甫作书致徐积馀、沈淇泉、张燕昌、孙虞臣。

初十日 李圆虚介绍谢复园以明版书两部、碑帖三种、沈寐叟手札二册、翁文恭楹联一付,押洋五百元,陈微明亦有信托公渚,予不得而却也。嘱刚甫作书致金息侯、孙师郑、孙惠敷、董东苏。

十一日 嘱刚甫作书致汤爱理、罗子经。

十二日　今日为日本侵占东三省，全国下半旗志哀，强邻侵略，皆内政不修之故，对内则言讨伐，对外则主退让，亦可慨矣。嘱刚甫作书致封庸庵、陈叔通。

十三日　嘱刚甫作书致贾君玉、附致徐东海函托转交。陈小石、曹叔彦、汪甘卿、王叔用、罗子经、沈淇泉、徐积馀、钱复初、张燕昌。

十四日　金雪塍为其父故世求挽诗。其父名士衔，光绪己卯举人，景宁训导，颇有故国之思，今年五月故世。来谈。嘱刚甫作书致朱古微、姚景之。名廷栋，吴兴人，与本泉同族，曾署江西南昌府。近赠予词祝生日，故作书以谢之，并送书十种。

十六日　嘱刚甫作书致罗子经。

十七日　嘱刚甫作书致周子美，子美来书谓君实故后，此缺拟以崔叔荣承乏，叔荣老成可靠，请给月薪十元，余之十元可以省去云云。予照允之。

十八日　姬觉弥来信，赠予哈同花园新印《古兰经》一部，并谓前谈之恤典事，既有为难，请作罢等语。先是哈同开吊，予与觉弥说及荣典，伊谓最好由沪上遗老具折陈明哈同如何不忘故国，请赐褒恤。予以其空言，嘱恕皆问其究竟愿报效若干，其后来信说至多一万元，否则作罢。予即函达章一山，商诸行在诸公，而一山来信，谓行在诸公眼光颇大，决不重此万元，惟重君忠义，倘君能具折，亦可办到云云。一万之数，予亦甚不满意，若行在因予而允之，则予与哈同并无深交，转觉对于王室抱歉，况哈同遗资惊人，今觉弥为其身后荣名，亦矜惜如此，九牛之大，何惜一毛，今既如此，只好作罢矣。

十九日　嘱刚甫作书致姬觉弥谢《古兰经》，又嘱作祭文，为明日公祭之用。予个人之祭文则公渚所作也。

二十日　今日为多罗特文忠公升允借长沙路报本堂公祭，予十一时偕公渚及张子襄同车往，先嘱伯厚前往布置，及予到，伯厚告予，顷见庄得之来，说现在时势如此，尔家居停太不懂事，通告附有上谕，尤觉触目，及见灵前挂有上谕，得之取去，谓民国已二十年，尚敢称宣统年号,设有事端,谁任其咎,故千万不可悬挂。又谓不应称文忠公云云。陈小石忽来函,称头疼发热,不能到会。予知是托词,及后始知昨日有人打电话至小石寓中,问明日是否为文忠公开追悼会,小石因此胆小,托疾不来。庄得之与小石为邻,时常相见,故有此言,其实追悼会为朋友交情,与国家政治无涉,何必畏首畏尾乎。予甚为懊悔,早知如此,何必约小石领衔,如秦子质、朱古微等十馀人亦尽彀矣。况谥法为皇上所赐,不认谥法,即是藐视皇上,在他人犹可,小石官至总督,深受国恩,岂可如此,所以予甚为灰心也。至通告共发百张,但到者不及半数,有送挽联而人不来者,有来而不送礼者。发起人到秦子质、朱古微、叶伯皋、沈淇泉、李木公、王叔用、徐积馀、王聘三、罗子经、公渚及予十一人,未到者陈小石、林子有、李圆虚三人,此外到者何肖雅、刘襄孙、程学川、张燕昌、夏剑丞、袁伯夔、徐绍周、沈慈护、白曾麟字石农。谢复园名凤孙。沈同瑞、张黄楼名彬。廖廉能、严庆祺字仲琳。史久绍字文甫。刘瑞源字佐泉。高振霄字云麓。夏启瑜字同甫。许如棻字鲁山。左念康字郎孙。王大钧字伯荃。陈重威字容民。张子襄、陈祖壬字君任。恽毓珂字瑾叔。毓龄字季申。陈承修、鲍鼎[字]扶九等,尚有颜清源一人,则皆不认识者,午膳素席四桌,一切费用均予一人担任,四时回寓。

廿一日 嘱刚甫作书致王均卿。送去莼孙师编诗润笔四百元。

廿二日 嘱刚甫作书致章一山、罗叔炳、钱复初。

廿三日 嘱刚甫作书致曹叔彦、叶伯皋。

廿四日 李紫东来谈。

廿六日 嘱刚甫作书致陈弢庵,谢本生父亲生日礼。

廿七日 今日本生父亲七十正寿,予早起九时往本生父亲于廿五日至杭避寿,今日到客一百二十五人,酒席朝夜二十馀桌,尚称热闹,十时回寓。

廿九日 嘱刚甫作书致吴潜甫、吴希眉、陈子言、董东苏。访左郎孙,寻觅良久始得,郎孙谓文襄公长沙住宅去年为兵所据,因军火失慎，付之一炬，所有御赐对联及文襄墨迹尽成灰烬，而田产已数年未收租，故境况甚难云。

九月朔日 下午与授经谈。

初二日 嘱刚甫作书致孙虞臣、徐积馀。

初三日 陶兰泉来，未晤。叶伯皋来谈。

初四日 嘱刚甫作书致程学川。送去藏书、校书两手卷，并润笔六十元。费恕皆于昨晚戌时故世，恕皆今年旧疾屡作，近稍愈又患膈逆症，因至不起，身后萧条，殊可悯也。

初六日 辜志中来访，未晤。志中名守庸，福建同安人，鸿铭之子，鸿铭故后，予助葬费百元，故志中来谢。嘱刚甫作书致温毅甫、谢生日诗。陆亦梅、送楹联折扇。叶伯皋。

初七日 午后至三多里吊章拱北之丧。又至林子有处，子有今晚燕予，予因欲至文妹处望朝，故先往一转，晤姚景之。名廷栋，归安人，曾署南昌府，与公渚相善，予初次相见也。

初十日 嘱刚甫作书致陆仲襄。寄去通志局废稿八包。

十一日 嘱刚甫作书致封庸庵。送《阐义》一部。

十二日 李拔可、陈石遗来，未见。与授经谈。七时赴李拔可宴，同席者陈石遗、十年前相识，今见之，丰采犹昔。梁众异、名鸿志，长乐人，茝林中丞之曾孙，光绪癸卯科举人，曾任段芝泉秘书，安福系之健将也。与予初见。叶誉虎、朱古微、潘兰史、林子有、姚虞琴、李木公、黄公渚，席后略谈而散。嘱刚甫作书致张豫泉、沈醉愚。

十三日 嘱刚甫作书致孙师郑、陈绳夫。

今日洛儿服安神药片。初，对门周镇源之女二星十六岁。由老虎头子青之子。领来打电话已非一次，二星有妹名真弟，十一岁。与洛儿等相识，暑假内常来游玩。近自东三省事起，洛儿发信数封，名为反日连索致二星等。今日午后二星又来打电话，履冰在厕，听见洛儿与二星说“尔愿与松姊做朋友否”，朱姬责洛儿不应与彼等通信，至书房掴掌数下。予起身时,朱姬以此事告,须臾见洛儿等上楼,予问今日何以放学如此之早,洛儿答今日母亲有事与先生谈,故早放学,予心中亦知必为此事也。予今日接福音医院孟医生英文信,放在案上,预计取以示之问其能解否,洛儿读后谓中有数字须查字典,夜膳后再禀告云云。予旋即下楼。迨夜膳时,予上楼就餐,不见洛儿,问何不吃饭,则谓今晨早醒,故欲眠云云。予以为受责之后,与其母斗气,故不肯食饭也。朱姬往视,见其眼睛瞪定,裤上有溺迹,知有异,乃诱之,始吐实,谓吃安神药片,乃至橱内启视,则见安神药片少五粒,乃急用汽车送至宝隆医院求治,其时英文教员秦国宰尚未下课,与履冰一同陪往。洛儿性尚聪明,然聪明每每误事。有朱敦春者,系留海之子,由我家资其学费毕业于政治科,与洛儿等做伴,其人学识偏新,未免有灌输嫌疑;又有王静安者,昌昌之外甥。今年暑假时与洛儿等做伴。洛儿意志薄弱,喜新厌旧,对于家庭旧礼颇不满意,有马妪者自谓纯阳祖师附其身上,朱姬极信之,而洛儿则极反对。种种原因,亦非一朝一夕之故矣。

十四日 洛儿仍在医院,危险时期已过而神志未清,疲倦思卧。

十五日 洛儿仍在医院,今日神志已清,谓誓不回家,须另请一监护人,不受父母约束,嘱人通知某某先生、某某女士不必来看我等语,其意无非要挟,欲恢复其与四人交游。人者即老虎头、二星、朱敦春、王静安也。可见其年纪虽小,心中已有计划。前日曾问英文教师秦国宰安神药片吃若干要死,秦师答药剂有轻有重,何能一定,尔亦不必管此种事云云。今日家中送去饭菜一碗,伊竟不食,谓何必假仁假义,其后乃稍食之,并谓予有故国之思,为反革命。予闻之尤为心痛,伊如许年龄,已欲干预予之志事,况予故国之思,亦因鉴于国内纷乱日甚一日,远不及清末之时,故日益念旧,况予徒抱此志亦并未从事工作也。今洛儿一时之忿而服药片,情有可原,乃以死为要挟,又欲干预予故国之思,则可谓荒谬绝伦矣。

十六日 嘱刚甫作书致周子美、来函借洋贰百元,予允之。徐积馀。

送来郑谷口板对一副、《范声山杂著》一部，作书谢之。

十七日 辜志中、沈慈护同来，志中颇能继其父鸿铭之志，予闻其语，心中无限感慨，将来能继予志者谁乎，与谈行在事良久。

十八日 嘱刚甫作书致罗子经。予每年助升吉甫相国五百金，今年相国即世，予即作为赙敬，托子经寄交罗叔炳。

二十日 叶伯皋来谈，出示沈端臣名继贤来信，报告行在情形，略谓罗叔蕴对于今番之事非常热心，而在帝左右者媢嫉弥甚，陈弢庵现已无言，而胡殀初、陈仁先会衔参罗叔蕴、徐善伯、名勤，广东人。谢幼安、名介石，奉天人。周孝怀四人，最可笑者指罗与东陵案有关，此事实属无据，从前已有此说，实为叔蕴在河南觅魏墓志，若谓为与陵案有关，其诬甚矣。又指周孝怀欲拥戴岑春煊，亦殊可笑，岑现已年老病废，岂复能出任艰巨乎。指徐善伯为保皇党，又为日本汉奸，保皇之名，对他人言之犹可，若对行在，则保皇何嫌何疑，日本奸商，尤为诬蔑之语。指谢幼安为丁巳之役败于渠手，亦属非是。幼安从前奔走颇出力，今则亦灰心，有醇酒妇人之概，丁巳之败与彼何涉。此皆私心用事，不顾大局之言。殀初、仁先不得谓无学问，而局量如此，何能干事。又有陈弢庵为之领袖，真可叹也。端臣又谓郑苏堪大言欺人，谓今上必俟列国环请，然后正位，至大权非渠不可云云。其子让于谓其父有一篇文字，见之者不独流泪且须流血，现在未能发表云云。此仍是从前态度，殊可哂也。嘱刚甫作书致宝瑞臣、写《心经》祝予生日，作书谢之。叶伯皋、吴进思。

二十五日 嘱刚甫作书致王一亭、谢生日画。曹叔彦。谢生日联。

二十七日 屈伯刚来未晤。嘱刚甫作书致吴进思、喻志韶、施韵秋。

二十八日 嘱刚甫作书致袁伯夔、送前后《汉书》。李木公、谢题补树图诗。沈联芳、王一亭、孙师郑。

二十九日 嘱刚甫作书致张菊生、朱士嘉、燕京大学历史学系，向不相识，又寄余书一册，作书谢之。夏廉孙。北平人，素不相识，来函索《雪桥诗话》。接于志昂夫人来电,云书版为津关扣,须按万元估价,报税约八百元,迟须罚款如何,速电复等语,予甚为闷闷。《晋书》、《五代史》两版,刘春生迁延日久,经授经丈迭次去信,又托石友如曾任司法次长,代理部务,系授经旧属,现为律师。出信与之交涉,始允装运,由志昂夫人经手,托转运公司起运,不料津关有意留难,竟欲科以重税。予历年以来为刻书所受种种感触,不一而足,今此之事,尤令人不平也。嘱刚甫拟电稿复之,云津关税照缴,请先垫付,该款如何汇还,请示知。报载有人以炸弹送至静园,警察正在侦查中。

三十日 徐积馀来未晤。嘱刚甫作书致傅沅叔、寄诗轴及屏条祝六十寿。陈绳夫。送《书影》一部。

十月朔日 嘱刚甫作书致孙玉仙、章一山、孙惠敷、陶兰泉。送《书影》一部。

初二日 嘱刚甫作书致陶拙存、喻志韶、恽瑾叔。

初三日 嘱刚甫作书致李佩秋、施韵秋。

初四日 嘱刚甫作书致贾君玉、送《五代史》、《郑堂读书记》各一部。汤爱理。送《诗经》、《周易》、《仪礼》各一部。邱沂轩、邱孟麟来谈,嘱予代请朱古微题主及代征象赞。

初五日 嘱刚甫作书致于志昂夫人。志昂夫人因书版被扣,托周作民出信致津关监督,谓刘君以保存古籍及宣扬文化著称于时,此次以其旧有《五代史》等书版运回过津,贵署查令纳税,刘君本非商贾,此项版本实为自己收藏,绝非普通贩卖者比,请饬令放行,免予纳税云云。周作民系北平金城银行行长,与津关监督相稔,故志昂夫人托其作书也。

今日报载上于十日深夜微服离津,由日方运送大连,即日赴沈,醇王同往。外记者传上已到,预备十六日前宣布复辟。

初七日 叶伯皋来,交阅沈端臣来函,云上于初三日离津,临时绝不露风声,即胡姓初等亦不得而知,行时只带二人。至沈阳方面先由恭亲王溥伟出面,俟观形势,再定进止云云。昨晚罗子经之函亦谓上确已离津，现居营口，倘时机已至，俟沈阳来迎，再行登位。今日各报谓上偕土肥原及遗老遗少由南满路特备花车送其抵沈，定十五日晨十时登极，国号仍用大清，年号改明光，沿用军机大臣及六部制度，不采内阁制，内定为军机大臣者有溥伟、郑孝胥、金梁、袁金铠等诸人。本庄令金梁修理故宫，尽日内完竣。前东北电政管理处在故宫对门，已指定为军机处云云。大半恐神经过敏之语。

初九日　秦子质来，由刚甫代见，伊来询行在消息，此公惓惓故国，亦遗老中不可多得者。嘱刚甫作书致陈小石。托题邱宅象赞。阅《畏庐文集》。

初十日　施韵秋自浔来。徐晋卿来，未晤。汉军人，师范毕业，志韶之门生，现欲赴沈阳，由志韶来见，欲筹川资。

十一日　至常州同乡会贺恽季申侄女出阁，系眉卿之女，缪筱珊之外孙女，瑾叔之胞侄女也。眉卿逝世未百日，故借同乡会出阁。晤季申、瑾叔，殷殷以行在为念，与谈良久。嘱刚甫作书致沈淇泉、托题邱宅象赞。丁仲祜。

十二日　叶伯皋、程学川来谈。嘱刚甫作书致吴锡侯。名道晋，杭县人，壬寅经魁，与费恕皆同年，曾供职盐务署，现居上海，来函索《晋书斠注》及《雪桥诗话馀集》，予允之。接章一山来信，已被检查员拆过，幸系草书，须细辨乃明，故未扣留。

今日《申报》载锦州专电，谓上十六由大连到沈，一行三十馀人，有金梁、郑孝胥等复辟派及落伍师长十数人密议经过，上要求两点(一)得各国赞助，(二)不作朝鲜第二，龙旗虽制备，一时仍难实现。又北平电，日人悉满蒙组织独立国家制度问题，近主张采用民主说甚力，刻各地正组自治团体，将由自治团体请愿，组织新国家，再由自治团体选举代表，召集国民会议，制定宪法，推举上为国家元首云。

十三日　嘱刚甫作书致李拔可、送去林琴南画家洋一千三百元。章一山。

十四日　嘱刚甫作书致陈小石、沈淇泉、罗子经。

十六日 喻志韶、朱古微、葛荫梧、屈伯刚来谈。

十七日 嘱刚甫作书致叶伯皋、沈淇泉、李拔可。

十八日 张秉三来,未见。因《晋书》、《五代史》版片扣留在津,韵秋来信,谓秉三自告奋勇愿帮忙,故往托之。秉三与张咏霓商后,嘱先备一呈文致财政部,请求饬天津海关免税放行。

十九日 嘱刚甫拟呈财政部文,请发运书版护照。又嘱作书致陈子言、送去编《诗萃》修洋一百二十元,稿四册送还,嘱改过再交来。朱古微、秦子质、周子美。

二十日 与授经谈书版问题,授经谓蔡孑民为图书馆协会会长,予亦为董事之一,此事不妨致书孑民,由伊送交请孑民想法云云。嘱刚甫作书致蔡孑民、陈小石。送《史记》一部。

二十一日 嘱刚甫作书致钮觐唐。

二十二日 财政部护照今日由张秉三交来。嘱刚甫拟电稿通知天津济通转运公司及北平于志昂夫人,并将护照由航空寄与济通公司。

二十三日 嘱刚甫作书致王云五、借宋本《三国志》。屈伯刚、送《史记》一部。于志昂。询周作民寓址。

二十四日 嘱刚甫作书致沈淇泉、陈小石。

二十六日 嘱刚甫作书致冒鹤亭、寄来溥心畬画藏书楼图,系鹤亭嘱画赠予者,作书谢之。章一山、罗叔炳。

二十七日 嘱刚甫作书致约翰大学图书馆、送《瞿木夫年谱》、《武梁祠画象考》各一部。南京国学图书馆、送《雪桥诗话馀集》一部。周子美。

二十九日 接朱古微来函,谓病体增减无常,邱宅题主恐不能往,甚为抱歉,如仓促无相宜之人,可请王病山制军乃征为之云云。

十一月朔日 接庞莱臣电话欲来访,予乃至庞寓,入门见施省之出,黄稼寿在座,与谈北方事。稼寿谓报纸所载全不足信,日本志在得京津,政府亦无抵抗能力,现在北平秩序甚好,不若南方之纷扰,伊在北平三井洋行为买办，仍照常办事云云。又谓上确已抵奉天，前传在大石桥新江子，今已不在该处矣。日本聘为高等顾问，月致三千元。恭王已交卸，维持会职务由袁金铠主持，现在东三省人民久在水深火热之中，故咸望复辟实现云。稼寿又谓李赞侯思浩有翁覃溪手迹六十册，押于叶誉虎恭绰，计洋六千元，而誉虎转押于某银行数年，未付息，故托稼寿与余说，欲售于余。此手迹前已由公渚交来首尾二册，观其内容，亦无甚出色，故予婉谢之。至朱古微处问疾，伊在楼上卧于床中，今日已御重裘围炉，予赠以参麋丸，伊甚为感谢。至邱莘农母舅处，告以古老不能至浔题主情形，伊谓另请何人须寅叔母舅作主，现在开吊日期已改于本月二十八日云。

初二日 嘱刚甫作书致曹叔彦。

初三日 唐长孺甥来，与谈学堂情形。长孺颇聪明，惟喜言词曲，予以为小道，劝其从事经史之学，伊又喜与女学生交际，恐入歧途，殊可惜也。嘱刚甫作书致董东苏、约翰大学图书馆。

初四日 嘱刚甫作书致贾君玉。送书四种，托转致徐菊人。

初五日 嘱刚甫作书致贺性存、送书四种。胡松年、《送雪桥诗话》二集。王雪槎、内地自来水公司管票员，介绍旧书求售。秦子质。

初六日 下楼至书房，汤爱理已先在，与谈时事。爱理新著《宋会要研究》一书，嘱予题签，将付商务印书馆印行。爱理谓清末政治虽腐败，然不如今日之甚，今则惟唱高调，能说而不能行，简直谈不到腐败两字，其言颇有感慨。嘱刚甫作书致沈淇泉、罗子经、汤爱理。

初七日 姚文敷来访，谈及时事，伊谓从前在朝鲜任领事时，知日本觊觎满洲之阴谋，曾陈明军机大臣，并上说帖。近自张学良在东三省擅筑铁路，侵犯条约上日本应享之权利，而国民政府所欠日本之外债，竟置诸不理；东三省交涉积案数百起，亦置之高阁。日本积怒既久，忿而出此。故国联方面，日本提出种种证据，国联亦无可袒中国。文敷又谓中国不应抵制日货，交涉应由政府主持，今则学生干涉政治，更不可问矣。

初八日　嘱刚甫作书致张中孚、张果侯。

初九日　沈淇泉来,为邱宅请其题主事,伊允许前往邱宅。初请朱古微题主,因古微病重谢绝,故改请淇泉也。嘱刚甫作书致孙师郑。

初十日　嘱刚甫作书致贾君玉、陈绳夫。

十二日　至朱古微处问疾,与谈片刻,据云肿虽退而痰多气喘,晤陈又滕、慈溪人,崇甫太史钦之子,壬午浙江解元,陈翊清之弟。张百铭。慈溪人,业医,从前乃某省候补知县,严子均之堂舅。

十三日　嘱刚甫作书致曹纕蘅。

十四日　沈淇泉来为邱宅题主事,谈至深夜始去。予助淇泉营生圹洋二百元,即交其带去。此次淇泉营生圹并葬其妻妾子女媳及仆人等共二十馀棺,葬费三千元,由于右任担任,右任已付过二千元,现因时局关系,右任无力再付,故淇泉求助于友朋也。

十五日　嘱刚甫作书致张菊生。

十六日　董授经、沈骏声、绍兴人,大东书局经理。赵万里同来。北平图书馆馆员。

十七日　罗子经来,为借明版《熊经略集》影印,嘱予作跋。

二十二日　嘱刚甫作书致袁守和、贾君玉、高云麓。

二十四日　至牯岭路吊朱古微,时已大殓。其棺上有自作铭文。吊客甚多,晤王聘三、姚玉琴、宋澄之、陈星华、吴东迈、陈佑丞、罗子经、赵叔雍、陈容民、陈叔通、姚涤源、孙端甫、蒋雅初、承绍村、许鲁山等。又至曹融甫寓访曹叔彦,与谈行在情形,惜孙伯南亦在座,未及畅谈。叔彦荐吴镛,字卓铭,常州人,向在叔彦之侄处教读,今年学生进学校,故赋闲。笔墨甚好,其辫尚未翦。嘱为介绍馆地。智涵尚未出殡,予在柩前行礼。叔彦到沪为乃兄病重,故来省之,明将返苏矣。嘱刚甫作书致曹叔彦、送书四种。叶誉虎。贺新任铁道部长。

二十五日　十一时率春蕃儿至邱宅,今日为外庶祖母高太夫人出殡,与予同席者李荫轩、合肥人,莘农母舅之甥。许云衢兄弟三人。云衢为南仲姨丈之长子，在圣约翰读书，寓在张菊生处。李、许二人虽年轻，听其言，尚有旧道德，国学亦尚有门径。

二十七日　嘱刚甫作书致高云麓。

二十八日　嘱刚甫作书致丁仲祜、顾鼎梅、周子美。

三十日　陈仁先来访，伊现因古微故世，特来沪一吊。伊说今上现住旅顺肃王府，天津静园则由醇王迁入，伊前至旅顺时，今上因客多一律不见。嗣由今上开一单交阍者，有仁先、晴初等名，说此等是办事人，可以进见，故仁先等得见。至登台一节，日本势不能以皇帝名义授今上以帝位，故必须俟东三省人民环请然后上台，又必须与东西各国接洽，所以迟迟也。熙洽已贡献二十万，为行在之用。

十二月初一日　至陈微明寓答访陈仁先，晤谈片刻，并见其弟识先、询先，微明亦在座。仁先谓古微临终遗命递遗折，请王聘三起草，袁伯夔润色。墓志铭请陈伯严撰文，陈仁先书丹。其遗折稿由仁先带去，在津写折呈递。周子美来谈。喻志韶来，未见。

初二日　徐懋斋来谈，购去袁珏生篆书联一付。珏生日前托费敬仲带来联二付，嘱为介绍，今懋斋购去一付，尚存一付，拟送至四叔父处。

初三日　至牯岭路送朱古微出殡，时已发引，乃至湖州会馆以待之。晤周湘舲、林铁铮、姚本泉、何书农、孙端甫、陈星华、李圆虚、苏幼宰、蒋雅初、袁帅南、龙榆生、余龙盦、张作三、况小宋又韩兄弟、宋澄之之子。伯彦，即古微之婿。访汤爱理谈及时事，爱理说现在中央之三要人中蒋介石大家晓得不必说；汪精卫完全是一理想家，不谙国内情形；胡汉民则局量太窄，不能干事。其它中央各部亦皆新进居多，孙科目不识丁，看公事必须左右之人读与其听；陈友仁且不能说中国话，须用翻译，尤为可笑；林森亦生长外国，此番举为主席，亦不过作傀儡而已。从前亲贵干政，人皆议之，然亲贵不学无术者尚能不耻下问，今则予智自雄，偏重理想，且好武断，国事更不可为矣。

初五日 吴东迈来谈。子美来谈。公渚昨日回沪。

初六日 至龙吉里答曹梅舫,与谈,并见其子箫九及尉迟锦峰。名镛,江宁人寄居吴县。

初七日 吊谢泗亭之丧。嘱刚甫作书致曹梅舫。送去善书多种。

初八日 夜钱长美来,予购书数种。嘱刚甫作书致袁珏生。汇去楹联润笔五十元。

初十日 子美来谈,明日回浔。嘱刚甫作书致孙师郑、汇去洋贰百元,因伊送予王文敏手迹尺牍二册也。贾君玉、送予生日诗一轴,作书谢之。周梅泉、送去《说文校议议》一部。四叔父。交去黄峙青画六幅。

十一日 日前褚民谊之父杏田开吊,吴稚晖、高曙青鲁。张咏霓等均往吊。张秉三来,说咏霓欲寓藏书楼,予函嘱韵秋妥为招待,并设筵款之。今接韵秋来函,谓初九日上午十一时半入席,客凡八人:吴稚晖、高曙青、萧吉珊、中央委员。张咏霓、萧子升、农商次长。徐朴诚、周湘舲、周佩箴,并主人顾企韩、张秉三、张赓虞、韵秋代表予。共十二人。并游览小莲庄藏书楼一周。茶点、酒菜、犒随等等共约四十元左右,每人约十元云。

十二日 徐积馀、黄君坦公渚之弟,名孝平。来访,未见。

十三日 至一品香答访(王)〔黄〕君坦,因伊明日欲至南京也,未晤,留片而出。

十四日 嘱刚甫作书致沈淇泉、贾君玉、高云麓。

十五日 嘱刚甫作书致叶浦孙、送前后《汉书》。许鹤丞。送《八琼室金石补正》一部。

二十日 王均卿来,未见。嘱刚甫作书致汤爱理、贾君玉。

二十一日 嘱刚甫作书致钮觐唐、杨芷姓、沈薇园。

二十三日 沈淇泉来,伊因战事发生,仓皇挈眷避至租界。叶伯皋来谈。钱长美来,与购张宗昌所刻之石经《十三经》。嘱刚甫作书致贺性存。

二十四日 徐仲可来,未见。

1932年(壬申,民国二十一年)

正月初二日　袁帅南留片。

初三日　袁伯夔、何肖雅、陈子言留片。

初四日　夏剑丞、叶浦孙留片。嘱刚甫作书致章一山、罗叔炳、陈子言。

初五日　罗子敬、徐行可、王均卿来,未晤。至张菊生、姚文敷处,未见。嘱刚甫作书致王均卿、送去《诗萃》润笔洋贰百贰十元。张菊生。

初六日　徐积馀、颜复初等来拜年,未见。

初七日　下楼,叶伯皋已在书房候予,与谈良久。嘱刚甫作书致董东苏。

初八日　公渚交阅恤朱古微上谕,敬录如左:

> 前弼德院顾问大臣礼部侍郎朱祖谋,学问渊通,持躬清粹,由进士高第,渥受德宗景皇帝恩知,洊升卿贰,近地论思,备闻忠谠。辞荣早退,望实翕然。朕嗣服之初,特征不起。洎经播越,奔问北来,惓惓孤忱,世罕伦比。方冀耆年强固,长备咨询,讵以世变多端,忧危致疾,遗章遽上,轸悼殊深。著加恩予谥文直,赏给陀罗经被,以示朕笃念荩臣之至意。钦此。

初九日　阅报昨日敌军渡蕴藻浜,被我军包围歼敌千馀人,为开战后第一次大捷云。

初十日　张菊生来答访,未晤,留函而去。

十一日 嘱刚甫作书致叶柏皋、孙师郑、陈绳夫。

十二日 嘱刚甫作书致朱铁林。徐菊人处账房,因贾君玉故世,特以书告余,并由菊人送余《诗汇》一部。君玉与予同齿,虽未识面而甚为关切,去年书版事,亦承其托人设法,其精神甚好,不料于元旦上午痰症而逝。兔死狐悲,予甚为感怆,故作书复铁林,达予悲悼之意。

十三日 嘱刚甫作书致严载如、章一山、郑彩彤。

十四日 徐行可[来],未见。

十五日 阅报,昨日汪精卫已答复日本哀的美敦书,声明中国单独撤军,不能允许,须双方撤兵。闸北一带由中国警察维持治安云云。上午有炮声,至下午二时始息。嘱刚甫作书致孙师郑。

十七日 自昨日起时闻炮声,盖日军开始总攻击也。吊袁伯夔母丧,晤陈君任、陈彦通。

十九日 李圆虚来谈。今日仍闻炮声不绝,战事仍在庙行镇一带,报载日本欲派菱刈、白川两大将来华,至是已四易将矣。一为盐泽,二为野村,三为植田谦吉,四则菱刈及白川也。

洛儿上年服安神药一事,自其出医院后,余佯作不知,但其见余辄避,似有惭愧之意,余亦不加追究,近来则渐渐如常。淞女日前告余,洛儿去年之事,尚有其它原因凑合而成云云。余乃面询洛儿,洛儿谓伊并不敢反对予故国之思,但现在时势不同从前,厅上挂有福寿字,写宣统几年字样,殊属触时,深恐有人敲诈等情,故伊以为不合时宜,并无他意。至对门之二星,伊知其吸食鸦片且外面又有姘夫,貌又不扬,且伊尚未发育,恋爱之事,尚谈不到云云。其措词颇善,予听之一则以喜,一则以惧,喜者喜其聪明,惧者惧其聪明太早,或致自误也。

二十日 沈淇泉来,未晤。嘱刚甫作书致陈微明、北平图书馆。谢新抄本《永乐大典》。

二十一日 顾午楼来谈。日前莱臣来说,今年起每月送其洋二十元,庶有限制,余亦照此办法。嘱刚甫作书致陈几士、陈淮生。几士之族,送

《八琼室》一部。

二十三日 嘱刚甫作书致严载如。送去小影一轴。

二十四日 嘱刚甫作书致叶伯皋、谢刚主、陈绳夫。

二十五日 秦子质来，未晤。与董授经谈，伊说十九路军恐难支持，前日之战已败，幸出奇兵，始转危为安云云。

二十六日 嘱刚甫作书致周子美、施韵秋。

二十七日 阅报，日军已进占闸北至真茹，吴淞炮台孤军援绝，晨间又闻炮声，下午闻已退出矣。蒋光鼐、蔡廷锴、戴戟通电谓血战逾月，日军援师纷至，寡不敌众，只得退至后方，再图进取云云。

近自战事发生，沿战线一带之难民，或回家乡，或迁他埠，而无家可归者，充斥租界，新造之空屋即暂借居住，余家尊德里尚有空屋，亦被难民避入，而无处收容者，尤不知凡几。欣儿劝余设一收容所，谓从前助赈等事皆在外埠，灾民有无受惠，不得而知，今则眼所亲见，较为实在。此言颇有理，予亦以为然，但收容固易，遣散甚难，现在金融停滞，力与愿违，实不敢冒然尝试，而自问安居美食，真所谓内疚神明矣。

二十八日 至沈淇泉处，淇泉自战事后暂避在平桥路石寓，与谈片刻，嘱其书《嘉业堂记》及条幅等件，共送润笔洋二百元。嘱刚甫作书致孙师郑。

二十九日 至尊德里察看难民收容所。张黄楼来，未晤。嘱刚甫作书致叶伯皋、张黄楼、褚礼堂、徐子升。赠赆仪三十元。

三十日 今晚宴西席王纯赋、罗子蕊、钟屺云、秦国宰，陪者褚礼堂、公渚、刚甫、菊如、伯厚、履冰及予共十一人。沈淇泉、叶伯皋来谈。嘱刚甫作书致沈淇泉。

二月初一日 至秦子质处答访，与谈良久，伊颇以行在为念，谓近接陈弢庵来函，言胡姓初与郑苏堪、罗叔蕴意见甚深，现在复祚事甚嚣尘上，而海上诸遗臣无所表示，似太漠视，但劝阻登位亦非臣子所宜言,惟有劝慎重而已。子质又谓孙中山在广东无所成就,而蒋介石数年之间由粤而至宁,此人颇有才具,惜无人以利害说之,劝其归顺,厚以爵赏云云。晤子质之子康甫。名晋元。

初二日 徐子升名斯异,字鲁山,又号鲁道人,汉军籍直隶玉田县。来访,伊向游幕,上年适馆徐晓霞家中,课懋斋之子女,今年拟不蝉联,然未先通知,故子升托公渚嘱予向晓霞说项,送脩若干,余往见懋斋,嘱其送脩两月,而懋斋只送三十元,子升来函请予再说,余不愿再往,由余送三十元,助其赴辽东川资,故伊来谢。

初三日 阅报,今日上在沈阳就任执政,此事酝酿已久,今始实行,总理为郑孝胥。嘱刚甫作书致董授经、沈淇泉。

初四日 今日各报登载昨日下午二时上在长春就执政之职,到张景惠、臧式毅、熙洽、赵欣伯、马占山文武官吏约二十馀人,外宾为内田、满铁总裁。本庄繁及森司令官等。下午三时上由赞礼官导入御座受参,列各员三鞠躬礼,并由张景惠捧呈国玺。政府名单如下:国务院长郑孝胥、副院长袁金铠、检察院长于冲汉、立法院长赵欣伯、侍卫长张海鹏、参议长张景惠、民政部长臧式毅、财政部长熙洽、军政部长马占山、实业部长张燕卿、外交部长谢介石、交通部长丁鉴修、司法部长冯涵清。宣言书如下:余因津乱,避地海滨,忝承烝庶推戴,不获固辞,兹承乏执政,今也地方凋落,盗贼充斥,局势渐危,百弊待举,德薄能鲜,不克胜任,勉为其难者不外区区救民之苦心,此为天下所共见也。举贤任能,不敢党偏,信赏必罚,不敢罔纵,敦睦邻邦,不敢诈虞,抚爱民众,不敢欺侮,凡我疆界,一视同仁,不敢歧异。崇圣教以正风俗,行节俭以苏困穷,兢兢业业,不敢后退。昔后唐明宗曾焚香祈天,愿生圣人以救百姓,余亦仅本此心,暂维难局以待能者。天日在上,实昭鉴之。大同元年三月九日。

初五日 嘱刚甫作书致程子大、孙师郑、周佩宜、沈醉愚、周子美。

初六日 徐冠南来访,为沈淇泉营生圹及葬妻妾,前嘱予致函冠南求助，故冠南交来钞洋百元，嘱予转交。嘱刚甫作书致沈淇泉、章一山、施韵秋。

初七日 嘱刚甫作书致喻志韶。

初八日 步行至张黄楼处，未遇。至叶伯皋处晤谈。徐子升来谈。嘱刚甫作书致曹纕蘅、李圆虚、褚礼堂。

初九日 嘱刚甫作书致何肖雅。

初十日 嘱刚甫作书致张果斋、周湘舲、张菊生、施韵秋。

十二日 嘱刚甫作书致王君九。

十三日 王叔用来，未见。褚礼堂来谈，余嘱其题补树图字及欣儿等书件共送润笔五十元。

十四日 访秦子质晤谈良久，以贺折稿交其阅看，伊亦赞同列名。至徐积馀处，伊自迁居威凤里后，余未去过，今第一次也，并晤其子子高。

十五日 秦子质来，未晤，子质为昨日之折稿措辞嫌重，嘱公渚另拟一稿，伊并附一片说明年已八十，不能效驱驰，负疚殊深云云。承绍村来，未晤。嘱刚甫作书致承绍村、张燕昌、嘱书楹联屏条等并题补树图，送洋百元。宋墨庵。

十六日 沈慈护来谈，示以贺折稿，伊赞成列名。嘱刚甫作书致陈君任。为予题补树图，作书谢之，并送《晋书》、《南唐书》、《三垣笔记》、《雪桥诗话》二三两集。

十七日 冒鹤亭来，未见。六时应程子大之招，前往赴席，同席者萧厔泉、名俊贤，湖南衡阳人，画家。汪颂年、名诒书，戊子举人，壬辰翰林，以编修外简山西提学司。刘锡之、安徽庐江人，健之之弟。陈子言、徐积馀、孙履安、俞寿丞、胶州路贻思里二十八号，恪士之弟。刘廉生、姚虞琴，予坐首席，毕后略谈而散。至叶伯皋处，将贺折稿交其一看。回寓后沈淇泉已先在候予，与谈良久。嘱刚甫作书致章一山。

十八日 嘱刚甫作书致王叔用。

十九日 下楼，王叔用已在书房候予，与谈行在事良久。嘱刚甫作书致陈子言、陈述猷、秦子质、张燕昌。

二十日　张菊生来,为商务印书馆焚馀之书从事整理,拟借楼藏普通本校对,予允之。嘱刚甫作书致傅沅叔。贺娶媳。

二十一日　至威凤里访曹叔彦,则未至沪。

二十四日　至本生父亲处晤程学川,以贺折稿交其阅看,伊愿列名。

二十八日　夏浒岑来谈,为东台自上年被水后至今犹未尽退,灾民困苦万状,拟以私人资格筹款数千放赈,故来募捐。昨日伊向本生父亲谈及即捐三百元,故予亦照此数捐之。伊并索书数种而去。

三十日　嘱刚甫作书致程子大、许谷人、施韵秋。

三月初一日　嘱刚甫作书致孙师郑。

初二日　夜与公渚谈,伊明日回青岛转长春,贺折两件托其赍呈。公渚因其父初八日七十五岁生日,故往祝寿也。嘱刚甫作书致王君九、张秉三。

初三日　嘱刚甫作书致许谷人、沈醉愚。

初五日　嘱刚甫作书致陈几士。

初六日　至青海路旭沧弟午后三时行结婚礼,张菊生证婚。嘱刚甫作书致叶浦孙、王叔用。

初七日　嘱刚甫作书致姬觉弥、董授经。

初八日　下楼,王叔用已在书房候予,伊定十一日动身至长春,予助其川资三百元。徐鲁山亦同往,予贶其五十元。叔用欲去而无力,予有力而不能往,柏皋又不肯往,故嘱叔用去。日前公渚携贺折往,川资由余担任,今叔用又欲往,余因有言在先,不能反汗,故以《毛诗》之数赠之。

初十日　吊张黄楼之丧。

十一日　下楼,喻志韶已在书房候予,伊于正月回台州,昨日始出沪也。刘佐泉、蒋雅初来谈。佐泉谓许鲁山汝棻在长春,上问及刘某现在是否在上海，朕卧薪尝胆，艰难万状，希为致意等语，鲁山之子函告佐泉，故佐泉特来转达。上在颠沛危难之中，尚念及草野微臣，真令人感激涕零矣。佐泉又谓长春有电征予，大约因日前苏堪函嘱伊弟稚辛开一遗臣名单，以便咨询征召，予名亦在其中，以致有此讹传也。嘱刚甫作书致承绍村、施韵秋。

十三日 至大中里访冒鹤亭，不值，大中里为伊子仲久寓所。

十五日 嘱刚甫作书致张赓虞、徐积馀、清华大学图书馆。

十六日 嘱刚甫作书致张果侯、孙师郑。

十七日 嘱刚甫作书致杨芷姓。

二十一日 嘱刚甫作书致叶浦孙。

二十二日 叶伯皋来谈长春事，谓罗子经已回沪，长春事件完全操之日人之手，处处加以干涉，殊难展布。特任官年俸二万元，郑苏堪为总理年俸二万五千元。日人以日币十万赠罗叔蕴，叔蕴不受，苏堪亦不受俸。马占山之独立，亦因日本背约夺其权，故愤愤而去，伊实为自身权利计，并非忠于国民政府与忠于皇室也。嘱刚甫作书致陈述猷、邱育三。长兴人，素不相识，无人介绍，突来函请为其文稿作序。

二十三日 连日阅《清代征献类编》，此书为无锡严懋功编，其履历中错误甚多，因将所知者改正之。又阅《碑传集补》，此书为江都闵尔昌编，丹徒尹石公赠予者，其所补不限于近代而自国初起，钱牧斋辈亦列其中，又从方志中采取列传，语焉不详，亦是短处。余本有辑补《碑传集》之作，曾于孙师郑文集中得知闵尔昌有此书，尔昌曾为袁政府秘书。今石公以是见贻，亦可谓投吾所好矣。傅植夫持张菊生介绍信来，未晤，伊住南成都路辅仁里七百号，专写宋字书根，从前曾见过。

二十四日 湘舲谓龙榆生来函，欲为朱古微补刊词稿，嘱予助洋二百元，予允之。榆生又欲为古微作年谱，嘱予代搜材料。

二十八日 汤爱理来，未晤。嘱刚甫作书致褚礼堂。

三十日 嘱刚甫作书致曹纕蘅、沈醉愚。

上海停战协议今晨正式签字,外交次长郭泰祺日前被人殴伤,故在医院签字。日公使重光葵、第九师团长植田谦吉亦因伤在病榻签字。日军定明日起开始撤退,共同委员会同时成立。

四月初一日　嘱刚甫作书致徐积馀、张宋庼。送《八琼室金石补正》一部。

初四日　嘱刚甫作书致章一山。汇去贴费五百元。

初八日　夜与韵秋谈。嘱刚甫作书致秦子质。公渚自青岛来函云,前上贺折两件,已奉批回。敬录如下:

谕刘承幹所陈均颇切要,并据黄孝纾面奏,具见悃忱。朕来止故乡,权统大政,将何以下安遗子,上慰先灵,惟日孜孜,罔敢暇逸。如卿忠爱,幸时抒所见以闻,匡益攸资,是所夙望。此谕。

谕秦炳直等,览奏具见休戚与共之忱,并召见黄孝纾,询知卿等均各安好,良慰朕怀。一再播迁,更为故乡父老所推戴,重违群意,勉荷仔肩。每念祖宗缔造艰难,何敢一刻自恕。是资忠谠,赞助眇躬。秦炳直年事已高,尤望善自调摄,相见会有时也。

初十日　吊谢泗亭之丧。嘱刚甫作书致沈淇泉、沈醉愚。

十一日　下午四时至青海路侍本生父亲,偕培馀弟同车至招商局码头上船[游宁波]。

二十日　返沪。

二十三日　夜叶伯皋来谈。嘱刚甫作书致周子美。

二十四日　下楼,董东苏已在书房候予。须臾金钱孙来,庞莱臣又来,均长谈。

二十五日　嘱刚甫作书致孙师郑、陈子言。

二十六日　嘱刚甫作书致张菊生、沈淇泉。

二十七日　嘱刚甫作书致王君九。汇润笔一百六十元。

二十八日 曹智涵在平江公所设奠,往吊之。

二十九日 嘱刚甫作书致张宋庼。

五月初一日 嘱刚甫作书致曹叔彦、李佩秋。

初二日 施韵秋来谈,伊昨日来沪,明日回浔。罗子经来谈。嘱刚甫作书致李佩秋。

初三日 嘱刚甫作书致王均卿。送去《诗萃》润笔八百元。

初四日 嘱刚甫作书致沈淇泉。伊来函告急,送洋百番,嘱书联二副。

初五日 今晚宴高颖生,陪者往病山、叶伯皋、喻志韶、承绍村、黄蔼农,请而未到者秦子质、林子有。

初六日 周子美来沪,与谈。

初七日 嘱刚甫作书致高云麓。

初九日 唐长孺来谈。嘱刚甫作书致陈绳夫、沈淇泉。

十一日 子美来谈。嘱刚甫作书致章一山。

十二日 嘱刚甫作书致徐积馀。

十三日 今晚宴金籛孙,陪者夏浒岑、许鹤丞、庞莱臣、周湘舲、沈淇泉、沈慈护、徐晓霞。

十四日 抵浔。

十七日 阅《睇向斋秘录》。陈灨一著,专采近人轶事,然颇有不尽然者。

二十日 属醉愚作函复宁海县立初级中学。赠以《台州金石录》一部。

廿五日 属醉愚作函复王君九,又致徐积馀。

廿八日 周子美昨自淮安回,今日到此,与之谈。属醉愚作函致金籛孙,复陈绳夫。

六月初八日 属醉愚作函复张菊生。

廿四日　返沪。

廿六日　嘱刚甫作书致曹叔彦。

廿七日　嘱刚甫作书致张咏霓、孙师郑。

廿八日　嘱刚甫作书致张菊生、送《晋书》一部,嘱转交汪憬吾大令兆镛。黄公渚。

廿九日　唐甥长孺来,伊今夏毕业于大同大学文科,欲托予函致张菊生,荐一商务书馆编辑员,或在各图书馆内谋一位置。

七月初一日　与授经谈。嘱刚甫作书致张秉三、送《史记》。徐晓霞。送前后《汉书》。

初四日　至秦子质处祝八十寿,晤其子章甫,前浙江于潜知县。子质避寿他往,未见。嘱刚甫作书致徐一达、世光之子,东海之胞侄,来函嘱为其父私谥贞惠征求列名,作此复之。褚礼堂、朱铁林。

初六日　下午四时至胶州路慈航助产学校应秦子质之招,至则客早散,留片而去。嘱刚甫作书致秦子质、王叔用、孙虞臣。

初九日　褚礼堂来,谓《金石萃编》有金而无石,伊愿担任补辑,当面言明共补五卷,每卷百元,先付定洋百元,俟编好校刊之后再付百元,共七百元,此是按卷授脩性质也。

十一日　嘱刚甫作书致曹梅舫。

十二日　嘱刚甫作书致褚礼堂、送去补《金石萃编》润笔壹百元。王叔用、张豫泉。

十五日　嘱刚甫作书致高颖生、黄公渚、冯孟武。

十六日　嘱刚甫作书致曹叔彦。

十七日　嘱刚甫作书致孙师郑、沈淇泉、唐耕馀。

二十四日　嘱刚甫作书致沈淇泉。

八月初六日　嘱刚甫作书致谢刚主、张豫泉。

二十四日　与授经谈。又至福如里邓秋枚家答唐耕馀。

二十五日　嘱刚甫作书致冯焦桐。素不相识，来书谓有纪文达手批踵息斋苏诗求售，作此复之。

二十六日　李紫东来谈，因昨日公渚说古微之《彊村丛书》版及手批校本之在苏寓者，已由其夫人售与来青阁，其价甚廉，予思购其批校本，故托紫东往询，因直接去买，该书铺必奇货可居也。

二十九日　李紫东来谈。嘱刚甫作书致张宋庼。送《书影》一部。

九月初一日　嘱刚甫作书致冯焦桐。送还纪文达批苏诗。

初四日　今午叶誉虎、梁众异请吴蔚若邀予作陪，席设众异家中，客为吴蔚劳、林诒书、夏剑丞、徐积馀、李拔可、何肖雅、叶伯皋、吴董卿、名用威，钱塘人，辛卯举人，江苏知县。吕贞白名传元，江西德化人，幼云之戚，道象之子。及公渚。众异以其曾祖茝林中丞名章钜，官至江苏巡抚。僚友手札与蔚老观，如林文忠、陶文毅、阮文达、朱文定、吴廷琛等皆完全无损，其收藏可谓善矣。蔚老之祖廷琛字棣华，嘉庆壬戌状元，官至云南臬司，内召四品京堂。与茝林同年，而廷琛之手札吴家已无存者，故众异以示蔚老，梁家笃守故物，保存至今，亦不易也。誉虎出示黄石斋墨迹，系记崇祯十一年召对语，其文甚长，大要言人君最要清明在躬。

初五日　今晚宴吴蔚若、林诒书，陪者王病山、何肖雅、李拔可、夏剑丞、梁众异、叶誉虎、吴董卿，请帖予与公渚同具名。菜系借用剑丞厨役，菜二十四元，赏八元。嘱刚甫作书致沈醉愚、施韵秋。

初六日　嘱刚甫作书致单仲范。

初七日　授经因考试法官，于前日北上。

初十日　曹梅舫来，未见。晚七时与公渚同至大东旅社贺徐积馀之子号子久。完姻，新亲为常州丁氏，闇公之侄女。晤王叔用、姚虞琴、吴寄尘、奚萼衔、吕鹿笙。名道象，光绪庚寅进士，江苏知县，国变后仕于民国。席散后与公渚至梅南坊会单仲范，名宗模，无锡人。现已留髯，长谈一小时。据云伊现为张家口多伦诺尔独石口税务监督，其出息每年约有二万馀金,悉作为匡复之用,现已接洽之军队,约有四万人,而张学良已有闻知,故不肯发子弹。伊现在至沪,欲谋与外人借款,当时伊拟有条件,一恢复帝号,二恢复大清国,三有用人行政自主之权,惜均未能达到。

十五日 王兴甫来,未晤。曹叔彦托其带来嘉业堂勘书图记及叔彦兄弟诗稿。

十七日 答访曹梅舫,与谈行在事,本拟昨日往访,因在叶山涛处,出后时已晏,故不及也。嘱刚甫作书致曹叔彦、陈绳夫、金树德。素不相识,自称与姬觉弥为友,来函索书。

二十日 沈慈护来谈,索《味水轩日记》,张子襄名钧来谈,索《湖州词征》。

二十一日① 嘱刚甫作书致曹梅舫、唐长孺。借与局刻校宋本《史记》一部。

十月初四日 嘱刚甫作书致董授经、张菊生。

初五日 嘱刚甫作书致董授经。

初六日 嘱刚甫作书致汪憬吾。

初九日 嘱刚甫作书致章一山、董授经。

初十日 返浔。

十二日 属醉愚作函致董授经,又复孙师郑。师郑屡欲赠余寿序,再三坚却,今寄来两篇,一贻本生父亲,一寿余,乃与本生父亲各送洋壹百元以润其毫,盖亦不能不酬应也。

十七日 张君谋与梦麟来,为徐行可之亲家黄季刚侃说项,向余索嘉业堂全书,以《清史稿》互易,惟余嘉业堂丛书未全,益以他书亦可,而伊书之来否,亦不敢勉强也。

十八日 属醉愚作函复董授经。

---

① 谊按:九月间刘翰怡因与金城银行施再村案,由董授经为法律顾问。

二十五日 夜阅浙江图书馆月刻中之丁松生百岁纪念一册，其中年齿事迹，荒谬差讹，不一而足。伏念松生钞补文澜阁藏书而外，刻有《嘉惠堂丛书》、《武林掌故丛编》、《武林先哲遗书》、《当归草堂丛书》共四种，其所藏书不过十万卷，而身后不及十年，以所设温州官银号倒闭，亏欠官款，将藏书悉数售于江南图书馆，即缪筱珊经手而世所传八千卷楼者也。松生在日，非独雅好藏书，杭城善举，靡役不与，虽生值洪杨，躬遭离乱，当日奉有朝廷褒奖，至今尚有人缅怀往哲，为订此编。若余所刻书籍较丁氏为多，藏书亦十万卷，虽未敢与丁抗衡，而身遭国变，不如洪杨时，尚有戡平大乱、天日重光之一日，从此已矣，恐他日未必有人念及，为予作纪念者，良可慨也。吾浙藏书，杭之丁氏嘉惠堂、湖之陆氏皕宋楼，足称劲敌，而两家书都已售去，而陆之光景更不如丁氏，纯伯观察故后，其子弟几至无以过活，而丁之子弟尚不至衣食不给也。虽然，余观藏书家夥矣，古里瞿氏之铁琴铜剑楼、聊城杨氏之海源阁，海内称南北两家，海源遭兵燹，散失甚多，子孙欲卖其馀，为地方干涉，移置济南图书馆，名为保全，实则流涎而多乾没也；铁琴铜剑楼因良士营业失败，去岁售其旧志五万元，今将其善本抵于潘明训处，则亦虚拥其名矣。以余所见，不独此两家，若丰润丁氏持静斋、甬江卢氏抱经楼、塘栖朱氏结一庐、江阴缪氏云轮阁、太仓缪氏东仓书库、上海郁氏宜稼堂、独山莫氏郘亭，其书皆已散尽。意者为造物所忌，致令子孙不能久守也。吾浔张石铭之适园、蒋孟苹之密韵楼及余三家，今孟苹所藏归入涵芬楼，石铭与余虽未散，而子孙鲜有嗜好者，与其饱蠹鱼、束高阁，何如及身售去，反得藉人以藏也。松生钞补之文澜阁书，尔时有难以觅到原本者，或以民间刻本钞补之。国变后，钱念劬为馆长，曾钞补三十三种，计钞资六千元，由念劬提倡，有公款，有私款，私多而公少。又编一目，非原本者则剔出之，以待觅到原本重补。迨张阆声宗祥为教育厅长，倡始钞补，上海一方举湘舲为干事，余等为董事，派人赴京，就内府藏本钞录。所集钞资，吾浔各家合助三千馀元，共用去一万六千馀元，原定官款一万，只收三千,各府匀派二万,有不写者,有不付者,亦只收万元也。群策群力,以底以成。今此册所载,但为湘舲所办,则失实矣。钞补此书,虽在国变而后,当道尚肯提倡,今则搜刮民脂,一律破坏,以较洪杨尚不如,安知保全国粹为本责哉。

十一月初三日 刚甫已自沪来,夜饭后与略谈。所有《诗萃》续编、补编已于日昨寄来,伊所辑共廿三卷,余属刚甫明日与醉愚斟酌之。

十二日 夜与授经长谈,以明日将返申江也。

十八日 醉愚交到所选《诗萃》共四十一卷,盖鸿博补编二卷,方外补二卷,嘉道甲科合补一卷,嘉庆甲科补编四卷,乙科补编五卷,孝廉方正五贡补编三卷,咸丰续《诗萃》十二卷,除已付洋壹千三百元,尚须找洋三百四十元云。

十九日 属醉愚作函复汪憬吾,又致成翊清,复与长谈至一时而去。

二十日 嘱醉愚作函复顾鼎梅,又致陈绳甫,又致宋墨庵。

十二月初一日 褚礼堂来,候至九时馀,尚未下楼,乃去。

初四日 至叶伯皋处晤谈。褚礼堂来长谈,领取其兄䌹堂贴费五十元。嘱刚甫作书致张菊生。送还去岁向商务印书馆借来宋本《魏书》十六册。

初九日 嘱刚甫作书致陈墨迻。赠伊印《竹简考》洋二十元。

初十日 嘱刚甫作书致张豫泉。送洋贰百元,助伊印《元遗民咏》之用。

十九日 嘱刚甫作书致曹叔彦。

二十四日 嘱刚甫作书致贾瑞生、介卿、季瑚、皆君玉之子,予寄去挽君玉诗轴及幛,并作书唁之。章一山。

二十六日 喻志韶来送公渚行,留片访余。

二十七日 金篯孙来两次，未见，留函而去，为淇泉说项。年关筹款。嘱刚甫作书致沈淇泉、送洋壹百元。金篯孙。

二十八日 下楼，褚礼堂来，已在书房候予，伊交《石编》二卷，润笔二百元，即交带去。嘱刚甫作书致罗子经、周湘舲。

1933 年(癸酉,民国二十二年)

正月初二日 嘱刚甫作书致黄公渚。

初四日 嘱刚甫作书致王叔用、单仲范。

十五日 阅《青鹤》杂志。

二十一日 夜阅《张季直文集》。

二十二日 夜阅《张季直文集》。

二十三日 夜阅《张季直文集》。

二月初一日 属醉愚作函致叶伯皋。阅《张季直文集》。

初六日 常备队队长杨兰波名在田。来见,未晤,求余作函致董授经。为索逋事也。作联挽沈兼士母彭太夫人。故于正月十二日即阳历二月六号,寿八十二岁。

初七日 属醉愚作函祝宋澄之八十寿,期早过,已补祝矣。又致董授经,复董东苏。阅《张季直年谱》。

初八日 属醉愚作函复孙师郑,余和其甲午春榜四十年纪念诗次韵二首。并阅《张季直年谱》。

十四日 属醉愚函复许文玉,从杭州省立高级中学寄来。特赠余所著《诗品释》、《唐诗综论》者也。

十九日 夜属醉愚检阅均卿所辑《闺秀诗萃》,诗多滥收杂凑,甚至文明结婚、松江光复等题概行收入,不洽余旨,订约四卷,竟至十七卷之多,可见托人之难也。

二十日 夜阅《张季直文集》已蒇事,文思沈窈,措词典雅,非草率点笔者比也。

二十七日　昼寝中得一梦，见刘聚卿，清谈良久，赠予碑帖一册而寤。既而又梦开展览会，陈列者大半聚卿之物。谚云日有所思夜有所梦，聚卿物故已久，忽然入梦，一次未已，以至于再，亦奇矣哉。属醉愚作函复张菊生，借去宋椠《宋书》四十册、《魏书》六十册。又复龙榆生。

二十九日　阅《崇德老人年谱》。聂云台之母，仲芳中丞之配，曾文正公之季女也。年谱自定者夥矣，若妇人年谱只有子孙追录，未有出之手订者也。

三月初一日　阅《翁文恭公日记》。

初二日　阅《翁文恭公日记》。

初六日　夜唐耕馀偕其子长孺来访，延入长谈至十时馀去。长孺素嗜史学，近在研究元史，在上海南市爱群女中学当教习，校长为袁观澜之妹，皆其子用事，袁氏不过虚拥其名者也。至于长孺甥青年好学，值此国粹沦亡之际，浸馈经史，世不多觏，康公我所自出，对之不胜欣喜耳。

十四日　是日龙榆生名沐勋，江西万载人，现在暨南大学当诗词教习。自杭州来，余未出见，由醉愚、韵秋等陪之。

十五日　出与榆生叙寒暄。夜宴榆生于宋四史斋，陪者为季苏、谷宜、顾志清、醉愚、韵秋及在楼诸君，邀而未至者为张笃生。席散后与榆生长谈。榆生之父字赞清，名赓言，光绪庚寅进士，安徽知县，历任繁缺。国变后为遗民，年七十七，余在沪上见过，须发全白矣。榆生昆季五人，长已亡，伊居次，三人皆庶出，为古微词学门生，颇好学，古微交游遍海内，身后无人顾问，其弟梅生尤荒谬绝伦，不谓经理遗稿，乃出此寻常一门士也，为叹息者久之。

十六日　陈筱石制军今年重赋鹿鸣，作诗纪事，余次其韵和之。龙榆生于今晨趁浔嘉班转沪，因假期已满，不复少留也。

四月初一日 午后出至周佩箴家吊其父鹤侪之丧。

初七日 午后叶伯皋、周子美、施韵秋来谈。

初九日 至王病山送行,赆以百元。病山此次赴长春,余本有敬陈管见一折托其赍呈,惟以时间匆促,不及备好,故托病山面奏。接汪甘卿之讣,为之怅然,年来朋旧凋零,有兔死狐悲之感。近自颂骀叔故世,益感寥落,而甘卿之讣踵至,殊可悲也。

初十日 庞赞臣来,为李石曾、张静江等在日内瓦办中国国际图书馆,静江嘱赞臣来,欲予捐助书籍,并欲借善本书籍陈列,虽说订期交还,而能否履行,殊不可必,故拟以所刻丛书捐之,善本则敬谢不敏也。褚礼堂来交《金石萃编》一卷,当送润笔百元。嘱刚甫作书致张豫泉、陶天放。名存煦,绍兴人,素不相识,送予《曝书亭集》,欲索《章氏遗书》,予允之。

十一日 周子美来谈。嘱刚甫作书致王均卿、送去《闺秀》润笔叁百元。姚石子。送书四种。

十二日 嘱刚甫作书致张宋庼。

十三日 至新闸路盛宅访吴渔川,已十馀年不晤,伊因北方兵事于腊底迁避来沪,相见欢然,在楼上谈良久,伊定本月廿一前至苏州,与川患偏痹,不能行走,由其第四子宗澄字千秋,年十五。代送。

十五日 秦子质来访,予正欲出门,故未延见。未几,予即命车答访之,与谈良久而归。日前康甫由函致公渚,说子质欲来访予,故予往候也。子质今年与陈小石重宴鹿鸣,蒙赏太子少保,亦异数也。子质具折谢恩,命康甫随王病山同往长春矣。吴渔川来访,未见。嘱刚甫作书致周湘舲、徐绸章。送去序文一篇,并还《寤言室诗稿》三册。

十六日 嘱刚甫作书致溥心畬、周湘舲、葛荫梧。

十八日 葛荫梧来谈,以屈伯刚书二种,又某君书一种售予,计洋贰百元。书不值钱,因荫梧说伯刚甚窘,系帮忙性质,故应酬之也。嘱刚甫作书致周湘舲、庞赞臣。送去予捐助日内瓦中国国际图书馆书壹百四十壹种。

二十日 至吴渔川处长谈，渔川明日迁居吴门，予送火腿罐头食品等以代饯别。渔川有《庚子西狩丛谈》一书，由刘治襄焜笔述，现只剩一部，余借阅后今日送还。

廿四日 午刻应何肖雅之招，与公渚同赴公德林，客为吴蔚若、叶誉虎、梁众异、夏剑丞、林朗溪。名颢深，步随之兄文，忠公之曾孙。

廿七日 嘱刚甫作书致严浚宣。送书十二种捐助旅沪公学。

五月初四日 唐长孺来谈。嘱刚甫作书致沈联芳。介绍江阴癸卯进士祝丹卿廷华送余所刻《江阴诗钞》一部，欲余助刊资，余捐洋贰百元，作次复之。

初九日 周子美来谈。王兴甫来，予已出门，未曾延见。

初十日 返浔。

二十五日 属醉愚作函复曹叔彦。

闰五月初三日 嘱刚甫作书致叶誉虎、吴渔川。

初四日 嘱刚甫作书致董东苏、刘怡宣。名海涵，河南信阳州人，来函索书目、《书影》，作此复之。

初九日 至中国饭店答访袁守和，未晤。至董授经处谈。

初十日 王兴甫、周子美同来。袁守和来谈。嘱刚甫作书致张菊生、徐积馀、潘明训、罗子经、王兴甫，因明晚宴袁守和，故邀作陪也。

十一日 今晚宴袁守和，陪者徐积馀、董授经、陈乃乾、王兴甫、周子美，先接培馀弟电话，谓有蒋慰堂，名复璁。现为中央图书馆筹备主任，系袁守和之旧部，欲来会予。适今晚宴守和，故予即邀慰堂与培馀弟同来，主客共九人，张菊生、潘明训、罗子经未到。

十六日 至秦子质处晤谈片刻，为吴蔚若、庞莱臣、叶伯皋、承绍村等请褒及汪甘卿请恤事。

十七日 嘱刚甫作书致莫叔未。送书二十种。

二十二日 嘱刚甫作书致王均卿、送去景宋《史记》一部,系伊为海盐谈麟祥代索,以《海盐先哲诗稿》为交换。周湘舲。代印《南浔镇志》二十五部,送去印纸工带力共壹百三十五元。

二十四日 午后五时至牯岭路崇法寺吊王叔用。

六月初一日 嘱刚甫作书致贺性存。

初二日 与董授经谈。

初三日 石懋谦来,未晤。懋谦名光瑛,一字太始,号蠹隐,原籍会稽寓番禺,光绪壬寅补行庚子科浙江乡举,系汪憬吾之亲。因返绍扫墓过沪,持憬吾介绍函来访。嘱刚甫作书致曹叔彦,托孙企道带苏。

初五日 嘱刚甫作书致谈麟祥。名文灯,海盐人。

初八日 得蔡咏和于初七辰时故世之报。

初十日 董翼鹏授经之侄,邦干之子。来谈。嘱刚甫作书致叶浦孙。

十四日 下午四时与刚甫同至泰安栈答石楙谦,晤谈良久,予送汪憬吾《史记》一部、《书影》一部,托楙谦带交,并送楙谦同样之书,伊明日搭邮船回广州。

三十日 叶浦孙来,由刚甫代见。嘱刚甫作书致张孟劬。

七月初一日 李益华来,未见。袁同礼介绍为影印《四库》事来接洽。

初七日 嘱刚甫作书致蒋慰堂。名复璁,中央图书馆筹备员。

初九日 嘱刚甫作书致张菊生、曹叔彦。

十三日 嘱刚甫作书祝叶伯皋七十生日,以番佛双百为寿。

十五日 嘱刚甫作书致贺性存。送予《新元史》一部,予以景宋前后《汉书》报之。

十八日 至功德林祝叶伯皋七十寿,由史铁若招待。溧阳人。

八月初一日 夜九时袁守和来谈，为《碛沙藏经》现在陕西续得数千卷，由徐森玉前往整理，拟影印行世。又《四库全书》罕传本须借各家善本影印云。

初三日 袁守和来，未见，以致教育部公函嘱为签名盖章，予允之。公函系李盛铎领衔，略谓公同评阅选出一百八十种共九万馀叶，均从《大典》辑出而别无他本可代者为主，其次则《四库》所录源于宋元善本者，又其次则原本虽出明刊及撰述出于近代，而今日已极为罕秘，世人所不经见者，一并甄收，统用库本，一归画一。

初七日 昨日有林廷琛字子献，原名天骥，字璧孙。来访，未晤，留片而去。今日伯皋来函，谓此人系衔上命来看视四人，即陈小石、秦子质、伯皋及予也，小石未见，子质、伯皋则见过，予以近来时有假借名义之事，故作书致伯皋问之。

初十日 嘱刚甫作书致冒鹤亭。汇去洋二十元为香山寺做石级，镌名其上。

十一日 夜至伯皋处长谈，据云林子献确是奉命而来，其存问四人名单系胡晴初亲笔，子献在津园办事多年，与林子有相识，故日前陈小石设宴，子有亦作陪也。

十二日 嘱刚甫作书致陈乃乾、刘怡宣。

十三日 嘱刚甫作书致喻志韶、托其带杭吴絅斋挽联、诗轴、祭幛等。徐一达。寄去题贞惠先生纪念册七律一首。

十六日 钱长美来谈。

十七日 夜八时王病山、林子献、黄公渚同来，谈行在事良久，子献谓苏堪主眷甚衰，上颇英明，自比永历，必须发愤，方可图存云。

十八日 嘱刚甫作书致王晓籁、送来黄之根所编之《文字精华》八册，作此复之，并缴书价。又致王兴甫。

十一月十五日 钮覲唐已于初六日在湖逝世。

二十日 嘱刚甫作书致曹叔彦、秦子质。

二十四日 王聘三故世,老成凋谢,殊可悼惜,往吊之。伊妾率其女叩谢,闻聘老身后萧条,陈小石赙以二百金,诸朋好将醵金以赡其后云。晤夏剑丞、叶伯皋、陈容民、蒋雅初、黄公渚,坐谈而出。至哈同路吊缪筱珊夫人,晤吴惕生。名荫广,张黄楼之甥。回寓后姜毓麟来谈。

二十九日 嘱刚甫作书致曹叔彦。

十二月初七日 钱长美在书房候予,与谈。

初八日 嘱刚甫作书致张菊生。

十四日 嘱刚甫作书致蒋慰堂。送书三十五种。

十八日 晨九时余挈世炽、世煦至梵王渡车站,时车已开,乃待至十一时乘慢车往,抵嘉善已一时许,晤于志昂、徐彦士、孙景扬雷生昆季、潘拥延、张菊生、徐晓霞懋斋父子、沈田莘、姚延龄、沁泉、张叔驯、培馀弟,俟外舅安葬封穴后小憩,搭车,八时抵站,即乘汽车回寓。韵秋自浔来,与谈。

十九日 下楼与授经谈。

二十三日 嘱刚甫作书致张菊生,送去单疏刊本三种。

二十四日 下楼,周子美已在书房,为《四史》事略谈而去。褚礼堂交来《金石萃编》一卷,连前共五卷,已交齐,送润笔两百元,连前共七百元讫。稿五卷,仍交礼堂带回整理。又借去局本《晋书》二十册。絅堂贴费五十元,一并交礼堂。

二十五日 嘱刚甫作书致曹叔彦。

二十七日 嘱刚甫作书致张菊生。

三十日 阅《缘督庐日记》,叶鞠裳侍讲著,详于金石目录,亦有用之书也。

1934年(甲戌,民国二十三年)

正月二十一日 嘱刚甫作书致镇江图书馆。

二十二日 嘱刚甫作书致曹叔彦。

二十三日 嘱刚甫作书致顾斗南。

二十四日 吊邢聚之之丧。

二十五日 嘱刚甫作书致吴蔚若。

二十七日 嘱刚甫作书致褚礼堂。

二十八日 至雪窦寺吊王聘三,客已散,门如水也。

二月初七日 嘱刚甫作书致龙榆生、叶伯皋。

初十日 与子美略谈,子美自上月赴东北,今回沪,故来谈也。周星三来,为周缉之刻丛书,欲承揽工作,嘱予介绍。予与缉之无半面之交,乃作书致徐积馀托其介绍。嘱刚甫作书致林子有、叶伯皋。

十九日 嘱刚甫作书致褚礼堂。

二十日 嘱刚甫作书致张菊生、李拔可、林子有、张令贻。

二十二日 袁帅南、张君达棣华子。亦同来观书,与谈。夜燕帅南、君达,陪者韵秋、刚甫、苍民、培馀、予及世烈也。

二十八日 阅报知潘兰史于前日故世,年来朋旧凋零,又弱一个矣。

三月十七日 嘱刚甫作书致陈小石。还《会试同年录》三帙。

十八日 阅《桂之华轩集》。泰兴朱曼君铭盘著。

二十日 夜九时张令贻名德广,江苏铜山人,惠肃公亮基之曾孙,法部郎中,今寓苏州。来谈,令贻因修《惠肃公年谱》须查阅《通志》、《方略》等书,由林子有介绍,日前至书楼翻帑,共住五日。昨日子有嫁女,令贻来贺,故至余处一谈。人尚慷爽,谈论颇洽。与钱氏亦有亲。伊内侄方石荪名毓麐,安徽定远人,在四行储蓄会办事。同来,因令贻上海人地生疏,又短视,故由石荪陪来也。

二十五日 嘱刚甫作书致张菊生,慰其丧妻。送《金刚经》十卷。

二十七日 今日为寿全弟文定于金山高吹万燮之女晚设燕。余六时往。月老为金西林、金巨山。名其源,宝山人。共四席。吹万少入南社,有革命思想,其后蒿目时艰,思想渐变,今则思想更旧,颇主帝制云。

四月初一日 赴杭州,参加时轮金刚法会。

初七日 嘱刚甫作书致庞莱臣、李拔可。

五月初七日 嘱刚甫作书致重修天一阁委员会。寄还捐册。

二十日 黄公渚云承绍村于前日因病故,时年七十三。初丧不讣,已出殡矣。闻之,不胜人琴之感。

二十六日 嘱刚甫作书致沈淇泉、张菊生。

六月初六日 嘱刚甫作书致李拔可、褚礼堂。

十二日 至授经书房,与李紫东谈。今日由紫东介绍以宋元版书十五种押于中国实业银行,半年为期,洋两万元,月息九厘。任心白名绳祖,绍兴人,商务书馆办事。交来李拔可信,并检还《罪惟录》壹百册,由刚甫代见。

十三日 嘱刚甫作书复李拔可。

十九日 嘱刚甫作书致郑觐文。送去本生父亲捐助中和韶乐谱筹备处壹百元。

二十日 至授经书房一谈。

二十一日 与授经一谈。

二十六日 晚膳后喻志韶来谈，劝余早归，语极恳挚，可感也。

七月初七日 夜钱长美来，以《会典图》求售。

十八日 葛荫梧来谈，借去《南史》两册。

二十二日 至张唯庭处，面还《进士题名碑录》。

二十七日 书条交邵菊如、俞子青、程伯厚。录稿如下：

> 比来时局多艰，重以今夏旱暵成灾，无衣无食、嗷嗷待哺者，内地各处皆然。而以弟之家庭论，今岁年关亦不知如何过渡，乃儿辈无状，不顾大局，于兹风雨飘摇之会，任意挂帐，惟恐家之不破，真堪痛恨。用特通知三公，自即日起，凡儿辈有挂宕等事，一概严词拒绝。如有徇情允挂宕者，弟不能承认，应有允许挂宕之人负责。公等皆多年宾主，同舟共济，必能谅弟苦衷也。

八月初五日 今日本生父亲谓承幹曰：予年七十有三，设不起，亦复何憾。家事已不在念，惟宗祠义庄，汝当督率诸弟，继续先志。家谱为予手订，未成之稿，望即修改付刻。至于诗文及时文试帖，虽有稿数册，自问不足以传世，将来或排印分送亲友，然不必多印效他人之灾梨祸枣也。此等事汝弟等皆不知，只可与汝谈耳。承幹闻命之下，自思义庄等事为子孙者自应克绍箕裘，但今日世俗浇漓，今日之兄弟与上辈之兄弟友爱迥不相同，恐承幹欲为之事，诸弟等或不赞成，则终觉掣肘，是可虑耳。

初六日 四时偕少青至高易公馆签字于合同，以爱文义路住宅道契押洋二十万元，定期壹年。又活期壹年，周息七厘，佣金一厘二毫半。

初八日 嘱刚甫作书致张豫泉、送《晋书》一部。葛荫梧、送《书影》两部。章一山。

十一日 本生父亲四点三刻竟溘然弃养。抢地呼天,痛哭良久,彻夜未睡。

九月十五日 曹梅舫来谈,交来手卷三个,又稀龄读画图题额题诗,又题御墨一张,谈良久。

二十四日 今日为本生父亲六七之期,正午往奠。三时归至章一山处谈,有张兼庵仙居人,年六十七。以诗就商于一山,兼庵本是商人,六十后弃商学诗也。

十月初六日 夜嘱刚甫作书致章一山。送书五种。

十六日 嘱刚甫作书致曹叔彦。

廿三日 下楼遇喻志韶,盖访醉愚来也,与谈良久。至授经书房一谈。

二十四日 夜叶伯皋来谈,交来题莱臣稀龄读画图及高云麓题补树图、勘书图。

二十九日 章一山傍晚交来本生父亲家传,由醉愚代见。

三十日 袁守和来,未见,留片而去。

十一月初一日 章一山交来题稀龄读画图,由刚甫代见。

初二日 今日为本生父亲题主,正午十二时举行,大宾陈小石,襄题叶伯皋、沈淇泉,襄侍喻志韶、章一山,鸣赞高云麓、程学川。小石事毕即去,馀均留燕。

初三日 今日为本生父亲领帖之期,吊客甚众。

初四日 下午三时本生父亲灵柩发引,仪仗简单,惟送丧汽车尚多。

初五日 今日开始清理器具什物编号。书籍则由韵秋、叔荣负责装箱编号。

初六日 下午三时下楼与授经一谈。孙逸斋来说以编书事告一段落，请给酬劳，藉补车资，予乃酬以四百元。

初八日 韵秋今晨回浔，沪寓书籍今日分装两船运浔。

初十日 傍晚钱长美来，以齿录、题名录求售，怜其老病，以五十元购之。运苏器具今日装船开行，菊如、少青、叔荣、高成林及佣工二人、木匠二人赴苏。

十二日 钱长美之子交来《图书集成》残本一百十二册，系前月取去者，云欲售还于余。

十三日 沈淇泉来，予赠以贰百元。前日淇泉云欲合一蟠桃会，计洋四千元，但余名并不在内，因余已屡次帮忙，伊不欲再扰也。余乃赠以二百元，并不作为会款。

十四日 钱长美来仍将《图书集成》残本取去。

十五日 王君九自大连过申来谈东北情形。是晚徐姬之灵座焚化，虽未服满，然而处家乱之际，亦不得不如此，虽世炽大恨，亦不能顾也。

十二月初一日 上午十时世炽、世煦及伯厚、醉愚等均至尊德里。午后少清、子青、刚甫先后至略谈。予即乘车至昌吉里，晤七母舅，匆匆辞行而出。至北站即登车，三时抵站，同行者冯姬、醉愚、黄德明、鸿生、永林及女仆等二人。即雇车进宅。平门路系新辟之路，地点荒僻。此屋房东为杨和庆，建筑费闻一万八千元，计三楼三底一宅，两楼两底三宅，月租一百九十元。

初七日 下午王欣夫来，由刚甫代见。欣夫谓曹叔彦欲来访余，嘱欣夫来问余何时得暇云云。

十二日 午后庄骥千持庞莱臣函来长谈，骥千此行系莱臣嘱其与王均卿接洽国学讲习社事，故便道至余处也。

十八日 曹叔彦来谈约半小时。

十九日 送张云搏。前后《汉书》。嘱刚甫作书谢王丹揆师。送前后《汉书》并谢吊唁本生先考之丧。

1935 年(乙亥,民国二十四年)

二月初五日　至盐仓巷访曹梅访,以《希古楼金石萃编》乞书。

初七日　曹梅访见过,交来《金石萃编》封面,由刚甫代见。

二十七日　六时王欣甫来,赠予《甲戌丛编》四册,系欣夫等聚赀铅印,专收小种笔记、游记、诗词等。今年又拟印《乙亥丛编》,仍以十元为一股,集六十股印书五百部,欣夫要予入股,予以情不可却,允许五股,计洋五十元。欣夫又赠予《藏书题识续编》两册,系欣夫辑录荛圃题跋以续缪氏之书也。

1936年(丙子,民国二十五年)

正月初一日　嘱刚甫作书致曹叔彦、徐积馀、严鹿苹、金松岑、王欣夫,因定初五日为叔彦丈上寿,即设席于其家中,并邀诸人作陪也。

初二日　嘱刚甫作书致邓孝先。

初三日　徐积馀丈来拜年,由刚甫招待。

初四日　王欣夫来拜年,刚甫接待。

初五日　十一时至叔彦丈处,今日余设宴于其斋中为之预祝,陪者徐积馀、邓孝先、金松岑、严鹿苹、王欣夫、黼侯、崧乔。菜托吴慈堪代定于宝庆园,尚可口,畅谈至下午四时方散。余往访曹梅舫丈,伊病已愈而尚未出门。

初六日　连日阅袁洁珊所著之《佣庐日记》、《佣庐经过自述》。

初七日　嘱刚甫作书致袁守和。

初八日　今日为叔彦丈七十生日,余十一时往,晤王岩士、昆山人,年已八十一岁,在苏行医,亦庠序中人,刻有《岁寒文稿》,余去年冬曾在文友山房书铺买来阅过,其学问甚平常也。孙企道孺人叔任、屈伯刚、潘季孺,又晤周兹明。王君九于午后始来,与谈片刻。

初十日　午后四时曹叔彦来,刚甫招待,谈约一小时而去。

十四日　午后四时王君九、吴瞿安同来访余,留片而去。

十七日　今晚金松岑、邓孝先、屈伯刚、王欣夫作东道主宴余,席设松岑家中,余与刚甫六时半往,至则客已齐,即入席,积馀丈首座,余第二,此外陈石遗、王君九、刚甫及四主人。嘱刚甫作书致吴蔚若丈。

二十一日　夜阅《清史稿》,为改正数处。

二十二日 夜阅《清史稿》。嘱刚甫作书致北平图书馆。

二十三日 夜阅《清史稿》。

二十四日 夜阅《清史稿》。

二十五日 接醉愚自申来信云,晤伯皋,知秦子质军门故后蒙赏银二千元治丧,予谥诚确,惠敷故于成都。同志老友,比年相继沦谢,犹如秋叶之落。今惠敷又逝,既痛逝者,行自念也,兔死狐悲,为之黯然。

二月初二日 嘱刚甫作书致吴蔚若、章一山。

初四日 嘱刚甫作书致陈绳甫。

初六日 嘱刚甫作书致徐积馀。

初七日 王欣夫来,由刚甫招待。

初八日 阅《清史稿》。

初九日 阅《清史稿》。

初十日 下午五时与刚甫往候君九,因前日欣夫谓闻君九有中风之说也。至则在楼上见客,精神尚好,云病起前有数夜不安眠,其后写一便条而有错字。至夜身体发抖,乃就医,数次打针,今渐复原。

二十六日 五时半董授经丈与沈骏声大东书局经理,绍兴人。同来,授经明日往北平,骏声欲借印太祖、太宗、世祖三朝实录,系孟心史发起,余允之。

三月十三日 嘱刚甫撰《南林丛刊》序,应子美之请也。

十九日 王君九来谈,交来《校书图》手卷,为余题好一诗。

闰三月十三日 午后日人滨一卫京都人,文化会。持授经丈介绍函来,欲至南浔书楼参观,由刚甫代见,作书致韵秋交其带往,伊明后日即须动身也。

十六日 嘱刚甫作书致董授经，又致国学会送书八十种，因该会欲来募捐，故送书以代之。

十七日 嘱刚甫作书致张令贻。

二十一日 徐积馀丈来谈，云廿八日为其如夫人开吊，请余题主，余坚辞不获，允之。

四月初三日 嘱刚甫作书致曹叔彦。

初四日 嘱刚甫作书致黄公渚。

初八日 傍晚访邓孝先，乞书《小莲庄记》。

五月二十二日 嘱奇初作函致沈叔筠，为醉愚编《诗萃》支款也。